工程伦理学

冯树林 王丽丽 姜琳琳 主编

张玉玲 王庆东 刘海萍 副主编

清华大学出版社

北京

内 容 简 介

本书旨在培养和引导初入工程行业的工程师和未来工程从业者系统学习工程伦理知识,培养社会责任感,提高伦理意识,增强遵循伦理规范的自觉性,提升其应对工程伦理问题的能力,让工程能够更好地造福社会、造福人类。本书共 10 章,其中前 5 章为工程伦理学通论内容,着力于工程伦理领域的通识教育,基于整体的视角审视和研究工程领域下的伦理问题。第 6～10 章为工程伦理学分论内容,按照相关工程领域进行阐述。本书所涉及的工程领域包括信息技术工程领域、水利工程领域、生命与医药工程领域、土木工程领域和机械工程领域。分论落足在具体工程领域,目的是使不同工程领域的读者对本领域的伦理问题有更深刻的认识与思考。

本书可作为工程相关领域各专业本科生、研究生工程伦理教育的教材,也可供相关领域教学、科研人员,以及广大工程技术人员和管理人员参考。书中分论部分涉及科技伦理内容。本书可作为科技伦理的授课教师与选课学生的教材,也适合作为工科类专业课教师的参考用书。

图书在版编目(CIP)数据

工程伦理学 / 冯树林,王丽丽,姜琳琳主编. -- 北京 :清华大学出版社,
2025. 7. -- ISBN 978-7-302-69976-7

Ⅰ. B82-057

中国国家版本馆 CIP 数据核字第 2025RX8058 号

责任编辑:贾　斌
封面设计:刘　键
责任校对:韩天竹
责任印制:沈　露

出版发行:清华大学出版社
　　　　网　　　址:https://www.tup.com.cn,https://www.wqxuetang.com
　　　　地　　　址:北京清华大学学研大厦 A 座　　邮　　编:100084
　　　　社 总 机:010-83470000　　　　　　　　邮　　购:010-62786544
　　　　投稿与读者服务:010-62776969,c-service@tup.tsinghua.edu.cn
　　　　质量反馈:010-62772015,zhiliang@tup.tsinghua.edu.cn
　　　　课件下载:https://www.tup.com.cn,010-83470236
印 装 者:三河市君旺印务有限公司
经　　销:全国新华书店
开　　本:185mm×260mm　　印　张:16　　　　　字　　数:431 千字
版　　次:2025 年 8 月第 1 版　　　　　　　　印　　次:2025 年 8 月第 1 次印刷
印　　数:1～1500
定　　价:59.00 元

产品编号:108578-01

前言

现代工程的复杂程度、覆盖广度、影响深度不断提升，工程决策和工程实践中的各种伦理冲突也不断涌现。西方发达国家在应对伦理冲突的过程中，逐步建立了较为健全的工程伦理教育体系，并将其作为未来工程师所必须具备的基本素质。随着我国成为《华盛顿协议》的正式成员，当代工程伦理教育受到高度关注。随着工程系统的复杂性越来越高、规模越来越大，由工程系统运行带来的意想不到的风险也在持续增多，工程实践越来越密切地关系到各种伦理问题，因此需要培养具有"伦理意识"的、以"造福人类和可持续发展"为理念的工程师。当代社会的工程师在具备专业精、业务强的技术能力外，需要深刻认识工程对生态环境、公众健康、社会安全和人文关怀等影响，具有高度的社会责任感和强烈的伦理道德意识，具备一定的伦理决策和价值选择能力。因此，工程伦理教育已然成为当今工程教育体系的重要组成部分，直接决定着未来的工程师素质培养是否全面，也直接影响着中国未来工程师的国际竞争力。

我国工程教育培养出来的工程师在工程实践中除关注技术问题外，需要重视工程实践各个环节带来的伦理问题。工程伦理意识不是与生俱来的，而是需要通过教育和培养来造就的，每个工程人才都是社会有机进程中的一部分，他们除了需要具备专业知识和技能外，还应该具备高尚的道德情操，具备对于传统、社会、国家、民族以及人类未来等的正确观点、态度和价值观，对社会的发展进步抱有坚定的信心，对工程推动社会发展进步满怀希望。在工业化得到长足发展的21世纪，学习先进工程教育经验的需求，使得国际工程教育认证的引入成为必要，而在打造卓越工程师的背景下，不断提高工程教育质量、完善工程教育体系也成为社会发展的必然要求。近年来，教育部、各专业教指委，以及国内众多高校都在积极行动，共同致力于打造世界水平中国特色的工程教育认证体系。工程教育认证要求培养具有可持续发展理念和工程伦理道德观的卓越工程师。同时，随着社会对高层次工程专业技术人才的需求量增加，着重培养工程专业技术人才伦理意识、价值塑造、困境辨识和冲突解决能力具有重要的意义。因此，组织编写工程伦理教材对卓越工程师的培养具有十分重要的意义。

本书主要从培养工程师及其他工程从业者的伦理意识和责任感出发，使其掌握工程伦理的基本规范，以提高其工程伦理的决策能力为基本目标，系统阐述工程伦理的相关内容。全书分为"通用伦理"和"分项伦理"两部分。通用伦理主要探讨工程伦理的基本概念、基本理论，以及工程实践过程中人们要面对的共性问题，分别包括第1章新时代的工程伦理、第2章工程伦理学的理论框架、第3章工程师的职业素养、第4章工程责任及伦理困境和第5章工程环境伦理。分项伦理有针对性地分析不同的工程领域遇到的特殊问题，以及共性的伦理问题在这些领域的特殊表现，分析不同工程领域的工程伦理规范，分别包括第6章信息技术工程的伦理问题、第 7 章水利工程的伦理问题、第 8 章生命与医药工程的伦理问题、第 9 章土木工程的伦理问题和第 10 章机械工程的伦理问题。本书编写努力体现"案例教学为特点，职业伦理教育为重心"的教学理念。为此，各章以引导案例为切入点，同时在各章结束时提供案例分析和需要讨论的问题以供进一步思考伦理问题，力求从不同的视角突出工程师和其他工程从业者需要把握和思考的伦理规范，以从不同的方面反映工程职业伦理的丰富内涵。

　　本书是 2023 年度山东省高等教育本科教学改革研究项目下重点项目"应用型本科高校信创人才"（批准号：Z2023310）的研究成果之一；还是 2023 年度鲁东大学教学成果奖培育项目下重点资助"新工科视域下学科协作、课程联动的高校工程伦理教育研究与实践"（批准号：2023CG04）的研究成果之一。本书依托丰富的工程案例，从工程伦理的基本概念、基本理论及工程实践中存在的共性、特性问题等多个层面系统地介绍工程伦理的知识。本书引导学生树立工程伦理意识，提升工程伦理素养，强化社会责任，为培养能够引领新时代国家发展战略需求的工程人才打下坚实基础。

　　本书内容完善、实用性强、案例丰富，能够满足应用型本科院校相关专业的教学需要，还可以作为工程技术人员的培训教材。本书在编写过程中参考了国内外专家学者的相关著作和文献，正文中进行了列举，在此致以衷心的感谢。书中选用了一些组织机构网站中的照片，由于数量众多，未能全部列出，在此向这些成果（照片）的所有者和机构表示诚挚的谢意。鲁东大学李亦昊和张闯闯两位老师针对本书的编写工作提出了许多宝贵建议，在此表示感谢。编写工作中，清华大学出版社的相关编辑为本书的出版付出了辛勤劳动，在此一并致谢。

　　由于编者水平有限，本书内容难免存在漏洞和不足之处，希望同行专家和广大读者多提建议，不吝赐教，您的建议和意见是对我们最大的鼓励和支持。

编　者

2025 年 5 月

目录

第1章

新时代的工程伦理

引导案例：中国载人航天工程

　　1992年9月，中央决策实施(重大国家工程)载人航天工程，并确定了中国载人航天"三步走"的发展战略。这项工程的主要目的就是要有计划有步骤的将航天员送往太空，并建设载人空间站，如图1-1所示，开展相关领域的科学研究，以便于加深对宇宙和未知空间的了解。以此为核心展开一系列技术创造和科学研究，并设计制造相应的航天装备。

图1-1　中国空间站

　　该计划的制订，是国家着眼于国内外环境和航天技术的发展情况，以及未来太空领域的竞争，站在当时的国家实际情况的基础上，提出的一项具有前瞻性的重大计划。这项计划的实施，将对中国抢占太空技术前沿和树立现代化国家的形象起到很好的支撑作用，同时也有利于维护中国的国家安全。

　　1992年，中国政府正式推动中国的载人航天工程建设。站在中国实际情况的基础上，国家确立了载人航天工程的"三步走"阶段，经过30多年的发展，中国已经完成了从载人航天到太空驻人的跨越。

　　三十而立的载人航天工程用全胜的优异战绩，在探索宇宙的新征程上跑出了中国航天

"加速度"。进入新时代,我国载人航天事业不断刷新纪录,中国空间站从规划一步步变为现实。

2022年12月2日晚,神舟十四号航天员乘组向神舟十五号航天员乘组移交中国空间站的钥匙。中国空间站正式开启长期有人驻留模式。天宫空间站是一个彰显中国特色的空间站。中国工程院院士、中国载人航天工程总设计师周建平说:"如果按照别人的老路走,我们将永远落后于人。"中国载人航天起步就瞄准世界先进水平,努力实现关键技术重大突破。中国航天科技集团五院的科研人员大胆提出技术大跨越思路,跨过国外从单舱到多舱的40年历程,直接研制国际上第三代飞船,拿出了独具中国特色的"三舱方案"。神舟飞船首任总设计师戚发轫院士自豪地说:"中国航天火箭上、飞船上的发动机,全是我们自己的。"这是逼出来的自力更生。

2022年12月31日,习近平总书记在新年贺词中向全世界郑重宣布,"中国空间站全面建成"。2024年2月,中国载人月球探测任务新飞行器名称已经确定,新一代载人飞船命名为"梦舟",月面着陆器命名为"揽月"。2024年4月25日,搭载神舟十八号载人飞船的长征二号F遥十八运载火箭在酒泉卫星发射中心成功发射。

中国空间站,这个中华民族的新的独特标识,闪耀着中国载人航天事业的自信与自豪,鼓舞着为航天梦、中国梦而前行的每一个人。

载人航天工程正式启动之时,几乎一切从零开始。中国航天人不畏艰险,迎难而上:现代化的航天城拔地而起,高技术集成的指挥控制中心、先进的航天测控网开始启用;苍凉戈壁滩建起了国际一流的发射场;托举"神舟"飞天的运载火箭,可靠性和安全性分别达到97%和99.7%。当首次载人飞行的神舟五号飞船返回地面,中国航天人仅用了11年,把只有极少数大国才有能力研究建造的载人航天系统,奇迹般地变成了现实。

进入新时代以来,航天强国建设步伐不断加快,科技自立自强迈向高水平。

单个飞行器由8吨级发展到23吨级、在轨飞行时间由十几天发展到10年以上,在轨任务由最初短时载人进入太空发展到百吨级空间站在轨组装建造、多名航天员在轨长期驻留,突破推进剂补加技术、再生生保技术、电源系统、空间站机械臂、在轨组装建造、大型柔性组合体控制、在轨维修等一系列关键技术。党的十八大以来,载人航天工程发展始终坚持自立自强、自主创新,攻克快速交会对接、空间站组装建造等10余项重大关键核心技术、200余项系统级关键技术,研制8型飞行器、3型运载火箭,部组件和核心元器件国产化率达到100%,走出一条中国特色的载人航天发展道路。

载人航天是一项宏大的系统工程,中国航天的质量是靠所有的航天人一起保出来的。成功发射、圆满返回、出舱感觉良好——超过10万名技术人员用齿轮咬合般的团结协作托举起英雄飞天。"两弹一星"元勋孙家栋形容:"离开了集体的力量,个人将一事无成。"坚持党中央集中统一领导、发挥新型举国体制的制度优势,全国一盘棋、上下一条心,110多家科研院所、3000多个科研单位、数十万科研人员集智攻关,建成中国人自己的太空家园。在浩瀚太空搭建空间站,每一寸的进步,都浸满了航天人拼搏的汗水。

严慎细实勾勒航天人的一贯作风。1200平方米的神舟飞船主伞是迄今为止国内最大航天器降落伞,每一个针脚,每一行线迹,都透着科学的严苛;尺寸精度相当于1/5头发丝的密封件,牢牢锁住空间站舱内压力、温度、湿度、气体成分,保护航天员在太空长期生活。在载人航天工程各大系统中,可靠性、安全性是一项"超级工程",每经历一次细小技术改进,都要用成百上千次科学试验去验证。

创新超越展现航天人的不渝追求。多次远赴万里大洋的远望 3 号船,高标准完成神舟十四号载人飞船海上测控任务,实现船史上第 100 次胜利。20 余项课题研究,10 项实用新型专利和百余篇高质量科技论文,来自天南海北的有志青年,在海天之间捕获目标信号,也找准了自己的青春价值坐标。

每一次对太空的叩问,都是下一次探索的开始。在一代代航天人不忘初心、接续奋斗的时光里,中国载人航天事业发展写就了壮美篇章,也必将在充满光荣和梦想的新征程上,"飞"得更稳、更远。

1.1　工程

1.1.1　技术与工程

技术和工程都起源于人的劳动。在西方语言中,technology(技术)一词出自希腊语中 techne(工艺、技能)与 logos(词、讲话)的组合,意指对造型艺术和应用技艺进行论述;17 世纪当 technology 在英国首次出现时,主要指各种应用技艺。在我国《辞海》(1979 年版)中,"技术"被解释为"泛指根据生产实践和自然科学而发展成的各种工艺操作方法与技能"。陈昌曙认为,"技术是指生产过程中的劳动手段(如设备)、工艺流程和加工方法,属于社会的物质财富和创造物质财富的实践领域,是劳动技能、生产经验和科学知识的物化形态"。

从词源上看,engineering(工程)的词根 engine(发动机)和 ingenious(创造能力)源于相同的拉丁语词根 ingenerare(创造)。同时,engineering(工程)与 engineer(工程师)或 ingeniator(拉丁语工程师)密切相关,engineering 一词由 engineer 接 ing 后缀构成,由名词 engineer 到动名词 engineering 的过渡,表明动作承担者与其行为结果的内在关联性。在古代西方,"工程"一词特指军事工程,但就工程作为具体建设项目而言,古代的房屋、道路、水利、作战器械、土木工事等的各项建造或制作均属工程范围。在中国,"工程"一词最早出现于《新唐书·魏知古传》中的"会造金仙、玉真观,随盛夏,工程严促",此处的"工程"指的是金仙、玉真这两个土木构筑项目的施工进度。到了明清时期,"工程"主要指官室、庙宇、运河、城墙、桥梁、房屋的建造等,强调施工过程和结果。及至近代之后,"工程"广泛被认为是人类利用自然界的资源、应用一切技术的生产、创造、实践活动。

从以上"技术"和"工程"的词源、词义的分析来看,可以发现技术与工程之间既相互区别又彼此联系。二者的区别主要表现为以下四方面:第一,二者内容和性质不同。技术是以发明为核心的活动,它体现为人类改造世界的方法、技巧和技能;工程则是以建造为核心的活动,"工程的建造过程,也就是科学、技术与社会的互动过程,并最终在工程中发挥科学、技术的社会功能、实现其价值的过程"。第二,二者"成果"的性质和类型不同。技术活动成果的主要形式是发明、专利、技术技巧和技能(显现为技术文献或论文),它往往在一定时间内是有"产权"的私有知识;工程活动成果的主要形式是物质产品、物质设施,它直接地显现为物质财富本身。第三,二者的活动主体不同。技术活动的主体是发明家,工程活动的主体是工程师以及工人、管理者、投资方等。第四,二者的任务、对象和思维方式不同。技术是探索带有普遍性的、可重复性的"特殊方法",技术活动是利用科学原理和技术手段的发明创造过程。任何技术方法都必须具有"可重复性"。但是,任何工程项目都是一个相对独立完整的活动单元,其目的明确,在时间、空间上分布不均匀,规模一般比较大,需要周密的分工合作和严格的管理,涉及组织、管理、体制、文化等因素,具有独一无二的特征。

虽然技术与工程之间存在差异,但是彼此有着紧密的联系。首先,它们都是以满足人类的某种需要为目的,都是人类在认识世界的过程中为了获得更为优质的生活而改造世界的活动。其次,任何时代的工程活动都要以相应时代的技术为基础,工程要对技术进行集成。同时,工程也必然成为技术的重要载体,并使技术的本质特征得以具体化。"当作为过程的技术在工程中被集成时,动态的技术在其过程中要经历形态的转化,要与工程过程中的相应环节匹配、整合,而被集成为'在场'技术,即'工程技术'"。可以说,技术是工程的手段,工程是技术的载体和呈现形式,技术往往包含在工程之中。

1.1.2 工程的定义

技术与工程的内在不同使得工匠、发明家和工程师逐渐分化为既有联系又有差异的社会群体。在这个过程中,也开始形成相对独立的工程概念。

工程的概念最初主要用于指代与军事相关的设计和建造活动,例如,工程师最初指设计、创造和建造火炮、弹射器、云梯或其他用于战争的工具的人。近代之后,工程的含义越来越广泛。人们把有目的地控制和改造自然物,建造人工物,以服务于特定人类需要的行为往往都称为工程。在18世纪,职业化的民用工程师开始出现,他们是道路、桥梁和城市供水系统的设计者。1818年英国民用工程师学会成立,是工程师与传统意义的工匠在职业划分上明确分离的重要标志。现代意义上的工程师开始反思自身工作的特点和意义,并开始了对工程活动本质的追问,以明确工程师的身份特征。

1828年托马斯·特尔福德(Thomas Tredfold)给英国民用工程师学会的信中,提出了此后在较长时间内被广泛接受的"工程"定义,即认为工程是驾驭源于自然界的力量以供人类使用并为人类提供便利的艺术。这个定义的特点在于:第一,把工程看作通过控制和变革自然界以驾驭和利用自然界力量的工具与技能;第二,突出工程的最终目的是为人类服务,为人们更好地利用自然界提供便利;第三,强调工程是一种艺术或创造,但并不限于军事方面。这一定义也往往被认为是预设了工程是价值中立的这种思想。

随着工业化进程的推进,人类对于自然力量的控制和利用越来越紧密地与近代以来的科学发现和技术发明联系在一起,因此,工程也往往被视为对科学和技术的应用。一些现代工程师也把是否具备和灵活应用现代科学技术知识作为工程师素养的重要方面,以进一步区别于传统的工匠与技师,这样,对工程的定义就较多地强调工程作为"科学知识的应用"。例如,1998年美国工程与技术资格认证委员会就曾经对工程职业进行了这样的界定:工程是应用通过研究、经验和实践所得到的数学和自然科学知识,也开发有效利用自然的物质和力量为人类利益服务的途径的职业。这种定义突出了工程活动与科学技术日益紧密的联系。但把工程视为科学知识的应用,往往易于忽视工程活动自身的创造性和自主性。20世纪后,工程活动在经济社会发展中扮演了越来越重要的角色。人们开始进一步反思工程的概念。一方面,逐步打破了工程是价值中立的这种观念,开始从社会和伦理维度对工程活动进行探讨。工程与伦理的关系成为重要的理论和实践问题;另一方面,进一步探讨科学、技术与工程之间的关系,逐渐摒弃把工程单纯视为科学的应用的这种认识。

在现代社会,工程概念的应用更加广泛,也形成了狭义的工程概念和广义的工程概念。广义的工程概念认为,工程是由一群人为达到某种目的,在一个较长时间周期内进行协作活动的过程。这种广义的理解强调众多主体参与的社会性,如"希望工程"等;狭义的工程概念则认为,工程是以满足人类需求的目标为指向,应用各种相关的知识和技术手段,调动多种自然与社会资源,通过一群人的相互协作,将某些现有实体(自然的或人造的)汇聚并建造为具有预期使用价值的人造产品的过程。狭义的工程概念不仅强调多主体参与的社会性,而且主要指针对物质对象的、与生产实践密切联系、运用一定的知识和技术得以实现的人类活动,如"三峡工程""载人航天工程"等。工程伦理所讨论的"工程",主要指狭义的工程概念。

1.1.3　工程的历史发展

工程的一般含义就是"造物",是一种将自然的物质或材料,通过创造性的思想和技术性的行为,形成具有独创和有用器具的活动。工程最早起源于人类生存和发展的需要,尤其是对工具的需要。石器工具的出现标志着人类开始进行真正的造物活动,可以视为工程起源的标志。随着人类文明的不断演变和发展,工程也相应地经历了 4 个不同的时期——原始工程时期、古代工程时期、近代工程时期、现代工程时期。

1. 原始工程时期

从人类诞生尤其是能够制造石器工具,到 1 万多年前农业社会的出现,这一时期通常被称为人类历史上的原始工程时期,对应于技术史中的旧石器时代。从工程的造物活动来看,这个时期属于"器具的最初发现"时期,这一时期"人类开始收集和砸制石头并用于特殊的目的,这也成为后来工程的一个持续的特征"。

旧石器时代的早期,制作的石器粗厚笨重,器类简单,往往一器多用;到了中期,开始出现了骨器;晚期时,石器趋于小型和多样化,种类也在增多,一些简单的组合工具如弓箭、投矛器等开始出现,并有了少量的磨制石器。工程活动要选取合适的原料,随着人类逐步缓慢地变成了工具的制造者,人们所采用的材料也就逐渐从石头扩展到了骨头和木头,甚至还包括少量牛角、鹿角和象牙。石材的选取导致了原始采矿工程活动的产生,通过燧石矿的发现,原始人类可以得到最合适的燧石,再通过敲打、撞击、截砍等其他工程操作,最终形成了有刃的斧头等工具。这一时期,人类已经学会了用火,这是石器时代一个划时代的成就。到了旧石器时代后期,在一些缺乏天然洞穴的地区,开始出现了简陋粗糙的人造居所,如帐篷和地下室等,并逐渐出现不同的风格。后来,房屋也变得普遍,类型也随之发展,建筑的结构样式越来越多样化。这一时期,把石头加工成器具、工具及家用器皿的技术发展得相当缓慢,仅限于切割、劈砍、刮削等,技术还不够精致,也没有比较大的发展。

2. 古代工程时期

陶器的出现揭开了人类利用自然的新篇章。陶器制作是指使用黏土、纤维等原料,通过成型、加热等工程活动制成陶器、砖等人工物的过程。人类在制陶的过程中逐渐掌握了高温加工技术,并逐渐应用到了熔化铜、铁等金属的工程活动中,工程的形式和内容也变得更加复杂和丰富。以石头、金属、木头、黏土为自然原料,通过探矿、采矿、冶炼、铸造、锻造等工程活动,运用直觉、技艺、创造等工程思维活动,最后制成了工具、武器等人造物,并伴随产生了我国最早的技术人员——金属工匠。我国古代青铜器是我国文化的重要组成部分,有着重要的历史价值和观赏价值。

随着铁器的普及,人类的工程技术水平有了很大的提高。铁器工具的使用使得精耕细作成为可能,社会生产力得以极大提高,导致粮食生产以外的大量剩余劳动力的出现;另外,大量的铁制工具还为大规模的、复杂艰巨的施工提供了重要技术手段,大型水利工程开始出现。

伴随着生产力的发展,社会的需求也变得复杂多样,一些较为大型的、服务于宗教和政治的建筑物开始出现。从古代巴比伦的金字形神塔到埃及的金字塔,从英格兰索尔斯堡大平原上的巨石阵到埃及的方尖,这些出于宗教性、纪念性、装饰性等目的兴建的大型结构工程,反映了当时的人类已经具有了比较高的生产力水平,并具备了较高的组织管理能力。

在古代工程时期,出于政治、经济和宗教等多方面的需要,多种工程开始融合,建筑设计也不断进化。设计、项目和组织等工程活动形式开始出现,在中世纪的欧洲,甚至出现了某些"专门"进行设计和监督工作的人员,类似于今天的咨询工程师和项目管理者。这一时期所形成的工程产物也扩展到了机械工具,拱、路、桥、水车,此外还有大教堂、城堡等,15世纪的欧洲出现了现代钢铁业的雏形。这些发展标志着原始工程发展到古代工程时期后,工程的主要内容和活动方式已演变为在农业、建筑、市政等领域的工程活动。

3. 近代工程时期

近代工程时期,工程应用领域的扩大和工程技术的发展需要更为强大的动力,工程实践变得日益系统化。因而,文艺复兴时期的工程师成了更为崭新的、更加通用的动力源的建造者和使用者。在寻求这种动力的探索过程中,第一次工业革命发生了。蒸汽机的发明和广泛使用是这一时期的显著标志,并陆续导致了一系列工程的出现和发展。

(1) 机械工程(1650年左右)。机器的出现和使用标志着工业革命的开始,生产能力强、产品质量高的大机器逐步取代手工工具和简陋机械,蒸汽机和内燃机等无生命动力取代了人和牲畜的肌肉动力,大型的集中工厂生产取代了分散的手工作坊。动力机械、生产机械和机械工程的理论都取得了飞跃发展。

(2) 采矿工程(1700年左右)。机器抽水技术的应用,使矿井深度加深,采矿规模扩大,同时推动了岩石机械、隧道、通风、煤炭运输等工程的发展。

(3) 纺织工程(1730年左右)。纺织机械的出现引发了以蒸汽动力为基础的工厂出现,而蒸汽机的引入又使整个纺织工业发生了革命性的变化,导致了纺织工程的产生。

(4) 结构工程(1770年左右)。结构材料从史前和古代的木、石、砖发展到了现代的钢铁,使得工程师设计新结构成为可能,如1799年建成的英国塞文河桥,是世界上第一座铸铁桥,至今仍在使用。

当然,蒸汽机的影响绝不仅表现在以上几方面,蒸汽机用于交通运输,出现了蒸汽机车、蒸汽轮船等。而后,汽轮机、内燃机和各种机床都相继出现,此外还在1830年左右兴起了海洋工程等。

与中世纪的古代工程相比,近代工程出现了一些新的特点,主要表现如下:在设计和开发器具中的系统合作、工程活动中采用了科学技术和科学方法、工程师开始作为雇员出现、工程活动的负面环境影响开始被认识等。总而言之,在这个工程时代完成了第一次工业革命,使人类真正进入了工业社会。

4. 现代工程时期

到了 19 世纪,人类社会进入了现代工程时期。材料加工工程得到长足发展,钢铁冶炼技术的进步推动了铁路工业的发展;化学工程取得了长足进步,印染、橡胶、炸药的发明、油气的炼制,合成材料的应用促进了汽车工业的发展。许多新的专业和职业大量涌现,工程的类型大幅增多,工程的方法更加多样。人们对工程也有了新的理解,尤其是福特制和泰勒制的发明,零部件生产标准化和流水作业线相结合,生产效率空前提高,人类社会进入了一个新的历史阶段。

工程的迅速发展促进了科学技术的进步,而科学技术的进步又导致新的工程时代的出现。19 世纪末至 20 世纪初,基于电学理论而所引发的电力革命使人类迎来了"电气化时代",成为第二次产业革命的基本标志。

在现代工程时期,工程的理论和实践都发生了重要变化,工程日益卷入科学关注的焦点,特别是适应社会的需要和期待。工程的内容或领域在这个时期的突出表现是:①1945—1955 年的核能释放和利用;② 1955—1965 年的人造地球卫星的成功发射;③1965—1975 年的重组脱氧核糖核酸实验的成功;④1975—1985 年的微处理机的大量生产和广泛使用;⑤1985—1995 年的软件开发和大规模产业化,纳米技术的研发等。由此形成了以高科技为支撑的核工程、航天工程、生物工程、微电子工程、软件工程和新材料工程等。

当代工程系统日益复杂,自然和资源的保护日益得到重视,工程正在成为"全球适应的进化系统","传统的工程建立在物质的、几何的和经济的考虑之基础上,而当代的工程则还要牵涉心理学的、社会学的、意识形态的以及哲学的和人类学的考虑",于是工程变得"跟更宽广的世界相联系"。而体现于其中最根本的特征也是整个当代社会的技术特征——信息化。它体现在工具形态上,就是自动机器乃至智能机器的出现,繁重的体力劳动被工具系统所取代,为工程的人性化提供了充分的技术保证。

1.1.4 工程的本质特征

工程是创造和建构新的人工物的社会实践活动。对工程的理解不能仅仅停留在工程本身,一个完整的工程应当包括工程活动的过程和工程活动的成果,过程和工程成果密不可分,最后的成果和产物是工程过程的重要组成部分。

在工程活动过程中,涉及技术要素和非技术要素。技术要素是指能源、材料、装备、工艺和控制等基本要素,是工业生产过程不可缺少的物质条件;而非技术要素则指资源、资本、土地、劳动力、市场、环境等外部条件。

技术要素与非技术要素构成了工程的基本结构,在这个结构中,技术要素和非技术要素在工程活动中呈现为一种互动的机制。一方面,当非技术要素发生变化时,技术要素的集成方式也会变化;另一方面,技术要素本身的状况和水平也影响和改变着与非技术要素的协调方式。例如,一个没有污染治理技术的系统,将会恶化非技术要素的存在状态;再例如,从有线电话发展到无线电话、网络电话时,这种通信技术水平的提高优化了非技术要素的配置效率。

因此,工程的本质可以理解为各种资源和要素的集成过程、集成方式和集成模式的统一。这可以从三方面理解。首先,它是工程要素集成方式,工程科学主要研究的就是相关要素的集成方式的形成等问题；其次，工程要素是技术要素和非技术要素的统一，这两类要素是相互作用、关联互动的；最后，工程的进步既取决于技术要素本身的状况和性质，也取决于非技术要素所表达的社会、经济、政治、文化等因素的状况。

工程活动有以下五个特征。

1. 工程的建构性和实践性

工程都是通过具体的决策、规划、设计、建设和制造等过程来实现的，任何一个工程过程，首先表现为一个建构过程。大型工程项目的建构性更为突出，很多工程如三峡大坝、航天飞机等，都是在建构一个原本不存在的新事物、新存在。

建构不仅体现在物质性结构的建设上，还包括工程理念、设计方法、管理制度、组织规则等多个层面，是一种综合的过程。这种建构过程既是主观概念的，又是物质形态的。主观概念的建构表现为工程理念的确立、工程全局的设计、工程蓝图的规划等主观过程；物质建构则表现为各种物质资源配置和加工、能量形式转化、信息传输变换等实践过程。

因此，工程活动具有鲜明的主体建构性和直接实践性，并且表现为建构性与实践性的高度统一。它是实施主体根据自己的意图，确定工程目标、进行工程设计，将现有的技术资源和物质资源进行重新整合、建构并实施建设的过程；同时也是通过物质、能量和信息的转化，产生物质结果，形成经济效益和社会效益的过程。工程的实践性，不仅体现在工程项目的物质建设过程中，更重要的是体现在工程项目建成后的工程运行中。工程运行效果最能反映工程建设的质量和水平，工程运行实践的状况取决于工程建设的状况，工程建设的质量取决于工程构建的水平。

因此，工程建构、工程建设、工程运行是三位一体的工程整体，工程的建构性和实践性是辩证统一的。

2. 工程的科学性和经验性

工程活动，尤其是现代工程活动都必须建立在科学性的基础上，同时又离不开工程设计者和实施者的经验知识，这两者是辩证统一的。

工程是在一定约束条件下的技术集成与优化，必须正确应用和遵循科学规律，一个违背科学性的工程，注定是要失败的。随着科学技术的迅速发展，工程对于科学性的理解和应用不断增强，人类建造的工程无论在规模上还是技术复杂程度上，都不断地达到一个又一个新的高度。工程活动涉及的因素众多、关系复杂、规模宏大，工程设计与实施等各个环节所需要的知识都超出了个人的经验能力，都必须依据一定的科学理论，尤其是工程科学、系统科学的理论和方法，还要考虑到管理、组织等社会科学的要素，以及环境科学的制约。只有这样，才能把大量的不同性质的工程要素，集合成一个具有特定结构与功能的、实现特定目的的工程系统。但是，由于工程建设是一个直接的物质实践活动，具体参与工程活动主体的实践经验是工程活动的另一重要因素，它是工程活动中的科学性原则的重要补充，在工程活动中不可或缺，起着重要的作用。

因此，工程活动中的科学性与经验性是相互依存、相互包含和相互转化的，随着工程活动过程中科学技术的进步，工程活动中的个体经验所包含的科学因素不断丰富，工程经验的内涵不断深化，经验水平也不断提升。

3. 工程的复杂性和系统性

随着科学技术的迅速发展，人类的工程活动无论在规模上，还是在复杂程度上，都不断地达到新的高度。工程活动的复杂性与系统性是密切结合的,工程系统自身的特点决定了它的复杂性。工程是根据自然界的规律和人类的需求创造一个自然界原本并不存在的人工事物,因而工程的系统性不同于自然事物的系统性,它包含了自然、科学、技术、社会、政治、经济、文化等诸多因素,是一个远离平衡态的复杂系统。工程系统构成过程和发展变化的复杂性程度远远超出了自然事物的复杂性程度,是自然事物复杂性、社会复杂性、人文复杂性的叠加,也是这三类复杂性的复合。

工程是由众多资源和要素集成的、具有复杂结构和功能的整体。每个要素都是这个整体的一个维度,每个维度又有各自不同的运动轨迹和变化周期,不同维度之间还存在着复杂的非线性相互作用关系。在工程建设中将它们进行有机整合,就要科学权衡和恰当处理极其复杂的非线性作用关系。所以说,工程现象的系统性关联着复杂性,工程的复杂性依存于工程的系统性,体现了复杂性与系统性的统一性。

4. 工程的社会性和公众性

社会性是工程最重要的特征之一。工程因人类的需要而开展,没有人类的需要,没有社会赋予的意义,一切工程都是多余的。从工程的定义可以看出,工程活动是一个将技术要素和非技术要素集成起来的综合性的过程,任何一个工程项目都是在一定的时期、一定的社会环境中存在和展开的,是社会主体进行的社会实践活动。工程的社会性首先表现为实施过程的社会性。工程的建设者和参与者往往不止一人,这些成员在一起协同工作,各尽其能,各司其职。尤其是大型工程项目的实施,会对一个国家、一个地区的社会生活产生极其深远的影响,因此就需要更强的组织性和计划性,与此同时,社会对工程的制约和控制也会变得更强。

工程的社会性还表现在公众参与的社会性。大型工程项目通常都会引发社会公众对工程的关心和议论,人们会关心工程项目的质量和安全,以及对自己生活环境的影响,同时也会议论项目对生态环境的影响效果、对能源利用的利弊,以及工程所涉及的社会伦理与环境伦理问题等。公众舆论会在一定程度上影响工程决策、实施及运营。因此,在工程建设过程中,应广泛宣传和普及工程知识,推动社会公众全面理解工程,同时争取社会公众对工程建设的参与、监督和支持,这也是现代工程活动的一个重要环节。

5. 工程的效益性和风险性

任何一项工程都有明确的效益目标,然而在工程实践中,效益和风险都是相伴随行的。工程效益主要表现为经济效益、社会效益和环境生态效益。对于经济效益而言,总是伴随着市场风险、资金风险、环境风险;对于社会效益而言,则伴随着就业风险、社区和谐风险、劳动安全风险;对于环境生态效益来说,又伴随着成本风险、能耗风险等。

工程风险是指在工程建设和运行过程中所产生的人身财产损失,以及这种损失存在的可能性。任何一项工程都是社会建构的产物,都不可能是理想和完美的。首先,工程活动作为一个包含决策、规划、设计、建设、运行和维护等诸多环节的复杂过程,不同的环节由不同的社会群体来完成,任何一个环节的参与者不可能都对工程进行了科学准确的考虑,各个环节也不可能完全做到科学、准确和无偏差的整合;其次,工程项目必然是政府部门、企业、工程专家、技术人员、工人、社会公众等多方面利益博弈和协调的结果,参与各方都代表着各自不同的利益诉求,这些内在的不一致、多环节和多方利益的妥协使得工程存在很多潜在的风险;再次,大型工程往往需要技术上的新突破和集成,由于当前的科技水平的限制,技术的新突破和集成有时可能无法同时判断它的负面效应,但这并不意味着工程就没有问题。这些风险和不安全因素从一开始就存在于工程中,需要引起高度重视。

1.1.5 工程的过程

一个完整的工程活动过程包括工程理念与决策、工程规划与设计、工程组织与调控、工程实施与建设、工程运行与评估、工程更新与改造六个环节。

1. 工程理念与决策

工程理念是工程主体在实践中形成的对"新的人工建构物"的理性认识和目标向往,是工程与"自然-人-社会"三者关系的判断和追求,其中也渗透了人们对工程的价值取向。工程理念就是要回答工程建设所涉及的三个基本问题:为什么?做什么?怎么做?这三个问题的答案共同解决了工程的基本问题——我们究竟应该做成什么样的工程?这便引发了工程决策问题。

工程决策包含两方面的内容:一是目标的确立,二是手段的选择。工程目标的确立常常需要经过周密的考虑和反复的权衡,需要综合考虑各个目标的意义、价值和权重,达到这些目标的必要性和可能性等因素。一般而言,在进行工程目标选择时,至少应考虑以下几点:目标是否适应工程主体的需要?目标实现的可能性有多大、难度有多高、时间有多长?在目标的实现过程中和实现后,能否获取各方最大程度的支持?能否给工程主体乃至社会带来真正的利益?目标是否可以分期实施?

工程的目标一经确立,便要选取合适的实现目标的方式、手段和途径。一般而言,通往某一目标的途径是多种多样的,实现的方式和手段也会有多种选择。这就要求通过科学的决策分析,比较各种手段、方式与途径的有效性和合理性,以做出最佳的选择。所谓最佳选择,就是选择投入最少和产出最大的方式、方法、渠道和途径。方法是极其重要的,最佳的目标只有与最佳的方法相结合,才能取得最佳的效益。

2. 工程规划与设计

工程规划是谋划未来的工程任务、工程进程、工程效果,以及环境对工程活动的要求等,从而确定工程实施的程序和步骤的过程。工程规划的目的是合理有效地整合各种技术与非技术要素,对工程系统的组织环境和社会环境进行分析,制订工程战略规划,并对每一步骤的时间、顺序和方向做出合理的安排。

工程规划首先要对技术进行分析,具体评估目标工程所需的技术资源与供应关系;然后要对资源进行分析,预测未来工程实施中对各种技术性资源、物质性资源、经济性资源、土地环境资源的需求与供应关系。工程规划必须全面而综合地考虑社会、经济、资源、环境、技术等各方面的因素,安排好各种要素供需关系的发展进程,更要统筹解决整体与局部、近期与远期等各种矛盾和关系。

工程设计是工程规划的延续和具体化,是从抽象到具体的过程。与工程规划对各种要素进行宏观考量相比,工程设计则是把整个工程分解为若干子系统,并对各项指标进行具体的、定量的确定。工程规划和工程设计通常放在一起讨论,作为一个完整的过程,既要遵循工程规划的理念和目标,又要考虑工程设计是工程规划的具体化这一特点。工程设计还要遵循其特有的理论、方法、规范等确定性准则。

3. 工程组织与调控

工程活动是涉及人员、资金、物资、信息和环境等多种要素的综合性活动,组织与调控始终贯穿于工程活动的全过程。

工程组织主要体现在两个层面。一是从整体上对工程项目进行的运筹和策划,二是实施阶段中对工程进行施工组织与管理。工程活动的组织就是在认真分析和周密把握好边界条件的基础上,对各种工程要素及其关系进行有序的考虑和安排,预测可能出现的问题并制定应对方案。只要目标明确,运筹得当,即便在工程的实施过程中出现意外情况或困难,也能采取适当的措施使整个工程按既定的目标运作,不至造成工程的混乱。

组织过程中往往也伴随着调控,调控是指工程活动中的协调与控制。组织是总体性的,而调控是具体的、动态的,是对具体问题进行的调整和优化,在时间上着力于当下,在空间上着眼于既有条件,在方向上围绕着总体目标。

组织与调控要注重工程各要素的整体搭配和组合,在总的目标指引下,确定具体目标的实施路径和方案选择。没有总体的运筹,调控的具体目标便会模糊,也就发挥不了决策的作用。另外,调控是对工程组织过程的展开和具体化,通过各种具体问题的调控措施,最终实现工程的目标。

4. 工程实施与建设

工程实施与建设是一个从抽象到具体的实践过程,是实现自然物向人工物转化的过程。在工程实施的过程中,各参与方需要在彼此合作中相互协调,并形成工程制度、工程组织、工程规划等程序化和制度化的实施保障。工程实施的目的在于"改造世界",进而改造人类自身,形成一个既能够造福于人类,又有利于自然界和社会的人工世界,最终实现人与自然的永续发展。工程实施与建设的过程,也是工程价值的呈现过程,更是人类自由的实现过程。因此,工程实施的具体化,应当体现自然与人文的交融,实现工程的质量、效率、效益和安全等综合因素的整体优化。

5. 工程运行与评估

工程运行环节是集中体现工程目标是否实现的关键环节,也是评价工程理念是否正确,工程决策是否得当,工程设计是否先进,工程建造是否优良的现实依据。工程运行效果的考核必须落实到各项具体的技术经济指标、环境负荷、投入产出等。

工程评估包含对工程的技术、质量、环境保护、投入产出、社会影响等多方面的综合评价,也可以说是对工程的再认识。从哲学价值论的角度来看,就是对工程活动进行价值审视。所谓价值审视,是指用价值论的眼光观察和分析工程活动及其结果,其核心是对工程活动的价值进行评判。在工程评估中坚持进行必要的价值审视,可凸显工程活动的方向性和目的性,从而强化工程活动的正面价值,批判其负面价值,为工程活动确立一个价值框架,起到良好的价值导向和调控作用。

工程系统是一个复杂系统,所涉及的变量与关系空前庞杂。因此,在工程评估中,应倡导整体性、和谐性、系统性的价值思维和生态价值观,自觉地把工程活动置于人-自然-经济-社会的大系统中,从多视角、多尺度、多维度进行综合考察与评估,力求对工程活动做出较为客观、公正、合理的评估。

6. 工程更新与改造

工程运行一段时间后往往不再满足工程主体或社会的需要,或由于其功能衰退,或由于外部环境的变化,这就涉及工程更新。工程更新有两种形式,即工程改造和工程重建。前者是对工程的局部性改造和调整,后者则是将原有工程废弃而代之以新的工程。无论是哪种形式,本质上都是一种再造的过程,原有的工程则成为新一次工程活动的"基础"。

从更新方式来看,工程更新既有在原有工程基础上的更新,也有以新换旧的方式;从时间进程来看,工程更新反映出渐进性和跃迁性的特点。这也是一个从量变到质变的过程,量变表现为对工程的局部改造,这样的局部改造到了一定程度后,当结果仍不能满足需要时,或者原有工程面目全非时,就会发生质变,表现为用新的工程代替旧的工程,这个过程是工程自身的否定之否定,其结果必然是一个更为先进的工程诞生。

1.2 伦理

1.2.1 道德与伦理

英语中"伦理"(ethics)概念源于希腊语的 ethos,"道德"(moral)则源于拉丁文的 moralis,且古罗马人征服了古希腊之后,古罗马思想家西塞罗是用拉丁文 moralis 作为希腊语 ethos 的对译。由此可见,这两个概念在起源上的确密切相关,都包含传统风俗、行为习惯的含义。此后这两个概念的含义发生了一定的变化,道德 moral 一词更多包含了美德、德性和品行的含义。因此,尽管"伦理"一词经常与"道德"这个概念关联使用,甚至有时被同等地加以对待。但人们也注意到两者之间存在的差异。例如德国哲学家黑格尔就认为,道德与伦理"具有本质上不同的意义"。他说:"道德的主要环节是我的识见,我的意图;在这里,主观的方面,我对于善的意见,是压倒一切的。"道德是个体性、主观性的,侧重个体的意识、行为与准则、法则的关系,伦理则是社会性和客观性的,侧重社会"共体"中人和人的关系,尤其是个体与社会整体的关系。较之道德,伦理更多地展开于现实生活,其存在形态包括家庭、市民社会、国家等。作为具体的存在形态,"伦理的东西不像善那样是抽象的,而是强烈的现实"。从精神、意识的角度考察,道德是个体性、主观性的精神,而伦理则是社会性、客观性的精神,是"社会意识"。

在中国文化中,"伦理"的"伦"既指"类"或"辈",又指"条理"或"次序",常常引申为人与人、人与社会、人与自然之间的关系。"理"即道理、规则。顾名思义,"伦理"就是处理人与人、人与自然的相互关系应遵循的规则。"道德"这个概念则可追溯到中国古代思想家老子的《道德经》,老子说:"道生之,德畜之,物形之,势成之。是以万物莫不尊道而贵德。道之尊,德之贵,夫莫之命而常自然。"其中,"道"可引申为自然的力量及其生成、变化的规则与轨道,"德"则意味着遵循这种规则对自然的力量善加利用,唯此方可更好地在自然之中生存与发展。

把"伦理"与"道德"关联起来看,这两个概念的区别在于"道德"更突出个人因为遵循规则而具有"德性","伦理"则突出以之依照规范来处理人与人、人与社会、人与自然之间的关系。两者的共同之处在于,伦理与道德都强调值得倡导和遵循的行为方式,都以善为追求的目标。就其表现形式而言,善既可以取得理想的形态,又展开于现实的社会生活。善的理想往往具体化为普遍的道德准则或伦理规范,以不同的方式规定了"应当如何行动""应当成就什么""应当如何生活"等。进而,善的理想通过人的实践进一步转化为善的现实。

"应当"表现为人和人之间相互关系的要求和道德责任,从而引申出"应当如何"的观念和伦理规范。伦理规范"反映着人们之间,以及个人同个人所属的共同体之间的相互关系的要求,并通过在一定情况下确定行为的选择界限和责任来实现",它既是行为的指导,又是行为的禁例,规定着什么是"应当"做的,什么是"不应当"做的,因而同时也就规定了责任的内涵。

伦理规范既包括具有广泛适用性的一些准则,也包括在特殊的领域或实践活动中被认为应该遵循的行为规范,或者那些仅适用于特定组织内成员的特殊行为的标准。后者往往与特殊领域的性质和行为特点密切相关,是结合所从事的工作的特点,把具有一定普遍性的伦理规范具体化,或者从特殊工作领域实践的要求出发,制定一些比较有针对性的行为规范。我们所讨论的工程伦理,就属于工程领域中的伦理规范。

根据伦理规范得到社会认可和被制度化的程度,我们可以把伦理规范分为两种情况。

一是制度性的伦理规范。在这种情况下,伦理规范往往得到了比较充分的探究和辩护,形成了被严格界定和明确表达了的行为规范,对相关行动者的责任与权利有相对清晰的规定,对这些行动者有严格的约束并得到这些行动者的承诺。例如,对医生、教师或工程师等职业发布的各种形式的职业准则大体上属于这种情况。

二是描述性的伦理规范。在这种情况下,人们只是描述和解释应该如何行为,但并没有使之制度化。描述性的伦理规范往往没有明确规定行为者的责任和权利,因此可能在一些伦理问题上存在不同程度的争议。同时,描述性的伦理规范也比较复杂,其中既可能包括对以往行之有效的约定、习惯的信奉和维护,也可能包括对一些新的有意义的行为方式的提倡。因此,同制度性的伦理规范相比,描述性的伦理规范并不总是落后的或保守的,对其中在实践中形成的有价值的、合适的新的行为方式,在一定条件下经过进一步的探究和社会磋商,有可能成为新的制度性的伦理规范。

1.2.2 不同的伦理立场

伦理规范在人类社会生活中是否值得应用?如何得到应用?什么是好的、正当的行为方式?对此问题的思考和争议由来已久,而且形成了不同的伦理学思想和伦理立场。大体上我们可以把这些伦理立场概括为功利论、义务论、契约论和德性论。此处不作过多论述,后面第2章再详细介绍。

1.3 工程伦理学的学习方法

工程伦理学的跨科学性质决定了其研究和学习方法的多样性和综合性。

1.3.1 理论联系实际的方法

理论联系实际是人类认识或学习活动的普遍规律之一,是教学必须遵守的,也是学习工程伦理学的基本方法之一。要做到理论联系实际,必须认真学习工程伦理学的基本理论及其相关学科的知识,同时要注意了解和掌握工程伦理的发展动态,这样才具备理论联系实际的前提条件,才能对现实提出的各种工程伦理问题做出科学的说明,从而提高工作主动性。要在理论的指导下把教学和生活、间接经验和直接经验、观点和材料结合起来。结合教材的系统学习,恰当地联系具体实际,使学生了解所学理论知识的实际意义,帮助他们获得必要的直接经验和事实材料,以便他们更好地掌握书本知识和间接经验。

学习工程伦理学不能仅满足于一些抽象概念的探讨,或把理论变成僵硬死板的教条,而要紧密联系我国工程界的状况、先进人物,以及本单位、个人的思想实际,注意调查研究工程伦理学实践中产生的新道德问题,并用所掌握的理论进行解释,加深认识,逐步改变不适宜的旧观念,更新观念,以指导自己的行动。要求创造多种多样的活动形式,使学生把知识运用于实践,学会独立地、创造性地运用知识,不断提高工程伦理情操。

1.3.2 历史分析法

历史分析法,就是运用发展、变化的观点分析客观事物和社会现象的方法。客观事物是发展变化的,分析事物要把它发展的不同阶段加以联系和比较,才能弄清其实质,揭示其发展趋势。有些矛盾或问题的出现,总是有它的历史根源,在分析和解决某些问题时,只有追根溯源、弄清它的来龙去脉,才能提出符合实际的解决方法。

工程伦理是一定历史条件下的产物,它同当时的社会经济、工程技术状况有着密切的联系,并受当时社会、政治、法律、文化、宗教等社会意识形态的影响。因此,学习工程伦理学,一定要坚持历史分析的方法,将工程伦理现象研究同一定的社会经济关系、意识形态、政治和法律制度、经济发展状况等联系起来,深入研究工程伦理产生和发展的基础,探求其产生的、发展的根源和条件。只有这样,才能对工程伦理、工程师职业道德做出科学的说明,提示其产生和发展的规律。

1.3.3 归纳和演绎法

所谓归纳法,就是从个别性知识推出一般性结论的推理方法。归类是根据对象的共同点和差异点,把对象按类区分开的方法。通过归类,可以使杂乱无章的现象条理化,使大量的事实材料系统化。归类是在比较的基础上进行的,通过比较,找出事物间的相同点和差异点,然后把具有相同点的事实材料归为同一类,把具有差异点的事实材料分成不同的类。

演绎法是指从普遍性结论或一般性事理中推导出个别性结论的思维方法。演绎推理的主要形式是三段论,即大前提、小前提和结论。大前提是一般事理;小前提是论证的个别事物;结论就是论点。用演绎法进行论证,必须符合演绎推理的形式。演绎法是逻辑证明的重要工具,是做出科学预见的有效手段。

对于大多的工程伦理现象,如果没有必要的归纳,就不能进行去粗取精、去伪存真的整理;没有必要的演绎,也不可能对工程伦理现象进行由此及彼、由表及里的分析以及由正确的前提得出正确的结论。因此,学习工程伦理学只有坚持归纳和演绎相结合的方法,才能实现科学的分析和综合,找出工程伦理现象的本质和发展规律。

1.3.4 比较法

比较法是探求和论证某一事物与其他事物的共同点和不同点的一种方法。

横向比较、纵向比较是比较研究中常用的方式。所谓横向比较,就是对空间上同时并存的事物的既定形态进行比较。纵向比较即时间上的比较,就是比较同一事物在不同时期的形态,从而认识事物的发展变化过程,揭示事物的发展规律。对一些比较复杂的问题,往往既要进行纵向比较,也要进行横向比较,这样才能比较全面地把握事物的本质及发展规律。

学习工程伦理学通常采用纵向比较、横向比较。纵向比较是从时间上比较古今工程伦理观念的变迁,以批判、借鉴历史和了解现今工程伦理观念的渊源。横向比较是从空间上比较不同地域、不同社会条件和文化背景下的工程伦理观念、习俗的异同,并分析其原因,以借鉴国外有益的经验。学习工程伦理学,运用比较的方法能使我们明辨是非、善恶,提示工程伦理的共性与特性,以便互相吸收和学习。

1.4　中国工程迈入新时代

1.4.1　工业化进程

1949—2010 年,是中华人民共和国逐渐补齐第一次工业革命和第二次工业革命的短板,于第三次工业革命中实现赶超,并为第四次工业革命做准备的时期。

在说这个话题之前,我们必须知道,中国制造业目前的两个世界第一。

第一,完备的工业体系,众多工业品产量排名世界第一。按照国民经济统计分类,我国制造业有 31 个大类、179 个中类和 609 个小类,是全球产业门类最齐全、产业体系最完整的制造业,是全世界唯一拥有联合国产业分类中全部工业门类的国家。完备的工业体系代表着什么? 小到一颗螺丝钉,大到万吨航母,所有的零件设备都可以自给自足。目前世界上500 多种主要工业品,中国有 220 多种工业品产量排名世界第一。世界上曾经有三个国家有着完备的工业体系:第一次工业革命时期的英国,20 世纪的美国,还有 21 世纪的中国。

第二,第一制造业大国。自 2010 年起,中国制造业的产值稳居世界第一,是世界上第一制造业大国。而在此之前,制造业世界第一的"宝座",美国从 1895 年一直保持至 2009 年,保持了 100 多年。

制造业直接体现了一个国家的生产力水平,是区别发展中国家和发达国家的重要因素,制造业在国民经济中占有重要份额。我国制造业增加值从 2012 年的 16.98 万亿元提高到 2021 年的 31.4 万亿元,全球占比从 22.5% 提高到近 30%,我国持续保持世界第一制造大国地位。光伏、新能源汽车、家电、智能手机等重点产业跻身世界前列,通信设备、高铁等一批高端制造业走向全球。

中国与三次工业革命有什么关系呢? 中国古代工程历史悠久,工程作品辉煌。2000 多年前的都江堰水利工程至今仍然是世界上唯一一座无坝引水水利工程。起始于 2000 多年前的京杭大运河是世界上最长的运河,也是世界上开凿最早、规模最大的人工运河。

但是,中国错失了第一次工业革命和第二次工业革命的历史机遇。在前两次工业革命过程中,中国都是边缘化者、落伍者,急剧地衰落。甚至到了 1978 年,一些农村地区还不通电,即使通电了,也是限时供应。农业生产基本上靠人力和畜力,没有实现机械化和电气化。手扶拖拉机在当时是一件很稀罕的生产工具,同时也是一个珍贵的交通工具。

1. 中华人民共和国成立后的前 30 年

我国成立后的前 30 年,是我国集中力量办大事,补齐第一、第二次工业革命短板的阶段。

1949年10月中华人民共和国成立时,中国的工业净产值仅为45亿元,占国民经济比重只有12.6%。当时全国粗钢产量只有15.8万吨,居世界第26位,不到当时美国的1/50;全国发电量只有43亿千瓦时,居世界第25位;全国煤炭产量只有3243万吨,居世界第9位;全国原油产量只有12万吨,而美国是27035万吨,主要石油产品均需进口;全国水泥产量只有66万吨,是印度的1/3。全国人均国民收入仅为27美元,不及亚洲平均水平(44美元)的2/3。

1953—1957年,我国开始实施第一个五年计划,按照"一化三改"的过渡时期总路线(在一个相当长的时期内逐步实现国家的社会主义工业化,并逐步实现国家对农业、对手工业和对资本主义工商业的社会主义改造),实行"优先发展重工业"的战略。在遭受全球绝大多数资本主义国家封锁、禁运的环境下,中国通过等价交换的外贸方式,接受了苏联和东欧国家的资金、技术和设备援助,建设了以"156项重点工程"为核心的近千个工业项目,使中国以能源、机械、原材料为主的重工业在现代化道路上迈进了一大步。

在"二五"期间,我国创造了无数的工业奇迹,建成了以鞍钢、武钢、包钢等大型钢铁综合企业为核心的多项重要工程,体系完整的"十八罗汉"机床厂。还有许多大项目、大建设也是在这个时期实施和建成的。例如,1958年第一架民用飞机诞生,第一台半导体收音机制成,北京第一机床厂和清华大学合作,成功研制出我国第一台三坐标数控机床,第一部国产轿车"红旗"牌轿车诞生,第一台内燃电动机车试制成功,第一艘排水量为2.21万吨的远洋货轮"跃进号"下水试航等。

中华人民共和国成立后的前30年,我国进行了大规模的工业化,模仿苏联的计划经济体系建立了较为完整的制造业体系,在短短的30年内完成了西方发达国家上百年才能走完的工业化道路。1980年,中国的工业规模已经超过英法这两个世界老牌工业强国,直逼在西方强国中坐第三把交椅的西德。到20世纪80年代中期,中国的工业总产值跃居世界第三位。

但是,在中华人民共和国成立后的前30年里,由于推行重工业优先发展战略,中国形成了扭曲的、重工业比例过大的产业结构,制造业更多的是制造工业产品,在消费品制造方面,只能提供基本的生活保障。虽然工业经济取得很大成就,但工业生产效率低下,轻工业产品长期匮乏,经济短缺现象严重,迫切需要进行改革。

2. 改革开放后的三次转型

从1978年到21世纪初,中国制造业经历了三次转型。这一时期是延续第二次工业革命、开展第三次工业革命的阶段。

第一次转型从1978年开始。改革开放前的中国制造业发展的特点是军工优先。在党的十一届三中全会后,我国制造业发展的重心转到日用工业产品、城市基建和交通基础设施上。1978年我国制造业还是非常落后的,当年中国的经济总量是日本的1/3,我国在一个非常低的起点上开始第一次转型。当时人民生活水平还处于非常困难的环境,消费水平很低,产品种类非常匮乏。

肩负起第一次转型任务的是乡镇企业。乡镇企业从无到有,从只允许集体开设到允许个体私人单干。它们在军工重化的体系以外,做纽扣、编织袋、衬衫、电缆、铁锅、自行车、印染等。在利润的刺激下,乡镇企业充满了主动性和积极性。当最原始的资金积累完成之后,越来越多的乡镇企业开始依据自身的情况进行"跨区域经营",并且经营范围也不再仅仅局限在农副产品和小商品本身,开始向钢铁工业、化工业发展。

1981 年,我国轻工业产值占全部工业产值比例首次超过了 50%。到 1984 年,轻工业、重工业、农业的比例逐渐协调,中国经济出现了改革开放以来的最佳状态。中国制造业第一次转型的特点,就是乡镇企业在国营的流通体系以外建立了自己的流通体系。中国第一代民营企业的出现,就与小商品的流通和制造密切相关。

第二次转型始于 20 世纪 80 年代末 90 年代初。那时,城市的工业化正在经历痛苦而剧烈的嬗变,制造业正在其中。国家对国有企业实施战略性改组,实行鼓励兼并、规范破产、下岗分流、减员增效和再就业工程,大力推动企业形成优胜劣汰的竞争机制。与此同时,民营制造业崛起,在中国经济转型的过程中,像恒安纸业、正泰电器、万家乐等很多民营企业完成了自己的原始积累。也有大量原来在国有企业工作的管理和技术人员"下海创业",靠敏锐的市场嗅觉和敢为天下先的果敢,逐渐赢得了竞争优势。中国制造企业也开始广泛引进国外的工业和消费产品的设计和制造技术。消费能力的提升,使得中国消费者对于制造业产品有了更多个性化的需求。也正在这 10 年间,中国制造业的信息化进程开始逐渐展开。1984 年 10 月,党的十二届三中全会通过的《中共中央关于经济体制改革的决定》揭开了中国信息化的序幕。之后,联想、中兴、华为等企业相继成立。随着这些企业的逐渐壮大,中国制造业的信息化进程慢慢展开。

中国制造业第二次转型的突出特征是,国企改制重组、民营经济的崛起和外资制造业进入中国。也就在这次转型中,中国告别了"短缺经济",公众需求结构的变化带动了制造业结构调整和升级。这也表明,改革开放 20 年的快速工业化进程使中国进入了国家工业化的中期阶段。从此,轻工业、重工业出现相互促进、结构协调、同步发展的格局。

第三次转型发生在 1998 年全球经济危机后的世纪之交。在这之后的 10 年,外资进入中国的趋势伴随着改革开放的深入而逐渐凸显,大量外资涌进中国,形成了今天中国数以万计的外资与合资制造企业。

2000 年以来的"中国制造"革命,借外国投资的东风在环渤海、长三角和珠三角地区形成了世界级的制造中心,在 100 多个生产制造领域占有了世界第一的宝座,"中国制造"的贴牌堆满了全世界的货架。2001 年加入世界贸易组织之后,整个中国制造业进入新一轮迅速发展期,尤其是中国的船舶、机床、汽车、工程机械、电子与通信等产业发展迅速,进而又带动了对重型机械、模具,以及对钢铁等原材料需求的海量增长,从而带动了整个制造业产业链的发展。

我国制造业第三次转型的结果,就是中国制造业融入世界。2010 年,我国制造业产值在全球占比超过美国,成为制造业第一大国。

我国工业化的 60 多年无疑是成功的,但这一过程也伴随着工程风险的发生与增长。工程风险、社会不平等的伦理挑战与市场经济的浪潮纠缠在一起。因此,1999 年,工程伦理研究和教育在国内兴起。它标志着改革开放之后的中国正式进入工程师时代。

1.4.2 中国工程的未来发展与时代使命

2015 年,《中国制造 2025》规划发布,宣告中国工程进入一个新的时代。

1. 中国制造 2025

新一轮工业革命到来,为制造业的发展提供了新的技术机遇。国内经济发展环境变化,既为制造业的发展提供了超大规模的内需,也伴随着日渐严峻的资源环境约束。同时,发达国家纷纷实施"再工业化"战略。

在 2013 年 4 月的汉诺威工业博览会上,德国政府正式推出"工业 4.0"(Industry4.0)战略。所谓工业 4.0,是基于工业发展的不同阶段做出的划分。工业 1.0 是蒸汽机时代,工业 2.0 是电气化时代,工业 3.0 是信息化时代,工业 4.0 则是利用信息化技术促进产业变革的时代,也就是智能化时代。它描绘了制造业的未来愿景,提出继蒸汽机的应用、规模化生产和电子信息技术三次工业革命后,人类将迎来以信息物理融合系统(Cyber-Physical Systems,CPS)为基础,以生产高度数字化、网络化、机器自组织为标志的第四次工业革命。工业 4.0 旨在充分利用信息通信技术和网络空间虚拟系统构建的信息物理系统,推动制造业向智能化转型。

整个世界历史的发展证明了制造业强国战略。一个国家的强大离不开一个强大的制造业。2014 年 12 月,"中国制造 2025"这一概念被首次提出。2015 年 3 月,时任国务院总理李克强同志在全国两会上作《政府工作报告》时提出"中国制造 2025"的宏大计划。2015 年 5 月,国务院正式印发《中国制造 2025》。"中国制造 2025"标志着中国正式进入了第四次工业革命时代。

2. 从高质量发展到中国式现代化

《中国制造 2025》总体规划的一个重要方面是,实现制造业从中国速度向中国质量的变化。2017 年以后,在"高质量发展"的命题中,这一维度得到更明确、更广阔的阐述。

对高质量发展的追求,已经成为"十四五"乃至更长时期内我国经济社会发展的主题。高质量发展不再是只追求速度的发展,它仍然以满足人民日益增长的美好生活需要为目标,但也尝试在这一过程中兼顾效率、公平与可持续。当然,高质量发展是一个涵盖经济、政治、文化、社会、生态多方面的综合主题,工程所追求和促进的高质量发展只是其中的一个方面。但这不意味着我们不可以说,对高质量发展的追求就是新时代工程的伦理使命。

在高质量的每一个方面,工程都肩负重大的使命。新时代的工程不仅需要进一步提供更丰富、更深入人类生活诸方面的物质福祉,也需要兼顾城乡之间、地区之间的均衡发展,兼顾不同人群之间的公平未来,并寻求可持续的绿色发展。

2022 年 10 月,党的二十大报告指出:中国式现代化是人口规模巨大的现代化;中国式现代化是全体人民共同富裕的现代化;中国式现代化是物质文明和精神文明相协调的现代化;中国式现代化是人与自然和谐共生的现代化;中国式现代化是走和平发展道路的现代化。站在人与自然和谐共生的高度来谋划发展,这是高质量发展的内在要求。中国式现代化的一个重要特征就是人与自然和谐共生。

1.4.3 工程的伦理挑战与机遇

第四次工业革命背景之下,各行各业面临着巨大的挑战与机遇,而制造业首当其冲。以我们生活密切相关的汽车产业为例,如果我们把第一次工业革命和第二次工业革命合并称为大工业时代,那么汽车就是大工业时代的产物。

在第四次工业革命背景之下,汽车产业面临着两个历史转折。第一个是用新能源取代传统的石化能源,这就是非常热门的新能源汽车。传统的石化资源是一种不可再生资源,同时燃油发动机的碳排放也会促进全球气候变暖。从可持续发展的理念看,用新能源取代传统的石化资源是一个历史趋势。一些欧洲国家已经制定了 2035 年禁售燃油车的时间表。新能源的种类很多,各个国家在制定新能源汽车发展规划上有不同的考虑。

从汽车的产销数量上判断,2017 年是传统的燃油车的产销高峰期。从 2018 年开始,到 2021 年,传统的燃油车的销售量逐年降低。各大上市汽车公司普遍陷入亏损状态。与此形成对比的是,从 2015 年开始,新能源汽车的产销量呈爆发式增长,连续 7 年位居全球增速第一。目前新能源汽车的市场占有率达到 13.4%。在新能源汽车产销爆发式增长的背景之下,2009—2021 年我国汽车产销量连续 13 年位居全球第一。

第二个是自动驾驶汽车。随着新一代人工智能基础产业和配套设施的齐全,自动驾驶很可能会取代有人驾驶。传统的道路交通法律是针对有人驾驶汽车的,交通事故的责任认定也是如此,有一个责任的主体,这个责任的主体就是驾驶者。而一旦自动驾驶汽车开始流行,交通事故的责任如何认定?是车主、乘客、厂商,还是自动驾驶智能程序的开发者?在自动驾驶和人工驾驶混合的情形中,情况又当如何?这些问题必须讨论清楚,同时必须修改现有的道路交通法,以适应自动驾驶时代的到来。在这方面,深圳经济特区已经做出了有益的尝试,无锡等地也在尝试跟进中,自动驾驶汽车的立法和测试正在逐渐普及。2022 年 8 月 8 日,交通运输部发布《自动驾驶汽车运输安全服务指南(试行)》(征求意见稿),明确将自动驾驶汽车分为有条件自动驾驶汽车、高度自动驾驶汽车和完全自动驾驶汽车三个等级,相信未来将有更完善的法规问世。

第四次工业革命正在塑造新的生活方式与社会关系。人工智能带来了新的"人类"诞生的可能,人们期待它们能填补生活关系中某方面的空白,或者创造更便利的社会运作形式,也害怕它们会带来新的伤害和不平等问题。大数据在带来便利的同时也让我们的隐私随时面临暴露的风险,各种数据泄露事件层出不穷,也助长了骚扰、诈骗和盗号事件的发生,让人们对各种各样的骚扰、诈骗不厌其烦,更甚于对"社会性死亡"的担忧。我们不可能详尽地描述所有这些伦理问题。事实上,对于其中的一些挑战或机遇,人们还只能进行简单的预期与想象。但我们至少可以确定,其中的大多数问题都需要以社会治理的方式进行审慎的处理。

第四次工业革命会持续多长时间?目前我们还处在第四次工业革命的初级阶段,"中国制造"仅仅是政府制定的 21 世纪上半叶的初步战略规划。第四次工业革命会不会持续到下个世纪,甚至更久以后,目前还不清楚。

案例分析

案例 1-1：156 项重点工程

156 项重点工程指的是我国第一个五年计划时期建设的 156 项重点建设项目,包括长春第一汽车制造厂、洛阳拖拉机厂等知名企业。实际施工的 150 个重点工程项目的构成是:军事工业企业 44 个;冶金工业企业 20 个;化学工业企业 7 个;机械加工企业 24 个;能源工业企业 52 个,其中煤炭工业和电力工业各 25 个、石油工业 2 个;轻工业和医药工业 3 个。几乎都是建设中国工业化基础所必需的重工业项目,其中,民用工业企业约占 70%,国防企业约占 30%,分布如表 1-1 所示。围绕这些重点企业,我国又兴建了一系列配套工程,形成多个规模巨大的工业基地,初步建起了中国的工业经济体系,为中国工业化的进一步发展奠定了基础。

156 项重点工程是世界工业发展史上最大规模的工业转移和技术转移,是"工业立国"的国家意志推动民族工业发展的集中体现,更是举国体制的最生动的写照。

这是自近代洋务运动以来,中国开天辟地的一次迅速、集中、全面、系统的工业化行动。回首中国工业化的历史,156 项重点工程无疑是勃兴的源头,为中国将来成为世界第一制造业强国奠定了基石。

表 1-1　156 项工程空间分布表

省份	项目数/项	城市及项目数
辽宁	24	沈阳 7,抚顺 8,阜新 4,鞍山 1,本溪 1,大连 1,杨家杖子 1,葫芦岛 1
陕西	24	西安 14,兴平 4,宝鸡 2,户县 2,铜川 1,渭南 1
黑龙江	22	哈尔滨 10,富拉尔基 3,鹤岗 4,佳木斯 2,鸡西 2,双鸭山 1
山西	15	太原 11,大同 2,侯马 1,潞安 1
吉林	10	吉林 6,长春 1,丰满 1,辽源 1,通化 1
河南	10	洛阳 6,郑州 1,三门峡 1,平顶山 1,焦作 1
甘肃	8	兰州 6,白银 1,郝家川 1
四川	6	成都 5,重庆 1
河北	5	石家庄 2,峰峰 2,热河 1
内蒙古	5	包头 5
北京	4	北京 4
云南	4	个旧 2,东川 1,会泽 1
江西	4	南昌 1,大庾 1,虔南 1,定南 1
湖南	4	株洲 3,湘潭 1
湖北	3	武汉 3
新疆	1	乌鲁木齐 1
安徽	1	淮南 1

案例 1-2:中国高铁规划

2016 年 7 月,国家发展改革委、交通运输部、中国铁路总公司联合发布了《中长期铁路网规划》。根据规划,在原规划"四纵四横"主骨架基础上,形成以"八纵八横"主通道为骨架、区域连接线衔接、城际铁路补充的高速铁路网。

"八纵"通道为沿海通道、京沪通道、京港(台)通道、京哈—京港澳通道、呼南通道、京昆通道、包(银)海通道、兰(西)广通道;"八横"通道为绥满通道、京兰通道、青银通道、陆桥通道、沿江通道、沪昆通道、厦渝通道、广昆通道。

中国高铁规划全面贯彻党的十八大和十八届三中、四中、五中全会精神,以邓小平理论、"三个代表"重要思想、科学发展观为指导,深入贯彻习近平总书记系列重要讲话精神,按照"五位一体"总体布局和"四个全面"战略布局,牢固树立和贯彻落实创新、协调、绿色、开放、共享的新发展理念,主动适应和引领经济发展新常态,推进供给侧结构性改革,遵循铁路发展规律,发挥铁路骨干优势作用,以增加有效供给、明晰功能层次、提升服务效能、兼顾效率公平为重点,着力构建布局合理、覆盖广泛、高效便捷、安全经济的现代铁路网络,全面提升铁路核心竞争力和服务保障能力,为构建现代综合交通运输体系、促进经济社会持续健康发展、实现"两个一百年"奋斗目标提供有力支撑。

现如今,中国的高铁技术全球领先,主要有以下7方面:

(1) 运营里程:截至2021年,中国高铁总里程已达到3.85万千米,占全球高铁总里程的70%以上,运营里程世界最长。

(2) 速度:中国高铁的时速和稳定性达到了世界领先水平,"复兴号"高速列车最高时速可达400千米/时,超过了日本和法国的高速列车。

(3) 技术创新:中国在高铁技术方面不断创新,如研发出超级高铁,时速1000千米的试验路段已经打造完成。

(4) 成本优势:中国高铁建设和运营成本相对较低,具有较高的性价比。

(5) 系统集成:中国高铁具备强大的系统集成能力,能够整合车辆、轨道、信号、供电等多个子系统,确保高铁的高效运行。

(6) 安全可靠:中国高铁在安全性能方面表现出色,拥有先进的安全监测和保障技术,保障了列车的安全运行。

(7) 适应能力:中国高铁技术能够适应不同的地理环境和气候条件,如在高寒、高温、高海拔等地区都有成功的运营案例。

2024年6月17日,我国自主知识产权的高速动车组——CR450高铁在新疆轨道交通研究院进行试验,试验时,CR450高铁轨道交通组创下了时速453千米的纪录。

而就在前不久,我国的最先进的磁浮系统——沪通磁浮列车,不断刷新纪录,平均速度已经达到600千米/时。

这两大突破都表明我国的高铁技术已经达到世界先进水平。

高铁的普及对人民出行具有深远的意义,主要体现在以下8方面:

(1) 提高出行效率:高铁以其高速度和高频率的班次,大幅缩短了人们的出行时间,提高了交通效率。例如,同等距离的出行时间普遍比过去压缩了一半以上,使得春运等高峰期的压力得到极大缓解,让回家之路更加顺畅。

(2) 改善交通环境:高铁采用电力推进,不排放有害物质,减少了空气污染,改善了交通环境。

(3) 促进经济发展:高铁建设和运营促进了地方经济的发展,带动了周边产业的发展,如酒店、餐饮等,创造了大量就业机会。同时,高铁每1亿元投资能拉动上下游关联产业产值在10亿元以上,创造就业岗位600多个。

(4) 提升城市形象:高铁站点的建设和规划成为城市建设的重要组成部分,提升了城市形象和居住环境。

(5) 改善人民生活:高铁的便捷出行改善了人们的出行体验,提高了生活质量。高铁的舒适性和便利性使得人们的旅行更加舒适和愉快。

(6) 促进区域协调发展:高铁连接了各个城市和地区,促进了区域的协调发展,实现了城市之间的快速交流和资源共享,减缓了大城市的发展压力,拉近了相对较远地区与中心城市之间的发展差距。

(7) 社会融合与文化交流:高铁的普及促进了社会融合与文化交流,使得不同地区的人们能够更便捷地交流和互动,增强了民族自豪感和文化自信。

(8) 国际合作与互联互通:高铁技术的发展不仅在中国得到应用,也逐渐走向世界舞台,成为中国与其他国家交流与合作的桥梁,促进了文化、经济、技术等方面的交流与互联互通。

高铁的普及极大地改善了人民的出行方式,促进了社会经济的发展,提升了生活质量,并在国际合作中发挥了重要作用,更是实现中华民族伟大复兴的强大助力。

思考与讨论

1. 结合本章并查阅相关资料,思考为什么在工程实践中会出现伦理问题?
2. 查阅相关资料,思考如何妥善处理可能遇到的工程伦理问题?

第2章

工程伦理学的理论框架

引导案例：江苏盐城滨海高标准农田使用"非标"材料

2023年3月15日，央视3·15晚会曝光江苏盐城滨海县高标准农田涵洞项目中存在的问题。使用"非标"材料建造的引水灌溉的涵洞不规范，使用的混凝土水泥管偷工减料，存在做工粗糙、钢筋裸露、塌落、水泥管地板厚度不达标等问题。

据央视报道，记者在滨海县陈涛镇的一个施工现场看到，用于建造高标准农田的钢筋混凝土水泥管，管壁内外做工粗糙，钢筋裸露。除此之外，滨海县八巨镇、八滩镇、蔡桥镇、东坎镇等也存在同样的问题，其中东坎镇已经铺设好的水泥管内壁也出现钢筋裸露情况。

在高标准农田建设中，涵洞是引水灌溉、排水泄洪必不可少的配套设施，钢筋混凝土水泥管是涵洞的核心构件。国家标准对钢筋混凝土水泥管的外观质量有明确规定：管子内、外表面应平整，管子应无粘皮、麻面、蜂窝、塌落、露筋、空鼓，且混凝土管不允许有裂缝。而这些钢筋混凝土水泥管从外观质量上达不到国家标准要求。

另外，央视记者发现按照建设要求，滨海县使用的钢筋混凝土水泥管应为国标二级管，使用钢筋的直径不低于5毫米，环向筋的间距不高于50.8毫米，也就是不能超过5.08厘米，记者通过实地测量发现，水泥管的钢筋直径大都不到4毫米，环向筋的间距最高竟然达到33厘米，远远超过限度。

2.1 工程伦理学的研究对象

2.1.1 含义

"伦"即人与人之间的关系，"理"即道理、规则。一般认为，伦理学是哲学的一个分支，是关于道德规范的科学。通常谈到伦理，人们往往会和道德联系在一起。有人认为，伦理学研究的是道德上的善与恶、是与非。伦理学试图从理论层面构建一种指导人们行为的规范体系，即指导我们如何判断行为的对与错，怎样处理道德困境中的进与退，以及论证处理规范的是与非。一般情况下，伦理可以等同于道德。但是，如果严格地进行区分，伦理与道德还是有较大区别的。首先,道德是公认的规范,而伦理是对规范的理性反思。如中国传统文化认为"郭巨埋儿"是孝道,是道德规范;但鲁迅却认为"郭巨埋儿"是杀人,这是伦理的反思。其次,道德教育讲求奉献,伦理教育讲求公平;道德诉诸情感,伦理诉诸理性。最后,道德是个人境界,伦理则是群体关系。雷锋的个人道德很高,但是一个社会不能强迫所有人都具有雷锋那样的道德水平。伦理思考的是在难以确保所有人都具有较高道德水平的前提下如何保证制度的公平与公正。

"伦理"最初的含义是"习俗",但如今"伦理"一词的含义变得更加广泛和具有内涵了。伦理用英文可以表述为 ethics,这一词汇源于古希腊语的 ethos(伊索思)一词。在早期古希腊哲学家中,这个词也曾作为术语专门表示某种现象的实质或稳定的性质。后来,人们又把它用来专指一个民族特有的生活习惯,汉语中用"习俗""风俗"等表示。

在实际生活中,大部分人的行为是靠习俗而不是伦理来指导的。通俗来讲,习俗就是沿袭下来的规矩。在中国传统文化中,人们崇尚诚实守信,骗人是不好的行为,只要你骗过一次人,人们就会在心中给你定性为"骗子"。所以由习俗形成的"不骗人"的规范不是因为认识到这个规范是对的,而是觉得这个规范是有用的。

伦理既有习俗的沿袭,又有价值观的成分。古希腊哲学家将其归结为自然和规范之间的对立。例如,历史上非洲有奴隶贸易的习俗,如今像贝宁这样的国家,仍然把它作为一种风俗保留,理由是儿童可以由此获得海外工作经验。黑格尔有句名言"存在即合理",存在通常有其一定的原因,但不一定符合道理(伦理)。谈论对错的学问完全不同于科学知识,存在的不一定是合理的。一切道德规范、风俗习惯都有它过去的合理性,但是未必有现在和未来的合理性。

工程伦理学的内涵主要包括两方面,正如美国著名伦理学家 M. 马丁从规范和描述意义上界定了工程伦理学。从规范意义上看,工程伦理学包括两层含义:一是伦理等同于道德,工程伦理学包括从事工程的人员所必须认同的责任与权利,也包括在工程中所渴望的理想与个人义务;二是伦理学是研究道德的学问,是研究工程实践中道德上的决策、政策和价值。从描述意义上看,工程伦理学也包括两层含义:一是指工程师伦理学,研究具体个体或团体相信什么并且如何开展行动;二是指社会学家研究伦理学,包括调查民意、观察行为、审查职业协会制定的文件,并且揭示形成工程伦理学的社会动力。从工程伦理学的概念界定来看,规范意义上的工程伦理学强调从伦理角度审视工程,促进工程与伦理的结合,而描述意义上的工程伦理学则注重强调工程活动的伦理价值。无论是描述意义还是规范意义,都强调从伦理学角度来探讨工程中的伦理问题,研究工程主体的道德价值,探讨工程决策、政策、活动的道德正当性。

李伯聪认为工程伦理学可分为狭义的工程伦理学与广义的工程伦理学。大致来说,由于人们对工程的性质、对象和范围存在着广义和狭义两种不同的理解,从而也就出现了广义的工程伦理学和狭义的工程伦理学两种定义。

1. 狭义的工程伦理学

工程师作为工程活动的主体,往往在工程活动中发挥着非常关键的作用。就像有人把科学解释为科学家所从事的活动一样,也有人把工程解释为工程师所从事的活动。推而广之,可以把工程伦理学定义为工程师的职业伦理学,这种工程伦理学称为狭义的工程伦理学。有人认为工程伦理作为一种职业伦理,必须要把个人伦理和其他社会角色的伦理责任区分开。

应该承认和必须强调的是,这种狭义的工程伦理学不仅在历史上对工程伦理学的开创和发展发挥了非常重要的作用,而且在现实中还将继续对工程伦理学的发展起到重要的推动作用。

从理论方面看,狭义工程伦理学的研究已经取得了许多重要的成果,尤其是促进了工程伦理学作为一门单独学科的诞生;从实践方面看,狭义工程伦理学的研究有力地促进了职业工程师和工程师共同体的伦理自觉和伦理水平;从教育方面看,这种定义强有力地推进了对工科大学生的职业伦理教育。美国工程界和工程教育界在工程伦理学教育必须是工程教育的一个不可缺少的组成部分方面已经取得了基本的共识。

工程师的职业伦理原则在最初阶段没有遇到大的困难和挑战。随着工程活动的规模和职业工程师的作用越来越大,许多工程师越来越深刻地认识到他们必须重新认识工程师的社会作用和职业伦理准则。在19世纪末和20世纪初,许多工程师热情满怀地要求重新认识和定位工程师的社会作用和伦理责任,他们明确提出工程师不应该仅仅忠诚于雇主的利益,更应该服务于全人类和全社会的利益。1906年在康奈尔举办的土木工程协会年会上,有人豪情满怀地声称工程师将指引人类,一项从未召唤人类去面对的责任落在工程师的肩上。在这种豪情的鼓舞和支配下,一些工程师要求为工程师这个职业重新进行社会定位,他们不但希望和要求工程师掌握经济性工程活动的领导权和代表权,而且还雄心勃勃地要求掌握政治性工程活动的领导权和代表权,"工程师的反叛"和"专家治国运动"应运而生。其典型代表是美国的库克,他认为忠诚于大众和忠诚于雇主是对立的,工程有着伟大的未来,但是工程被商业支配却是对社会的可怕威胁。在"工程师的反叛"运动中,工程师只是在向资本家争取经济领导权,而在"专家治国运动"中,工程师则是在向政治家争取政治领导权。

工程师的职业性质和特征决定了要正确认识和真正确立工程师的职业责任和职业伦理原则必然要经历一个长期、困难而曲折的过程。关于工程师究竟应该在社会进步中发挥什么样的作用、怎样才能把忠诚于其雇主的要求与对大众的责任统一起来等问题目前都尚未解决。但并不妨碍我们肯定自20世纪初期以来,在工程师的社会责任和伦理自觉方面,无论在认识上还是在制度上取得的重大进步和发展。

与其他许多职业如工人、科学家、医生等相比,工程师这一职业是具有某种特殊自身困境的职业。莱顿认为工程师既是科学家又是商人,科学和商业有时要把工程师拉向对立的两面。这就使工程师在自身定位和职业伦理准则确立时难免会陷于某种难以定位的困境。哈里斯认为工程行为规范要求工程师作为雇主的忠诚代理人,又要求他们将公众的安全、健康和福祉放在首位。这两种职业责任有时是相互冲突的,使得工程师经常陷入道德和职业的困境中。博德尔在《新工程师》一书中提出,工程职业到了一个转折点,它正在从一个向雇主和客户提供专业技术建议的职业,演变为一种以既对社会负责又对环境负责的方式为整个社群服务的职业。工程师本身和他们的职业协会都更加渴望使工程师成为基础更广泛的职业,雇主也正在要求从他们的工程师雇员那里得到比熟练技术更多的东西。还应该强调指出的是,发达国家的许多著名的工程师职业团体,如美国机械工程师协会、化学工程师协会等都制定了自己的工程师伦理章程或伦理规范。从这些工程师职业伦理规范的制定和多次修订中,人们不但看到了作为职业伦理学的工程伦理学的理论成就和理论力量,而且看到了工程伦理学的现实影响和现实力量。

2. 广义的工程伦理学

从另一方面看,如果仅仅或完全把工程伦理学定义为工程师的职业伦理学,就会严重束缚工程伦理学的发展范围和发展空间,因此工程伦理学还有一个广义的学科定位和学科发展空间——广义的工程伦理学。

马丁和辛津格认为,工程活动的基本单位是项目,一个工程项目的全部过程应该包括以下几个阶段:提出任务(理念、市场需求);设计(初步设计和分析、详细分析、样机、详细图纸);制造(购买原材料、零件制造、装配、质量控制、检验);实现(广告、营销、运输和安装、产品使用、维修、控制社会效果和环境效果);结束(衰退期服务、再循环、废物处理)。按照这种对工程活动内容的广义理解,可以得出以下两个推论:第一,由于从事工程活动的人员不仅包括工程师,还包括工人、维修人员、销售人员、投资者、决策者、管理者、使用者等许多其他人员,因此仅仅把工程伦理学理解为工程师的职业伦理学的观点就不再成立了;第二,根据以上关于工程活动的五个阶段的定义,可以看出,工程活动中最重要的问题不再是职业问题,而是决策和政策问题。因此,工程伦理学的最重要、最基本的内容也就从工程师的职业伦理问题转变为关于决策和政策的伦理问题。马丁和辛津格认为工程伦理学是对决策、政策和价值的研究,而这些决策、政策和价值在工程实践和工程研究中在道德上是被期望的。容易看出,马丁和辛津格之所以对工程伦理学的基本主题和基本内容有这样的认识和阐述,其根本原因就在于他们对工程活动的基本内容有着广义的理解和定义。

广义的工程伦理学关注的不仅仅是工程师的职业伦理,还关注工程活动全过程的相关人员的道德决策和行为,以及这些道德决策对工程活动产生的影响。

2.1.2　任务

首先,从"研究人的行为是否正确"的角度看,伦理学是理解道德价值、解决道德问题和论证道德判断的活动,以及由这种活动形成的研究学科或领域。与之相应,工程伦理学则是理解工程实践中的道德价值、解决工程中道德问题,以及论证与工程有关的道德判断的活动和学科。具体来说,工程伦理是应当被从事工程的人员认可的经过论证的关于义务、权利和责任的一套道德规范,工程伦理学学科的核心目标是制定相应的规范并将其应用于具体的实践。美国学者阿尔伯特·弗洛雷斯认为工程伦理学是从事工程专业的人员的权利和责任。

其次,从"伦理"一词被用于指一个人、一个团体或社会对道德所表现出的特定的信念、态度和习惯这个角度看,它是在指人们在道德问题上的实际观点。与伦理的这种含义相对应,工程伦理便是指被当下接受的、各个工程师组织和工程学会所制定的工程师的行为准则和道德标准。唐·威尔逊认为工程伦理是被工程师这一职业接受的与工程实践有关的道德原则。美国哲学家拉德认为追求专业伦理准则是一种理论上和道德上的混淆,他主张把工程学会所制定的伦理准则排除在工程伦理学的研究范围之外。美国工程师及哲学家佛罗曼将伦理学等同于个人的道德观念、个人的良心,他认为工程师个人的道德良心没有普遍的共同点,不如法律和工程标准那样具有客观性和可操作性。

工程伦理学的研究任务包括以下两个层次的道德现象:工程师个人的道德观念、道德良心和道德行为,以及工程组织的伦理准则。工程伦理学一方面要对其进行描述性研究,弄清其现实状况和具体内涵；另一方面，还要诉诸各种基本伦理理论对上述道德概念、道德行为和标准、制度进行分析、论证或批判。如果把工程与伦理道德看作两个相对独立的自成体系的系统，它们之间实际上也是相互作用的。工程伦理学研究不能只拿既定的道德范畴、规范、原则一成不变地去套用于工程活动。在工程发展的过程中，伦理观念、行为规范也要随之发展。因此，在工程伦理学研究中要保持一种相互呼应的"双向螺旋"：首先，从伦理到工程，用伦理道德分析约束工程实践的发展，使之更好地为人类造福；其次，从工程到伦理，要研究工程发展对伦理道德的影响，相应改变陈旧的伦理观念。尽管还没有人在理论上对工程伦理学内容进行这样的概括，但是，在已有的工程尤其是工程与伦理问题的研究中，实际上这样两种"螺旋"都已经存在。德国和美国学者对伦理学中"责任"概念随着科技发展的不同阶段而相应变化的情况进行了研究。另外，美国的大多数工程伦理学教材则按照美国工程教育机构对工程课程的要求，侧重向工程学生传授工程专业的伦理准则及其具体应用。这种研究范式往往以"工程中的伦理问题"的名义进行，以特定的伦理理论、伦理标准来分析和解决工程专业活动过程中所发生的伦理现象及涉及的伦理问题。

工程伦理学一方面指出了工程发展中凸显的责任问题及其在伦理学中的重要意义，另一方面也探讨工程师具体要承担什么责任等问题。从逻辑上讲，工程伦理学问题研究的思路大致可以这样表述：以工程实践作为逻辑起点，在工程的发展中出现了新的情况、产生了新的问题，要求伦理道德需要做出相应的变化和调整，这些新的伦理会反过来对工程实践的主体及其活动进行引导、控制、约束和调整，这样便形成了一个完整的循环。由此看来，工程伦理学的研究对象主要是工程师，但又不限于工程师。工程伦理学的范围要比工程师伦理学广泛。工程伦理学还适用于由其他从事工程相关领域工作的人员，包括科学家、管理者、生产工人、技术人员、销售人员、政府官员、律师，以及一般公众做出的决策，旨在解决工程活动中的伦理问题和工程师在从事专业活动以及作为公民因其特殊专业技术知识而履行社会角色时发生的伦理问题。

2.1.3　工程伦理学与其他学科的关联

工程伦理学是自然科学与人文科学两大领域交叉融合的新学科，已经成为跨学科协作研究的范例。工程伦理学以工程活动所涉及的社会伦理关系与工程主体的行为规范为对象，关注工程价值与社会综合价值的关系，以及这些价值如何实现的问题。中国工程院张寿荣院士认为工程伦理学的基本问题应该是告诉人们"什么能做""什么不能做""应该怎样做""由谁来做"。当前我国工程人员在工程上出现的一些问题，不是技术问题，而是不敢求真务实，实质是价值观的问题，反映出他们对国家发展和国民幸福缺乏足够的社会责任与道德义务。

自 20 世纪 70 年代工程伦理学在美国产生时起便充分运用于跨学科研究和教学，从 20 世纪 80 年代以来产生了多学科的研究团队，并且许多资金也用来支持工程伦理研究项目。1978—1980 年关于哲学和工程伦理学的国家项目由罗伯特·鲍姆领导，由国家人文学科基金（NDH）和国家科学基金会（NSF）支持，18 位工程师和哲学家组成的团队参与了这一项目，其中每个人都探讨了工程中被忽视的伦理问题。20 世纪 80 年代，在各大工程社团资金的资助下，许多学者对于诸如美国电子电气工程师协会（IEEE）、美国机械工程师协会（ASME）、美国化学工程师协会（AICHE）等工程社团的历史进行了专题研究。同时，哲学家和工程师也联合起来编写工程伦理问题专著,如由哲学家马丁和工程师辛津格所出版《工程中的伦理学》(*Ethics in Engineering*),以及由两位工程师哈里斯与雷宾斯和哲学家普里查德出版的《工程伦理学》(*Engineering Ethics*)等,这些都是合作发展的典范。

著名工程伦理学家戴维斯认为工程伦理应该加强研究技术的社会政策与社会境域等问题,指出应该从组织的文化、政治环境、法律环境、角色等四方面进行探讨,在工程伦理学的教学过程中应该也从历史学、社会学和法律等方面阐述工程决策的境域。哈里斯认为在跨学科研究中应该把科学、技术与社会和技术哲学融入工程伦理学研究中,更需要关注技术的社会政策和民主商议,从更宏观的角度来研究工程伦理学。

1985 年,ABET(Accreditation Board for Engineering and Technology,美国工程与技术认证委员会)要求美国的工科院校必须把培养学生对"工程职业和实践的伦理特征的认识"作为接受认证的一个条件。2000 年,认证委员会制定了更为具体的细则。美国正在大力推进工程伦理学的跨学科研究和教学工作,有力地推动了工程专业类学生对工程的理解和认识,进一步明确了工程专业责任,从而提高了工程师的道德敏感性和工程职业素养。正如美国国家科学院、工程院在《2020 年的工程师:新世纪工程学发展的远景》中指出,工程师应该成为受全面教育的人,有全球公民意识的人,在商业和公众事务中有领导能力的人,以及有伦理道德的人。

总之,工程伦理学作为学科交叉的典范,兼具了人文学、工程学、伦理学、管理学、法学等学科的特征,并加以融合,形成了具有自身特色的学科体系,为工程活动中出现的伦理困境问题解决提供了一些可能。

2.2 工程伦理的基本原则

2.2.1 以人为本、造福人类原则

对幸福生活的追求是推动人类文明进步最持久的力量。享有更优美的生产生活环境、更舒适的居住条件、更安全营养的食品、更便利的交通设施、更高水平的医疗卫生服务等,是人类共同追求的梦想。人类的工程活动都是围绕人类对幸福生活的追求而展开的,以人为本、造福人类是工程活动应该遵循的首要原则。

1. 中西方历史上的人本思想

人本思想提倡人的尊严,确认人是最高的价值和社会发展的最终目的;重视人的现世幸福,确认满足和发展人具有的实在的尘世需要和才能;相信人的可教化性和发展能力,要求实现个性的自由和全面发展;追求人类的完善,要求建立人与人之间互相尊重的、真正的人的关系。人本思想伴随人类社会的发展逐步发展到今天,在中西方文明史上都留下了很多值得后世传承的价值。

1) 中国的人本思想

中国是人本主义发展最早的国家之一。与西方人本主义发展经历千年的中世纪基督教神学统治而后中断不同,中国从西周时期就已经开始了对人的肯定,而且从未中断。春秋时期的政治家和思想家子产曾说:"天道远,人道迩。"天道远离人间,人道则存在于身边的社会人事之中,可以就近掌握,而人道就是人类应该共同遵循的道德规范。老子在《道德经》第二十五章中说:"故道大,天大,地大,人亦大。域中有四大,而人居其一焉。"将人与道、天、地三者并列,肯定了人在宇宙中的重要地位。孔子提出了"敬鬼神而远之"(《论语·

雍也》)的命题，为儒家的宗教观定下了基调：敬而不慢，远而不迷。如果只诚敬而不保持一定距离，就会沉溺于鬼神之事，从而忽略现实人生；如果只疏远而毫无敬畏之心，就会放纵行为而无所规约。这些主张都以现实人生作为归宿。《论语》中学生在问及孔子生死关系等问题时，孔子曾说："未知生，焉知死。""未能事人，焉能事鬼？"表达了他对今世人生的重视，以及人的价值实现必须依靠人本身的力量去实现的主张。

2）西方的人本思想

西方文明中注重个人价值实现的人文主义理性思想对整个西方的历史发展都产生了深远的影响。在古希腊文明早期，哲学家普罗塔戈拉就提出了著名的命题："人是万物的尺度"，强调人的作用和价值。另一位哲学家苏格拉底强调人要"认识你自己"，第一次在哲学意义上发现了"自我"，并认为"美德即知识"。历史学家修昔底德告诉我们"人是第一重要的，其他一切都是人的劳动成果"。后来的斯多葛亚学派则提出"人人生而平等"，在人类历史上第一次论证了天赋人权、人生而平等这一西方人文主义的核心理论。

在经历了一千年左右的神学统治之后，文艺复兴时期的人们强调人的灵魂得救要靠自己虔诚的信仰，而不是依赖教会的神职人员，使人的心灵从教会的统治下解放出来。肯定人的欲望，歌颂自然的人性，重视人的价值和尊严，要求以"人"为中心，肯定现世生活，展现了为创造现世幸福而奋斗的乐观进取精神，推动了欧洲资本主义的全面发展。在随后的启蒙运动中，大量思想家进一步论证了人的价值，认为人的理性是衡量一切的尺度，不合乎人的理性的东西就没有存在的权利。他们主张传播科学知识以启迪人们的头脑，破除宗教迷信，从而增强人类的福利。他们反对封建专制制度，宣扬自由、平等和民主。《美利坚合众国宪法》开篇大力宣扬"天赋人权"，"我们认为这些真理是不言而喻的：人人生而平等，造物者赋予他们若干不可剥夺的权利，其中包括生命权、自由权和追求幸福的权利。"主张人民参与国家和社会事务，法律面前人人平等。

3）《世界人权宣言》

1948年12月10日联合国大会通过了第217号决议，即《世界人权宣言》，这是一份旨在维护人类基本权利的文献。宣言开宗明义指出"人人生而自由，在尊严和权利上一律平等"，全世界各地区的所有人都享有各种基本权利和自由。《世界人权宣言》规定，人的尊严和平等的权利是固有的；人们有反抗暴政的权利；人权是人民和国家共同实现的标准。1997年和2001年中国分别签署了《经济、社会及文化权利国际公约》和《公民权利和政治权利国际公约》。2004年3月第十届全国人大二次会议通过的《中华人民共和国宪法修正案》，将"国家尊重和保障人权"写进了宪法。这些重要文献所昭示的人道主义基本理念为我国的工程实践提供了核心的价值依据。

2. 工程活动中以人为本原则的基本含义

1）人是工程活动的目的

人的活动与动物本能活动的根本区别，就在于人的活动具有自觉的目的。而促使人们从事各种工程活动的根本动因，就是人们的需要。人的任何工程活动，归根到底都是为了满足人的各种需求，促进人的全面发展。人类的工程活动，其存在和发展要以人为本，也就是说，工程活动要满足人的物质文化需要，满足人的根本利益需求，即以人为人类工程活动的价值取向。这就是说，一切工程活动归根结底都是为了人，为了所有的人。为什么要这样呢？因为在人类社会中每一个人都享有人的基本权利，即人权，以人为本就是人权的实现,这也是最基本的人道主义,是工程活动中以人为本原则的根本体现。

2) 人的生命价值高于一切

生命是人类社会生存和发展的起点,生命对每个人来说只有一次。人的生命是世间最宝贵的东西,是其他一切价值的前提和基础,离开生命一切价值都无从谈起,所以人的生命是最重要的价值,尊重生命是当代伦理学的核心价值,也是工程伦理学的核心价值。尊重人的生命价值意味着将保护人的生命放在一切价值的首位,以切实维护作为生命主体的人的生存与发展的权利。从工程伦理的角度来说,尊重人的生命一方面要求工程技术人员在工程实践中将创新工程技术、开发新的物质资源作为工作目标,以满足人们不断发展的生活需求,提高人类的福祉;另一方面,要求在工程活动中,积极防止工程可能带来的伤害,坚决杜绝以毁灭生命为目标的研究和开发项目,不以非人道的手段对待每一个人,不从事破坏人类生存环境和危害人类健康的工程项目,在工程实施的过程中须以对人类生命安全高度负责的态度考虑工程的安全。

3) 人是工程活动的关键

综观人类的工程活动史,有很多影响因素,但真正起着基础性、战略性、决定性作用的因素始终是人。工程活动越往前发展,人的因素就越重要。与工程技术、自然资源、资本等物的因素相比,在人类的工程活动中,人这个因素最活跃、最重要、最根本,人力资源是工程最宝贵的资源,人才资源是工程活动的第一资源。在工程活动中要大力开发人力资源,充分发挥人的积极性、主动性和创造性,尊重工程师的人格尊严和劳动价值。只有把人的工作做好了,工程活动才能顺利推进。

4) 确保人的健康和安全

健康权即自然人享有保持生理机能正常和健康状况不受侵犯的权利,是个人生存和进行正常生产生活的前提条件。安全权是公民享有人身、财产、精神不受侵犯、威胁、胁迫、欺诈、勒索的权利。这两项权利都是人的基本权利的重要组成部分。在工程设计和实施中,必须要将保护人的健康权和安全权放到重要的位置,以高度负责的态度充分考虑产品的安全性能,确保产品对人类的健康和安全不构成威胁。在工程实施的过程中,要做好劳动保护措施,保障工程实施者的劳动安全。在产品和工程项目完工投入使用以后,应有持续的安全使用指南和安全保障措施。总之,一切工程都要确保将保障人的安全和健康放在非常重要的位置。

5) 尊重人的自主性、知情同意权和隐私权

人与其他存在的不同之处就在于人有自决能力,人应不受约束地决定自己的最佳利益所在。工程活动的开展可能对人的自主性构成威胁,如在医疗过程中要和病人说明病情以及可能采取的措施,分析各种措施引发的利弊,尊重病人的知情权和选择权。知情同意是指某人的同意必须以他对某事知情为前提,即知道将要发生的事件的准确信息并了解其后果。工程实践中要尊重人的自主性和知情同意权,这是人之所以为人的一个要素。工程活动也可能对人的隐私构成侵犯,如计算机网络的运用中,有大量获得隐私的机会,也存在大量可能侵犯隐私的漏洞。因此,保护个人隐私权也应该是工程伦理的命题中应有之义。

3. 以人为本原则的实现路径

1) 不断创新让工程为人类造福

科学技术是第一生产力,工程是将科学发现、技术发明和产业发展连接起来的纽带,是最现实、最直接的生产力,工程创新的水平很大程度上决定着一个国家或地区的发展速度

和文明进程,是人类福利的物质基础。

古往今来,人类创造了无数令人惊叹的工程科技成果。中国的造纸术、火药、印刷术、指南针等重大技术创造和都江堰、京杭大运河等重大工程,是中国古老文明形成的关键因素和重要标志,对中国社会和经济发展产生了重要影响,不少发明甚至造福了全人类。近代以来,工程科技更直接地把科学发现同产业发展联系在一起,成为经济社会发展的主要驱动力。18 世纪,蒸汽机的发明引发了第一次产业革命,使人类进入了机械化时代。19 世纪末至 20 世纪上半叶,电机和化工引发了第二次产业革命,使人类进入了电气化、原子能、航空航天时代,极大提高了社会生产力和人类生活水平。20 世纪下半叶,信息技术引发了第三次产业革命,使社会生产和消费从工业化向自动化、智能化转变,社会生产力再次提高,劳动生产率再次飞跃。

工程科技的每一次重大突破,都会催发社会生产力的深刻变革,都会推动人类文明迈向新的更高的台阶。纵观世界各发达国家的经济社会发展进程,其背后都有工程创新起到的重要推动作用。所以,在工程实践中如何将科学发现、技术发明和产业发展紧密地结合起来,通过工程活动的优化集成并将其转化为现实的生产力,以此推动社会进步,造福广大人民,是工程技术人员的首要工作。我国还是发展中国家,人口众多,幅员辽阔,地区发展不平衡,推动社会进步、促进人民幸福,工程创新是其中必不可少的重要力量,也是工程技术人员责无旁贷的职责。我们必须看到当前我国在科学研究、技术开发、工程创新和经济发展中存在着创新能力不足、创新后劲乏力的问题,阻碍了我国经济社会的发展,也影响了人们的生活质量。除了在制度上不断完善之外,也需要工程技术人员在专业领域的奋发图强、创新有为。通过工程创新,降低经济社会成本,创造更加美好的生活前景,真正做到让工程造福全社会。

现代生物技术是当今七大支柱性高新技术之一,包括基因工程、蛋白质工程、细胞工程、酶工程和微生物工程 5 个分系统。基因工程是其中的核心。基因工程也称基因操作、基因克隆增殖或重组 DNA 技术。具体来说,就是在基因水平上,根据人类的需要,采用类似工程设计的方法,把采自不同生物的基因同有自主复制能力的载体 DNA 进行体外切割、拼接和重组,然后再送入生物体内进行繁殖和表达,创造出具有某种新性状的生物品系,并使之稳定地遗传给后代。人类对基因工程技术的研究和探索,如果是朝着好的方向发展,这一技术可以给我们的生活带来不可估量的利益。例如,在医学上引入基因疗法,可以治疗许多由于基因结构与功能发生改变所引起的疑难病症;在农业上运用基因工程技术,不仅可以大大增强农作物的抗虫害、抗干旱和抗盐碱能力,而且可以提高农作物的产量,生产出口味更好、营养更丰富的果蔬。另外,利用基因工程技术还有可能使许多早已灭绝的古代生物"死而复生",或者在动物身上批量生产人类所需移植的活体器官。科学研究证明,一些困扰人类健康的主要疾病,如心脑血管疾病、糖尿病、肝病和癌症等都与基因有关。依据已经破译的基因序列和功能,找出这些基因并针对相应的病变区进行药物筛选,甚至基于已有的基因知识来设计新药,就能有的放矢地修补或替换这些病变的基因,从而根治顽症。这是生物工程领域中科技创新造福人类的典型,在其他领域也是如此。

2) 有效规避工程风险

科学技术是一把"双刃剑",任何工程项目在实施的过程中都有潜在的风险。在工程活动中规避工程可能带来的风险,使工程造福人类而不是为祸人类是任何工程项目在实施过程中必须要考虑的重要问题。为了减少工程项目风险,在工程正式实施之前,有必要进行全面的项目可行性论证,考察工程项目实施以后可能带来的各种问题,并采取适当有效的措施加以排除或补救。事实证明,如果在工程开始之前缺少充分的可行性论证,可能带来严重的后果。

在通过前期论证,工程进入正式实施阶段以后,更要重视对工程的监管,从勘察、设计、施工、监理等各个方面严把质量关,避免各类风险事故的发生。工程实施方既要保证工程的质量,对工程的发包方负责,也要顾及参与工程建设的工作人员的安全,并尽量避免工程对周边环境的影响。

2.2.2 公平正义原则

工程活动的开展必然涉及一定的群体,有人会从工程中受益,也有一部分人可能因为某项工程而利益受损。工程活动离不开社会环境,从这个角度来说,工程伦理必然要遵循公平正义的原则,兼顾各方利益,不能损不足而奉有余,而应该损有余而补不足。

1. 公平正义的基本含义

公平正义是一种价值理念,是社会价值分配的实际结果和状态。公平正义就是把各人所应得的给各人,使人各得其所、各得其值。在这个意义上,正义就是均衡、相称,就是不任意区分,也就是有原则或有法律制度一以贯之,而不是随意安排。公平正义就是关于实现社会价值的平等与公平分配的价值观念和价值诉求,它反对和排斥社会价值分配和分享的不平等与不公平。

公平正义首先意味着权利上的公平,它承认并保证社会主体具有平等的生存发展权。也就是要求社会的制度安排和非制度安排给每个社会主体的生存、发展的机会是平等的,劳动的权利、受教育的机会、职业的选择等不能受家庭背景、种族、性别及资本占有状况等因素的限制和影响。工程活动在开展的过程中也应切实保证工程相关各方的基本权利。只有对人的基本权利给予切实的保障,坚持使工程建设的成果惠及相关各方,实现以人为本的工程建设理念,才能使工程造福人类社会。

其次是机会公平。社会主体参与社会活动,要求社会确保机会均等,这是实现权利公平的前提。从有利于挖掘、发挥出每个人的潜能的要求来看,机会公平意味着要满足人的不同层次需要和不同人的不同层次需要,这一方面要求社会多提供机会,另一方面要求社会制度保证所有机会是均等的。机会公平要求工程的开展要摒弃先赋性的因素(如特权、身份、宗教、种族、等级)等不公正因素的影响,保证工程各方能够得到公正的对待。

最后是规则公平。社会主体参与社会活动,要求规则必须是公平的,只有在规则公平的前提下,才能实现其他形式的公平。这是程序正义的体现,工程在开展过程中要制定公平公正的规则,使工程相关方都能够参与其中,通过制度和规则保障每一方的利益都有诉求的机会和渠道。

2. 维护个人权利不受侵犯

工程造福人类并不意味着所有人都可以从具体的某项工程中获得利益,恰恰相反,任何一项工程在让特定人群受益的同时,可能会给另一部分人造成影响甚至利益损害。而在传统的观念中,总是以"个人服从国家""舍小利顾大利"而牺牲那一部分人的利益。这样的做法在个人权利普遍得到尊重的今天是不妥当的。在工程实施的过程中应该把尊重与保护人权的理念贯穿其中。

1）私有财产不可侵犯原则

保护个人权利不受侵犯首先要保证个人合法的私有财产不受侵犯，这是个人实现尊严的前提。2004 年《中华人民共和国宪法修正案》明确规定"公民的合法的私有财产不受侵犯"。2007 年出台的《中华人民共和国物权法》进一步细化了对个人私有财产的保护。这些保护公民私有财产的法律规定为工程实施过程中如何保护个人财产提供了法律依据，也设定了工程实施的法律底线。任何工程在实施过程中都应贯彻私有财产不可侵犯这一原则。

2）工程投资要减少或弥补个人权利的损失

现实的工程实践是无法绕开利益受损人群的，总有人要在工程实施中受到各种利益影响或损害，如移民安置问题、工程扰民问题、环境污染问题等。所以，如何尽量减少或弥补对个人权利的侵犯就成为工程实施过程中必须注意的问题。我国宪法规定："国家为了公共利益的需要，可以依照法律规定对公民的私有财产实行征收或者征用并给予补偿。"这为工程实施过程中征收或者征用公民私有财产提供了法律依据，同时也明确了工程投资必须减少或弥补个人的损失，防止工程侵权行为激化社会矛盾、影响社会稳定。

3）确定权利冲突中的优先次序

工程在实施过程中可能产生权利冲突的情况，这就要求我们对权利的优先次序进行区分。美国心理学家亚伯拉罕·马斯洛将人类需求像阶梯一样从低到高按层次分为五种，分别是：生理需求、安全需求、社交需求、尊重需求和自我实现需求。对个人权利而言，也存在着几个不同层级的权利，其中，最重要的权利层级是人之所以为人的最基本的权利，如生命、身体的完整、精神的健康等；其次是维持个人已经实现的权利，如不被欺骗，在参与某些实验时的知情权、个人财产不被侵犯、个人名誉不受损等；最后是提升个人生存水平所需的权利，如获得财产、获得尊重和认可等。在具体的工程项目中，应该全面地分析和判断，对可能产生的权利侵害进行评估，并选择那种对权利造成最小侵害的行为方式来展开。

3. 坚持人人平等理念

人人平等是现代社会的重要理念，也是人道主义思想的重要体现。现代社会与传统社会相比，一个很大的不同点就是传统社会倾向于主张等级制度，提倡性别偏见，存在大量的种族歧视；而现代社会则提倡人人平等。在现代工程实践中如何体现人人平等、尊重每个人的幸福应该是工程伦理的题中应有之义。

1）人人平等是工程造福人类原则实施的重要前提

平等理念是现代社会良性互动的基石。只有具备了平等的理念，我们才会尊重与我们打交道的另一方的人格尊严、合法权益，在出现纠纷或矛盾时，在关注自己权益的同时也不忽视他人的权益。我们国家长期处在等级社会，尽管宪法明文规定"法律面前人人平等"，但民众还是习惯于区别对待不同的群体，潜意识中由于区别认知而产生的各种阶层意识还普遍存在，并在各种社会活动中体现出来。工程活动作为社会活动的一部分，也会受到这些等级意识的干扰，从而造成工程实践过程中出现各种不和谐因素，影响工程的正常开展和效益的发挥。在工程实践中，应该把人人平等作为重要的理念加以贯彻。

2）平等理念在工程实施过程中的体现

在工程实践中，要加强制度建设，将平等理念贯穿到工程实施过程中。作为工程师，应该在自己判断力所及的范围内，尽自己的能力遵守为他人谋利益的道德原则，杜绝一切偏见或歧视,减少或消除来自工程以外的政治、经济、文化及自身利益等多方面因素的困扰,对工程所涉及的不同群体,都能一视同仁,站在中立的立场实施工程活动。

3) 尊重差异,防止由差异引发的偏见

人类的存在因地理、历史等不同而形成了不同的种族、宗教和生活习俗,呈现出多样化的样貌。工程活动必须要尊重这种多样化的存在,尊重人群的不同宗教、习俗和生存差异,平等对待不同的人群,防止因差异而引发偏见。在工程实践的历史上,曾经出现过因不尊重这种差异化的存在而酿成的伦理悲剧,这些教训值得人类铭记。

2.2.3 人与自然和谐相处原则

20 世纪中叶新技术革命蓬勃兴起之后,人类通过工业化、城市化大幅提升了生活的质量;同时,环境污染、资源枯竭、地球变暖等一系列问题也随之产生。人类如果仍然按照传统的方式生存、发展,地球将不堪重负。自 20 世纪末以来,许多有识之士开始对以人类为中心的传统发展观包括工程观进行反思,开始将人与自然和谐相处的原则运用于大量的工程实践中。

1. 中国古代天人合一思想

中国古代天人合一思想传承几千年不衰,对中国社会的文化走向、价值观念、思维方式、伦理道德和审美追求等方面都产生了深远影响。这一古老而有生命力的思想为我们当代人重构人与自然、人与社会、人与人、人与自我之间的关系提供了重要价值和有益启示。

天人合一的思想与我国悠久的农耕文明有着密切的关系。中华文化发源于内陆平原,自给自足的农耕生活是中国人的主要生活方式。这样的生活方式决定了中华文化的基本精神——天人合一。因农耕生活所需的阳光、雨水、土壤依赖自然赐予,这就决定了自然在中国人心中至高无上的地位。农民耕种要求合于四时,做到春种夏耘秋收冬藏,不能与自然的规律对立。《周易》有言:"有天地,然后万物生焉。"我国古人在从事农耕生产的过程中,慢慢了解到了天地运行的规律,逐渐形成了物我相应、天人合一的思想。

与西方文化主张征服自然、天人对立的思想不同,天人合一要求人与大自然要合一,要和平共处,不要讲征服与被征服。根据天人合一的思想,宇宙自然是大天地,人则是一个小天地。人和自然在本质上是相通的,故一切人事均应顺乎自然规律,达到人与自然的和谐。"天"代表"道""真理""法则",天人合一就是与先天本性相合,回归大道,归根复命。在我国的传统思想中,天人合一不仅是一种思想,更是人类应有的生存状态。在自然界中,天地人三者是相应的。老子说的"人法地,地法天,天法道,道法自然"就是对天人合一思想的经典表述(《道德经》第二十五章)。《庄子·达生》曰:"天地者,万物之父母也。"天有天之道,天之道在于"始万物";地有地之道,地之道在于"生万物"。人有人之道,人之道的作用就在于"成万物"。天地人三者虽各有其道,但又是相互对应、相互联系的。这不仅是一种"同与应"的关系,而且是一种内在的生成关系和实现原则。天地之道是生成原则,人之道是实现原则,二者缺一不可。

儒家主张天人一体,"四海之内,其性一也",认为心、性、宇宙互相联系、通贯一体,掌握了人自身的规律,也就掌握了自然界的规律,就能"参天地之化育",掌握天地变化。参天的过程,就是对生命价值与天地自然规律关系的探求过程。孔子修行一生,最后道出"五十而知天命"的人生感悟。《论语·述而》中说孔子"钓而不纲,弋不射宿",意思是说孔子用鱼竿钓鱼而不用渔网捕鱼,用弋射的方式获取猎物,不射取正在休息的鸟类,给鸟兽休养生息的机会,体现了孔子不乱杀生、不乘动物之危的朴素生态保护观。《孟子·梁惠王》提倡"不违农时,谷不可胜食也;数罟不入湾池,鱼鳖不可胜食也;斧斤以时入山林,材木不可胜用也。"意思是说不妨害农业生产的季节,粮食便会吃不完;如果细密的渔网不到池沼里去捕鱼,鱼鳖就会吃不光;如果按季节拿着斧头入山砍伐树木,木材就会用不尽。这种质朴的生态保护思想智慧对于当今时代生态和濒危动植物种群保护无疑具有启迪和鞭策意义。《中庸》强调,人只有在把握了人自身和自然万物的规律后,"可以赞天地之化育,则可以与天地参矣",充分体现了尊重自然、效法自然,人与自然有机共生、依存的生态智慧。荀子指出"万物各得其和以生,各得其养以成",强调天地万物和谐统一,人应该遵循自然规律,与万物共生共长。

董仲舒认为"天地人,万物之本也。天生之,地养之,人成之",把人与天地同视为万物之本,与天地合成一个密不可分的系统,人的生存有赖于自然,而人的活动也影响着自然变化。陶渊明的"采菊东篱下,悠然见南山",表达了人与自然之间关系的惬意与悠然。天人合一的精髓,是物我贯通、物我共生,既不是人类中心主义,也不是自然中心主义,而是人与自然的和谐共生关系。王阳明认为人与自然界万物是一体的,二者是不可分的整体,他有一句为后世所熟知的名言:"你未看此花时,此花与汝同归于寂;你来看此花时,则此花颜色一时明白起来",以诗意的语言点出了中国人心目中天人合一的生存智慧。

天人合一思想蕴含丰富的生态环保与可持续发展理念,突破了狭隘的人类中心主义与主客对立的工具理性思维,为解决经济社会系统与自然系统的关系问题,推动形成人类活动与自然系统的良性循环,为保障人类工程活动健康有序发展提供了价值参考。

2. 人类中心主义工程观的反思

人类在以往较长时期的工程实践中,首先考虑的是人类的福利,很少考虑自然的平衡、资源的有限性、动植物的生存权等问题。自20世纪后半叶开始,随着全球现代化进程的不断加快,气候变暖、空气污染、土地荒漠化、水污染、资源枯竭等环境问题越来越成为人类和其他生物的生存威胁。今天,人类已经意识到了这一恶果,开始对过往工程活动中的人类中心主义进行反思:地球只有一个,一旦人类这一目前为止唯一的生存家园遭到无法补救的破坏,最终受到伤害的也包括人类自己。因此,积极寻求可持续发展的工程观已成为全球工程领域的共识。

所谓人类中心主义,就是主张在人与自然的相互作用中将人类的利益置于首要的地位,强调人类的利益应成为人类处理自身与外部生态环境关系的根本价值尺度。该理论认为,人与人之间才有真正意义上的义务,而自然,只是对这种义务起到工具的作用;在人与自然的价值关系中,只有拥有意识的人类才是主体,自然是客体;在人与自然的伦理关系中,应贯彻"人是目的"的思想,人类的一切活动都是为了满足自己的生存和发展的需要,不能达到这一目的的活动就是没有任何意义的,因此,一切应以人类的利益为出发点和归宿。这种认识促进了人类在科技方面的不断进步,但同时也使人类与自然界的关系日益紧张,在人类无节制地改造和征服自然界的过程中,自然不断遭到破坏,生态出现了失衡。

人类中心主义强调以人为中心,没有意识到人类是"自然之子",而不是"自然之主",在人与自然的关系上,人类中心主义过分强调对自然的统治和索取,而忽视了对自然的依赖和培育,加速了自然资源枯竭和自然承载力衰竭,为人类的持续发展埋下了隐患和祸根。人类中心主义强调以人类为中心,在人类个体和群体之间的关系上表现为过分强调对其他个体和群体的统治,而忽视了社会中个人与个人、个人与国家、国家与国家之间的和谐,助长了人类社会中一些过分残酷的争权夺利的斗争,使人与自然、人与人、族群与族群等之间的关系紧张,甚至出现了剑拔弩张、你死我活的冲突。

2.2.4 可持续发展原则

世界上的任何事物都是矛盾的统一体。人类从事工程实践是在人-工程-社会-自然这个统一体中进行的,牵一发而动全身。所以工程项目的开展一定要兼顾个人、社会、自然和工程项目本身可能发生的变化以及影响,在工程实践中自觉将可持续发展的原则贯彻其中。以人与人、人与社会、当代人与下一代人、人与自然互惠互利共同发展为前提,自觉克服目光短浅、急功近利思想,树立各个因素和谐并进的可持续发展工程观。

1. 可持续发展思想

可持续发展的概念最先于 1972 年在斯德哥尔摩举行的联合国人类环境研讨会上正式讨论。这次研讨会云集了全球的工业化和发展中国家的代表,共同界定人类在缔造一个健康和富有生机的环境上所享有的权利。自此以后,各国致力于界定"可持续发展"的含义,涵盖国际、区域、地方及特定界别的层面。1980 年国际自然保护同盟的《世界自然资源保护大纲》提出:"必须研究自然的、社会的、生态的、经济的以及利用自然资源过程中的基本关系,以确保全球的可持续发展。"1981 年,美国的布朗出版了《建设一个可持续发展的社会》,提出以控制人口增长、保护资源基础和开发再生能源来实现可持续发展。1987 年,世界环境与发展委员会出版《我们共同的未来》报告。1992 年 6 月,联合国在里约热内卢召开的"环境与发展大会",通过了以可持续发展为核心的《里约环境与发展宣言》等文件。随后,中国政府编制了《中国 21 世纪人口、资源、环境与发展白皮书》,首次把可持续发展战略纳入我国经济和社会发展的长远规划。1997 年,中共十五大把可持续发展战略确定为我国现代化建设中必须实施的战略。

1) 可持续发展思想的主要内涵

《我们共同的未来》中将"可持续发展"定义为"既满足当代人的需求,又不对后代人满足其自身需求的能力构成危害的发展"。所以可持续发展应该以保护自然资源环境为基础,以激励经济发展为条件,以改善和提高人类生活质量为目标,应是一种新的发展观、道德观和文明观。其内涵主要包括以下几方面:

(1) 突出发展的主题。

发展是集社会、科技、文化、环境等多项因素于一体的完整现象,是人类共同的和普遍的权利,发达国家和发展中国家、穷人和富人、多数族裔和少数族裔都享有平等的不容剥夺的发展权利。

(2) 重视发展的可持续性。

人类的经济和社会发展不能超越资源和环境的承载能力,在发展过程中应尽量减少对资源的损耗和对环境的破坏,在关注当下发展的同时,还必须关注发展方式的科学性。

(3) 关注后代人的利益。

人类在发展经济时要对自己的后代负责,多考虑后代的生存和发展,把对单纯物质财富的追求和满足转变为对人的全面发展的追求,在发展中既满足当代人的需求,又不对后代人的发展构成危害。

(4) 人与自然的协调共生。

人类必须建立新的道德观念和价值标准,学会尊重自然、师法自然、保护自然,并与之和谐相处,而不是一味地向自然索取甚至破坏、毁灭。

2) 可持续发展对工程实践的指导意义

科学技术发展到今天,各个学科和行业几乎都同时遇到了环境、资源、能源和人类伦理道德等共同的问题,工程活动也不例外。可持续发展思想的提出为工程实践的未来发展指明了方向,人类必须要改变传统的科学与生产的方法,必须要用新的思想、新的理念来充实和扩大现行的工程发展观,即可持续发展工程观。必须将可持续发展思想融合到工程活动的理论和实践中,工程实践要全面考虑工程活动和环境、人类需要之间的关系,努力协调自然环境、人类社会与工程系统的关系,将绿色、环保的理念渗透到工程活动的各个环节中。

高科技在节约资源方面发挥了巨大的作用。以色列多年来积极发展出口型现代农业,限制曾创最高单产的棉花和粮食等高耗水作物,转向高产值的基因生物、花卉、果蔬、畜牧等。其数字化养奶牛等项目的单产居世界之首。据专家分析,以色列现代农业技术和效益超前于世界大部分国家 50 年左右,单位国土面积能养活世界平均水平 3 倍的人口。在水技术方面,以色列是世界滴灌和海水淡化技术的先锋,其份额占全球水市场的一半。以色列最大的海水淡化厂年产水 1.2 亿吨。目前,以色列计划再建 3 个淡化水厂,年产水要达 5 亿吨,新厂采用的技术可节能 40%,每吨水成本约 0.5 美元。同时,以色列的废水回收率达75%,居世界第一,位居第二的西班牙废水回收率仅 12%。以色列绝大多数供水管均采用全程计算机监控和自动堵漏系统,可减少水损耗 30% 左右。

2. 工程与可持续发展观

在工程实践中,可持续发展工程观在工程中的作用是不容忽视的。世界航空工程的先驱者、美国加州理工学院冯·卡门曾说:"科学家研究已有的世界,工程师创造未来的世界!"工程师在现代工程活动中始终扮演着一个极其重要的社会角色,他们是现代工程活动的核心,工程的勘察、设计、施工和操作都要由工程师完成。作为工程实施主体的工程师,只有树立正确的工程发展观和相应的工程伦理素养,才能在今后的工作中尽可能减少工程对自然环境的破坏和影响,提高工程的可持续发展性。要成为高素质的工程师,不仅要具备过硬的专业知识,更要拥有正确的工程伦理价值观。

1) 可持续发展:未来工程发展的方向

作为发展中国家,我国很多地方都以高消耗、高污染的方式进行着工程建设。虽然大规模的工程建设在推动我国经济社会发展中起着非常重要的作用,但近年来,随着经济建设的急速扩张和国家战略布局的影响,我国自然资源过度消耗、承载力下降、环境污染加剧、自然生态退化严重的问题已经摆在我们面前。而一旦资源枯竭、生态失调,经济和社会发展必然受到严重制约,甚至会出现"负增长"。因此,如何解决经济发展与生态社会系统的矛盾,已经成为我国经济和社会发展领域的重大问题,也是我国工程领域亟待解决的问题。如何在工程建设中既保证人类生存发展、改善生活环境和质量的需要,又保证生态环境的保护、降低对资源的消耗,已经成为未来工程发展的必然选择。可持续发展的工程必将成为未来工程发展的方向。

韩国的兰芝岛因为盛产灵芝和兰草而得名。20 世纪 70 年代,韩国经济发展起来了,但垃圾处理问题也日益严重,位于市区内又相对封闭的兰芝岛成为垃圾堆放的首选,岛上相继建了两个垃圾填埋场。之后短短的 15 年间,兰芝岛上堆起了两座高达 100 米的垃圾山。

由于是将生活垃圾、建筑废料及工厂废弃物等各种污染物质不加区分地堆置在一起,不仅加重了兰芝岛污染的程度,而且造成了恶性循环。堆积如山的垃圾腐烂时渗出的污水开始流入汉江,邻近的生态环境遭到了严重破坏,大气污染也很严重。于是,兰芝岛上弥漫着恶臭,弥漫着浮尘,苍蝇满天飞。

为了改变兰芝岛的面貌,首尔市开展了名为"稳定化工程"的生态修复工程。即在垃圾处理处于饱和的状态下,将荒废的土地建设成生态公园的城市改造方案。首先,有关方面建设了一道防水墙防止污水渗透,并实施污水净化措施;其次,在垃圾填埋地铺上黄土种植花草逐渐恢复自然植被;再次,集中处理有害气体;最后,在保护垃圾山倾斜面不倾倒的前提下实施绿化工程。不仅如此,还在地下尚存的垃圾堆内埋设管道,将仍在分解的垃圾产生的沼气和二氧化碳等气体抽上来送到能源工厂进行利用,以满足附近建筑的生活、制冷、采暖等方面的能源需求,从而产生了一定的经济效益。

经过多年的生态复原,兰芝岛垃圾山终于成为动植物丰富的生态公园。昔日的垃圾填埋场,如今已成为首尔市民工作忙碌之后享受休闲生活的地方。但是,兰芝岛的填埋地"稳定化工程"并未就此结束。首尔市设定的填埋地"稳定化工程"完工时间是 2020 年。为此,首尔市还将不断完善地基安全、污水处理、填埋沼气处理等安全稳定化系统,并对填埋地周边的水质、大气、土壤污染度等进行持续的观察监测。

在首尔,垃圾山不仅可以变身为公园,污水处理厂也日益公园化。首尔市以碳川水再生中心为试点,在污水处理设施的沉淀池上修建公园。目前,已经修建了步行路和生态莲花池、小溪川,栽种了青松、红松、槐树等 3 万多棵树,一个充满自然情趣的生态公园已经初具规模。为了解决周围居民及来访碳川水再生中心游客们的停车难问题,还修建了宽敞的停车场。并将建成足球场、篮球场、网球场等体育场地。此外,在碳川水再生中心除了能见到处理垃圾的设备之外,还可以看到污水处理过程和净水过程,人们可以在这里学习正确处理垃圾的方式,感受环境的珍贵性。

2) 可持续发展原则在工程中的具体体现

可持续发展工程观不是形而上的认识,它需要在具体的工程实践活动中得到充分合理的运用。可持续发展观要求在工程实践中对项目实际和潜在的直接和间接、正面和负面、短期和长期影响,从环境、经济和社会三方面进行识别和评价,将可持续发展标准体现到项目规划运营的全过程。要综合考察生态环境、经济、社会复合系统与工程项目之间的相互关系和影响,分析多种社会效益和多样的人文环境因素。

在工程项目立项阶段,应进行土地利用适宜度规划、环境污染防治规划、资源利用与保护规划等,凡是损害生态社会系统的项目应坚决予以否决。立项时,应优先考虑具有多种功效的项目,即每产生一单位效能且被占用土地尽可能少的项目,能够最大限度为社会弱势群体提供机会而不会给其带来重大负面影响的项目,对稀有物种、濒危物种、自然文化遗产等影响较小的项目。

在建设和运营阶段,应采用绿色技术,优化工程项目的环境产出。对所选定项目的每一阶段进行评价预测所选方案对生态环境的各种影响和应采取的保护措施,以优化工程项目的环境产出。采用绿色设计,着眼于人与自然的生态平衡关系,在设计过程的每一个决策中,都应充分考虑环境效益,尽量减少对环境的破坏,使产品能方便地分类回收并再生循环或重新利用;实施绿色施工,减少场地干扰,减少环境污染,提高资源和材料利用效率,增加材料回收利用等的施工方法。

在工程活动过程中要建立公众参与监督机制,识别利益相关者和受影响群体,并使其有机会将反馈信息纳入决策过程,参与减少负面影响的方案的制定和执行。清楚识别项目的环境、社会和经济方面的效益与成本,描述将来可能出现的问题和风险,并汇总成文件提供给利益相关者。明确识别少数民族和脆弱群体,确保其能充分参与磋商活动,而不受项目的负面影响。

2.3　工程伦理学的主要思想

2.3.1　功利论

功利论,又称功利主义,是伦理学的一个重要理论思想,提倡追求"最大幸福"。功利主义来源于古希腊的快乐主义伦理学传统,最早可以追溯到古希腊亚里斯提卜所创立的昔勒尼学派。古希腊伊壁鸠鲁把正当的行为视为追求幸福和快乐的行为。中国战国时期思想家墨子以功利言善,是早期功利主义的重要代表。宋代思想家叶适和陈亮主张功利之学,注重实际功用和效果。

功利主义正式成为哲学系统是在 18 世纪末和 19 世纪初期,由英国哲学家边沁和穆勒提出。其基本原则是:一种行为如有助于增进幸福,则是正确的;若导致产生和幸福相反的东西,则是错误的。幸福不仅涉及行为的当事人,也涉及受该行为影响的每一个人。边沁认为,人类的行为完全以快乐和痛苦为动机。"功利"不仅不是道德的沦丧,反而是道德的伸张。一个人是否是道德的,要看他的行为是否获得了最大多数人的最大幸福。这在当时获得了人们普遍的认可,并对英国的政治产生了持久的影响。在政党选举中,民主选举就体现了功利主义,提倡国家利益(广大劳动人民的利益)也是一种功利主义。穆勒认为,人类行为的唯一目的是求得幸福,所以对幸福的促进就成为判断人的一切行为的标准。19世纪末期的功利主义代表人物亨利·西奇威克认为功利主义来自对常识的道德系统的反省,论证多数的常识道德被要求建立在功利主义基础上,并认为功利主义能解决常识学说的模糊和前后矛盾而产生的困难和困惑之处。

功利主义一般有以下三个原则:第一,根据结果去判断行为的对错。无论最初是抱着怎样的动机去做某件事情,只要结果满足最大多数人的最大利益,就值得肯定,这一原则体现了实用哲学;第二,判断是非的标准是最大多数人的最大幸福,这一原则体现了博爱思想;第三,每个人只能当作一个个体来计算,而不能当作一个以上的个体来计算,这一原则体现了民主精神。

在工程活动中,功利主义最好的表述是:工程师在履行职业义务的时候应当把公众的安全、健康和福祉放在首位,这是大多数工程伦理准则中的核心原则。功利主义通常以实际功效或利益作为道德标准。

工程决策中成本效益分析是功利主义的重要方法。功利主义假定人们可以对某个决策或行为所产生的利弊后果做出权衡,从而可以对几种决策备选方案进行成本效益分析,然后选择能产生最大效益的行为方案。成本效益分析首先要把所有的价值因素转换成一种统一的价值标准,并假定幸福的数量和质量能够计算。边沁认为在衡量幸福时应该考虑强烈度(幸福的程度大小)、持久性(幸福持续的时间长短)、确定性(产生幸福和痛苦的可能性大小)、范围(受影响人数的多少)、时间的远近(眼前的还是未来的)、延展力(这个行为是否会带来进一步的快乐),以及纯度(是纯粹的快乐还是夹杂痛苦的快乐)等特征。

成本效益分析使得功利主义在实际应用中显得十分有效和便捷,但也不可避免地存在很多问题。穆勒对功利主义做了一些补充,弥补了边沁的不足之处。他认为我们在评价其他事物时,考虑数量的同时会考虑质量。因此我们在权衡快乐时,只关注数量的多少是荒谬的,还要考虑质量的高低。基于此,他将快乐分为高层次的快乐和低层次的快乐,高层次的快乐是指艺术、情感、道德等方面的快乐,低层次的快乐则是感官方面的快乐。

成本效益分析是重要决策方法之一。但是未来很难预测,某一行为的正确与否由最终结果而确定,这意味着我们不得不观察未来并试图预测将要发生的事情,忽视预测会造成大量不必要的麻烦。通常很难预测一个商业决策带来的结果,尤其是在数据和经验很少的情况下。政策越复杂,执行起来就越难。要正确使用功利主义标准,必须能预测某一行为带来的所有结果。

效益最大化可能需要对一些人做出不公平的事情。一个决策产生的效益对某个利益相关者团体内不同成员是不均衡的。1块钱就是1块钱,但1块钱对一个穷人的效益比对一个富人的效益大。问题是牺牲少数人的利益来获取多数人的利益是否是正当的。电车难题中,功利主义者一般认为可以牺牲1个人的生命来换取5个人的生命,因为这样可以实现最大多数人的最大幸福,但是不可避免地损害了少数人的利益。用1个人的生命换取5个人的生命和用5个人的生命换取1个人的生命相比,看似前者获得了更大的效益,但是这样做真的是合理的吗?为了多数人的利益,就可以侵犯少数人的利益吗?"最大多数人的最大利益"是否是侵犯个人利益的借口?

功利主义只有在一定条件、一定范围内才是正确的。这就需要进行普遍化,而不能只看特定行为的后果。由此勃兰特引入了"规则功利主义"这个概念。规则功利主义主张在任何特殊的道德选择境况中,都必须遵循道德规则去行动,而后做出行为选择。即使在某些特殊的情况下,遵循普遍规则会导致不好的结果,这一规则也是应当遵循的,因为这样做维护了道德规则。如果允许在特殊情况下背离道德规则,就会鼓励人们在对其不利的情况下背离原则,从而导致社会道德结构的破坏。规则功利主义把义和利结合起来,认为道德规则不能脱离功利,强调道德规则的普遍性和严肃性,主张在遵循道德规则的前提下谋取功利。

功利主义的另一个分支是行为功利主义。行为功利主义也称行动功利主义,是一种主张直接以行为效果来确定行为正当与否的伦理学理论。行为功利主义主要代表人物为澳大利亚的斯马特和弗莱切尔。行为功利主义否认道德规则的意义,认为所有的人及其处境都不相同,不可能为行为制定统一的道德规则。人在选择行为时,必须估量自己的处境,直接根据功利原则行动,即选择一种不仅为自己,而且能为所有与此相关的人带来最大的好的结果,并能把坏的结果减小到最低限度的行为。如果在某一特殊情况下不说实话将符合最大的普遍利益,那么按照说实话的道德准则行事就是恶的行为。

行为功利主义考察某一行为的直接后果,而规则功利主义注重一系列行为的总体后果。因此,可以把行为功利主义看作从短期角度来判断,而规则功利主义是从长期角度来判断。规则功利主义下发展出的准则成为一种道德规范,它指导决策者在做出一系列决策时为最大多数人实现最大的利益。当规范中两条或更多的准则导致某一决策产生冲突或对立的行为时,就会产生一些困难。因此应建立一个优先准则体系来处理规范中各准则之间出现冲突的情形。行为功利主义显然允许我们基于其他理由进行明显不道德的行为,而规则功利主义则通过表明工程师应该遵循"做雇主的忠实代理人或委托人"这一规则来表达道德意识。

功利主义作为伦理学的一个重要理论思想,蕴含了边沁和穆勒的思想结晶。总体来说,功利主义倡导人们追求最大多数人的最大利益,这一点无可非议。但是在追求这个最大利益的同时如果触及少数人的利益,这个时候就值得商榷了。少数人的利益同样也是利益,同样需要被保护。随着工程活动规模的不断扩大,功利主义的思想逐渐渗透在工程活动的每个环节,作为工程师,在维护多数人利益的同时,切不可忽视少数人的利益。

2.3.2 义务论

义务一词有情愿、志愿、应该的意思,与权利一词相对。义务又称为"社会责任""直接社会义务"。义务是社会普遍认可的,为了满足一定的社会关系,参加者享有直接社会权利,其他人应做出的一定作为或不作为,是客观的社会规律、人们日常的生产生活活动,以及其他各种条件直接作用的结果,一般为习惯、道德等社会规范所确认。简单来说义务就是个人对他人、集体和社会应尽的道德责任。

义务论也可以称为"道义论""本务论""非结果论"。在西方现代伦理学中,义务论是指人的行为必须遵照某种道德原则或按照某种正当性去行动的道德理论,与"目的论""功利主义"相对。义务论强调道德义务和责任的神圣性、履行义务和责任的重要性,以及道德动机和义务心在道德评价中的地位和作用。义务论认为判断人的行为是否符合道德,不是看行为产生的结果,而是看行为本身是否符合道德规则、动机是否善良、是否出于义务心等。

义务论思想的源头可以追溯到古代。中国春秋时期的儒家伦理思想倡导"取义成仁",不能"趋利忘义",认为"君子喻于义,小人喻于利"。西塞罗在《论义务》一书中,以父母和子女的天然情感为基础,认为公民对祖国的爱是崇高的,并主张将仁爱与公正推广到一切民族。到了 18 和 19 世纪,经过霍布斯、康德等人的发展,义务论的思想不断丰富,逐渐形成了比较系统的伦理学思想。

义务论认为,正确的行为是那些尊重个体的自由或自主义务所要求的原则。美国当代义务论哲学家伯纳德·格特提出了如下重要的义务列表:①不要杀人;②不要引起痛苦;③不要丧失能力;④不要剥夺自由;⑤不要剥夺快乐;⑥不要行骗;⑦信守诺言;⑧不要欺骗;⑨服从法律;⑩承担责任。这些原则表述十分简单,一目了然。

最早提出义务论的是德国哲学家康德,他认为所有这类明确的义务都来自一种基本的尊重人的义务。这是一种来自排除任何例外的绝对命令的召唤,只需要遵循这种命令完成,不用考虑任何后果。康德认为义务论是一种尊重人的伦理理论。其道德标准是:我们所遵守的行为或规则应把每个人都作为一个互相平等的道德主体来尊重。康德的观点可以从三方面来阐述。

1. 道德是自主、自律行为

首先,康德认为自由不是想干什么就干什么,而是不想干什么就不干什么。功利主义认为增加快乐和减少痛苦是道德的,但康德认为痛苦和快乐不应该是我们至高无上的追求。自然本性要受到因果法则等的支配。康德认为意愿被自然刺激决定是"他律"行为而不是"自主"行为，因为每个个体都是自身本性的奴隶，所以不可能是自由的。贪官在受贿之前无论在财产还是道德上都是自由的，一旦受贿他就失去了自由。贪官与动物的区别在于，动物在面临诱惑的时候无法选择，唯一的选择是按照本能做出行为；而贪官有选择，他可以选择按照本能行事，也可以给自己制定一个行为标准。当一个个体给自己制定的行为标准，不是根据身体的自然法则或因果法则，而是根据这种标准行动时，这种行为就是自由的。

根据康德的理论，当个体的意愿能够由自己决定时，那么他就达到了真正的自由。人类是理性存在物，因而有行动和自由选择能力的存在。这意味着根据自己赋予自身的行为标准，我们必须有能力，如果我们有自主自由的能力，我们必须有能力不根据自然法则行动，不根据强加于我们的法则行动。按照道德标准行事、超越动物的本能和倾向，这是人类的本能，同时也是人类的义务。

2. 道德是动机

道德价值不是由结果决定的，也不是由行为引发的后果决定的。行为的道德价值取决于行为的动机，为了正确的动机去做正确的事情，这是道德的最高原则。任何行为要成为道德上的善就要符合道德标准，这就是动机赋予行动的道德价值，而且唯一能够赋予行动道德价值的是责任动机。与责任动机相对的是和我们爱好有关的动机，包含所有那些偶然产生的欲望、偏好、冲动和喜好。

康德认为如果我们讲究道德是因为这样做有好处，那么我们并不拥有严格意义的伦理关怀。他认为功利主义观点之所以是错误的，是因为他们把道德准则建立在利益之上。例如有人为了避税而进行慈善捐款，其捐款的动机就并非出于善，那么这样的行为就不是真正的善。因此，如果一个人不是出于义务而采取某种行动，那么他就不是出于伦理关怀在行动。按照道德动机采取行动是一种义务，是绝对命令，要求我们去做某件事时没有任何附加条件或托词。

3. 道德是一种可普遍化的绝对命令

康德认为道德是一种可普遍化的绝对命令。正如孔子所说的"己所不欲，勿施于人"，这也是一种可普遍化的绝对命令。如果我们在借钱时承诺准时还钱，但后来却没有信守诺言，把这种行为普遍化，那么就会演变成对自我不利。这种绝对命令遵循的是"普适性"原则，"普适性"就是普遍适用于任何人。我们绝大多数人承认，如果自己以一种道德上值得称赞的方式来行动，那么我们就会认为，其他人在与此相似情形下做出的类似举动也是可以接受的。功利主义也采纳了普适性原则，但是其根本目的不同。功利主义把总体利益的最大化作为目的，而义务论把对人的平等尊重作为目的。

可普遍化的道德命令有两种：一种是假言命令，另一种是绝对命令。假言命令的目的是实现自己的利益，是有条件的，利用的是工具理性。只有通过 A，才能实现 B。只有不欺骗顾客，才有良好的商业信誉，有良好的商业信誉才能有利润。这里就存在一连串的假言命令。绝对命令是为了履行责任，是不受条件限制的义务。根据准则行动，据此就能同时将意愿变成普遍的法则。

康德认为绝对命令是我们应该把自己或者其他人当作目的而不是手段。为了促进社会的进步而利用和剥削一部分人，这种行为是不正当的。欺骗客户是一种利用他们的信任使我们推销成功并获利的方式；伪造账本以获得银行贷款是一种欺骗行为；违背诺言利用他人是一种违约行为；维护雇员、客户和其他股东的权利的论点都基于这种考虑。企业无权为了利润而利用股东，企业必须尊重客户、雇员和其他相关者的权利和自主。

康德认为道德的普遍法则不可避免地要引入感性经验，否则就没有客观有效性，于是人必然发生幸福和德行的"二律背反"，两者只能在"至善"中得到解决。正因为存在大量"二律背反"问题，工程伦理学可以训练我们的批判性思维。康德的义务论为我们提供了一个很好的道德规范反思的框架。

义务论可以分为两种类型：行为义务论和规则义务论。

行为义务论是现代西方伦理学反对传统的规范伦理学，其否认有任何普遍的道德规则可以作为人们道德行为的指导。行为义务论认为行为者必须认清行为选择的具体境况，根据自己的感觉或直觉决定做自己认为正确的、正当的事情，而不必关心行为的结果。行为义务论具有非理性主义的特点，它否认道德关系和道德境况具有某些共同性，片面强调特殊性，把共性与个性、普遍与特殊割裂开，否认社会道德原则和规范的普遍意义和作用。

规则义务论是现代西方伦理学中的另外一种义务理论。规则义务论认为存在着具有普遍性的、绝对正确的道德规则，人们的行为只要服从这些规则，就是道德的和正当的，而不必考虑行为的效果。康德的义务论观点就属于规则义务论的一种。根据人们的先验理性具有普遍性的道德绝对命令，人们只要服从绝对命令，按照善良意志或义务去行动，就是道德的。20世纪西方义务论的代表人物罗斯是规则义务论的典型代表。

为了强调大部分义务都有一些合理的例外，罗斯又引入了显见义务的观点，即大部分义务都是显见义务——它们有时允许或必须存在例外。他列出了七种显见义务：忠诚、补偿、感恩、正义、慈善、自我改善、不伤害别人。事实上，大部分权利和其他道德原则也都是这样。因此，显见义务通常也被应用于权利和规则中。罗斯认为，显见义务是直觉上明显的，但是他又强调，为了完成我们的实际义务——在一种情境中，考虑到所有事情，如何能够最好地平衡冲突义务并不总是明显的。对于如何区分哪种义务高于与其相冲突的其他义务，罗斯认为不杀人和保护无辜者的生命显然是比其他原则更为紧迫的尊重人的义务。但是，通常并不能建立起一般的义务选择的优先次序。相反，他认为我们必须谨慎地反思特定的情境，根据所有事实来权衡所有相关义务，并且努力去达到一种合理的判断或直觉上的合理。

电车难题中，如果我们扳动拉杆将电车引导至另外一条轨道上，显然我们是在"杀人"，因为这样的行为导致的直接后果是另一条轨道上的1个人丧生，而我们的义务显然是"不杀人"。但是，如果我们不去扳动拉杆，不做出任何行为，任凭电车行驶，将导致5个人的丧生，这样我们就没有履行救人的义务。"不杀人"是道德义务，"救人"也是道德义务。在这种情形下，义务论似乎无法指导我们应该做出怎样的行为。我们具有各种各样不同的义务，但在履行义务时应该遵循什么样的优先次序却没有一般性的规定。

总之，义务论关注人们行为的动机，强调行为的出发点要遵循道德的规范，要体现人的义务和责任。义务论是工程伦理中非常重要的一种思想理论，可以从义务论的观点出发探讨工程师在工程中做出选择的动机是否合乎道德要求。

2.3.3　契约论

契约是指双方或多方共同协议订立的有关买卖、抵押、租赁等关系的文书。按照《现代汉语词典》的解释，契约是证明出卖、抵押、租赁等关系的文书。美国律师学会在《合同法重述》中对契约的定义是：契约是一种承诺或一系列承诺，法律对违背这种承诺给予救济，或者在某种情况下，认为履行这种承诺是一种义务。从法理上看，契约是指个人可以通过自由订立协定而为自己创设权利、义务和社会地位的一种协议形式。

契约论以订立契约为核心，通过一个规则性的框架体系，把个人行为的动机和规范伦理看作一种社会协议。契约论的观念最早产生于古罗马时期，罗马法最早概括和反映了契约自由的原则。古希腊思想家伊壁鸠鲁视国家和法律为人们相互约定的产物。在17—18世纪，英国哲学家霍布斯、洛克、法国思想家卢梭等人进一步发展了契约论的思想并提出了社会契约论。20世纪契约论的主要代表人物是美国学者罗尔斯，他主张契约或原始协议不是为了参加一种特殊的社会，或为了创立一种特殊的统治形式而订立的，订立契约的目的是确立一种指导社会基本结构设计的根本道德原则，即正义。罗尔斯围绕正义这一核心范畴提出了正义伦理学的两个基本原则：个人自由和人人平等的"自由原则"，以及机会均等和惠顾最少数不利者的"差异原则"。

首先是自由原则。自由是指一个人自由地（或不自由地）免除某种限制而这样做（或不这样做）。罗尔斯认为自由可以分为很多不同的种类，其中公民的基本自由有以下几种：政治自由（选举和被选举担任公职的权利）及言论和集会自由；良心的自由和思想的自由；依法不受任意逮捕和剥夺财产的自由等。所有这些基本自由必须被看作一个整体或一个体系，各种自由互相依存又相互制约。罗尔斯强调，以上各种基本自由作为权利对每一个公民来说都应该是平等的。人的自然特性即人的道德人格决定了这种自由，这种道德人格具有两个特点：一是有能力获得善的观念，二是有能力获得正义感。

其次是差异原则。如果说自由原则是支配社会中基本权利和义务分配的原则，那么差异原则就是支配社会和经济利益分配的原则。第一种分配是人人平等的，但第二种分配由于无法做到完全平等，所以只能保证机会的公平平等。机会的公平平等是针对保守主义的机会平等原则而言的，这种平等是以平等的自由权利和自由的市场经济为前提条件的。罗尔斯认为，这只是一种形式上的机会平等，因为它除了承认平等的自由权利以外，没有保证一种平等的或相近的社会条件，结果资源的最终分配总是受到自然和社会偶然因素的强烈影响，如人的才能、天赋、社会地位、家庭、环境、运气等，都会造成个人努力与报酬的不匹配。罗尔斯认为这种分配方式是不合乎正义要求的，他主张各种机会不仅要在形式意义上实现开放，而且应使所有人都有平等的机会获取这种机会，以尽量减少社会因素和偶然运气的影响。为了实现这一点，他强调自由市场不应该是放任的，不能听任毫无限制的自由竞争导致的不公平，必须用以公正为目标的政治和法律制度来调节市场趋势，保障机会公平平等所必需的社会条件。

事实上，原始的传统风俗和行为习惯正是经过不同形式的社会契约，才得以发展为伦理规范。工程伦理最初是作为工程师职业道德行为守则而出现的，通过建立在经验基础之上的、理想化的、原始状态达成理性共识的工程职业行为准则，将其制度化为具体行业的行为规范。这个制度框架既允许理性的多元性存在，又能够从多元理性中获得重叠共识的价值支持。这样,当具有理性能力的工程师从事具体的职业活动时,个人自由权利就能在现实工程中得以实现,而且这些规范为他们提供了相应的评估行为优先次序的指导。

总之,契约论作为伦理学领域的一个重要理论思想,旨在通过订立某种契约将个人的行为动机或者行为规范限定在某种伦理框架中,使人的行为正确与否的判断变得有理可循。工程师伦理规范就是通过订立一种契约来约束工程师在工程活动中的价值判断与行为取向的。

利己主义是个人主义的表现形式之一,其基本特点是以自我为中心,以个人利益作为思想、行为的原则和道德评价的标准。利己主义源于拉丁语 ego 一词,意为"自我"。利己主义思想产生于私有制社会,有些学者认为中国先秦时期思想家杨朱"拔一毛而利天下不为也"的主张,是古代利己主义思想的典型代表。近代西方资产阶级革命时期,利己主义被发展成为一种系统完整的伦理学说。资产阶级思想家霍布斯、孟德维尔、爱尔维修等人,从抽象的人性论出发,把几千年以来剥削阶级信奉的"人不为己,天诛地灭"的道德观念,看作人的利己本性,并将其作为一种普遍的道德原则。孟德维尔认为人的本性是自私的,这一思想成为市场经济和资本主义发展的基本信条。人们能够联合起来完全是由于个人的需求和对这种需求的意识,只有让别人从为自己提供的服务中得到利益和好处,才能使别人为自己的服务和帮助更加自觉自愿地持续下去。爱尔维修认为人类不过有五种感官,其唯一的动机就是追求快乐,所有人类的行为都可以由此解释。霍布斯认为,一个真正的利己主义者应该关切自身的长期利益,并且应该理性地选择自我福祉的最大化。

利己主义是一种公开形式的个人主义,它曾被资产阶级作为反对封建道德和宗教禁欲主义的思想武器,在资本主义上升时期起过积极的作用,其主要目的是使资产阶级损人利己的剥削本性合理化,使资产阶级个人主义合法化。在资产阶级成为统治阶级后,尤其是在现代资本主义社会,利己主义的主要作用是为资本主义剥削制度辩护。伦理学家通常在两个层面上界定利己主义。一是心理利己主义,这是一种经验假说,其认为利己主义是关于人性的事实,即人们总有利己的动机,人们在行动时往往只顾自己的利益,总是做那些最符合他们自己利益的事情。不过这种解释存在一些问题,不能自圆其说,因而不能称作严格的伦理学理论。二是伦理利己主义,也称"规范利己主义"或"理性利己主义",认为对自己某种欲望的满足应该是自我行动的必要而又充分条件。这种理论在自我与他人的关系中,把自我放在道德生活的中心位置。根据这个论点,人们会很自然地做一些不公正的事情,并且拒绝基本的道德原则——前提是这样做对自己不会产生消极的后果。这也意味着,我们对于公共利益并没有出于对本性的尊重,一个有理性的人的行为是为了最大限度地达到自我满足。

利己主义在工程伦理上的应用可以描述如下:工程师可以为了自身利益,尽可能促进自身福祉的最大化。但利己主义的问题在于,当工程师面对来自上级或同事的压力时,有时可能为了自身利益而忽略公司利益甚至公众利益和社会利益。大多数工程师团体的伦理章程都明确提出,工程师应该忠诚于雇主,重视维护公司利益,并且关切公众利益。显然,利己主义并不能符合工程伦理发展的潮流和趋势,工程师在面对伦理困境时,切不可过分关注自身利益,这与工程师的美德相悖。

电车难题中,看似与我们自身的利益不太相关。好像无论是 5 个人的生命还是 1 个人的生命都与我们没有太大的关系。但是如果另一条轨道上躺着的是与你有着利益关系的人,其丧生会导致你的利益受损,这样你就会毫不犹豫地选择扳动拉杆,因为这样做维护了你自身的利益,但同时也间接损害了另外 5 个人的利益,利己主义只有基于不损害其他人利益时才具有正当性,因为人具有趋利避害的天性。

总之,利己主义是个人主义的一种体现,虽然能够在理论层面为我们的决策提供一些指导,但如果仅仅利用利己主义来指导行为显然是不合理的。工程师在面对伦理困境时,可以将利己主义作为一种参考,而不是全部。

相对主义认为任何观点或者行为没有绝对的对与错,只有因立场不同、条件差异而相互对立。相对主义主要应用于涉及道德准则的场合,因为在相对的思维模式下,价值观和伦理学只能发挥有限的作用。相对主义有多种不同的形式,取决于争议的程度。相对主义的实质是:一个概念具有确定的形象概念,但不具有确定的抽象概念,那么这个概念就是相对概念。这样的概念没有绝对的对与错,只能根据抽象概念的大小来相对地判断对与错。值得注意的是,相对主义基于绝对适用于所有事物,否定普遍有效真理的存在。

相对主义强调道德的非绝对性,认为由于不同国家具有不同的文化背景,不存在普遍适用的道德规范可以解决任何伦理问题,道德规范由于不同的情境会产生不同的结果。波依曼认为,道德规范由于不同的社会文化差异而有所不同,不存在普遍适用的道德规范,判断一个人行为的对与错基于其所处的社会环境,不存在对任何人都绝对或者客观的道德规范。

相对主义伦理规范认为,不同的个体在不同的情境下所面临的伦理问题不尽相同,因此我们应该给予伦理建议而不是制定道德规范。电车难题中,基于不同的情境,不同的人会做出不同的选择。对于引导案例中的两种情形,我们不会面临太大的伦理困境就能轻松做出选择,但是我们的选择是否正确不是绝对的。在不同的文化背景和道德规范下,有时被认为是正确的,有时被认为是错误的。因此,当我们面临伦理困境时,相对主义能够给予我们更多更自由的选择,指导我们做出相对正确的行为。

2.3.4 美德论

美德即高尚美好的品德。美德一词来源于拉丁文中的 virtus,意思是力量或能力,在希腊语中是卓越的意思。在人格心理学中,美德是指一切能够给人带来积极力量的东西,例如勇气、自信等。在积极心理学中,美德是性格优势的上位概念,不同的性格优势可以汇聚形成不同的美德。美德是人的一贯做法体现出的行为特征,而且这种行为特征可以由低到高进行评价。美德的等级可以分为很多个,但至少应该有两个,即善与恶。美德论强调品德胜过权利、义务和规则。他认为"权利、义务和规则"是协调利益关系,而不是道德评价。美德论要讨论的并不是一个人应该做什么,而是一个人是什么或应该成为什么。例如一个人应该培养什么样的品德,应该怎样做才能成为一个好的工程师等。美德是值得期待的行为、承诺、习惯、动机、态度、情绪、思维方式或趋势。在工程活动中,胜任、诚实、勇敢、公正、忠诚和谦虚都是用来形容美德的词汇。美德是在行为、许诺、动机、态度、情绪、推理方式和与他人关系的方式中合意的习惯或倾向。美德在工程活动和日常生活中十分常见,例如能力、诚实、勇气、公正、忠诚和谦逊等。

古希腊哲学家亚里士多德把美德定义成在行为、情绪、期望及态度方面的两个极端之间合适的平衡,是针对我们生活的特定方面在过多与过少之间取得平衡的一种倾向。最重要的美德是实践智慧,即道德上好的判断。他认为向善的人生、美好的人生是当一个人所做的事情与他的卓越才能相一致的人生,即所谓的"人尽其才、物尽其用",一个人在他有限的一生应该尽可能发挥他的潜能。人应该具有一定的目标和志向,当达到这种目标和志向时,他们就具备了某种美德。大多数职业的目标就是为全人类造福,工程师职业就是通过具有一定风险性的社会创造为人类造福。因此,工程师需要正直、诚实、团队协作和自我管理等优秀品德。品德的最低限度是不故意伤害他人。

麦金太尔将亚里士多德强调的共同体和公共善应用于职业,他将职业构想为有价值的社会活动,并称为社会实践。他认为一种社会实践是指任何融贯的、复杂的并且是社会性地确立起来的、协作性的人类活动形式。通过社会实践,在试图获得那些既适合这种活动形式,又在一定程度上限定这种活动形式的卓越标准的过程中,内在于那种活动的利益就得以实现。结果是人们获取优秀能力以及人们对于所涉及的目的与利益的观念都得到了系统的扩展。

既然职业是社会分工,就可以通过为他人创造福祉的多寡来衡量其价值的大小。因此,任何职业都有其内在的善,例如患者的健康是医生内在的善,司法公正是法律内在的善,提供安全和有效的技术产品是工程内在的善。职业除了内在的善外,还产生外在的善,即通过从事各种实践能够获得的善,例如金钱、权力、自尊和威望等。外在的善对个人和组织都是极其重要的,但是,如果过分关注外在的善,就会威胁到内在的善。那么,怎样才能实现内在的善呢?卓越的职业标准使内在的善得以实现。像工程师这样的职业而言,各个学会组织制定的职业伦理规范中都明文规定了各种"应为"的准则,从而从正面促进内在的善的实现;也明确了各种"应不为"的情形,并对不诚实、有害的利益冲突及其他非职业行为进行处罚。人们对工程师最全面的美德愿望是负责任的专业精神。这些美德暗示了四种美德类型:公众福利、职业能力、合作实践和个人正直。这些美德共同促进了工程师和全人类的全面进步。

美德使工程师能够达到卓越标准从而实现内在善,尤其是公共善或共同体的善,而不允许外在善干扰他们的公共义务。因此,通过把个人的工作生活与更广泛的社会联系起来,美德增进了工程师在他们工作中发现的个人意义。美德在工程师对公众的安全、健康和福祉的义务中发挥着重要作用,通过社会实践使进步成为可能。这一点在职业中最为明显,因为职业系统地扩展了我们的理解力并且实现了公共善和共同体的善。在过去的一个世纪里,工程师们通过开发内燃机、计算机、互联网,以及一系列消费产品,极大地改善了人类生活。

美德的意义和要求需要以详细指导原则或规则的形式予以明确,以免美德不能提供合适的道德指南。例如,诚实要求是出于特定动机的特定行动,暗示不能说谎等特性,因为说谎这种行为不尊重人且可能引发其他伤害。所以美德论不是一个独立伦理标准,更多的是对人的评价系统。美德论评价一个工程师是不是一个好的工程师,然而什么样的工程师才能称为好的工程师呢?另外,美德也存在一些冲突,例如正直和忠诚。对雇主忠诚和对公众忠诚,同样都是忠诚,什么样的忠诚才是真正的美德呢?这是一个值得反思的问题。

美德论的中心问题是"我应该是什么样的人"或者"我应该成为什么样的人"。美德论是以品德、美德和行为者为中心的伦理学。美德论强调品德更重于权利和规则。人们对具备专业知识的工程师个人品质方面寄予一定的期望,而多数工程师的心中也存在着对美德的崇高追求。

在电车难题中,如果我们不扳动拉杆,即不作为,那我们就无法拯救5个人的生命,等于是丧失了救人的美德；但是，如果我们选择扳动拉杆，这种情况下我们的确具备了救人的美德，但同时也背负了间接杀人的罪责，美德论指导我们不应该杀人。因此，我们会陷入两难困境，美德论似乎不能指导我们应该做出怎样的选择和行为。

总之，美德论关注的是行为人本身的品德，而不是行为的动机或者行为产生的结果。工程师不但应该具备专业知识和技能，同时应该具备相应的美德，这些美德包括诚信、负责、专业等。

案例分析

案例 2-1：福特平托事件

福特汽车公司于 1971 年生产了一款叫作平托的小型车，由于想要快速重新抢占美国汽车市场，平托车没有经过完整的性能测试就投入了市场。

1972 年，13 岁的理查德·格林萧乘坐邻居驾驶的一辆福特平托汽车回家。正常行驶的汽车突然减速停止，被后车追尾。汽车被撞后，油箱爆炸，汽油外溢，导致汽车起火。驾驶员当场死亡，小格林萧虽然保住了生命，但是全身严重烧伤面积达 90%。这次事故之后的 6 年里，小格林萧先后不得不接受 60 多次手术治疗以修复烧伤。

调查显示平托车油箱设计存在缺陷和安全隐患，一旦后车追尾，油箱就容易爆裂，进而导致爆炸。原告律师依据审判前的调查，向陪审团出示了下列证据：福特公司在平托车设计期间曾经进行过一系列的碰撞试验，其中的一部分还留有影像资料。试验清晰地表明，如果发生碰撞，汽车内部会充满从爆炸油箱流出的汽油。最终原告律师向福特汽车公司提起了诉讼。紧接着，原告方又披露了一个惊人的事实：在第一批平托车投放市场之前，福特公司的两名工程师曾经明确地提出过要在油箱内安装防震的保护装置，每辆车因此需要增加 11 美元的成本。但福特公司经过计算后做出的决定是不安装该附加装置，至少在两年内不这么做。他们是这样进行成本效益分析的：如果要生产 1100 万辆家用轿车和 150 万辆卡车，那么增加该附加装置带来的额外成本为 1.375 亿美元。假设有 180 辆平托车的车主因事故而导致死亡，另外 180 位被烧伤，2100 辆汽车被烧毁。依据当时的普遍判例，福特公司将可能赔偿每个死者 20 万美元，每位烧伤者 6.7 万美元，每辆汽车损失 700 美元。那么，在不安装附加安全设施的情况下，可能的最大支出仅为 4953 万美元。对比安装油箱保护装置所要花费的 1.375 亿美元，福特公司决定采取节省成本的方式。

该案最终的结果是：加州法庭在判决时没有采纳陪审团的决议，法官判处福特汽车公司惩罚性赔偿 350 万美元。依据加州的民事诉讼法，在特殊情况下法官有权做出这样更改陪审团决议的决定。最终，福特公司的上诉被驳回，350 万美元的惩罚性赔偿判决得到核准并构成产品责任的判例，这个数额在当时看来是天价赔偿。

案例 2-2：土坑酸菜

土坑酸菜，指在土坑中腌制的老坛酸菜包。每年初春芥菜成熟时，在菜地旁边有一个大坑，工人将从地里拉过来的芥菜倒到土坑里，工人们有的穿着拖鞋，光脚站在酸菜上，有的把抽完的烟头直接扔到酸菜上。这些芥菜并不清洗，有些甚至带着枯萎发黄的叶子放置好后，加水、盐等，用薄膜包上，盖上土直接腌制。

2022 年 3 月 15 日，湖南插旗菜业有限公司在土坑腌制酸菜被 2022 年中央广播电视总台"3·15"晚会曝光。插旗菜业所谓的老坛酸菜是地地道道的土坑酸菜。3月16日,市场监管总局要求湖南省市场监管部门彻查严处食品生产经营违法行为。2022年3月16日,湖南省食安办挂牌督办央视"3·15"晚会曝光的"土坑酸菜"。

2022年5月5日,据信用中国网站消息,被央视"3.15"晚会曝光的"土坑酸菜"加工企业湖南锦瑞食品有限公司被给予停产停业处罚,企业法定代表人、生产厂长分别被罚款100万元。

思考与讨论

1. 简述工程伦理的基本原理。
2. 简述工程伦理的主要思想。

第3章

工程师的职业素养

引导案例：工程师之戒

19 世纪末，加拿大人决定在魁北克修建一座横跨圣劳伦斯河的大桥，并在 1887 年成立了"魁北克桥梁和铁路公司"来实施这一任务。魁北克桥梁和铁路公司与凤凰桥梁公司达成协议，由凤凰桥梁公司进行桥梁的设计和施工建设，并由西奥多·库珀担任魁北克大桥建设项目的设计总工程师。此时的库珀已是美国铁路桥梁方面的权威专家，但遗憾的是，他还没有主持过一座历史性的杰作，因此魁北克大桥对他有不可抗拒的吸引力。不过他当时已年近六十，健康状况不佳。他要把魁北克大桥作为他人生最后一个作品，为他光辉的事业画个圆满的句号。库珀提议将原先设计的桥梁跨度从 1600 英尺（487.7 米）增加至 1800 英尺（548.6 米），并提高钢材的许用应力。这样就可以避免主航道上春季的浮冰，降低成本并缩短工期。由于库珀的声望，上述提议被凤凰桥梁公司认可并实施，而对跨度更改后方案可能导致的问题没有做进一步的试验和研究。

1907 年 6 月 15 日，一位工程师发现两根钢梁有 0.25 英寸（6.35 毫米）的错位，库珀认为那不是什么严重的问题，同意继续施工；8 月 27 日，钢梁的错位增加到 2 英寸（5.08 厘米），并发生了弯曲，工程被暂停。现场施工工程师麦克琉尔被派往纽约直接与库珀商讨方案。在此期间，魁北克公司现场总工程师爱德华·霍尔说服了施工单位让工程重新开工。当他被问到为什么钢梁处于这样的情形还要继续施工时，霍尔给库珀的解释是："停工对各方面的影响都很坏，可能导致人手不够而施工完全停止。"两天后，此事被汇报到凤凰公司高层，经讨论决定重新开工，他们在某种程度上默认弦杆在架设前已经发生弯曲变形的事实，且凤凰公司总工程师曾表示，弦杆安全系数很高。8 月 29 日下午 5 点 32 分，就在麦克琉尔登上火车准备从纽约回来时，魁北克大桥垮塌了，仅仅 15 秒大桥的整个金属结构全部坍塌。19000 吨钢材和 86 名建桥工人落入水中，造成 75 人死亡，11 人受伤。

在桥梁建设的三年中，库珀只去了三次。现场第三次去时他已 64 岁，并以健康不佳为理由表明今后不再到魁北克来了，而是在纽约的事务所里主持这座世界最长桥跨的施工。他甚至提出辞去大桥设计总工程师的职务，但魁北克公司和凤凰公司都拒绝了他的辞职，他自己也没再坚持。其实他身体状况固然不好，但是还能走动，每天能从家里坐车去事务所。真正的原因是他从来不认为总工程师有必要经常去现场，认为去现场只起渲染气氛的作用。在他早期从事工程设计时起，他就坚持在合同条款中写上每个月到现场时间不超过5天。

西奥多·库珀的自满导致了魁北克大桥的第一次坍塌，如图 3-1 所示。然而悲剧并没有就此结束，大桥坍塌后不久，政府就提供资金重新开展桥梁的设计和施工。新的设计很保守，构件尺寸急剧增加。重新施工过程中又遇到了问题，1916 年发生了第二次坍塌，13 名工人死亡，原因是构件连接局部强度不足。

1922 年，加拿大七大工程学院出资将坍塌过程中的所有残骸一并买下，并把这些金属构件打造成一枚枚戒指，发给工程学院毕业生。由于当时技术的限制，那些金属构件并没能被打造成戒指，于是学院又重新寻找新的材料来代替。为了铭记这次事故，也为了纪念事故中的死难者，戒指被设计成如残骸般的扭曲形状，如图 3-2 所示。

图 3-1　坍塌的魁北克大桥

图 3-2　工程师之戒

后来，这样的传统一直延续了下来，而那一枚枚的工程师之戒也就成了世界上最昂贵的戒指。它们被戴在工程师的小指上，是一种警示，也是一种告诫。它们是几十名死难者的血肉，是工程师心里的警钟，时刻提醒着工程师所背负的责任。

3.1　工程职业

在传统的大众认知里，工程师是从事某项工程技术活动的"专家"，而"专家"的词原本是 profess，意为"向上帝发誓，以此为职业"。因此，在传统的工程师"职业"的概念中先天地包含了两方面的内容：一是专业技术知识，二是职业伦理。而现代赋予工程师"职业"以更多的内涵，"诸如组织、准入标准，还包括品德和所受的训练以及除纯技术外的行为标准"。

3.1.1　职业的地位、性质与作用

广义上讲,职业是提供社会服务并获得谋生手段的任何工作。但是,本书中所表达的"职业",尤其是在工程领域中的意义,是指"那些涉及高深的专业知识、自我管理和对公共善协调服务的工作形式"。

与职业相关的概念有行业和产业。"行业""产业""职业"都是从经济与社会的维度关注"物"的生产与消费,不同的是,"行业"和"产业"的视角较少关注"人"的作用,而"职业"则是以"人"为核心来看待"物"。职业把社会中的人们以"集团"或"群体"的形式联系起来,而这个职业"群体"从一开始就是有一定目标或一定意图并担任一定社会职能的。从这个意义上说,职业是社会组织的一种形式。

埃米尔·杜尔凯姆认为,社会分工直接产生职业,职业共同体产生于人们共同参与的活动、交往、关系和委身的事业中。职业共同体对外代表整个职业,向社会宣传本职业的重要价值,维护职业的地位和荣誉;对内,职业共同体制定执业标准,通过研究和开发促进职业发展,通过出版专业杂志、举办学术会议和进行教育培训,增进从业人员的知识和技能,提高专业服务水平,并且协调从业人员之间的利益关系(例如,历史上美国工程师协会曾经规定不允许工程师参与竞争性招标,不得批评工程师同行的工作表现等)。

职业共同体的形成为职业自治(Professional Autonomy,也可译为"职业自主")提供了现实条件。在戴维斯看来,职业自治即建立职业的行为规范和技术规范。这里的行为规范强调的是"社会机制",相应地,技术规范则强调职业共同体的"自我机制"。特定行业的职业共同体强调本行业的特质以区别于其他行业,强调行业内部成员的特质以区别于非本行业成员。在具体行业的特质方面,它意味本行业涉及一个专门的知识领域、本行业的职业共同体坚持职业的理想而非追逐私利、有自身的伦理章程和准入门槛,并为社会提供服务。

职业自治的实质映射了治理的理念。在职业自治过程中,职业的高度专业性话语产生了恰当的工作身份、行为和实践,其中也隐含控制性和受控性这种双向逻辑:一方面,对外宣布本职业在专业领域的自主权威,包括职业内部制定的职业规范以及非书面形式的"良心机制";另一方面,职业共同体所实施的行为受职业以外的社会规范的影响和约束,这些社会规范包括政府或非政府规章、法律制度、社会习俗。这两个向度的管理构成了职业治理的内容。

在工业革命初期,工程师要么作为工匠的角色出现,要么受政府的军事机构和经济单位的业主雇佣,这在美国早期的公共工程事务中很常见。19世纪,学徒制盛行于机械制造、矿业以及土木工程领域,这使得雇佣工程师的企业发现将他们的技术员工按首席工程师、驻地工程师和助理工程师等编入科层制结构会很便捷。在这种科层制的背景下,工程师开始作为一个领薪水的职业而存在。

在20世纪早期的美国,机械工程师的数目连同采矿工程师和新领域的电力、无线电以及汽车工程师的数量同步增长,他们处于从属的职业地位,都在科层制的企业组织中工作。"工程师的角色代表了职业理想与商业要求之间的妥协"。工程职业的起源伴随着内置于雇主所要求的层级忠诚和隐含在职业主义中的独立性之间的紧张关系。于是,在职业理想与商业要求之间,工程师开始寻求建立统一的职业社团来维护职业独立和自主,以抵制商

业力量对工程职业的影响。工程职业社团的形成、职业标准的设立以及强调职业道德使命、"侍奉道德理想"的伦理章程的建立,标志着工程职业的正式兴起和工程职业伦理的确立。

3.1.2 组织形态

工程社团是工程职业的组织形态,也是工程职业的组织管理方式。在西方国家,"职业社团是一处探讨工程职业所面临的有争议的伦理问题的恰当的场所。通过颁布职业伦理规范并随着情况的变化定期地更新,以及对拥护职业标准的成员的认可与支持,工程社团能够在其成员中做许多促进职业道德的工作。为职业工程社团伦理委员会服务的任务落在了资深志愿者的肩上。为了满足日益变化的工程实践的需要,伦理委员会应定期地评价社团的伦理规范,以确保其得到及时的更新。社团的资深志愿者也有责任为荣誉委员会服务,并推荐合适的受奖者,以及确保用于表彰杰出的伦理行为的恰当的奖励到位。"

"当一个行业把自身组织成为一种职业的时候,伦理章程一般就会出现。"工程社团的职业伦理章程以规范和准则的形式,为工程师从事职业活动、开展职业行为设立了"确保服务公共善"的职业标准。对作为职业的工程而言,"公共善"由工程社团的职业伦理章程所表达。因此,工程职业包含了知识的高度专业化与关乎公众的福祉两个层面。这样,工程师与社会之间就存在一种信托关系。政府和公众相信,只有加强职业的自我管理以及完善职业的行为标准,才能更有效地保护公众的健康、安全与福祉。要满足这一要求,就必须加强工程的职业化进程。工程社团以职业共同体为组织形式,为工程职业化提供了自我管理和科学治理的现实路径;工程共同体的职业治理以工程社团为现实载体,通过制定职业的技术规范与从业者的行为规范方式,实现对工程职业及其从业者的内部治理和社会治理。

技术规范一定程度上保证了职业团体的权威性和自我管理权力。工程社团制定的技术规范,通常是一种行业技术规范,但对涉及安全的行业技术规范,又通过以立法或行政规章的形式而得以实施,例如在1914年,美国机械工程师协会(ASME)的锅炉和压力容器法案被美国国会采纳而成为法律。在美国(以及在其他许多国家),任何一家违背ASME的法规而制造或使用锅炉的公司,都将受到处罚、罚款或刑事指控。行为规范主要通过职业社团的内部规章制度和宗旨体现出来,例如美国电气和电子工程师协会(IEEE)以"促进人类和职业技术的进步"为社团使命。这些职业的规章制度在某种程度上相当于职业伦理规范,它是"专业人员在将自己视作专业人员在从业时所采纳的一套标准",此外,它还以"规范清楚地表述了职业伦理的共同标准,伦理章程为职业行为提供一种普遍的和协商一致的标准。"伦理章程表达了对职业共同体内从业者职业行为的期待。

职业伦理章程的主要关注点是促进负责任的职业行为。职业伦理章程的订立、实施、评估、修订的目的,是确保职业共同体内的每一个成员"履行了自己的责任(义务)"。具体来说,包含以下四层含义:其一,工程师的责任就是他(她)在工程生活中必须履行的角色责任。例如,一个安全工程师具有定期巡视建筑工地的责任,一个运行工程师具有识别某一系统与其他系统相比的潜在利益和风险的责任。其二,工程师不仅"具有作为道德代理人的一般能力,包括理解道德理由和按照道德理由行动的能力",还可对履行特定义务做出回应。其三,工程师接受自己的工作职责和社会责任,并且自觉地为实现这些义务努力。其四,在具体的工程活动中,工程师能明确区分何为正当的(道德的)行为、何为错误的(不道德的)行为,进而明白自己的责任是双向的——他(她)既可以对自己行为的功绩要求荣誉,同样也须对行为的危害承担责任。

工程社团通过职业伦理章程呼吁并要求工程师"对自己进行自愿的责任限制,不允许我们已经变得如此巨大的力量最终摧毁我们自己(或者我们的后代)",其最根本的并不在于"实践一种最高的善(这或许根本就是一件狂傲无边的事情),而在于阻止一种最大的恶",促进工程师负责任的职业行为。

3.1.3　制度

一般来说,工程职业制度包括职业准入制度、职业资格制度和执业资格制度。其中,工程职业资格又分为两种类型:一种属于从业资格范围,这种资格是单纯技能型的资格认定,不具有强制性,一般通过学历认定取得;另一种则属于执业资格范围,主要是针对某些关系到人民生命财产安全的工程职业而建立的准入资格认定制度,有严格的法律规定和完善的管理措施,如统一考试、注册和颁发执照管理等,不允许没有资格的人从事规定的职业,具有强制性,是专业技术人员依法独立开业或独立从事某种专业技术工作学识、技术和能力的必备标准。

工程师职业准入制度的具体内容包括高校教育及专业评估认证、职业实践、资格考试、注册执业管理和继续教育五个环节。其中,高校工程专业教育是注册工程师执业资格制度的首要环节,是对资格申请者的教育背景进行的限定。在一些国家,未通过评估认证的专业毕业生不能申请执业资格,或者要再经过附加的、特别的考核才能获得申请资格。职业实践,要求工程专业毕业生具备相应的工程实践经验后方可参加执业资格考试。资格考试,分为基础和专业考试两个阶段,通过基础考试后,才可允许参加专业考试。通过资格考试获得资格证书,再进行申请注册,取得执业资格证书,才具备在工程某一领域执业的资格和权力。

职业资格制度是一种证明从事某种职业的人具有一定的专门能力、知识和技能,并被社会承认和采纳的制度。它是以职业资格为核心,围绕职业资格考核、鉴定、证书颁发等而建立起来的一系列规章制度和组织机构的统称。执业资格制度是职业资格制度的重要组成部分,它是指政府对某些责任较大、社会通用性较强、关系公共利益的专业或工种实行准入控制,是专业技术人员依法独立开业或独立从事某种专业技术工作学识、技术和能力的必备标准。参照国际上的成熟做法,我国执业资格制度主要由考试制度、注册制度、继续教育制度、教育评估制度及社会信用制度五项基本制度组成。

注册工程师执业制度是英、美等发达国家和地区通行的一种对工程专业人员进行管理的制度。它是指在国家范围内,对多个工程专业领域内的工程师建立统一标准,对符合标准的人员给予认证和注册,并颁发证书,使其具有执业资格,准许其在从事本领域工程师工作时拥有规定的权限,同时也承担相应的责任。

3.2　工程师的伦理责任

工程直接关乎人们的福利和安全,因而在远古时代,工匠的活动就已受到道德和法律的约束。例如,早在巴比伦的《汉谟拉比法典》(公元前1758年)中就有对建筑房屋的建筑者的责任规定:"如果一个建筑者给一个人建造了一个房子,但他的工作做得不太好,他建造的房子倒塌了,并造成房子的主人死亡,那么,这个建筑者应当被处死;如果造成房子主人的儿子死亡,那么,建筑者的儿子应该被处死;如果造成房子主人的奴隶死亡,那么建筑者应该用自己的奴隶偿还房子主人;如果毁坏了财产,那么建筑者赔偿所有毁坏的东西。而且因为建筑者没有建好房子且房屋倒塌了,他应当用自己的财产重新建起倒塌的房子。如果建筑者为一个人建造房子,他没有做好工作,墙皮脱落了,那么这个建筑者应当用自己的钱将墙修到完好的状态。"那么什么是工程师的伦理责任呢?

3.2.1 定义

1. 责任的概念

"责任"(responsibility)源于拉丁语 respondon,是回应、响应和回答之意。责任最常用于伦理学和法学理论及法律实践中,其核心是指人们应该对自己的行为负责。我们可以这样界定责任概念:所谓责任,是指个人或团体对其所从事的活动、完成的任务,并对其产生的后果承担责任的要求,即对他人、社会做出的解释,以及对做出或为做出合理解释而相应受到的赞赏或惩罚。

2. 责任在伦理学中的含义

20 世纪科学技术得到了巨大的发展,也给人类带来了很多新的问题,越来越多的学者反思技术文明。"责任伦理"概念最初由德国著名哲学社会学家马克斯·韦伯于 20 世纪初提出,韦伯晚年对"信念伦理"和"责任伦理"进行了区分,他强调在行动的领域里,责任伦理优先于信念伦理。德国学者汉斯·约纳斯(1903—1993 年)对人类的生存进行了深入的思考,在伦理学中引入了新的维度——责任伦理。1979 年出版的《责任原理:技术文明时代的伦理学探索》一书,标志着责任伦理学的兴起,责任问题引起哲学家或应用伦理学家们的普遍关心,拓展成为蕴含丰富伦理内容的概念。责任伦理学认为,由于行为者履行责任的行为在时间上是一个过程,因此,它要求行为人在行为发生之前就能预见行为完成之后可能产生的结果,并努力克服其中负面的东西。责任伦理是对传统的德性论和近代的权利论、道义论、目的论伦理学的反思和延伸,贯穿于活动过程的整体,包括事前、事中、事后;或者行为的决策、执行、后果的全过程。

3. 工程师伦理责任的定义

查尔斯·E.哈里斯等在《工程伦理概念和案例》一书中强调:由于工程师扮演了多重角色,也就规定了他所要承担的义务,并且也会因为没有履行好某种义务而要承担相应的责任。工程师伦理责任的特殊性是由工程的本质属性所决定的,我们对工程师的伦理责任可以从伦理责任的主体、伦理责任的对象、伦理责任产生的条件、伦理责任的时序性和层次性四方面来理解把握:

(1) 伦理责任的主体。在现代工程实践中,行为及责任主体的范围由工程师个体扩展到工程师团体,即不仅工程师个体是责任主体,而且工程师团体也是责任的主体。

(2) 伦理责任的对象。准确地说,与工程活动相关的一切利益者都是工程师伦理责任研究的对象,包括三方面:对社会的伦理责任、对自然的伦理责任、对工程利益相关者的伦理责任。

(3) 伦理责任产生的条件。工程师的行为对工程利益相关者造成了影响,并且工程师的行为与影响之间存在因果关系;工程师的行为是在其意志自由的情况下所做出的选择,没有受到自身之外的力量的干预;工程师具有职业判断的能力,能够预见其行为可能产生的后果。

(4) 伦理责任的时序性和层次性。工程师要对工程活动中的各个环节,包括决策阶段、实施阶段和验收阶段负有伦理责任。工程师伦理责任按照伦理责任的境界可以分为三个层次:底线责任,即工程师履行责任的出发点只是为了逃避法律责任和经济责任的追究;合理关注,即超出最低限度的"置身于麻烦之外"的考虑;善举,是一种"高于或超出义务要求"的责任标准。

3.2.2 工程标准

工程师可以设法获得他们所服务和与之合作的人的信任的一种方式是严格遵守高标准的伦理章程。与其他工程伦理章程一样,美国国家专业工程师协会(NSPE)的伦理章程要求工程师的工作满足"工程应用标准"。这些可能是规定特定工程设计的特定技术的规范标准,例如,桥梁或建筑物须满足其特定的安全标准。因此,工程师主要聚焦于工程实践的结果上,即工作是否满足特定的质量或安全标准。工程标准还可能要求工程师完成某些程序以确定达到特定的、可测量的质量或安全等级;或者,工序需要和它们所产生的结果一起被记录下来。

同样重要的是,工程伦理章程通常坚持工程师符合能力标准,这些标准是随着工程实践逐渐发展起来的,在一般的工程训练和实践中,会被普遍接受,即使只是含蓄地接受。规范标准和能力标准旨在为工程的质量、安全和效率提供一定的保障。不过,重要的是要意识到,它们在工程设计和实践中也给职业自由裁量权留下了相当大的空间。章程中几乎没有工程师可以遵循的步骤。因此,必须强调工程判断的必要性。

尽管 NSPE 的伦理章程是特定的职业工程师协会成员集体反思的产物,但它似乎意在应对所有实践工程师的伦理责任。鉴于此,章程所采纳的标准应当获得所有工程师的支持,而不只是 NSPE 成员公开承诺这些标准。也就是说,这些标准应该有理由获得所有工程师的支持,甚至可以约束 NSPE 成员之外的工程师。难道不应该如此吗?

在回答这个问题时,需要注意的是,在描述工程师应该如何自我管理时,NSPE 伦理章程序言并未指出 NSPE 成员与其他工程师的区别。相反,它描述了工程在社会中扮演的一般角色,以及适用于负责任地扮演该角色的更为具体的行为准则。想来,这种描述恰当地忽略了工程师是否为 NSPE 成员。

工程师和非工程师都认为工程师确实扮演着如 NSPE 伦理章程序言所描述的至关重要的社会角色,它强调工程师应当以有利于雇主、客户以及公众和不辜负他们的信任的方式使用他们的专业知识和技能服务。我们可以说,这是一个义务-责任(Obligation-Responsibility)的问题。对工程师是否很好地把握他们的义务-责任的评价,最典型的术语就是表扬和责备。不幸的是,在没有例外的情况下,我们似乎更多地倾向于对缺点和失败进行责备,超过对他们胜任的日常工程实践进行赞扬(我们希望汽车能够发动,电梯和火车运行良好,交通灯能工作)。在任何情况下,我们认为工程师对一次失误"负有责任",或者是对一项事故"负责"的人之一。从根本上来说,这是一种消极和落后的责任观。让我们暂且把它称为过失-责任(Blame-Responsibility)。然而,重要的是不应忘记,评估既可以是消极的,也可以是积极的。

我们下面将讨论义务-责任与通常所说的关照标准（standard of care）的关系，它是一个能够被法律和工程实践都接受的工程责任标准。然后，我们将讨论失-责任的消极意义以及它与关照标准的关系。我们将考察有关工程产品设计失误或功能失效方面的责任问题。大多数工程师工作于其中的组织结构使得这些问题非常复杂。组织本身（不同于个人）面对危害是否能够明智地承担道德责任，这是一个有争议的问题。然而，它们能够（而且应该）承担法律责任，这会对于包括工程师在内的雇员的道德责任产生重要的影响。

3.2.3 问题

工程师肩负着多重使命，多重使命之间的冲突为工程师承担伦理责任带来了困境。工程并不仅限于技术这一个因素，还有社会方面、经济方面、政治方面、环境方面等诸多因素，各个环节都影响着工程师伦理责任的担当。在现实生活中，工程师承担的伦理责任的情况并不如人所愿。

经过工业革命和信息革命，社会已经离不开工程师的专业技术。随着工程师技术力量与改造自然的能力飞速提高，由工程技术和活动引发的各种问题也扑面而来，如军事工程技术对国家和地区关系的负面影响、基因工程技术对传统人伦道德的冲击、不计环境破坏和能源消耗的工程活动等，甚至影响到整个生态文明。工程活动对社会和环境越来越大的影响，必然要求工程师对工程活动的全面社会意义和长远社会影响建立自觉的认识，承担起全部的社会责任。

3.3 工程师的道德内涵

3.3.1 职业道德

中共中央印发的《公民道德建设实施纲要》指出：职业道德是所有从业人员在职业活动中应该遵循的行为准则，涵盖了从业人员与服务对象、职业与职工、职业与职业之间的关系。职业道德是具有职业特征的道德要求和行为准则，是从事一定职业的人在职业生活领域形成的比较稳定的道德观念、行为规范的总和。

职业道德不同于公共道德和个人道德，是普遍道德在特定职业生活领域的具体化和专业化，职业生活是指人们由于社会分工和生产内部的劳动分工而长期从事的，具有专门业务和特定职责的，并以其劳动报酬为主要生活来源的社会活动。职业道德用于约束人们在职业生活中的行为，并协调这一领域中的人际关系。而公共道德是发生在人们的社会交往和公共生活空间，个人道德则是个体成长空间中将外界的道德教育和道德标准转化为内心稳定的认同和修养。

职业道德表现为以下几个特征：第一，行业性和多样性，发生于职业实践过程中，协调职业活动所产生的人际关系，不同行业有不同的职业道德，体现不同职业风貌，表达行业利益需要和对从业者的要求，如工程师职业道德、会计师职业道德、律师职业道德、新闻从业者职业道德等；第二，内容表现出规范性和纪律性，采取条例、守则、制度等形式，职业道德是道德理论的具体实践，是道德理想在现实中的运用和转化，因而是抽象道德的一种具体形态,每个职业都有其鲜明特点,职业道德的范围因此也比较明确,行业标准和执业纪律制定得详细而又具体,具有适用性、强制性和稳定性;第三,外在规范性和内在主体性相统一,职业道德反映职业义务和职业责任,表现为某一行业共同的行为准则,天然具有一种外在规范性,但职业行为的主体是个人,外在规范要求必须内化为主体价值观,才能指引个体做出正确的行为选择。虽然每个行业的职业道德具有质的统一性,但不同从业者会有迥异的行为路径,因此,职业道德需要教育和引导的过程。

2015 年版《中华人民共和国职业分类大典》确定了 1481 个职业种类,第二产业中的大量行业消失了,第三产业的职业数量不断增加。高度分工的后工业社会,职业是个体安身立命、谋求生存发展的主要工具,也是社会和谐、稳定、进步的重要基石。现代化发展促进职业的分类和更新,也滋生了大量职业道德失范现象。基于职业对于个体和社会的重要性,一个合格的从业人员需同时具有必备的技能和基本的职业道德素养。"职业道德内容丰富,由多种要素构成。加强职业道德建设,提高职业道德素养,要把握职业道德要素。对从业人员来说,最基本的职业道德要素包括职业理想、职业态度、职业义务、职业纪律、职业良心、职业荣誉、职业作风。"职业道德既是从业人员在职业活动中所应遵循的行为标准和要求,同时又是职业对社会所负的道德责任与义务。作为一种规范体系,职业道德能否有效地引导和激发企业、从业者的道德意识,约束和纠正他们的职业行为,需要通过职业道德教育和职业道德评价两种方式实现。职业道德教育将行业责任内化于心,提升劳动者素质和修养;职业道德评价可以建立职业化标准,通过从业者自评、社会评价监督来加强行业管理。

3.3.2 含义

工程师指具有从事工程系统操作、设计、管理、评估能力的人员。工程师的称谓,通常只用于在工程学其中一个范畴持有专业性学位或相等工作经验的人士。美国土木工程师协会这样定义工程职业:工程师是以一定水平的专门知识和技能为人类服务的职业名称,创新能力的成功表现和专业知识的应用是这种职业的主要回报。工程师是工程技术工作的骨干,"工程和工程师是密切相关的,工程师在整个工程实践中起着很重要的作用,这个作用可分为三个层次,即参与、组织和领导。"在欧洲大陆一些国家,工程师称谓的使用被法律所限制,必须用于持有学位的人士。在美国大部分州通常只有在专业工程考试取得合格后才可被称为工程师。一般认为,工程师要通过专业机构的认证,具有从事工程、监管、研发等工作的能力和较高的工程职业素养。现代工程体系日渐细化,工程师的种类也越来越多,如网络工程师、地质工程师、土木工程师、监理工程师、软件工程师、建筑工程师、化学工程师、环保工程师、安全工程师等。

2004 年美国工程院发布了 *The Engineer of 2020：Visions of Engineering in the New Century*(《2020 年的工程师:新世纪工程的愿景》),报告指出为了适应新世纪,2020 年的工程师应具有如下关键素质:优秀的分析能力;实践能力;创造力;良好的沟通能力;商业和管理知识;领导能力;较高的道德水准和专业素养;有活力、敏捷、适应、灵活;具有终身学习意识。近年来中国提出"卓越工程师教育培养计划",目的是培养创新能力强、高质量的工程技术人才。其中,"卓越"意味着杰出的、高超出众,体现了社会、国家层面对当代工程师的素质要求,对未来工程师培养方向的展望。建设新型工业化国家需要具有国际竞争力的工程科技人才,这类人才所具备的基本素质包括知识、能力、人格三方面。因此,工程师职业道德是结合工程师的职业特点而制定的行为标准,是以工程活动为职业的人们所共同遵守的道德准则,是工程师职业责任、职业义务的价值表达。原中国工程院常务副院长朱高峰院士曾在《面向产业与科教的思考》一书中指出,"品德是每个人所必须具备的,例如社会公德、家庭道德等。但作为工程师仅此不够,还应具有一些特殊的职业道德要求"。他认为工程师的职业道德要求包括事业心、集体主义精神和创造性。

工程师的职业道德是由其职业的特性所决定的,工程是人们用科学技术手段去改造外在世界的实践活动,工程既关涉产品,也关涉人,工程师与顾客、同事、雇主和一般公众处于道德(以及经济)关系之中,因此,工程师的职业道德还有一层实践道德的含义,"还要具备在利益冲突、道义与功利矛盾中做出道德选择的能力;除对工程进行经济价值和技术价值判断外,还必须具备对工程进行伦理价值判断的能力;除具备专业技术素养外,还应具备道德素养。"

现代工程更多地面向大众,为公众服务,工程对公众、社会和环境承担了更多的责任。学者维西林、岗恩指出,"工程师不仅仅是被雇佣者。无论工程师是自谋职业者,受雇于公众部门,还是受雇于公司,我们都坚持工程师的职业道德在于维护公众的利益,同时我们也相信,大多数的工程师在关心公众利益方面是诚恳的、有原则的。"道德观融入职业实践的方式决定了职业场合下每一个个体的行为,伦理可能影响其行动方案的选择。职业工程师(其他职业也一样)接受培训后,便担负起对社会和职业的责任。于是,除了个人价值之外,在工程师的职业操行方面,多了一个层面的价值取向。工程职业道德可分为六个阶段,依次分别归入前专业人员、专业人员和有原则的专业人员三个层次:前专业人员阶段,工程师伦理行为的动机主要是为了促进自身利益,对社会或职业的责任比较淡漠;专业人员阶段,工程师会保持对公司的忠诚,遵守行业规范;有原则的专业人员阶段,工程师开始遵行公正、公平和关怀世人的普遍性原则,这是比较复杂的阶段,因为公正和人道的行为常与通行的社会规则相矛盾,也可能会与专业人员的伦理操行规范冲突,而职业道德就能帮助工程师更好地面对这种伦理抉择的困境,支持他们做出正确的选择。

全球化形势下技术联系更加紧密,工程师面临着现代社会提供的诸多挑战,如技术对人类日常生活的介入,工程涉及伦理、社会、文化、政治和经济的探讨,这些都要求工程师以更开放的视野、更高的道德标准、更严谨的职业态度来对待自己的工作。当代工程师的培养更注重工程伦理和职业道德的教育。从职业道德角度看,在从事工程活动时必须以道德上负责任的方式行动,这样的人才能称得上是一个工程师。如果一个人道德败坏,那么,不论他/她在工程实践中多么有创造性,也不能算作是工程师队伍中的一员。

3.3.3　本质及内容

1. 工程师职业道德的本质

所谓"本质",即指一种事物的根本性质。职业道德的本质被视为职业活动对于职业行为的客观要求,是调节职业活动利益矛盾的特殊手段,同时也是社会经济关系决定的特殊社会意识形态。因此,工程师职业道德作为一种特殊的社会意识形态,是用来协调工程职业活动过程中出现的利益矛盾和人际关系,反映工程劳动关系的特殊规范和原则。工程师职业道德的本质体现在价值标准、价值认同、主体实践三方面。

1) 价值标准：行业伦理规范和职业操守

现代社会工程建设已广泛运用于社会生活的各个方面，并成为日常生活不可或缺的部分，大量的工程项目包括设计、研发、建设都需要的专业技术人才。工程师是一种特殊的、专业化水平较高的职业，除了具备较高专业技术水平，社会也对其提出了具体的行业伦理规范和职业操守。工程建设与军事科学、经济民生息息相关，审慎立项和严格审批能提高决策的科学性，保障工程项目达到最佳的经济效益和社会效益，有效降低成本；技术革新和科学设计能够有效维护和保障公众利益，减少能耗，推进技术进步；安全施工和有效监督能够强化工程建设程序管理，保障工程质量，消除事故隐患。工程直接关系到国计民生和全体公民的切身利益，因此，社会和行业都希望工程师在为雇主、公众提供专业服务的同时承担起社会责任和环境责任。社会的要求和期望转化为工程行业的伦理规范和职业操守，也就是工程师职业道德的价值标准。

最早的伦理规范是美国土木工程师协会（American Society of Civil Engineers，ASCE）于 1914 年采用的，经历了频繁修改。1914 年版本关注的是工程师与其客户之间以及工程师彼此之间的相互关系，到 1963 年修改后增加了工程师对一般公众所担负责任的论述。维西林、岗恩认为，在工程职业中采用伦理规范的根本动机是：①出于提高公众形象的目的，界定理想的行为；②出于管理自己成员的目的，建立行为规范；③鼓励在存在价值争议的决策过程中，从公众利益出发。

2) 价值认同：工程师自身的责任意识和道德良心

工程师是工程设计、施工、管理、评估各个环节的具体执行人员，是工程建设活动的主体，提供专业意见、处理人际关系、协调利益冲突都需要工程师具备较高的道德素养。工程师只有对外在的行业规范达成认同或共识，自觉接受并服从，才能将这些价值标准内化成为主体的道德品质，健康的价值认同能促使工程师培养良好的职业道德品质，达到更高的职业道德境界。工程师要热爱自己的职业，才能苦心钻研、精益求精，提升自己的技术水平，要有积极进取、开拓创新的精神，才能不断超越自己，与时俱进，引领技术革新，提高生产效率；同时，还要有科学精神，实事求是，避免学术不端和弄虚作假，这一切都赋予工程师职业道德的价值内容，工程师要有责任意识和道德良心，在个人利益和社会利益发生冲突时，自觉维护社会利益，遵循正确的道德导向来处理各种社会经济关系和伦理困境。优良道德品质的养成并非一朝一夕之功，需要现实职业生活的长期磨砺，通过自我深思和反省，坚守职业责任。

3) 主体实践：工程师的道德行为选择

外在的职业规范、内在的道德修养最终都将呈现为工程师主体的道德行为选择，工程师只有做出正确的行为选择，才能在职业活动中发挥积极有效的社会作用，行为选择反过来也促进行业规范制定得更加深入和细化，促进个体道德的自觉自省。工程师的职业行为是在主体意识影响下做出的自由选择，有道德的和不道德的，行为后果也有大有小，鉴于现代工程对社会的重要性，工程师不道德的职业行为往往会产生极为严重的后果。设计过程中的失误会给雇主带来经济损失；施工过程中的玩忽职守、偷工减料、消极怠工会影响工程质量，造成安全事故；工程师受政治集团和商业集团的利益影响，做出越轨行为，会损害公众利益。工程师的职业行为关系到工程的造价、效用、质量、安全性、公众福祉和自然生态，因此，工程师职业行为作为一种道德伦理实践，必然蕴含着善恶的道德判断。

2. 工程师职业道德的内容

西方诸多工程师协会在订立工程伦理章程时就明确了工程师职业道德的内容,如美国全国职业工程师协会提出的工程道德的基本准则:

(1) 工程师应该保证公众的安全、健康和福利;

(2) 工程师应该仅在自己的能力范围内提供服务;

(3) 工程师应该以客观的、诚实的方式发表公开声明;

(4) 工程师应该是每一个雇主或顾客的忠实代理人;

(5) 工程师应该避免欺骗行为;

(6) 工程师应该以自己正直、可靠、道德及合法的行为增强本职业的尊严、地位和荣誉。

工程伦理学家从伦理学角度广泛探讨了工程师职业道德的内容,"伦理准则表明了由职业看来,以及由职业协会表现出来的工程师的道德责任。因为准则表达了职业对伦理的集体承诺,它们不仅在强调工程师的责任,而且在行使责任的自由方面都非常重要。伦理准则至少在八方面发挥重要作用:服务和保护公众、提供指导、给予激励、确立共同的标准、支持负责任的专业人员、促进教育、防止不道德行为以及加强职业形象。"

麦克莱恩(G. F. McLean)将工程师所遇到的道德问题分为三个层次:技术道德、职业道德和社会道德。"工程师职业道德的内容可以按照上述三个主题进行划分。其中,技术道德用于指导处理人与工程之间的关系,包括工程活动中规划设计、技术研发、项目建设等环节的技术决策,工程师要承担工程的质量责任和安全责任。职业道德是指工程师在协调工程活动中人际关系时所需具备的道德意识,工程师对雇主的责任、对他人的责任、对合作伙伴的责任等。社会道德是指工程师在工程实践活动中要时刻承担着对社会、公众和环境的责任。

综上所述,工程师职业道德的内容划分如下:工程师对待工程专业的道德规范,工程师对待雇主、合作者的道德规范,工程师对待公众、社会的道德规范。

案例分析

案例3-1:工匠精神——许振超

许振超是践行"工匠精神"的优秀代表。多年来,许振超秉承着"干就干一流,争就争第一"的精神,练就了"一钩准""一钩净""无声响操作"等技能,他先后9次刷新集装箱装卸世界纪录。2003年3月4日,青岛港前湾港区接卸集装箱轮作业,创造出单船单航次装卸箱量5009标准箱、单船效率299.7自然箱、单机效率44.7自然箱等多项国内最高纪录。4月15日,青岛港将这种装卸效率用桥吊队队长许振超的名字,正式命名为"振超效率"。

2003年4月27日,许振超和他的工友们经过6小时27分钟的艰苦奋战,把"地中海阿莱西亚"轮上的3400个集装箱全部装卸完毕。他们创下了每小时单机效率70.3自然箱和单船效率339自然箱的世界纪录。5个月后,他率领团队又把每小时单船339自然箱这个纪录提高到每小时单船381自然箱。

在练绝活之余,许振超还在岗位上勇于创新。他经多次试验,在冷藏集装箱上加装了节电器,全年节约电费600万元。

许振超还带出了一支"技术精、作风硬、效率高"的优秀团队。他带领团队开展科技攻关，首次实施集装箱轮胎吊"油改电"技术改造，大幅节约了生产成本。他带领的团队还开发完成了"集装箱岸边智能指挥系统"，在世界集装箱码头率先实现集装箱作业"无人桥板头"，完成了业界首创"无动力自动摘锁垫"项目，打造了"48小时泊位预报、24小时确保"服务品牌。

2004年6月21日，时任国务院总理温家宝同志视察青岛港并看望许振超，把振超精神总结概括如下：爱岗敬业、无私奉献的主人翁精神；艰苦奋斗、努力开拓的拼搏精神；与时俱进、争创一流的创新精神；团结协作、相互关爱的团队精神。他说："振超精神、振超效率成为了时代的强音，成为社会主义现代化建设的精神财富，成为全面建设小康社会的巨大动力。"

许振超是一位学习型、创新型、充分掌握现代技能的新时期优秀产业工人。在他的带动下，青岛港前湾集装箱码头有限公司桥吊队80%以上的工人都能熟练掌握许振超的绝活，许多工人还掌握了新的绝活，世界纪录也因此不断被刷新。

许振超带领的团队先后获得过全国青年文明号、全国优秀服务品牌、山东省青年突击队、全国用户满意明星班组、马士基世界码头操作龙虎榜冠军等荣誉称号。在班组513名员工中，有多名员工获得过全国优秀青年技师、全国交通技术能手、山东省首席技师、山东省杰出青年岗位能手、青岛市拔尖人才等荣誉称号；还涌现出"桥吊专家""电器专家""刘洋神绳""浩然神功"等员工品牌；十几名优秀的年轻大学生被部门选拔到维修指导岗位上。振超团队优秀人才的不断涌现，使得青岛港出现了一种振超效应。

上述案例体现了哪些优秀的工程师职业素养？

案例3-2：港珠澳大桥

管延安，男，1977年6月19日出生，汉族，山东潍坊人。1995年参加工作，先后参与了世界三大救生艇企业之一——青岛北海船厂和国内最大集装箱中转港——前湾港等大型工程建设。参加港珠澳大桥岛隧工程建设，是中交港珠澳大桥岛隧工程Ⅴ工区（中交一航局二公司负责）航修队钳工，负责沉管二次舾装、管内电气管线、压载水系统等设备的拆装维护以及船机设备的维修保养等工作。先后荣获港珠澳大桥岛隧工程"劳务之星"和"明星员工"称号，因其精湛的操作技艺被誉为中国"深海钳工"第一人。2015年"五一"前夕，中央电视台系列纪录片《大国工匠》之《深海钳工》专题播出他的先进事迹。

港珠澳大桥是在一国两制框架下粤港澳三地首次合作共建的超大型跨海交通工程。岛隧工程是大桥的控制性工程，是我国首条外海沉管隧道，这也是世界上在建的最长公路沉管隧道。工程严格采用世界最高标准，设计、施工难度和挑战均为世界之最，被誉为"超级工程"。岛隧工程建设标志着中国从桥梁建设大国走向桥梁建设强国。

管延安负责沉管舾装和管内压载水系统安装等相关作业。经他安装的沉管设备，已成功完成18次海底隧道对接任务，无一次出现问题。

18岁管延安就开始跟着师傅学习钳工；"干一行，爱一行，钻一行"是他对自己的要求；有空的时候就看书学习，是他最大的工余爱好。二十多年的勤学苦练和对工作的专注，心灵手巧的他不但精通錾、削、钻、铰、攻、套、铆、磨、矫正、弯形等各门钳工工艺，而且对电器安装调试、设备维修也是得心应手。

2013年年初，管延安来到珠海牛头岛，成为岛隧工程建设大军一员。他所负责的沉管舾装作业,导向杆和导向托架安装精度要求极高,接缝处间隙误差不得超过正负 1 毫米,管延安做到了零缝隙。每次安装,他带领舾装班组同测量人员密切配合,利用千斤顶边安装边调整,从最初需要调整五六次到只需调整两次,就可以达到"零误差"标准。

港珠澳大桥的竣工体现了我国工程师哪些优秀的精神品质?

思考与讨论

1. 查阅相关资料,简述工程师在工程中扮演的角色。
2. 查阅相关资料,简述工程师应具备哪些职业素养。

第4章

工程责任及伦理困境

引导案例：郑州地铁 5 号线亡人事件

2021 年 7 月 20 日,郑州一场特大暴雨引发严重城市内涝,涝水冲毁停车场挡水围墙、灌入地铁隧道,造成 14 人死亡。

《河南郑州"7·20"特大暴雨灾害调查报告》(以下简称《调查报告》)对建设单位、设计单位和施工单位的责任认定中均明确记载了关于违规使用白图施工的内容,包括建设单位违规同意采用白图施工,设计单位违规向施工单位提供白图和施工单位违规采用白图施工等。

《调查报告》将"郑州地铁 5 号线亡人事件"定性为"一起由极端暴雨引发严重城市内涝,涝水冲毁停车场挡水围墙、灌入地铁隧道,造成 14 人死亡的责任事件"。

在工程实践中,白图和蓝图是一对伴生概念。蓝图是指用感光后变成蓝色的感光纸制成的图纸,而白图则通常指黑色墨粉在白纸上绘制或印刷的图纸。

蓝图极耐保存,防潮、防晒、防虫性能良好;蓝图很难修改,修改后极易留下痕迹。而相比之下,白图的稳定性则较差,在长时间光照、潮湿环境等情况下容易出现字迹模糊、虫蛀等问题,且白图比较容易修改。因此,在长期的工程实践中,形成了设计过程中使用白图,最终定稿出图使用蓝图的惯例。

工程实践上将白图视为过程设计文件,将蓝图视为最终设计文件。蓝图也是加盖了设计单位公章和出图章的文件,也就是说,加盖印章的蓝图不仅表示设计文件最终样态,还明示了设计单位的法定权利和义务。因此,在建设工程领域的设计文件审查、备案、存档等均以蓝图作为依据。施工蓝图是设计单位出具的定稿盖章图纸,是施工单位进行施工的法定依据。在工程实践中,设计单位在完成施工图设计后,制作施工蓝图并加盖出图章交付建设单位,由建设单位将蓝图交施工单位用于施工。

早在 1992 年,行业开始推广应用计算机辅助设计(CAD)技术,中国勘察设计协会在《"十一五"信息化发展规划纲要》(以下简称《纲要》)中即提出"加快图纸档案管理电子化",制定了"完善和提高数字化图纸档案管理系统,促成以白图替代蓝图施工,探讨以白图替代硫酸纸存档的可行性,推动数字化档案替代硫酸纸存档变革和数字化存档管理标准编制"的工作目标。"十一五"期间"白代蓝"仍处于初期探索阶段;到"十二五"时,《纲要》中的"完善和提高"已变为"普及","探讨"已变为"推进";到了"十三五",《工程勘察设计行业信息化工作指导意见》明确提出了"开发建立基于 BIM 的数字化成果交付、审查和存档管理系统,逐步实现白图替代蓝图;提升企业为工程建设项目全生命周期提供信息化服务的能力,促进企业经营和管理创新发展"的任务;在新的《工程勘察设计行业发展"十四五"规划》中,则提出了更高要求,"蓝转白""数字化交付"由"逐步实现"直接升级为"推动改革"。

2014 年 7 月,住建部在《推进建筑业发展和改革的若干意见》中提出了"探索开展白图替代蓝图、数字化审图等工作"的任务。2016 年,住建部在《2016—2020 年建筑业信息化发展纲要》中提出建立完善数字化成果交付体系。开展建立设计成果数字化交付、审查及存档系统,推进基于二维图的、探索基于 BIM 的数字化成果交付、审查和存档管理。开展白图代蓝图和数字化审图试点、示范工作,体现了从"探索"到"试点"的跨越。

根据中国勘察设计协会在《"十三五"时期施工图审查制度发展历程与思考建议》一文中的数据显示,全国已有 20 个省市实行数字化审图,基本实现了施工图设计文件在线申报、审查、在线监督和在线出具审查合格书,部分省市还实现了在线合同签订、质量检查、统计分析、电子交付、电子存档、项目查询、项目备案、与"四库一平台"信息对接等功能。目前,大部分省、区、市已建成数字化审图系统,但能够真正完全实现数字化审图的地区并不多。究其原因主要包括以下四方面:一是勘察设计单位没有真正实现数字化交付;二是系统留痕不真实;三是系统与政府工程建设项目审批系统前后无法衔接,难以形成互推共享;四是数字信息不全,对相关决策支撑不足。此外,还有少数地区因经费紧张,难以开展数字化审图平台建设。

一些施工单位目前仍在使用蓝图施工,通过咨询业内人士意见,总结主要原因有两点:一是各地数字化出图要求存在差异,有些地方还未实行数字化白图交付政策;二是观念转变问题,部分单位惯性思维,延用旧制,狭隘执行老标准规定,坚持使用蓝图。也有行业人士提出成本的原因,记者通过网上价格调查,发现 PDF 格式激光打印蓝白图价格已经一致,且晒印蓝图价格还高于激光打印的价格。目前上海不少设计院已经将打印图纸工作外包给专门的打印机构,没有了晒印设备的投入,蓝图的成本优势不复存在。

虽然各地推行情况仍有一定的速度和深度差异,但"白代蓝"的趋势已不可逆。

4.1 工程职业与社会责任

4.1.1 工程师职业特征

1. 专业训练

工程师职业通常需要经历长时期的理论学习,而这种系统的理论基础一般是在学术机构通过正规教育获得的。因此工程师一般都拥有高等教育学校的学位。除此之外,工程师还应具备一定的专业技能,这些技能往往是在职业初期积累的。

2. 行业属性

最初的工程师集中在建筑、土木和机械工程行业,随着社会经济以及文化的发展,行业类别大幅增加,建筑建设类就有建筑学、土木工程、给排水、交通工程以及勘测工程等。任何行业都有一定的社会角色要求,担任一定的社会职能,职业与行业密不可分,职业包含着公共的元素。

3. 谋生手段

我们经常强调工程师的专业技能和伦理规范,却将工程师职业作为一种谋生手段放在不显眼的地位,这是不合适的。任何职业的第一要义是生存,是满足人最低需求的手段。工程师是在一个组织机构中可以获得薪资的职业,并且随着职业技能的提高,更加胜任岗位的要求,享受职业带来的社会地位。既满足了社会的需求,又满足了个人的需要。

4. 流动性

职业生涯理论通常认为职业具有四个阶段:探索阶段、立业阶段、维持阶段及离职阶段。工程师在企业任职,由于具备了丰富的专业知识,工作的选择范围会大大拓展,特别在经济发达地区,人才的流动成为常态,人力资本的价值得到充分实现和增值。人才流动是社会化大生产的必然产物,是优化资源配置的必然要求。

美国耶鲁大学的组织行为学教授奥德弗,将人的需求划分为三个层次:生存需要、关系需要和成长需要。如果人们在某个环境中,一直得不到需要的满足,而从另外一个环境可以得到时,人们就会追求后一种环境。职业的流动可以使工程师找到与个人目标、价值观一致的组织,使个人潜能得到充分发挥,有利于自我职业的发展。

需要指出的是,从保护企业技术秘密和保护国家安全的角度来看,工程师的流动可能带来潜在的风险,包括侵权行为和安全威胁。因此相关的法律对此进行了一些规定。我国刑法第 219 条规定了侵犯商业机密罪的量刑标准。

5. 承担义务

哲学家迈克尔·戴维斯认为,职业是指在同样的行业中,一些人自愿组织起来谋生,公开宣称将以道德上允许的方式服务于道德理想。这些理想超越了法律、市场、道德和舆论要求。

一般认为,工程师的基本道德规范有:用知识与技能增进全人类的福祉;正直无私,为公众、雇主和客户提供忠诚的服务;致力于提高工程师的职业能力和职业声望;为各自专业所属的技术团体提供力所能及的支持等。而现代工程技术涉及的往往不仅仅是技术本身,这就要求工程师的职业品格应具有社会意识和人文关切,对技术与社会环境的关系有充分的感知,特别应保护公共健康、安全和福祉。

6. 遵守职业标准

职业标准是工程师工作行为规范性的要求,是必须遵守的操作程序。除了从事本职业工作应具备的基本观念、意识、品质和行为要求这些职业道德,还包括职业功能、工作内容、技能需求和相关的知识需求。职业功能为该职业要实现的目标,工作内容是指完成职业功能所做的工作。技能要求是指完成每一项工作内容应达到的结果所对应的技能,相关知识指与技能要求对应的技术要求、法规、操作流程、安全知识等。

4.1.2　社会责任要素

科学技术的负面效应日趋显现,使得工程师的社会责任显得越发重要。1986 年 1 月 28 日,"挑战者号"航天飞机在发射仅 73 秒后爆炸,导致 6 名宇航员和 1 名女教师遇难。爆炸原因是火箭助推器的 O 形环密封圈失效,导致毗邻的外部燃料舱在火焰高温烧灼下结构失效,泄漏出的燃料引发爆炸。在发射前一天的晚上,负责 O 形环的首席工程师罗杰·博伊斯·乔利在联席会上建议不要发射"挑战者号"航天飞机,因为密封圈的温度低于 53 华氏度时,无法保证有效密封,而第二天预报的温度却只有 40 华氏度。遗憾的是他的建议未被采纳,后来他又向公司管理层提出了低温问题,仍然无人采纳他的建议。事实上,火箭助推器尾部,由于从液氧舱通风口吹来的极冷空气降低了接触缝处的温度,使得温度低于气温,仅为 8 华氏度,远低于 O 形环的设计温度。但这个信息并未能及时传达至管理层。

罗杰·博伊斯·乔利践行了自己的职业责任,美国科学促进会对其在"挑战者号"事件中的典范行为授予他"科学自由与责任奖",但由于他在事故调查时出庭做证,被迫结束了在航空航天工业 27 年的机械工程师生涯。

工程师处在一个技术或者工程共同体中,与企业是代理关系或劳务关系,而企业的本质是利益相关者的契约集合体。利益相关者包括股东、管理者、员工、债权人、客户、供应商、行业竞争者和国家等。各方面的利益诉求并不相同。股东往往追求利润的最大化,为了降低风险,常常可以分散投资,他们对企业承担有限的责任。但管理者、员工、债权人和其他人,可能承担了比股东更大的风险。

日本经济法学家金泽良雄认为当今的企业本来已经摆脱了单纯的私有领域,而作为社会制度有力的一环,其经营不仅受到资本提供者的委托,而且受到包括资本提供者在内的全社会的委托。换言之,无论在理论上或实际上,已经不再允许企业片面追求自身的利益,而必须在与经济和社会的协调中最大程度地与各种生产要素相结合,并且立足于生产物美价廉的商品和提供服务的立场。只有这种形态的企业才能称为现代企业,而所谓经营者的社会责任也就不外乎是要完成这个任务。

虽然社会希望企业考虑所有的利益相关者,但企业追求经济利益的本质决定了其考虑问题的片面性,尤其在技术层面无法对工程或产品的缺陷有深刻的认识。可见,工程师作为企业员工,与企业具有利益相关性,有权利参与企业行为和决策。工程师运用自己的专业知识和经验为企业尽心尽责地提供服务,是对企业最大的忠诚;对企业违背国家法律法规、损害公共利益的行为不予置评,是失职行为。

本书将工程的社会责任分为内部社会责任和外部社会责任两大部分。所谓内部社会责任是指工程师作为企业雇员需要对企业担负的责任,而外部社会责任是指企业行为对社会需要承担的责任。这两部分责任既有区别,又相互联系。

随着经济的飞速发展,社会责任理念得到了强化和规范,如日本经济团体联合会 1973 年制定的《行动宪章》中提到企业的社会责任的七条原则:

① 向社会提供有用财富和服务;

② 努力实现职工的精神与物质两方面的富裕;

③ 在注意保护环境的前提下开展企业活动;

④ 通过各种活动积极为社会做贡献;

⑤ 通过各项事业活动,努力提高所在地区的社会福利水平;

⑥ 不参与破坏社秩序及安全的活动;

⑦ 努力使企业的行动原则与社会常识一致。

与此类似,各种工程师协会也对工程师承担的社会责任做出了相关规定,如美国电气和电子工程师协会伦理章程中明确规定：

① 承担使自己的工程决策符合公共的安全、健康和福祉的责任，并及时公开可能会危及公共或环境的因素；

② 无论何时，尽可能避免已有的或已经意识到的利益冲突，并且当它们确实存在时，向受其影响的相关方告知利益冲突；

③ 在陈述主张和基于现有数据进行评估时，要确保诚实和真实；

④ 拒绝任何形式的贿赂；

⑤ 提高对技术、技术适当的应用及其潜在的后果的理解；

⑥ 保持并提高我们的技术能力，并且只有在经过培训或实习具备资质后，或在相关的限制得到完全解除后，才能承担他人的技术性任务；

⑦ 寻求、接受和提供对技术工作的诚实的批评、承认和纠正错误，并对其他人做出的贡献给予适当的认可；

⑧ 公平对待所有人，不考虑诸如种族、宗教信仰、性别、残障、年龄或民族的因素；

⑨ 避免错误地或恶意地损害他人财产、声誉或职业的行为；

⑩ 对同事和合作者的职业发展给予帮助，并支持他们遵守本伦理章程。

4.2　工程与风险

4.2.1　风险

关于风险（Risk）的概念，大部分学者认为该词来自意大利语 Risque 一词。在遥远的远古文明时期，人类在长期的出海捕捞过程中，经常会遇到各种风浪海潮等的袭击。在这一生产生活实践过程中，以捕捞海产为主要食品和生活来源的渔民们极为深刻地感受到了"风"所造成的巨大的无法预测的危险。在当时那个科学技术知识极为不发达的时代，在渔民们的意识和生活实践中，"风"在一定程度上的意义就是"险"。"风险"一词在早期的生活生产过程中被理解为因自然界的天气现象带来的客观危险，以及航海活动中所遇到的意外触礁等事件。

伴随着人类社会的发展和文明的进步，"风险"一词的含义也在人类文明前进的步伐中不断被概念化和系统化，并在此过程中被赋予了经济学、社会学、统计学、哲学等学科领域更为深刻和更为广泛的内涵。在人类的实践活动过程中，人们的决策和行为的后果与"风险"一词的联系日益紧密。

由于对风险的研究角度不同，对风险的理解和认识程度也不同，不同的学者对"风险"的概念有着不同的解释。风险通常具有不确定性，在管理学和经济学中将"风险"普遍定义为"某种损失发生的不确定性"。美国学者马丁认为："风险是某件不期望的和危险的事物可能发生的潜力。"

学术界对"风险"一词的定义还暂时没有形成统一的认识。从风险管理的角度考虑，风险一般包括三个基本要素：

（1）风险因素是指产生、诱发风险的条件或潜在原因，是造成损失的直接或间接的原因。不同领域的风险因素的表现形态各异，根据风险因素的性质，可将其细分为物理风险因素、道德风险因素和心理风险因素。

（2）风险事故是指造成生命财产损失的偶发事件，它是导致损失的媒介物。

（3）风险损失是指非正常的、非预期的经济价值的减少，通常以货币单位来衡量，并且必须满足以上所有条件才能称其为损失。

因此，我们可以给风险下一哲学上的定义：风险是由具体事件所处的各种自然、社会、人文、科学等情境性因素的客观性、不确定性、相对可变性、偶然性等相互作用而产生的，对事件的发展造成影响及其损害程度的可能性。

按照不同的分类方法，风险可以分为以下几种：

（1）按风险的对象可划分为财产风险、人身风险、责任风险。财产风险，指财产发生损毁、损失和贬值的风险，如房屋、建筑物、设备、运输工具、家具及某些无形资产因自然灾害或意外事故而遭受损失。人身风险，指人的生、老、病、死，即因疾病、伤残、死亡等产生的风险。虽然有些风险是人生中不可避免的必然现象，但由于在何时、何地发生，并不确定，而一旦风险发生，则会给家庭和经济实体带来很大的损失。责任风险，指由于团体或个人违背了法律、合同或道义上的规定，形成侵权行为，造成他人的财产损失或人身伤害，在法律上负有经济赔偿责任的风险。

（2）按风险来源可划分为自然风险和人为风险。自然风险，指由于自然力的非规则运动所引起的自然现象或物理现象导致的风险。如风暴、火灾洪水等所导致的物质损毁、人员伤亡的风险。人为风险指由于人的活动而带来的风险，可以细分为行为、经济、技术、政治和组织风险等。

（3）按对风险的承受程度可划分为可接受的风险和不可接受的风险。可接受的风险，指人们在对自身承受能力进行充分分析研究的基础上，确认能够承受最大损失的程度，凡低于这一限度的风险称为可接受的风险。不可接受的风险，与可接受的风险相对应，是指已经超过承受能力范围之外的风险，这种风险属于不可接受的风险。

4.2.2　工程风险

1. 工程风险的概念

工程风险（Engineering Risk）概念的界定与工程活动是分不开的。工程项目的立项、设计和规划，都是在正常的、理想的技术、管理和组织的基础上，在实际的工程项目实施过程中，那些潜在的不确定性因素都极有可能使工程项目实施出现失控，致使入不敷出、综合经济效益低下，严重的甚至导致项目失败、企业破产。工程风险是指在整个工程项目实施的全过程中，自然灾害和各种意外事故发生而造成的人身伤亡、财产损失和其他经济损失的不确定性的统称。用数学公式可以将工程项目风险表示为

工程项目风险＝f（引起工程项目损失的各种不确定性，不确定性可能造成的损失、结果）

2. 现代工程风险的特点

（1）影响范围广。在科技传播速度不断加快和经济全球化的背景下，现代工程风险的作用常常可以跨越地理的界限，在地球上某一角落发生的工程风险很快可扩散到世界各地。工程风险通常以一种"风险共担"或"风险全球化"的形式表现出来。每一个个体都被现代工程风险捆绑在一起。以食品工程为例，转基因作物如玉米、大豆等随着全球贸易的发展而分散到世界的每一个角落。显然，转基因食品所隐含的潜在风险也随之扩散到全球

食用转基因食品的每一个个体身上,当然还包括食用转基因食品的牲畜。事实上,在无处不在的工程风险面前,种族的、性别的、阶级的、国别的边界都在被弱化。

(2)持续时间长。风险在工程项目整个生命周期中都存在着,而不仅仅发生在实施阶段。现代工程活动不仅在规模上宏大,在对自然物质的内在影响方面也深入原子核的层面,对环境问题、生态问题产生的持续影响也是长久的和难以轻易消除的。因而,现代工程风险在影响的持续性方面也远远超出了某一个世代的跨度。以核能利用产生的核风险为例,原子核裂变后形成的核辐射需要数万年乃至数千万年后才能得以彻底消除。换言之,现代核电站产生的核风险可持续数万年或十几万年。核风险的影响已经远远延伸至未来的许多世代,这对于我们的子孙后代的发展是一件极不公平的事情。众所周知的苏联时期留下的乌克兰切尔诺贝利核电站泄漏事件,将是人类难以消除的持久伤痛。

(3)危害程度极大。现代工程风险不仅影响范围广、持续时间长,而且在危害程度方面极其深远和巨大。众所周知,原子弹的出现大大改变了人类的生存安全模式,让人类生活在一个有史以来最不安全的世界中。换言之,现代人类运用自己的理性或聪明才智所构筑的工程世界中,技术发展越来越尖端,发明出杀伤力越来越强大的武器,其后果却是人类越来越轻易地被自己毁灭。现代工程风险引发的生态危机、环境危机等已严重危及人类社会的可持续发展。很显然,现代工程风险产生的严重后果已经远远超越了人类的想象力和处理能力。某些灾难性的工程事件一旦发生,将对人类社会造成毁灭性的打击。

(4)可变性。风险的可变性是指风险性质的变化、风险后果的变化、出现新的风险。风险后果包括后果发生的频率、收益或损失大小。随着科学技术的发展和生产力的提高,人们认识和抵御风险事故的能力也逐渐增强,能够在一定程度上降低风险事故发生的频率并减少损失和损害。如在工程项目风险管理中,加强领导班子建设,增强责任感,提高管理技能,就可能使一些风险变成非风险。此外,由于信息传播技术和预测理论、方法、手段的不断完善和发展,某些工程项目风险可以较早、较准确地得到预测,因而大大减少了工程项目的不确定性。但是,随着工程项目或其他活动的展开,一些新的风险随之出现。特别是活动主体为回避某些风险而采取一些行动时,其他风险就有可能出现。如某些工程项目为了早日完成,采取边设计、边施工或在设计中省略校核手续的办法,虽然加快了工程进度,但却增加了设计变更、降低施工质量和提高造价的风险。

(5)整体性。风险的影响常常不是局部的或某一段时间、某一方面的,而是全局性的。例如,反常的气候条件造成工程的停滞,将影响整个后期计划,影响后期所有参加者的工作。这不仅会造成工期的延长,而且会造成费用的增加,进一步危害工程质量。即使局部的风险也会随着项目发展,其影响逐渐扩大。一个活动受到风险干扰,可能影响与它相关的许多活动,所以在项目中风险影响随时间推移有扩大的趋势。

4.2.3 规避

研究工程风险是为了规避工程风险,"既然风险是一种可测的关于未来的不确定性,那么工程风险在一定程度上就是可以防范的"。相较于自然风险而言,工程风险是一种"人造"风险,伴随人们的工程实践活动如工程决策、工程设计与工程实施等而产生。通过工程活动责任主体伦理的责任意识、良好的道德认知、道德自律与道德抉择能力,构建工程责任伦理体系,对于工程风险的防范和管控有着十分重要的意义。

1. 加强落实工程师安全主体责任

工程师是在特定领域内经过专门训练、拥有专业工程知识的专家。在我国以社会主义公有制为主体、多种所有制共同发展的经济制度前提下,工程师虽无法完全控制和决策整个工程,但仍然在一项工程中起着不可或缺的作用。

1) 弘扬"重责任、有担当"的良好社会风尚

良好的社会风尚是工程主体负责任行为的前提条件。工程师也是社会的一员,他们的行为往往受社会风气的影响,在"重形式、少责任"的社会风气下,一些自律能力较差或责任感不强的工程师就不会自觉地履行好职业责任。我国正处于经济快速发展时期,道德的脚步跟不上科技发展的步伐,人们普遍重视对物质的追求,而忽视了伦理责任和道德责任,出现了漠视工程规律而重利益的社会风气。因而,有必要在全社会弘扬"重责任、有担当"的良好社会风尚,形成一个负责任的社会环境,使工程主体成员养成敢于承担责任的伦理价值观。

2) 保障工程师拥有独立的技术话语权

为了实现共同的工程目标,工程师适当尊重行政权威是对的。但在很多工程企业中,行政权威是一个极端的、从上而下的刚性控制。在工程决策中,通常由企业管理者、经理等掌握话语权,即使是技术决策也是如此。

3) 工程师应树立强烈的安全伦理责任意识

工程师应承担对于公众及社会的伦理责任,"在职业活动范围内促进全体公众的福利"。如果一位工程师缺乏伦理责任意识,对其负责的工程和人类社会漠不关心,必然会导致严重后果。历史上很多案例都可以证明,例如,研究克隆技术的科学家、工程师们如果不具有对整个社会伦理负责的态度,而是打着"科学"的旗号大肆进行克隆人的实验,那么社会伦理必将陷入混乱之中。而当工程师具备了强烈的伦理责任意识,便会在工程活动中把人类的健康、安全和福利放在首要位置,这正是规避工程风险的重要保障。因此,要规避工程风险,树立工程师强烈的安全伦理责任意识刻不容缓。工程师树立强烈的伦理责任意识,还应培养严谨的工作态度。在一项工程中,工程师经常要进行各种选择,面对这些选择,工程师必须时刻保持严谨,否则很容易因为一个选择的失误造成巨大损失。就如震惊世界的"挑战者"号爆炸事件,在"挑战者"号发射前,一位工程师已经发现由于气温过低,发射台上已经结冰,造成固定右翼燃料舱的O形环硬化,如果强行发射,失败的概率为 1/10000。但由于经济、政治等原因,最终工程师和上级管理决策者都认为发射失败是极小概率事件,应该不可能发生,仍然照原计划进行,最终导致了航天飞机的爆炸。在此案例中,如果该工程师具有严谨的工作态度,防微杜渐,在重大决策面前谨小慎微而不是碰运气,也许不会导致悲剧的发生。

2. 多元责任主体共同防范工程风险

工程活动是一项复杂的社会活动,通常由工程活动的多元利益主体如工程师、管理者、投资者、政府部门、工人以及社会公众共同参与完成。工程风险因工程活动而产生,而工程活动又起因于工程共同体成员的决策、设计与实施,工程活动的利益主体实质上也是工程风险的伦理责任主体。

1) 工程师协会建立工程伦理准则和风险资料库

人是社会性高级动物,人在社会中进行各种实践活动,总是要与社会中的其他人相联

系并形成一定的团体,工程师亦然。1884 年,美国成立了第一个工程师职业学会——美国电气工程师协会(AIEE),1912 年又成立了美国无线电工程师协会(IRE),世界各地的工程师也成立了众多工程团体,如德国工程师协会(VDI)、中国台湾工程师协会等。各工程师协会制定了各自的工程伦理准则,如德国工程师协会于 2002 年制定了《工程伦理的基本原则》,中国台湾工程师协会也制定了"工程师信条"的四大责任等。工程伦理准则使得工程师职业行为有了一定的标准和活动指南,对规避工程风险起着重要作用。因此,我国要有效地规避工程风险,建立工程师协会并制定工程伦理准则迫在眉睫。

首先,弘扬广泛认同的工程责任伦理价值体系。在工程伦理的理念建构中,一些基本原则得到大家的普遍认同。它们共同构成了工程活动中责任伦理规范的基本价值体系,并指导工程实践。广泛认同的工程责任伦理价值体系主要包括安全原则、人本原则、公正原则、生态原则等。

其次,建立健全的工程主体行为责任伦理规范体系。工程活动由具有不同职业背景的工程共同体成员协作完成,各工程共同体成员的责任因各自在工程活动中的不同角色而各不相同,其行为规范也就不同。工程主体行为伦理规范是工程职业精神与价值的重要体现,是工程活动职业自治的重要依托。一般而言,工程主体行为规范体系按照共同体成员的特点分为三类:个体责任伦理行为规范,如诚信、敬业、正直等;政府组织责任伦理规范,如公信、公正等;工程企业责任伦理规范,如社会责任、节制等。

最后,构建翔实的工程实践过程责任伦理规范体系。工程实践过程由一系列紧密相连又有明显区分的各阶段构成,包括工程决策阶段、工程设计阶段、工程实施和运行阶段三个大环节。在每一个大环节中所要求的责任伦理规范各有特色,其中,决策责任伦理规范包括客观、民主、尊重公民知情同意权等,设计责任伦理规范包括审慎、考虑周全、简约等,实施责任伦理规范包括质量至上、勇于纠错和检举等。

工程伦理准则对于规避工程风险能起到前期预防作用,要达到更好地规避风险效果,工程团体除了建立工程伦理准则,还需建立风险资料库,以做好风险事故后期的分析和总结,并积累相关资料,在日后的工程项目中避免同类事故的发生。

2) 促进公众参与,坚持工程决策的科学化和民主化

现代工程活动日益复杂化,涉及更多的利益团体,在我国规避工程风险,不仅是工程师和工程师团体的职责,作为工程技术使用者的公众同样要为之努力。因此,我们在工程决策阶段就应坚持工程决策的科学化和民主化。只有坚持工程决策的科学化才能使工程活动的设计、建设等相关程序更加符合工程活动的内在规律和外在规律,有效减少工程活动和自然系统之间的矛盾,从而间接减少了工程风险产生的可能性。在进行工程决策时,领导者要勇于坚持真理,执行者要有勇气否定错误方案、修正不完善方案,使工程决策更为科学化。工程决策的民主化作为人类规避工程风险的一种主要方式,在工程决策中只有大众的参与才能使工程在建造过程中更加符合大众的需求,符合人类的生存目标,这样才能最终达到价值理性和目标理性的真正统一。

通过以下两方面的努力,能达到工程风险的科学化和民主化这一目标。

(1) 加强对工程风险的管理,使得工程师与管理者对于工程风险的认知趋于一致。

(2) 保证公众对于工程风险的知情权。工程师对于工程风险问题的认知有其片面性,而且对于工程风险的把握能力也是有限的,所以保证公众的知情权才能让公众起到监督的

作用。公众的知情权应包括三方面：一是风险信息告知充分；二是公众自愿承受工程风险，而不是通过欺骗或外力等手段达成；三是应促进公众参与，提高公众科学素养，确保公众对风险认知的科学性和合理性。公众未受过专业训练，无法像工程师那样专业而理性地看待风险，现实中也经常出现由于不理解风险的可接受性，公众以强硬的方式阻止某工程实施的案例。因此，为了有效避免工程风险，我国公众应加强对科学知识以及工程风险的了解，并积极参与到工程中，通过合理协商而不是聚众闹事的方式和平解决冲突。

3. 企业加强自身安全生产管理

实践中，合理的安全生产投入，能减少和防止事故的发生，保证生产的顺利进行，从而提高企业的经济效益，实现安全管理与企业经济效益的"双赢"。

1) 创建有效的安全文化机制，注重企业安全文化的建设

企业安全文化是企业在实现企业宗旨、履行企业使命而进行的长期管理活动和生产实践过程中，积累形成的全员性的安全价值观和安全理念，员工职业行为中所体现的安全性特征，以及构成和影响社会、自然、企业环境、生产秩序的企业安全氛围等的总和。企业应积极营造安全文化，提高全员的安全文化素质及其安全文化环境。一是创建安全学习机制。要使安全文化理念深入人心，在安全学习和安全教育的途径上要多管齐下、形式丰富，使安全学习和安全教育具有知识性、趣味性，寓教于乐，让职工在潜移默化中强化安全意识，逐步形成"人人讲安全、事事讲安全、时时讲安全"的氛围，使广大职工逐步实现从"要我安全"到"我要安全"的思想跨越，进一步升华到"我会安全"的境界。二是创建安全管理机制。认真整合并完善各类安全管理规章制度，增强科学性和可操作性。三是创建安全培训机制。要把安全培训工作纳入企业安全生产和企业发展的总体布局，以培训机构、师资力量和安全教材为重点，推进安全培训标准化建设，把安全培训与技能培训结合起来。力求安全培训工作科学化、人性化、多元化，增进安全培训工作的实效性。

2) 落实安全生产责任制和责任追究制，养成良好的职工行为规范

安全行为规范是针对每名岗位人员进行安全生产活动的强制性行为要求，是领导层、管理层、员工层三大群体在安全生产活动中都必须共同遵守的制度规则。安全行为规范的制定以人的行为控制为重点，使各岗位人员明确该怎么做、不该怎么做，怎么做是对的、怎么做是错的，引导员工规范作业行为，为安全操作明确基本标准。要抓好安全生产，应该在责、权、利统一和权、责一致的原则下，建立和完善能够覆盖方方面面的安全生产责任制。与此同时，狠抓安全责任制度的落实。

3) 运用科学技术和现代化的公司管理方式，作为预防和整治安全生产事故的途径

科技进步是企业发展的前提，是生存的保证，是企业的生命，是国家经济发展的支撑。企业历来是促进经济发展的一支重要力量，而科技进步是提高企业整体素质水平、调整和优化产业结构的重要途径，是培育新的经济增长点的重要保证。进一步认识和发挥科技进步在企业发展中的作用，依靠科技创新增强企业的竞争实力，提高管理水平和经济效益，是根本解决预防和整治安全生产事故的关键所在。

4. 政府完善安全监管体系

我国是社会主义国家，以社会主义公有制为主体、多种所有制共同发展的经济制度决定了大部分大型工程都是由政府直接投资修建和管理的，如载人航天工程、大型水利工程、大型铁路公路的修建等工程由于投资大、技术要求高等原因，都是由政府主导的。政府对

安全生产的监管工作能否做好,直接关系到安全生产能否全面实现。

1) 完善相关法律制度

完善安全生产基本法律。目前《安全生产法》在我国是一部具有指导性和综合性的法律,但在某些方面并没有覆盖到安全生产的各个领域。而且这部法律与我国的《中华人民共和国劳动法》《消防法》《职业病防治法》《矿山安全法》《建筑法》中的规定存在着重合或交叉。因此,在现有法律的基础上,应该对与安全生产相关的多部法律进行必要的整合,建立安全生产领域内综合的、适用范围更广、权责界定更为清晰的新的安全生产基本法。

完善与基本法配套的法规。在基本法的框架内,加紧完善配套的法规和规章。授权安全生产综合监管部门在严格执行已有的安全生产法律法规的同时,对长期以来颁布的各类安全生产法规,按照机构改革的职责分工和执法主体的变化进行修订和完善;对各类安全生产技术标准进行系统的整理、补充、修改和完善;各级地方政府及监管部门也应该对具体问题制定切实可行的条例、标准和规程,并根据实际情况和需要对这些条例、标准和规程进行必要的废除、补充、修改和完善并及时公布。

2) 明确政府监管部门的职责分工

政府行政主管部门作为工程质量和安全生产的监管主体,要建立健全以主管部门主要负责人为第一责任人的责任制,充分发挥领导和综合协调作用。首先,要明确政府在安全生产中扮演的角色,政府是企业安全生产的规制者、推动者、监督者。政府要以法律为准绳,督促企业加强安全生产管理,对企业安全生产过程中可能出现的任何安全隐患加以严格监督,并尽快要求排除危险。其次,政府应该从思想上进一步加强安全生产的观念建设。认识到安全生产是经济发展的前提,进一步提高安全生产监管工作的重要性。再次,我国安全生产监管由多个部门分工,应对具体行业进行具体监管,实行由安全监督管理局统一协调的监管模式。各部门必须明确、落实本部门职能,通力合作,再由安监部门进行统筹安排才能做好安全生产的监管工作。最后,地方政府也是监管安全生产工作的相关部门,地方政府主要是对企业的立项、评估等进行把关,专职监管部门必须处理好与地方政府的协调,地方政府的配合是监管安全生产的纽带。

3) 加大行政处罚力度

规定的处罚力度较弱,是导致安全生产事故频发的重要原因之一,不能起到对企业的警戒作用。加强违法行为的处罚力度,不仅对企业的违法行为给予严厉的打击,更重要的是从根本上遏制违法行为。通过建立严厉的处罚原则使企业切实领悟到违法行为所带来的惨痛代价,感到制假、造假行为的得不偿失,从而合法经营最终达到企业自律的目的。在我国现有的法律、法规中,对于违法行为的处罚大多都以经济性处罚为主要的惩罚手段,只有对情节恶劣、结果严重的行为给予停产停业、吊销营业执照等行政处罚,如此的处罚力度已无法达到震慑生产者及销售者的目的。建立企业安全档案,对存在安全隐患或已经发生安全事故的企业,将其存在问题记录在案,限定期限内排除隐患,如果没有排除,则进行经济以及舆论双重惩罚,除罚款之外,将其进行曝光,形成舆论压力。对严重违反安全生产规定的生产企业,要建立一种一次性退出机制,即任何企业和个人,只要一次被查出有存在违反安全生产的不法行为,就终身不能再从事与生产行业有关的任何经营活动。

4) 创新安全生产监管方式

传统安全生产监管方法存在体制和机制不合理、技术方法落后、人员和装备不足等问题,这是由体制、机制不完善和缺陷等历史原因造成的。在新常态下需要规范和完善法律法规和监管机制,利用经济杠杆、社会化服务、大数据技术等方法手段进行监管创新,以提高监管效果和改善安全生产形势。

首先,要从监管思路上进行根本性改变,由"不出事"的逻辑转变为系统性的"制度改进"。要从根本上调整监管者与企业间的关系,由惩罚者变为合作者,企业也从被动接受变成主动合作和参与。政府和企业通过购买第三方安评机构的评估,应用社会化服务,参与企业安全生产监管,以发现可能存在的潜在风险,督促企业进行整改。此外,通过应用社会化服务,加大发挥安全生产行业协会的作用,增加社会参与度,联防共建安全生产的良好局面。

其次,运用经济杠杆手段。可以建立相关保险制度,类似车险,出过安全生产事故后,评级降低,增加保费缴纳等经济杠杆调节,促使企业重视并践行安全生产。通过社会监督、表彰奖励和惩罚等一系列监督制约措施,加强企业自身的安全生产建设能力。

最后,运用大数据平台和技术。在"互联网+"等新技术下,要加快整合建立安全生产综合信息平台,统筹推进安全生产监管执法信息化工作,建立健全事故隐患排查治理、重大危险源监控、安全诚信、安全生产标准化、安全教育培训、安全专业人才、行政许可、监测检验、应急救援、事故责任追究等数据库,并实现信息共建共享,消除信息孤岛。

4.3　工程伦理的困境

4.3.1　产生原因

1. 工程师的伦理困境

困境,又称两难,是人类在面临伦理选择时的一种特殊情形,实质是要人们在两个有价值的东西之间进行一种非此即彼的取舍。然而,人类要在善与恶、善与非善之间做出选择,并不会存在理智上的困惑。但还有一种特殊的情况,即在两个善之间选择一个而舍弃另一个,这就会使人陷入伦理困境。之所以称为困境,是因为此善和彼善的选择总会让人左右为难。英国哲学家菲利帕·福特提出的"电车悖论",是伦理学上一个著名的伦理困境难题。

1) 责任主体的集体化

现代科学技术的迅猛发展导致现代工程项目都是大型的、复杂的非线性系统,专业化日益加强,劳动分工不断细化,相当数量规模的个体交织在一起,其人员之庞杂、分工之细致,个体的责任承担很难确定。

偏差的常规化是导致事故发生的另一个重要因素。每一起工程事故,不论大小都有很多人牵涉其中,需要为之负责。每一项大型工程都存在众多工程师分工与合作,工程师可能只关心自己负责的领域,无暇修正那些可能导致偏差的设计,忽略了部分给整体带来的影响,他们有意无意地接受偏差,这种过程的任一环节都有可能导致灾难的发生。

2) 角色与义务冲突

角色与义务冲突引发的伦理困境是指每个社会人在社会实践中可能会同时扮演多个不同的角色,而这些角色的义务有时是相互冲突的,这时候便会引发伦理困境。工程师也是一样,对雇主忠诚,是工程师的一项基本的伦理准则。超过90%的工程师是雇员,在工程实践中,工程师与管理者的观点常常会发生冲突,他们既要对管理者负责,也要对职业负责。绝大部分工程师都想成为既关心公司经济利益,又无异议地执行上级命令的"忠诚的代理人"。但工程师的职业伦理准则要求他们必须将公众的安全、健康和福祉放在首位,必须坚持高标准的质量和安全要求。这时候,如果为了少数人的利益选择对雇主忠诚,而牺牲绝大多数人的利益,显然是有违工程伦理准则的。

相比较而言,工程师在进行决策时,往往更多考虑的是工程师的伦理规范和标准,而管理者更侧重于企业的利益。工程师成为企业雇员后,当企业利益与公众利益相冲突时,工程师就会面临对企业忠诚还是对公众负责的伦理选择问题。这时,工程师往往会陷入两难的困境:一方面,工程师作为企业的雇员,应该对雇主忠诚,应尽职尽责地为企业获取利益;而另一方面,雇主为了最大程度地获取经济利益,可能会以损害公众利益为代价,工程师对社会的义务又要求他们努力将公众的安全、健康、福祉放在首位。这时候工程师便会陷入不同角色的义务冲突之中。

3) 利益冲突与价值选择

工程伦理侧重于讨论如何正确、公正地处理工程中的各种利益关系,包括工程师与雇主、同事、下属间的利益关系,工程师自身与工程项目的利益关系,以及工程与自然的关系等。从工程师实践看,工程活动涉及社会生活的各方面,工程中的相关人员在设计、决策、施工、管理等阶段都要和社会上的各种人打交道,随时存在着"利"与"义"的两难抉择,难免被社会上的某些不良环境所诱惑。能否恪守工程师的职业道德,不做违背工程伦理的事情,积极主动地防范工程风险,这是对工程技术从业人员的严峻考验。

工程师掌握专业技术知识,在工程建设行业具有举足轻重的地位和权利。一方面,作为一个普通人,工程师有追求自身利益的权利;另一方面,作为公司雇员,工程师具有坚持自己职业良心的基本权利、出于良心的拒绝权利,以及职业认同的权利。在当今的市场经济中,工程活动中的"利己原则"与伦理道德中的"利他原则"已经产生了激烈的利益冲突。利益冲突指的是雇员有一种利益,如果追求这种利益,可能使他们不能满足其对雇主的义务。利益冲突可能体现为无数种方式,最普遍的情况可以概括为贿赂、回扣、其他公司的利益等。贿赂是指为了谋取不正当利益,给予他人相当数额的金钱或物品,其目的是排斥竞争对手,从而实现不正当交易。美国全国职业工程师协会工程伦理准则明确指出,工程师不得直接或间接接受来自他人的有价报酬,应该作为诚信的代理人为雇主或客户服务,避免利益冲突。

在工程实施过程中显现的伦理问题更是备受关注,现场施工、监理工程师和技术人员最有可能直接面对工程设计中的伦理问题。如现场工程师在施工中随意变更设计方案;现场施工人员偷工减料、违规操作、野蛮施工;工程监理人员甚至当地行政部门工作人员玩忽职守,凭兴致随意不合理地压缩工期,对管理混乱的现象视而不见,与工程承包商存在钱权交易、贪污腐败等问题。现阶段,工程转包的现象对工程质量有着重大影响,层层转包过程中每一层级为了谋取利益都要进行压价,最后留给施工单位的利润极为有限,为了赢利,施工单位往往不按国家和行业规范施工,甚至擅自更改设计,施工材料以次充好,为工程质量埋下严重隐患。

2. 工程伦理的教育困境

随着中国制造、中国创造和中国建造的不断深入推进,我国的工程建设的规模大小、工程覆盖的行业数量、工程涉及的人数多少都达到了空前的规模,而我国的工程伦理的教育却一直处于被忽视的状态。加强工程伦理教育,塑造高素质工程技术人员势在必行。高校作为工程教育的主力,担负着工程伦理教育的重任。然而,全国高校中仅有少数几所开设了工程伦理相关课程,其中,对工程类学生的人文教育,只开设了质量不高的选修课。

在我国,无论是培养未来工程师的高校,还是从事工程建设的企业,都把专业技能作为工程师考核的唯一指标,忽视了对工程师的职业道德教育。

1)忽视了工程伦理学的跨学科性

工程活动虽然是一项相对独立的社会活动,但工程活动的结构和功能要与经济、文化、社会、生态的结构和功能相协调。随着学科发展的日渐专业化,学科的交叉性与综合性也越来越明显。工程伦理是基于科技和人文教育的学科,往往要解决来自不同领域的各种问题,更需要以其他学科为基础进行研究。作为理工与人文两大领域交叉融合的新学科,工程伦理问题本质上是跨学科问题。

随着科学技术的发展,"重理轻文"的思想导致人们对科学技术的重视程度越来越高,而忽视了对人文学科的教育。然而,科技与人文教育是密不可分的,二者相互渗透,缺一不可。科学与技术为人们提供认识和改造世界的知识,而人文学科则为人们提供认识和改造世界的法则和思想方法。工程伦理教育在社会上得不到普遍认同,工程伦理的研究与实践就难以得到发展,公众的工程伦理意识直接影响和制约着工程伦理教育的发展。由于我国工程教育过于注重专业化教育,导致现有的教学停留在技术层面,而忽视了伦理层面的教育,工科学生只致力于自己所学的专业技术知识,缺乏人文与社会学科知识的熏陶和学习,从而在面对复杂伦理困境时,难以做出正确的抉择。现行的教育模式未能反映学科的交叉综合特点,使得部分学生视野狭隘,缺乏解决问题的能力。

2)工程伦理教育理论与实践脱节

在高校从事工程伦理学教育的教师一般是哲学、伦理学的老师,他们具有扎实的伦理理论知识,但通常都缺乏工程实践的经验。在教学模式上,一般采用老师在课堂上讲述理论知识和概念的方式,很少将伦理理论与工程实践相结合,也没有引入与现实紧密相关的内容,更是缺乏将工程案例引入课堂进行分析、启发的过程,课程设计的内容无法体现出工程伦理教育的特殊性。工程伦理教育并不只是理论知识的教育,而是需要通过能力提升来解决实际问题。在教学过程中,仅通过理论讲授的形式来传授知识要点,缺少实践环节的培养,不能激发学生的创新能力,帮助他们独立思考、解决问题,因此需要注重引入案例教学、角色扮演、辩论赛等新的教学表现形式。除了在高校教育中出现了理论与实践的脱节问题,在实际生活中,工程从业人员的素质提高的速度跟不上工程规模和质量发展的要求,提醒我们不得不重视工程从业人员的素质问题。

4.3.2 出路

1. 倡导公众参与和技术评估

"道德悖论"是道德原则与道德价值实现的行为选择相冲突的结果。"道德悖论"如何消解？从道德行为的角度看，加强公众参与，让公众参与到工程的决策中，并通过协商、讨论的方式，将个体的行为选择上升为一种普遍的社会行为模式。现代工程技术改变了传统工程对人类活动的影响，给人类带来了从未体验过的一切，但遗憾的是，它并不能解决伦理问题。美国著名技术哲学家卡尔·米切姆指出："考虑工程的伦理问题不再只是专家们的事情，而是这个时代所有人的事情。"因此，公众参与就显得尤为重要。

现代工程技术在给人们带来大量物质财富的同时，也给人类带来一系列负面效应。公众有权参与工程决策，来维护自身的利益。公众对政府活动的积极参与、形成良好的互动合作关系，将有助于决策者更有效地发现问题、准确界定决策目标，这是有效决策的基础。公众参与还有助于决策者广泛征询公众意见，获取全面、有效信息以作为制定决策方案的依据。公众参与和技术评估作为工程决策过程中的重要环节，是工程师摆脱工程师责任困境的有效途径。

1) 让公众参与工程决策

工程决策是一项极其复杂而艰巨的任务，它要解决的是建造一个什么样的工程、在哪里建造以及如何建造等一系列问题。工程决策需要解决众多伦理问题，例如工程的最终目的是否将造福人类？工程实现的目标是否科学？工程是否有合理的"成本-效益"比？工程是否符合可持续发展的理念？工程是否利于人与环境的和谐共生等。近年来，工程决策问题已经成为工程活动的首要关键问题。

处理工程决策伦理问题的关键在于，谁将参与决策和如何进行决策，这两个问题直接决定了工程决策结果的好坏。一个好的工程决策，不应只考虑经济与技术的可行性。工程技术和管理人员虽然是决策的主要力量，但也不应忽视公众的意见。由于社会公众和工程师的视角不同，利益偏好也不一样，在工程决策之前应将工程的目标、设计思路、技术可行性、可能存在的问题和困难等客观、如实地公开，并鼓励社会公众提出不同的意见。这有利于决策者从不同角度深入思考决策方案，获取更为全面的信息，更能有效地发现问题，进而促进科学化和民主化，最大程度地实现公共利益。2015 年 1 月，武汉市国土资源和规划局推出国内首个"众规"平台——"众规武汉"，在全国率先开展了公众规划的探索，采用"众智众筹"创新规划编制方式，以解决规划编制管理中存在的实际问题为目标。这些"众筹"的市民方案征集完成后，规划部门将对这些规划意见进行大数据分析，结合最大多数市民的意见并综合专家们的意见，形成最终规划并公布后实施。武汉市国土资源和规划局相关人士称："市民的意见将成为最终实施规划的重要参考和依据。"

2) 进行全面的工程技术评估

技术评估是解决工程师责任困境的又一途径。在技术应用之前对其可能带来的风险进行预测和评估，然后做出相应对策，从而避免不良后果的出现。这样，工程师也就会避免受到公众的伦理职责困扰，摆脱责任困境。技术评估是一种事前思维，是在决策阶段对已完成的某个设计方案进行全面的、综合性的、带预见性的评价，预测其实施效果——尤其是"派生效果"和"长期效果"，并把这种带预见性的对预测的"事后效果"的评价作为事前决策的依据。因此，确切地说，技术评估是"事前"对"事后"进行"先思"的思维。技术评估是为了避免风险，为了安全。这就要求工程师遵循考虑周全的伦理原则，考虑周全是指工程师在工程设计与工程实施中尽可能多地考虑更多现实因素，确保工程安全，它是一种更为理想的工程设计伦理原则。在工程设计中除了考虑技术因素，一些非技术因素，如环境、社会背景、利益相关者等非技术因素也应被纳入考虑的范围。工程设计中包含着无法仅由知识化的技术系统替代的人文内涵。现实情况是善变的,人类的活动是自由的,这些都可能使理论设计同现实结合后并不能表现为最佳,很多重大的工程事故都是由于设计中考虑不周造成的。因此在对工程进行技术评估时,工程师应尽可能考虑周全,以避免由于设计上的缺憾而使自己陷入两难境地。

工程技术评估包括两方面,一是技术是否可行,二是技术是否全面完整。这两个方面是相互作用、相辅相成的。工程的技术评估需要把两方面结合起来考虑。例如,青藏铁路的修建最早是由孙中山先生提出的,但在那时这也只是孙中山先生的一个梦想;1954年,青藏公路全线通车,毛泽东同志任命王震为铁道兵司令员,带领着大家开始了这一艰巨的任务。当时的中国百废待兴,供给少,战士们又冷又饿,但大家依旧勤勤恳恳誓要将铁路修到喜马拉雅山脚下。1961年,由于当时的国力和技术水平实在不足以支撑青藏铁路的修建,铁路建设被迫中止;可中国还在不断发展,中央领导同志更是时时刻刻牵挂着这条铁路,1974年沉寂了13年的青藏铁路又被提上了日程,1700名科技人员一直在攻克青藏高原的难关,1978年铁路再一次因技术问题被停建;如今的中国不论是经济实力还是科技实力都有了很大的发展,在一代又一代铁路人的努力下,克服了高原冻土、高寒缺氧、生态脆弱等三大世界级技术难题,终于在2006年青藏铁路正式开通。

3) 建立有效的对话机制

工程伦理学中的"对话",侧重于从工程实践整体上,促进相关共同体之间的相互理解,使各共同体之间的利益矛盾得以解决。工程伦理学的对话,包括职业层面和舆论层面两种模式。

围绕工程师职业实践而开展的对话即为职业层面的对话,关键在于工程共同体与公众之间的对话。例如,围绕水利工程的建设而开展的与工程建设有直接利益关系的工程师、管理者以及当地居民之间的对话。职业层面的对话通常围绕经济利益与公众利益展开,在大多数情况下,工程项目都是以获取经济利益为目的,管理者为了获取经济利益往往会做出侵害公众利益的决策。而"公众"在这里又包含两种情况:一种是会直接被工程活动所影响,即工程活动的受益者或受害者;另一种是可能受到工程活动"潜在"影响的社会大众。在这样一种复杂的情况下,有效的对话机制有利于决策者准确获得所需信息,在管理者的经济利益与公众利益之间寻求一种平衡,只有这样,工程伦理的对话才具有实践的有效性。

舆论层面的对话,指围绕工程实践的社会伦理后果,媒体人员、社会评论家等一系列"社会公众"与工程共同体的商谈对话。它的目的在于建立一个公众、工程共同体以及其他利益相关者的对话平台。其参与者从原来的直接或间接受工程影响的公众,扩展到整个社会层面的公众。这些"社会公众"能够超越自己专业的限制,通过各种渠道主动关注工程技术,他们更能理解工程实践对公众利益的影响。政府公信力的缺失,恰恰表明了政府与民众缺乏沟通。要实现政府与民众的相互信任,就要确保自身决策内容的公开透明和信息的充分流动,这样才有利于政府构建与公众相互沟通的桥梁,进而促使政府做出正确的决策。因此,公众参与对话一定要建立在一个有效的对话机制上,尤其是要将舆论层面的对话与制度层面的对话相结合。只有适度有效的沟通,才能使决策者了解公众的真实诉求。除了与公众的对话,工程师也需要足够的话语权来解决与雇主之间的冲突,雇主需要鼓励不同观点的表达,提供一种使雇员们都能自由表达自己观点的氛围。

2. 加强工程伦理教育

为摆脱工程师的伦理困境,美国著名技术哲学家卡尔·米切姆提出了公众参与和技术评估的有效途径,即建立一个公众、技术专家、伦理学家的共同体对问题进行思考。这就需要提升公众的工程伦理水平,开展工程伦理教育。工程伦理教育包括正规教育与非正规教育。正规教育指的是纳入正规教育体系中的,对政府、企业和高校进行的伦理教育。非正规教育包括舆论宣传、政策引导、法律约束、文化熏陶等。工科院校是培养科技人才的摇篮,我国的工科院校应率先把工程伦理的相关课程作为工科大学生的必修课程,对学生进行系统的工程伦理教育,使他们能在未来的工作中具备强烈的责任感和伦理道德意识。开展工程伦理学教学首先要领导重视,从体制上加以支持。除了工科学生,在职的工程师也应该不断加强自身修养,不论是工程技术的学习,还是工程伦理的学习。

1) 加强工程伦理教育需要国家政策支持

工程伦理学是新兴的交叉学科,如果没有体制上的支持是很难维持的。从世界范围来看,美国工程与技术认证委员、日本技术人员教育评估组织(JABEE)以及全欧工程师学会(FEANI)都严格制定了工科大学生的培养目标。早在 20 世纪 70 年代,美国的工程伦理学就伴随着经济伦理学与企业伦理学而产生了,经过几十年的发展,已经形成了比较健全的科学体系。而工程伦理学也是美国大学的必修课,一所院校只有将工程伦理学纳入规划中,才能通过美国工程与技术认证委员会的认证。其他国家,如德国、日本、法国的工程专业组织都有专门的伦理规范,在工程伦理学的研究方面取得了显著的成果。

在我国,大学生的工程伦理教育仍处于起步阶段。2007 年 6 月,我国颁布了《全国工程教育专业认证标准(试行)》,才建立起工程教育的基本质量标准。近些年,随着工程伦理的发展,国内已经陆续有多所大学开设了工程伦理的课程。1999 年,北京科技大学开设了工程伦理课程,随后,河海大学将科技伦理学作为必修课程,西南交通大学、福州大学相继开设了"工程伦理学"的选修课。

我国应该借鉴发达国家的经验,将工程师的职业道德教育摆在与专业技术同等重要的位置,鼓励更多大学开设工程伦理教育的相关课程,课程体系的建立也应当注重学科的交叉性,在工科学生的专业课和公共课中加入工程伦理内容。无论是文科生还是理科生,都需要从理论上学习,提高对工程师职业道德的认识。

2) 在实践中增强工程伦理教育

工程必然涉及风险,工程的风险意味着它可能产生预料之外的负面效应。传统的培训都是重理论轻实践,这与工程师的职业要求不相符。学科发展的综合化不仅是学科本身的发展需要,也是培养具有丰富创造力的优秀人才的需要。因此工程师需要拓宽对该学科的广泛认识,在实践中提高自己的预见性以便规避工程风险。

在工程伦理的教学中,不仅要传授给学生工程伦理的理论知识,强调工程伦理准则,更要将工程案例与理论知识相结合,分析工程实践中可能面临的风险,具体讲解工程实践中可能遇到的问题。教会学生在面对复杂情况时,根据工程伦理学的有关理论观点对实际问题进行分析,进而做出正确的判断。再结合实际活动把学习成果落实到实际行动中。学校要努力为学生创造条件,将工科学生置于现实环境中,给予他们亲自参与工程设计、工程管理等工程活动的实践机会,切实提高工科学生的实际工作能力,培养他们的工程伦理意识和社会责任感,并在实践过程中认识工程活动对人类生活、对社会发展的重要影响。

工程师也要学会从错误中学习，事故能告诉我们如何把事情做得更好，事故会帮助我们成长。近些年接连发生的大桥坍塌事件集中反映了建筑施工过程中的质量问题，严重违反了工程建设质量标准，反映了现场把关不严、管理混乱，安全监管的不到位。严重的安全隐患，也需要给工程师敲响警钟，加强工程伦理教育，强化工程教育精神，加强工程监督，提升工程安全品质等。

3）强化安全管理和职工教育培训

"一个工程建得不好，也许是道德出错，也许是能力不足。如果'道德水平'不够高，便算不上一名合格的工程师。"中国工程院院士沈国舫曾经这样说过。目前，我国工程技术人员数量庞大，但整体质量还不够高，技术水平相比国外也有很大差距，进一步提升工程从业人员的业务水平非常有必要。工程师除了要具备丰富的理论知识、扎实的实际操作能力、过硬的技术水平外，更要在思想品德上严格要求，自觉加强道德修养，提高自己的整体素质和职业操守。

在当前工程环境下，新技术、新工艺、新材料、新设备层出不穷，学习新知识、掌握新技术势在必行。要做一名优秀的工程师就要在熟悉和掌握原有知识及技术的基础上，不断学习和掌握工程领域相关学科的新知识。然而，仅仅提高技术层面的知识是远远不够的，良好的谈吐、得体的举止，以及不卑不亢的处事风格也是必不可少的，只有这样，才能处理好与同事、上级、业主等方面的关系。无论处理哪些工作，最重要的是了解和掌握工程师工作的重点，在遇到问题时，及时上报上级领导并进行沟通，妥善解决好问题。除此之外，我们还要建立更为完善的工程师培训上岗制度，建立相对稳定的专业化队伍，以改变目前多数从业人员临时聘用和未经正规系统培训的现状。因此，加大职业道德教育力度，加强工程师的道德修养更成了必然选择。

案例分析

案例 4-1：北京地铁 3 号线施工坍塌事故

2024 年 1 月 18 日，北京地铁 3 号线一标工体北路电力改移工程施工现场发生一起坍塌事故，1 名工人因沙土掩埋致机械性窒息死亡，如图 4-1、图 4-2 所示。

事发项目为北京地铁 3 号线一标工体北路电力改移工程，该项目合同价款 6906005.57 元，于 2023 年 8 月开工，拟于 2024 年 4 月竣工。

综合相关调查结论，认定本起事故直接原因是：管槽内违章作业时，上方土方突发坍塌将其掩埋，加之现场人员未采取科学救援措施。

间接原因分析如下：

（1）违规组织施工。

（2）施工现场安全管理混乱。

（3）安全教育培训不到位。

案例 4-2：尼日利亚学校教学楼倒塌事故

当地时间 2024 年 7 月 12 日，尼日利亚中部高原州首府乔斯市一所中学教学楼发生倒塌事故。当地消防救援部门派出多辆挖掘机和大量救援人员进行救援，截至当地时间 7 月

12 日晚,已造成至少 22 人死亡、132 人受伤。

图 4-1 事发的 10 号工作井

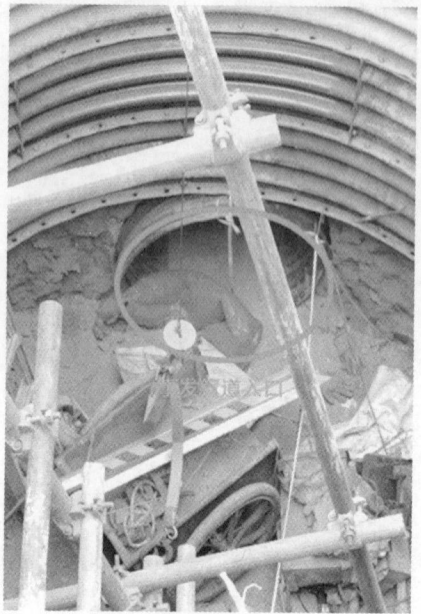

图 4-2 井底端东侧管道口处

2024 年 7 月以来,尼日利亚中部高原州首府乔斯市连续多日遭受强降雨袭击。由于建筑物老化、施工不规范、以及使用不符合标准的建材等原因,尼日利亚曾发生多次建筑物倒塌事故。

倒塌事故发生后,当地救援人员、医护人员和安全部队立即到现场部署,并派出多辆挖掘机和大量救援人员搜寻幸存者。

思考与讨论

1. 查阅相关资料,谈谈如何规避工程风险。
2. 查阅相关资料,谈谈工程伦理困境的出路。

第5章

工程环境伦理

引导案例：电动车辆电池存在的污染

随着全球对环境保护意识的增强，电动车辆作为减少温室气体排放和空气污染的重要手段，其市场接受度和保有量正逐年上升。然而，电动车辆的普及也带来了新的问题，尤其是电池污染问题，亟需社会各界的广泛关注。电动车辆电池在生产、使用和回收处理过程中所产生的污染，应该认真对待，以减少对环境的影响。

1. 电池生产过程中的污染

电动车辆电池的生产需要使用多种重金属和化学物质。这些原材料的开采和加工过程可能会对生态环境造成破坏。例如，镍和钴的开采可能会破坏地表植被，导致水土流失，同时开采过程中使用的化学品可能渗入地下水，造成水质污染。

2. 电池使用过程中的环境影响

虽然电动车辆在使用过程中不会产生尾气排放，但其电池在充放电过程中可能会产生一定的环境影响。电池的老化和性能衰减可能会导致其效率降低，从而增加充电时的能耗。此外，电池的散热系统可能需要使用冷却剂，这些化学物质如果泄漏，也会对环境造成污染。

3. 电池回收与处理过程中所存在的问题

电池寿命终结后，如果得不到妥善处理，其内部的重金属和化学物质可能会对环境造成严重污染。目前，电池回收处理体系尚不完善，一些废旧电池可能流入非正规渠道，由于缺乏专业的拆解和处理设备，这些电池可能会释放出有害物质，对环境造成二次污染。

4. 电池污染造成的高昂社会成本和健康风险

电池污染不仅影响环境，还可能对人类健康造成威胁。例如，电池中的重金属可以通过食物链累积，最终影响人类健康。此外，电池处理过程中可能释放的有毒气体，如氟化物，也会对周边居民的健康造成影响。

为了减少电池污染，我们需要从以下3方面着手。

（1）提高电池效率：通过技术创新提高电池的能量密度和循环寿命，减少电池的更换频率。

（2）推广绿色供应链：鼓励电池制造商采用环保材料和工艺，减少电池生产过程中的污染。

（3）加强电池回收：建立完善的电池回收体系，确保废旧电池能够得到专业的拆解和处理。

处理废旧电池的正确方法如下：

（1）建立回收网络：政府和企业应合作建立电池回收网络，方便公众上缴废旧电池。

（2）提高公众意识：通过教育和宣传提高公众对电池污染的认识，鼓励大家积极参与电池回收。

（3）研发环保处理技术：投资研发环保的电池处理技术，减少废旧电池处理过程中的污染排放。

电动车辆电池的污染问题不容忽视。通过合理使用和处理电池，我们可以最大程度地减少电池对环境的影响，推动电动车辆产业的可持续发展。这不仅需要政府的引导和企业的参与，更需要社会各界的共同努力。让我们携手行动，为保护我们共同的家园贡献力量。

5.1 工程、科技与环境

5.1.1 联系

20 世纪 50—60 年代，人类开始面对日趋严重的生态危机，生态危机是工业文明的必然产物。工业文明的价值观将自然视为征服的对象，采取无限掠夺和扩张的生产方式，其行为已超过地球的承载能力，最终导致生态系统失衡甚至崩溃。科学技术作为人类改造自然的手段，广泛应用于现代化工业生产过程中。

诸多研究表明，技术实践是环境恶化的一个重要驱动力。社会学家邓肯 1959 年提出的 POET 生态复合体理论产生了较大的影响，他认为生态系统也可以看作由四个关联变量组成的功能相互依赖的生态复合体，这四个变量就是人口（population）、组织（organization）、环境（environment）、技术（technology），环境会由于第四个变量——技术而被剧烈改变。技术由人口在适应其环境中所使用的技能、工具和人工制品构成，环境和技术被认为是独立变量。邓肯比较强调环境和技术的变化对作为整体的生态复合体演化的重要性。

西方一些学者认为在人类与环境的互动作用模式中，人类利用技术提高资源利用率，但同时也导致更严重的环境污染。如查尔斯·哈珀认为在人类社会系统的动力学中，人口规模与增长、制度安排及变化、文化、技术变化这四种社会变量是全球生态系统变化的驱动力。其中，"技术是使人类有比其他物种更大的能力去改变环境的文化维度。在市场经济中，技术的主要角色一直为资本（而后是利润）日益提高其生产率提供方便，主要通过减少人力劳动来实现。能源技术构成了所有经济增长和活动的基础。资源的耗尽在新技术的发明中扮演了历史性的角色；但是反过来，更多的生产技术本身既意味着开发自然资源的新的方法，也加速了资源的耗尽并增加了污染的排放。"

原始文明、农业文明时期，人类对自然的利用受限于当时低下的生产力水平，这种初步探索的程度和规模是有限的。随着每一次科技革命的推进，人类都对自然进行大规模的开发和掠夺，现代科技成为工业文明的助推器。"工程就是系统地综合应用物质的和自然界的资源来创造、研究、制造并支持能经济地为人类提供某种用途的产品或工艺。"工程通常被认为是科学家和工程师们利用专业知识和技术手段,发现自然内在机制,并对之进行改造利用,以造福于人类。因此,技术是完成工程必备的要素之一。

5.1.2　工程对环境的影响

现代工程技术将科学转化为直接的社会生产力,提高了劳动生产率,推动了社会的发展和进步。电气工程涉及社会生活的方方面面,电力为工业化生产提供强大动力;机械工程设计各种机械和设备,提高工业效率,简化人类生活,农用机械保障了人类的粮食供应;交通工程为人类出行、货物流通提供各种安全舒适、高效优质的运输服务,保证社会经济活动正常进行;生物医学工程保障人类健康,提供预防、诊断、治疗和康复服务;石油化工是能源的主要供应者,现代运输业、能源、化工、人造纤维、农业肥料都以之为基础,石化产品存在于社会生活的每个角落,不仅为汽车、飞机、轮船提供燃料等,而且提供了绝大多数的有机化工原料。科学技术是工业社会的第一生产力,推动现代经济发展,改善人类生活方式和生存环境,提高生活质量和生活水平。"生产率的增长中大约70%是因下述的经济活动带来的,即石油、石化及钢铁工业;化学密集型农业;道路建设;交通运输;采矿业——特别是那些耗尽自然资本、带给我们最大量的有毒废弃物,以及消耗掉我们的不可再生能源极大部分的工业。"

科学技术被认为是柄"双刃剑",人类通过开发和挖掘煤炭、石油、水力、天然气等获取能源,对自然的开采和消耗,致使无数生灵的栖息地遭到破坏,物种以前所未有的速度濒于灭绝,土地资源和森林资源大规模减少,土壤侵蚀、水土流失、草原退化和土地荒漠加速蔓延。环境问题除了自然资源的过度使用和拙劣管理外,还包括人类社会经济活动产生的污染、废料和城市垃圾,工业燃料的燃烧和汽车尾气排放产生的大量有毒化学废弃物,其中含有各种致癌物和神经性有毒物质,海洋石油的泄漏也会造成环境毁灭性的后果。温室效应、大气臭氧层破坏、酸雨污染、有毒化学物质扩散、人口爆炸、土壤侵蚀、森林锐减、陆地沙漠化扩大、水资源污染和短缺、生物多样性锐减被视为十大全球性环境问题。当前,困扰中国的大气污染问题"雾霾"就是多种污染源混合作用形成的,其源头多种多样,如汽车尾气、工业排放、建筑扬尘、垃圾焚烧,甚至火山喷发等,雾霾对人的呼吸系统、心血管系统都会造成影响,还会导致传染病增多,影响心理健康。雾霾天气产生的主要原因就在于急剧的工业化和城市化导致能源迅猛消耗、人口高度聚集、生态环境破坏。

在人类步入工业社会之前,技术对环境的影响力和破坏是有限的,尚在可控范围之内。工业社会中越来越多的科学理论和技术手段被运用于工程实践中,科技和工程相互联系,密不可分,或者说工程实践包含了更复杂多元的技术手段,对自然和环境的介入更深。"从技术角度上看,工程具体表现为相关技术的不同集合;或者说,工程的内涵与技术的内涵是在某种程度上的同质性和关联性,技术是工程的基础或单元,工程则是相关技术的集成过程和集合体。"工程的特点就是实践性和复杂性,时刻面临着许多不确定因素,因此,工程对环境的潜在危害可能超出人们预期。

1. 化学工程

由于有机化学的进步,工程师制造出了化肥、杀虫剂、除草剂,由于化学肥料及农业化学品的施用,增加了粮食产量,农民的食物生产能力至少增加了四成。而美国海洋生物学家蕾切尔·卡逊在其引发全世界环境保护事业的著作《寂静的春天》中讲述了农药对人类环境的危害。DDT(又称滴滴涕)作为一种杀虫剂被大量使用,但在环境中非常难降解,并可在动物脂肪内蓄积,甚至在南极企鹅的血液中也检测出DDT,鸟类体内含DDT会导致产软壳蛋而不能孵化,美国国鸟白头海雕几乎因此而灭绝。DDT对人和生物产生了持久的毒化作用,因其对环境污染过于严重,很多国家和地区已经禁止使用。

化学污染中最引人关注的是海洋石油泄漏,邻近海岸钻井平台和油船石油泄漏事件频频发生。墨西哥湾沿岸生态环境遭遇"灭顶之灾",污染导致墨西哥湾沿岸1000英里(1609.344千米)长的湿地和海滩被毁,渔业受损,脆弱的物种灭绝。原油中含有石油气、苯、芳香烃和硫化氢等物质,对人和生物都具有毒性,这些有毒化合物可能进入食物链,从低等的藻类到高等哺乳动物以及人类,无一能幸免于通过食物链的中毒。陆地上人类工业活动所产生的有毒化学物质通过城市、工厂排入河流、海流,这些污染已使得水生态系统非常脆弱。

2. 水利工程

修建水利工程的目的在于控制水流,防止洪涝灾害,并进行水量的调节和分配,以满足人类对水资源的需要。2300多年前战国时期秦国蜀郡太守李冰修建的都江堰是中国历史上的一座大型水利工程,充分利用自然资源为人类服务,是全世界迄今为止仅存的一项伟大的"生态工程"。水利工程对当地经济社会产生积极影响的同时,对附近地区的自然面貌、生态环境、自然景观,甚至区域气候,都将产生不同程度的影响,甚至有些是负面影响。

埃及的阿斯旺水坝是一座大型综合利用水利枢纽工程,具有灌溉、发电、防洪、航运、旅游、水产等多种效益。由于大坝设计的时候对环境保护的认识不足,大坝建成后对埃及经济起了巨大推动作用的同时,也对生态环境造成了一定的破坏,造成一系列的环境问题,如大坝工程造成沿河流域可耕地的土质肥力持续下降,沿尼罗河两岸出现了土壤盐碱化,库区及水库下游的尼罗河水质恶化,不仅对河水中生物的生存和流域的耕地灌溉有明显影响,而且污染了尼罗河下游居民的饮用水,严重扰乱了尼罗河的水文,导致尼罗河下游的河床遭受严重侵蚀,尼罗河出海口处海岸线内退。

3. 核电工程

核技术被广泛用于发电、医学诊断和治疗疾病,20世纪70年代因石油涨价引发的能源危机促进了核电发展,核电站利用核裂变或核聚变反应所释放的能量产生电能,被认为是一种安全、清洁、高效的能源。在核电60多年的发展过程中,一共出现过三次重大核事故:1979年发生在美国的三哩岛核事故,1986年发生在苏联的切尔诺贝利核事故,2011年发生在日本的福岛核事故。核污染来源主要有核武器实验或使用、核电站泄漏、工业或医疗上使用的核物质遗失、核武器爆炸等,核物质泄漏后的遗留物会对环境造成破坏,散布在陆地、空气和海洋的核污染将给人类带来巨大危害。

1986年4月26日切尔诺贝利核电厂发生了爆炸,连续爆炸引发了大火并散发出大量高能辐射物质到大气层中,这些辐射尘涵盖了大面积区域。这次灾难所释放出的辐射物剂量是"二战"时期爆炸于广岛的原子弹的400倍以上。该事故被认为是历史上最严重的核电事故,高辐射量的放射性物质能迅速致人死命,低辐射量则在很长一段时间内都具有潜在危害,完全消除这次事故对环境的影响需要800年。除此以外,英国、美国、日本、印度等核电站都发生过核泄漏事故。核电站运转后会不断产生放射性废弃物,而放射性废水直接排入大海,海洋将持续遭到辐射污染。

5.1.3 人与自然生命共同体思想对工程观的影响

16、17 世纪以来,科技革命带来了产业化和经济发展,实现了商业革命和消费革命,人类生产方式和生活方式发生根本性变革,社会类型从农业文明迈向工业文明。工业社会中人们通过不断发明和创新来推动科技进步,运用新技术解决生产中面临的问题,科技理性成为主导日常生活的基本价值尺度,支配了人们的世界观和价值观,并以此来衡量和处理人与自然的关系。这种科技理性的世界观决定了工业文明时代人们的伦理观、价值观、思维方式和生活方式。随着生态危机的全面爆发,现代环境伦理对科技理性这种工业文明的基本价值理念进行了深入反思。

1. 二元论思想

培根、笛卡儿被认为是现代科学奠基者,一同开启了近代西方哲学的"认识论"转向。笛卡儿提出"二元论"理论,他认为所有物质的东西,都是为同一机械规律所支配的机器,除了机械的世界外,还有一个精神世界存在,认为世界的本原是意识和物质两个实体,这种"二元论"的观点后来成了欧洲人的根本思想方法。

环境伦理学者彼得·S.温茨指出:"17 世纪的科学革命倡导了这样的观念,即自然完全是机械的。正如我们已看到的,勒内·笛卡儿相信人类的灵魂或心灵是精神性的,而地球上其他所有事物是机械般的。""地球上所有其他的事物都完全是物质性的,除了人类这一存在物,且这一存在物的灵性从根本上将其与所有的其他事物分离开来。""物质与精神的二元划分中也蕴含着等级的区分。精神优于物质,而且低级的应效力于高级的。地球上所有物质存在物的存在都是服务于那一种精神存在物——人类。这就是工具主义。"他认为在这种"二元论"的"主动的对被动的"观念中,自然是被动、惰怠、从属的,而人类是主动的,对于自然具有优越性,因而拥有征服自然并使其为自己目的服务的权利,人与自然处于一种二元对立关系。

卡洛林·麦茜特也认为这种主—客分离的"二元论"思想过度强调了人的主体地位,"混乱无序而活跃的自然不仅被迫屈从于新科学的询问和实验技术。弗兰西斯·培根是最著名的'现代科学之父',他把那时已在社会中存在的倾向转化为人类利益而控制自然的总体纲领。一种新哲学,它以某种作为操纵自然技艺的自然巫术为基础;采矿和冶炼技术;正在产生出来的进步观念和一种特殊的国家、家庭结构的观念——把所有这一切杂糅在一起,培根开启了一种伦理上认可的开发自然的新风尚。"人类将自然视为"自我"以外的他者,没有任何内在价值,人类出于自身利益以科技手段对自然进行驾驭、征服和统治成为现代世界的核心观念。

2. 机械论自然观

现代环境伦理对机械论自然观也进行了全面的批判,认为这是现代生态危机的深层思想根源。现代科学的最初研究模式是用分析或还原的方法,关注的是实验室里短暂的、孤立的物理和化学现象,通过技术手段去控制自然现象,认为科学关注的是事实,对自然的价值表示漠视。

"我思故我在",笛卡儿眼中,人是主体,自然是客体,人才拥有价值,而自然没有价值,因而自然在人类面前是被动、受控的,如同"机器"。17 世纪的哲学家和数学家勒内·笛卡儿认为,"所有空间中的物质实体都是机械运作的。恒星、太阳、月亮和行星,似乎就像保持准时的一个机械钟的指针一样,在天空中运转。"在笛卡儿的(思想)影响下,自然的机械隐喻导向了这样的观点,即自然中无神圣之物。自然的一切就像手表一样,为了人类目的,人们可以拆开或建造它。人们以自己认为有益于人类的任何方式改变自然是不应感到道德上的不安的。

在笛卡儿的"二元论"思想的基础上产生了人类中心主义,这种思想认为唯有人类才是价值判断的主体,一切须从人的利益出发,动物、物种及生态系统必须为人类最大幸福的获得做出牺牲。"自然作为女性通过实验被控制、被分解的新形象,使得掠夺自然资源合法化……不仅这种新形象得到赞许,而且'科学革命'的新概念框架——机械主义也一起引起了不同于有机论准则的新规则。新的机械主义的秩序,以及与它相联系的权力和控制的价值,将把自然交给死亡。"机械论自然观为人类掠夺、操纵自然提供了伦理辩护。

3. 环境伦理观

环境伦理学是研究人类在生存发展过程中,人类个体与自然环境系统和社会环境(人类群体)系统,以及社会环境系统与自然环境系统之间的伦理道德行为关系的科学。在人类生存发展活动和生存环境系统发生尖锐对立后,为满足协调人和生存环境系统的关系,求得人类和生存环境系统共同持续发展的社会需要兴起了环境伦理思潮。面对这种社会需要,1949 年美国环境学家莱·奥波尔德出版了《原荒纪事》一书,在传统伦理学领域中便开始衍生出了一门运用生态学和伦理学综合知识的科学。

我国环境伦理学的研究是在 20 世纪 70 年代末从译介西方的环境伦理学论著开始起步的,经过 40 多年的发展,进展非常迅速,已经取得了很大的成就。人类和自然环境之间这种日益加剧的紧张关系,像以往一样依靠科学技术的力量、利用机械和物质的手段去解决已经成为不可能。在很大程度上,当前这种日益尖锐的人和自然环境的矛盾,正是由于科学技术的发达,使人们向自然索取的力量和范围无限扩张的结果。为了解决人和自然环境的矛盾,必须把人类对自然环境的一切行为和作用提升到人类理性的、自我约束的伦理道德行为高度去认识和研究。

5.2 伦理观念的确立

工程是人生产性的社会实践活动,这就注定了工程必须与人和社会打交道,从而产生社会伦理问题;另外,工程是改造自然的活动,需要直接与自然打交道,在现代的文明社会中又会产生出环境伦理问题。社会伦理问题涉及人与人的道德关系,传统的人际伦理学已经对此有深入研究。环境伦理问题则是一个现代的问题,它涉及人与自然环境的道德关系,是一个对现代工程既重要又容易被简单化的问题。然而,一个好的工程必须满足环境伦理的基本要求,因此,我们需要认真对待工程活动的环境伦理问题。

5.2.1 保护环境的两种思路

环境伦理思想的产生与人类工业文明的进程紧密相关,它是人类在对资源过度开发和环境破坏问题反思的基础上形成的。对环境伦理思想历史考察可以追溯到最初的工业发展时期。西方社会在经历了两次工业革命以后,经济飞速发展,社会财富高度积累。就在这一时期,在工业革命中获益最多的几个国家,如英国、德国、美国都出现了严重的环境问题:一方面是对森林资源的严重破坏,另一方面是工业城市的大气污染。随着工业化进程的深入,人们对自然资源需求不断增加,对资源的随意挥霍最终使人与自然的冲突开始尖锐起来。一些有识之士注意到这一问题的严重性,为维护人类生存权利,保持环境和自然资源的永续利用,他们发起了环境保护运动。各种主题的环保运动催生了现代的环境伦理思想。

尽管环境伦理学产生于20世纪70年代以后的西方,但环境伦理思想的形成的时间却相当长。19世纪的美国,在经历了内战以后,经济出现了高速的发展。19世纪末,美国的工业总产值已居世界首位。经济的发展促进了对动力、原材料的需求,由此带动了采矿、林业、石油等产业的发展。美国丰富的自然资源为工业发展提供了良好的条件。然而,美国人对自然资源的漠视态度和掠夺式开发,使美国的自然资源受到极大的破坏和浪费。如铁路建设和采矿消耗了大量的木材,从而使森林的破坏严重。

最早对美国资源无限论提出明确批评的人是 G. P. 马什(George Perkins Marsh)。他在1864年出版的《人与自然》一书中指出:“事实上,公共财富在美国一直没有得到足够的尊重。”“在这种情况下,是很难去保护森林的,无论它是属于国家,还是属于个人。”他预言,人们若不改变把自然当作一种消费品的信念,便会招致自己的毁灭。此后,一批美国哲学家、文学家和博物学家受欧洲浪漫主义运动及达尔文进化论学说的影响,开始对工业社会的人与自然关系模式进行批判性反思,他们赞颂自然界的和谐与完美,关注它们在迅速拓展的工业文明中的命运,在这些思想家中,对环境伦理学产生直接影响的莫过于大卫·亨利·梭罗(Henry David Thoreau)、约翰·缪尔(John Muir)和奥尔多·利奥波德(Aldo Leopold)。

梭罗是美国超验主义文学运动的主要人物。他把一生的大部分时间用来漫游和观察自然。在他看来“地球不是一个麻木的惰性的物质,它是一个实体,它有精神,是有机的,而且在精神的影响下发生变化”。因此,他赞美自然规律,要求人们尊重自然法则,并从自然界各种事物的关系中去把握自然。他担心科学家追求客观性的超然态度会使他们忽视自然的整体性而陷入片面之中,但文明人最终可以从荒野中找回在文明社会失落的东西;可以从荒野中获得一种敬畏生命的谦卑态度,健全的社会需要在文明与荒野之间达成一种平衡。

将这种思想变成公众信念的是约翰·缪尔。他倡导从审美角度理解自然。他认为,人们既需要面包也需要美,人们应当努力维护森林保护区和公园的美丽、壮观,并从美学的角度去欣赏它们,使它们进入人们的心中,从而在人的内心激发出一种维护自然景观的审美要求。这种审美观超越了人的生理要求,使人能够发现自然经济价值以外的价值。而在此之前,美国政府一直奉行功利主义资源管理路线,即“科学管理、明智利用”原则。这一原则是针对当时森林、牧场和荒野遭到毁灭性破坏而提出的,目的在于对国家自然资源进行科学规划管理,以便有效地开发利用自然资源。缪尔用超越了功利主义的资源保护方式保护自然,反对用经济利益作为价值标准,反对在国家公园和自然保护区内进行任何有经济目的的活动。然而,这种自然保护主义方式在资源开发和自然保护发生冲突时却变得非常弱势。一场是否要在约塞米特国家公园修建水库来保证旧金山市居民用水的“黑齐黑齐”争论,把资源保护主义与自然保护主义之间的两军对垒推向高潮,最终以民间的自然保护主义失败而告终。然而,在斗争中自然保护主义的力量不断壮大。如塞拉俱乐部、阿巴拉契亚山俱乐部、奥杜邦协、艾萨克·沃尔顿联盟(IWL)、荒野协会、全国野生动物联盟(NWF)

相继成立和壮大。民间团体自然保护运动日益浩大的声势,还是促进了政府从法律和政治权力角度采取了一些措施。如黄石国家公园、约塞米特国家公园、雷尼尔山国家公园的建立;黄石法案、阿迪龙达克森林保护法、国家公园法的出台。

产生于19世纪的资源保护主义和自然保护主义,虽然两者都强调自然资源保护的重要性,但价值观和保护目的却截然不同。资源保护主义的主张是"科学的管理,明智的利用",保护的目的是更好地开发利用。严格地说,这是一种人类中心主义的资源管理方式,它要保护的不是自然生态体系,而是人的社会经济体系。尽管如此,这种功利主义自然保护思想在进入20世纪后一直是资源保护运动的基本原则。自然保护运动虽不如前者那样具有声势,但却是一种超越了狭隘的人类中心主义的资源保护思想。它要保护的不是人在资源中的利益,而是自然本身的利益;它保护自然的首要目的不是人类的利用,而是为了自然自身。这两种思想是造成今天环境伦理学内部人类中心主义与非人类中心主义对峙的直接根源。

5.2.2 基本思想

在工程实践领域,保护环境成为工程活动的重要目标。由于保护环境的诉求或依据不同,在各种利益冲突的情况下,结果就会大相径庭。因此,如何把保护环境行动在道德和法律的层面确定下来,使之变成工程共同体的责任和义务,就需要工程共同体成员对环境伦理和环境法的基本思想和理论有所认识。然而,尽管人们在工程活动中已经意识到人对自然环境的道义责任,但工程领域中并没有专门的环境伦理理论,在工程活动中通常运用一般的环境伦理理论和思想来指导工程实践。事实上,环境伦理思想和理论在很大程度上就是建立在对工程活动的伦理反思基础上的。它的诸多原则的建立也是基于人征服、改造和控制自然的工程活动,因此,无须建立专门的工程环境伦理,工程中的环境伦理问题只需要相应的环境伦理原则和规范就可以得到解决。把自然环境纳入道德关怀的范畴,确立人对自然环境的道德责任和义务,既是环境伦理学领域最重要的议题,也是工程伦理最重要的方面。

工程活动是人跟自然打交道,好的工程既要考虑人的利益,也要考虑自然环境的利益。如果只考虑人的利益,这种做法通常被视为人类中心主义,即把人的利益作为价值和道德判断的标准,相反,更多地考虑自然环境的利益则通常被称为非人类中心主义。

人类中心主义有三层不同的含义:生物学意义上的、认识论意义上的和价值论意义上的人类中心主义。工程活动中的考虑常常是价值论意义上的人类中心主义。它把人看成自然界唯一具有内在价值的事物,必然地构成一切价值的尺度,自然界的其他事物不具有内在价值而只有工具价值。因此,人才是唯一具有资格获得道德关怀的物种,工程活动的出发点和目的只能是、也应当是人的利益,道德原则的确立应该首要地满足人的利益,而不必考虑其他自然事物。因为人对自然并不存在直接的道德义务,如果说人对自然有义务,那这种义务应当被视为只是对人的义务的间接反映。

相反,非人类中心主义者认为,人类不是一切价值的源泉,因而他的利益不能成为衡量一切事物的尺度。人与自然的恰当关系应该是,人类只是自然整体的一部分,人类需要将自己纳入更大整体之中才能客观地认识自己存在的意义和价值。依据这种认识,非人类中心主义者试图把道德关怀的范围从人类扩展到非人类的生命或自然存在物上,他们运用现代社会已有道德原则和规范,分别论证了道德关怀也应该包含动物、一切有生命的事物,甚至自然事物。如主张把道德关怀的对象扩大到有感觉的生命即动物身上,以彼得·辛格的动物解放论和汤姆·雷根(Tom Regan)的动物权利论为代表;主张把道德关怀的对象范围扩大到一切有生命的存在,倡导一种尊重生命的态度,以阿尔贝特·史怀泽(Albert Schweitzer)和保罗·泰勒(Paul Tayler)的生物中心主义为代表;还有一种更为激进的道德立场,被称为生态中心主义或生态整体主义,它主张整个自然界及其所有事物和生态过程都应成为道德关怀的对象,以利奥波德(Aldo Leopold)和深层生态学为代表。这些不同的思想主张贯穿在一起,可以明显地看出道德关怀范围由小变大的过程。

动物解放论者从功利主义伦理思想中找到理论依据,从而证明了动物拥有道德地位,人对动物负有直接的道德义务。按照功利主义伦理学的理解,快乐是一种内在的善,痛苦是一种内在的恶;凡带来快乐的就是道德的,凡带来痛苦的就是不道德的。因此,道德关怀的必要条件便是对苦乐的感受能力(sentience),这就为把动物的快乐和痛苦引入道德考虑的范畴提供了可能。辛格明确指出:"如果一个存在物能够感受苦乐,那么拒绝关心它的苦乐就没有道德上的合理性。"由于动物的感受能力和心理能力有差异,同样的行为,给感觉和心理能力不同的动物所带来的功利是各不相同的,并且感觉和心理能力的差异具有道德意义,我们在实际的处置上仍然可以区别地对待它们。

依照同样的思路,动物权利论则依据道义论传统论证了人和动物都拥有"天赋价值",从而证明人所拥有的权利动物也同样拥有。动物自身拥有的这种价值赋予了它们相应的道德权利,即不遭受不应遭受痛苦的权利。这种权利决定了我们应以一种尊重它们身上的天赋价值的方式来对待它们。因此,动物权利论者主张废除科学研究中的动物实验;取消商业性的动物饲养业;禁止商业性和娱乐性的狩猎行为。

动物解放论和动物权利论突破了人类中心论的局限,把道德关怀的视野从人类扩展地了人类之外的动物,这是道德的进步。但它们只关心动物个体的福利,却忽视了广大的物种乃至整个生态系统的福利,尤其是当一般动物个体与濒危物种个体的利益发生冲突时,动物解放论和动物权利论就显得苍白无力,由于道德扩展的不彻底性,一些学者试图突破它们的局限。

最早要求给予所有生命道德关怀的学者是著名人道主义思想家阿尔贝特·史怀泽。他在自己的工作和生活中深切感受到了人对其他生命的责任和义务,并明确提出了"敬畏生命"的伦理思想。他认为传统伦理学的最大缺陷就是只处理人与人的道德关系,这种伦理学是不完整的。一种完整的伦理,要求对所有生物行善。"一个人,只有当他把植物和动物的生命看得与人的生命同样神圣的时候,他才是有道德的。"正是出于这种伦理的内在必然性,他建立了"敬畏生命"的伦理学并提出"善是保持生命、促进生命,使可发展的生命实现其最高价值。恶则是毁灭生命、伤害生命,压制生命的发展。这是必然的、普遍的、绝对的伦理原则"。这种伦理思想被美国伦理学家保罗·泰勒发展成为了"尊重自然"(respect for nature)的伦理学。"尊重自然"的伦理体系包括三个紧密联系的部分:尊重自然的态度、生物中心主义自然观和环境伦理的基本规范。这一学说要求对所有生命给予必要的尊重和道德权利。

生物中心主义把生命本身当作道德关怀的对象,避免了传统道德理论中的等级观念,为所有生命平等的道德地位提供了一种说明,从而实现了对西方主流伦理学的超越。但是,生物中心主义所关心的仍然是个体,它本质上也是一种个体主义的伦理学。与此相反,生态中心主义认为,一种恰当的环境伦理学必须从道德上关心无生命的生态系统、自然过程以及其自然存在物。环境伦理学必须是整体主义的,即它不仅要承认存在于自然客体之间的关系,而且要把物种和生态系统这类生态"整体"视为直接的道德对象。因此,与动物解放论、动物权利论以及生物中心主义相比,生态中心主义更加关注生态共同体而非有机个体;它是一种整体主义的而非个体主义的伦理学。

这种整体论环境伦理思想最早出现在利奥波德的"大地伦理"中。他的工作经历很好地诠释了他的理论。面对当时僵硬的经济学态度带来了一系列严重的生态与伦理问题,他打算把生态学中的"群落"(community)扩展成"大地共同体",并以此建立人与共同体的其他部分以及整个大自然之间的新型伦理关系。其伦理思想主要表现在:①大地伦理扩大共同体的边界;②大地伦理改变人在自然中的地位;③大地伦理需要确立新的伦理价值尺度;④大地伦理需要有新的道德原则。最终,利奥波德给出了根本性的道德原则:"一件事情,当有助于保护生命共同体的和谐、稳定和美丽时,它就是正确的;反之,就是错误的。"在他看来,和谐、稳定和美丽是大地共同体不可分割的三个要素。

利奥波德的思想为深层生态主义者所继承。他们沿着利奥波德开辟的道路,把"大地伦理"中的生态整体主义思想扩展到政治、经济、社会和日常生活的领域,使它变成了一种内涵更加丰富的意识形态和行动指南,从而在西方掀起了一场意义深刻的深层生态运动。

深层生态学把生态危机归结为当代社会的生存危机和文化危机,根源在于我们现有的社会机制、人的行为模式和价值观念。它认为,必须对人的价值观念和现行的社会体制进行根本的改造,把人和社会融于自然,使之成为一个整体,才可能解决生态危机和生存危机。深层生态学拒斥人类中心主义,倡导生态整体主义。它认为生态系统中的一切事物都是相互联系、相互作用的,人类只是这一系统中的一部分,人类的生存与其他部分的存在状况紧密相连,生态系统的完整性决定了整个人类的生活质量,因此,任何人无权破坏生态系统的完整性。在此基础上,它提出了建构生态社会的设想和与此相关的一系列政治经济主张,并试图通过自己的行动纲领来实现这些主张。

各不相同的环境伦理思想,反映出人们理解人与自然关系不同的道德境界,这些思想和观点为工程技术人员在处理各不相同的环境问题时提供了理论上的支持。如修建青藏铁路需穿越可可西里草原,考虑到藏羚羊的利益,就需要根据它生活习性、迁徙规律,在相应的地段设置动物通道,甚至要采取"以桥代路"形式,以保障它们的自由迁徙。在工程决策中,"怒江开发"也是一个典型案例,它反映出究竟人类利益(发电)优先还是自然环境利益(原生态河流)优先问题。在工程活动中运用上述环境伦理思想,能够使我们在不破坏自然环境方面做得更谨慎一些。

5.2.3 核心问题

工程活动常常要改变或破坏自然环境,改变或破坏到何种程度才是可接受的,需要有一个客观的标准,否则无法具体操作。问题是每个工程都在自己特定的环境条件下,根本不可能用统一的标准。在这种情况下,我们除了运用环境评价的技术标准外,还需要运用环境伦理学标准来处理工程中的生态环境问题。然而,环境伦理学的理论思想各不相同,如何将这些理论用于支持工程中对待环境的行为,最根本的是要看各路理论关注的核心问题是什么,抓住了这个关键要素,就可以对各种理论为什么要如此主张有清楚的理解,在具体的工程活动中就可以运用这种思路处理生态环境问题。

是否承认自然界及其事物拥有内在价值与相关权利,既是环境伦理学的核心问题,又是工程活动中不能回避的问题。按照传统的价值理论,自然界对我们有价值,是因为它对我们有用,即自然界只拥有工具价值,而不具有内在价值,所以人们一直把自然界看作人类的资源仓库。在这种思想指导下,只要对人类有利,我们便可以去做。这种伦理观念鼓励了对自然不加约束的行为,是造成人对自然界进行掠夺,形成环境危机的重要根源。但是,随着对自然界认识的日益深刻,人们发现,自然界所呈现出来的价值,远远不是我们想象中的那样只具有工具性价值,而是就像它自身一样,表现出多样性的价值形态。因此,我们需要确立一种新的信念,并对自然界进行重新审查,用建立在现代科学基础上的眼光去评价自然界的各种价值,并在这一理念下,建立人与自然新型的伦理关系。这种新型伦理关系能够为工程活动遵循环境伦理原则提供必要的支持和评价标准。

自然界的价值有两大类:工具价值和内在价值。工具价值是指自然界对人的有用性。内在价值为自然界及其事物自身所固有,与人存在与否无关。内在价值是工具价值的依据,如果我们承认自然事物和自然界拥有内在价值,那么,我们与自然事物就有了道德关系。因此,自然界是否具有客观的内在价值,一直是学界争论的焦点。之所以如此,是与由于人们采用不同的参照系进行价值判断和评价有关。

价值主观论者以人类理性与文化作为评价自然界价值的出发点,即没有人就无所谓价值,自然界的价值就是自然对人类需要的满足。而价值客观论者则从生态学的角度来评价自然界的价值,认为自然界的价值不依人的存在或人的评价而存在,只要对地球生态系统的完善和健康有益的事物就有价值。从人与自然协同进化的观点看,没有人类,就没有人类中心主义的价值理论,也不可能有大规模的自然价值向人类福利的转变。主观价值论从价值的认识论角度来说是有道理的,但它忽视价值存在的本体论意义,即自然有不依赖于人的价值而独立存在的内在价值。价值客观论虽然揭示了自然界是价值的载体,强调了自然价值客观存在不依赖评价者的事实,但它忽视了价值与人的关系。从当今的生态实践来看,秉持人与自然协同进化的价值观更为恰当,这种价值观倾向于承认自然界生物个体及其整体自然(生态系统、生物圈)的各种价值。

自然界具有对人有用的外在工具性价值,同时也有不依赖于人的内在价值,内在价值是工具价值的基础。那么,为什么人类中心主义不承认自然界具有内在价值?这是因为从伦理学视角来看,内在价值与道德权利是密切联系的,即如果我们承认了自然事物拥有内在的价值,也就理所当然地认可了自然事物的道德权利,也就是我们有道德义务维护自然事物,使它能够实现自身的价值。就自然界而言,各种生物或物种都有持续生存的权利,其他自然事物如高山、河流、湿地、自然景观,都有它存在的权利。自然界的权利主要表现在它的生存方面,即它自身拥有按照生态规律持续生存下去的权利。这也就是为什么环境伦理学要把承认自然界的价值作为出发点,主张把道德权利扩大到自然界其他事物的原因,他们要求赋予自然事物在自然状态中持续存在的权利。

一条河流的内在价值可以通过它的连续性、完整性以及它的生态功能(如过滤、屏蔽、通道、源汇和生物栖息等功能)展现出来;通过它与地球生态系统的物质循环、能量转化和信息传输发生作用,维持着对于地球水圈的循环和平衡。河流作为一种既是由水流及水生动植物、微生物和环境因素相互作用构成的一个自然生态系统,又是一个由河流源头、湿地、通河湖泊,以及众多不同级别的支流和干流,组成流动的水网、水系或河系构成的完整统一有机整体,同时它还是由水道系统和流域系统组成的开放系统。系统内部和河流与流域之间存在着大量的物质和能量交换,其中所有因素对河流健康的维持发挥着作用。因此,河流的权利主要表现为河流生存和健康的权利,而完整性、连续性和维持这些特性的基本水量是河流生存的保证。河流的生存权利要求我们在利用河流资源时,充分考虑河流的上述权利,不夺取河流生存的基本水量,不人为分割水域,一切行动均需按照河流的生态规律。河流健康生命通常是指河流生态系统的整体性未受到损害,系统处于正常的和基准的状态。河流健康状况的评价可以由河道过流能力、水质、河口湿地健康程度、生物多样性和对两岸供水的满足程度等指标来确定。河流健康生命不仅要求基本水量,还要求有清洁的水质;稳定的河道、健康的流域生态系统等方面都是河流健康的标志。维持河流健康"生命"的权利就是要维护河流的自我维持能力、相对稳定性和自然生态系统及人类基本需求。

赋予河流基本的权利也就规定了我们对河流的责任与义务,这意味着河流不再仅仅只是供我们开发利用的资源,而需要我们给予河流必要的尊重。

5.3　生态伦理对当代工程观的启示

"大多数历史学家把 16、17 世纪的科学革命看作精神启蒙时期。这一时期新力学和机械论世界观为现代科学技术和社会进步打下了基础。但面对当前自然资源被耗尽的危机,西方社会又开始重视我们已失去的前机械论世界的环境价值。"

20 世纪 50—60 年代,工业文明快速发展所带来的环境污染、生态破坏问题引起了西方工业化国家的普遍关注,人们从哲学、伦理学、社会学、生态学等各个角度对人类所面临的共同的环境危机展开反思,不仅从过去的思想中寻找资源,还阐发出崭新的生态环保理论。环境问题伴随着工业文明产生,人类社会需要实现从工业文明向生态文明的转型。生态文明视阈下,人类被重新纳入整个生态系统中,与自然和谐相处、互利共生。工程作为人与自然相互作用的媒介,一方面,先进的生态文明、环境伦理和环保理念将对现代工程伦理和工程观产生影响,为工程领域提供道德范式、价值引导;另一方面,工程科技界通过技术创新推动新一轮的产业变革,为解决环境问题提供多样化的路径。

5.3.1　生态整体主义对当代工程的启示

生态整体主义形成于 20 世纪,被誉为"美国新环境理论创始者"的利奥波德在其《沙乡年鉴》中提出"土地伦理","土地伦理只是扩大了这个共同体的界限,它包括土壤、水、植物和动物,或者把它们概括起来——土地。""土地伦理"被视为一种处理人与土地,以及人与在土地上生长的动物和植物之间的伦理观。他认为个人是一个由各个相互影响的部分所组成的共同体的成员,他的本能使得他为了在这个共同体内取得一席之地而去竞争,但是他的伦理观念也促使他去合作。利奥波德在此基础上提出"生态共同体"的概念,人只不过是生态共同体中的平等一员和公民,人类应该尊重这个共同体本身和每个成员。"土地伦理"否定了"二元论"思想和人类中心主义观点,人不再是这个世界的中心,更不是自然的主宰者和征服者,而是这个浩瀚生态共同体中的一员,与其他成员一样处于互相依存的合作状态。因此,人类过往对自然的掠夺和征服最终只能导致自己的失败,而资源保护是人与土地之间和谐一致的一种表现。利奥波德的生态整体主义思想,是从生态整体的宏观视野来看待人与自然环境之间的关系。

"环境伦理学之父"霍尔姆斯·罗尔斯顿继承并进一步阐发了利奥波德的土地伦理思想,在他眼中,生态系统客观上就是完美的共同体,"我们需要赞美生态系统所保持着的郁郁葱葱的生命——它们的多样性、完整性、动态稳定性、自发性、生物反抗和顺从其环境的辩证之道,创造生命的力量。"人类要尊重生态系统过程,因为生态系统具有优先权,优先权指生态系统优先于生存于各具特色的生态系统中的个体。罗尔斯顿指出,具有扩张能力的生物个体虽然推动着生态系统,但生态系统却限制着生物个体的这种扩张行为,系统从更高的组织层面来限制有机体,系统强迫个体相互合作,并使所有个体都密不可分地联系在一起。这种松散的秩序是一种恢宏、复杂、充满活力的秩序。因此,生态系统是一种共同体式的整体主义,工具价值和内在价值都客观地存在于生态系统中。

生态整体主义去除了人类的中心地位,赋予整个生态系统,包括其他成员——动物、植物及大地以伦理价值和道德关怀,并认为生态系统的整体利益与人类的整体利益和长远利益是一致的,一切活动应以生态系统的利益为根本标准和尺度,人类对自然的控制和改造应接受生态共同体规律的制约。动物保护主义者辛格提倡"功利主义的动物伦理学",认为动物在道德上也具有重要性,反对虐待动物或将动物用于医学研究。

生态整体主义观点与当代工程观不谋而合,中国工程院院士殷瑞钰等著的《工程演化论》指出现代工程活动是在自然环境中展开的,自然环境限制和约束着工程活动,"任何工程造物活动都是在大自然给定的特定时空条件下的物质、能量、信息等自然资源与生态条件的范围(边界)内所进行的选择、集成、建构与运行的活动,这只是一种既定范围内的相对'自由'的人类创新性活动。"当代工程伦理受生态整体主义影响,看待工程与自然的关系与科技理性截然不同,人类不再是自然的主宰,与其他生物一样都只是自然的组成部分,同属于一个生态共同体中。因此,自然资源与环境为工程活动提供物质基础和支撑条件,工程活动也必然受自然的限制和制约,自然规律和生态规律都对工程活动起到促进和制约作用。

5.3.2　环境协同论对当代工程的启示

彼得·S.温茨在其《现代环境伦理学》一书中提出了"环境协同论",人们通常认为在人类利益和生态系统之间,总是存在不可避免的交易,环境抉择明显处于赢或输的处境之下,而"环境协同论"就能解决这种非此即彼的冲突,"一般来说,当事物组织起来的作用效果比同样的事物分别行动的效用总和更大时,协同作用就产生了。环境协同论者相信,在尊重人类与尊重自然之间存在着协同作用。就总体和长远来看,对人类与自然同时存在的尊重对双方而言都会带来好的结果。"为了实现最大化利益而控制、支配自然对人类来说是危险的行为,终将带来沉重的代价。为了动物、物种和生态系统自身的目的而关心动物个体的痛苦、物种的消失以及生态系统的退化,而不是为了人类利益,此种关心将会限制人类支配自然的种种企图,对自然的尊重将会增进人类福祉。"环境协同论是更为可取的。人类的兴盛不是来自对凌驾于自然之上的权力的渴求,而是源自与自然的合作;而且这种合作的成功在于生物多样性的提升。因此,在生物多样性与人类繁荣之间并无真正的冲突。"

在彼得·S.温茨眼中,深层生态学也是环境协同论的一种形式。深层生态学认为生态系统的平衡就是一种自组织状态,每个生物都有"自我实现"的权利。挪威哲学家阿恩·奈斯指出,生态智慧T的最高准则就是"自我实现","一个人所达到的自我实现程度越高,就越依赖于他人的自我实现。一个人的自我认同越强,对他人的认同也就越强。'利他主义'便是这种认同所自然得出的结果。"人对他者、自然的认同就是人类自我实现的过程。

当代国外生态伦理学关于"环境协同论"展开了较多的研究,中国工程研究领域也借用"协同"这一术语对工程共同体展开相应研究。现代社会的工程活动是复杂的集合体,无法孤立进行,"工程项目、工程活动不是孤立存在的,而是密切联系、相互配合、互为条件、相互支持的。"工程协同机制中,相同类型或不同类型的工程相互配合、协同演进,"以各种不同的方式配合、协调、协同、合作、协作、互补、相互促进、集聚、集群,从而产生了加速创新扩散、相互促进、互利互赢、'一加一大于二'、协同发展、协同演化的效果。在演化过程和演化机制中,不但必须重视竞争机制的作用和效果,而且必须重视协同机制的作用和效果。"

环境协同论是在协同论和自组织理论基础上产生的,除了工程共同体,环境协同论也同样适用于工程和自然之间的互动,二者彼此间既冲突又共生,存在着相互影响而又相互合作的关系。自然本身是个复杂有序的自组织系统,能够自我演化和合理调节,具有一定的自我修复功能。当工程的影响超过自然所能承受的范围,自然环境将失去平衡,然后崩溃,引发环境问题,人类会受到自然的反噬。工程活动只有不过分干预自然的运行,与自然处于动态平衡状态,才能实现与自然的协调共生。工程也可以顺应、配合自然的运行,通过合理规划和设计,借助自然动力形成强大的合力,甚至可以对已被破坏的环境进行修复与重建,提高资源利用率。

5.3.3　工程生态观

随着环境问题日益严峻,环境保护这个议题成为当前关注的焦点,并达成共识:生态文明是新的社会发展形态和人类文明形态,追求的是人、自然与社会的和谐发展。这种"生态化"思维方式已融入各个学科研究中,形成一种跨学科的合力,生态文明的思维模式对当代工程观产生必然影响,工业社会的传统工程观正转化为全新的工程生态观。

殷瑞钰等人指出工程生态观反对技术滥用,期望合理利用技术,实现工程、技术、生态的一体化设计。其从四方面概括了工程生态观:工程与生态环境相协调的思想,那就是尊重自然,承认自然存在的合理性和价值,在工程活动中把工程事物作为自然生态循环的一个环节;工程与生态环境优化的思想,通过工程活动对环境进行重建和优化;工程与生态技术循环思想,工程活动在技术环节上注重和体现生态循环的价值;工程与生态再造思想,即通过工程实现生态良性循环的工程再造。

学者李永胜认为当代工程生态观以可持续发展为最高追求目标,其核心是生态平衡取向的"绿色工程观",以及人与自然和谐共生的动态和谐的工程生态观。其基本特征是不再把工程看作一味改造自然的活动,而是把工程看作协调人与自然、维护生态平衡、实现生态的和谐保护、造福人类及其子孙后代的实践活动。

　　工程观包括工程生态观和工程伦理观,工程生态观是工程观的重要内容,探讨的是人们如何认识和处理工程与自然、工程与生态之间的关系。工程生态观改变了"人类中心主义"为核心的传统工程观,树立了"人与自然和谐发展"的工程观,并将其反映到具体的工程实践活动中。工程生态观的观点和诉求与工程伦理观之间产生相互影响,从伦理学层面将道德关怀从人类自身延伸到自然和环境,正视并正确处理人与自然中一切生存与发展的利益关系。当今时代,保护自然、维护自然的可持续发展即是一种伦理的"善",反之则是一种"恶"。合理改造、利用自然是人类的一种权利,但尊重自然规律、加强环境保护、通过工程实践实现生态平衡也是人类的义务。

案例分析

案例 5-1:重金属污染

　　稻米是超过六成中国人的主食,而现在稻米的重金属污染日渐严重。据财新《新世纪》周刊报道中的抽样调查显示,中国多地市场上约 10% 的大米中镉含量超标。镉污染具有一定的隐蔽性,会导致慢性中毒和癌症。中国重工业的发展及农民耕作习惯让重金属污染取代农药,成为危及粮食安全的潜在杀手。

　　镉被认为是一种十分危险的环境污染元素,自 20 世纪初以来,由于镉及其化合物被广泛应用于镍镉电池、颜料、合金,以及电镀、塑料制品等制造环节,镉的产量日益增多。据统计,全世界每年向环境中释放的镉达 30000 吨,其中 82%～94% 的镉会进入土壤。长期摄入被镉严重污染的稻米、蔬菜、水果,饮用含镉量超标的水,都会出现镉慢性中毒的症状。

　　长期摄入受到镉污染的食品,会造成镉在体内蓄积,导致骨软化症,周身疼痛,也被称为"痛痛病"。镉本身也是致癌物之一,能引起肺、前列腺和睾丸的恶性肿瘤。1997 年以来,美国毒物及疾病管理局一直将镉列为第 6 位危害人体健康的有毒物质。镉污染因其隐蔽性和滞后性往往容易被人忽视,短期摄入镉超标食品伤害并不会立即显现。由于进入人体的镉的生物学半衰期长达 10～30 年,在这期间,摄入的镉将主要在肝、肾部积累,经过数年甚至数十年慢性积累后,人体才会出现显著的镉中毒症状。但此时,土壤已经完全被镉污染破坏。镉污染具有相当大的不可逆性,土壤一旦被污染,对农作物的影响将持续很长一段时间。中国近 10% 的耕地被污染,含镉量超标 26 倍,黄河水系超标 16% 以上。镉主要与锌矿、铅锌矿、铜铅锌矿等共生。中国快速工业化过程中遍地开花的开矿等行为,使原本以化合物形式存在的镉、砷、汞等有害重金属释放到自然界。这些有害重金属通过水流和空气,污染了中国相当大一部分土地,进而污染了稻米,再随之进入人体。

思考与讨论

　　1. 谈谈工程、科技与环境的联系。
　　2. 谈谈你对工程环境伦理的认识。

第6章

信息技术工程的伦理问题

引导案例：马斯克火箭回收

北京时间 2024 年 10 月 13 日晚 8 时 30 分许，马斯克旗下太空探索技术公司（SpaceX）新一代重型运载火箭"星舰"发射升空，这是"星舰"第五次试飞，将首次尝试用发射塔的机械臂（也被称为"筷子"）在半空中捕获助推器以实现回收并取得成功，如图 6-1 所示。

图 6-1　SpaceX 火箭回收

从直播画面上看，火箭发射六分钟后，一级超重型火箭与星舰脱离，并返回被一对巨大的金属钳子夹在空中。之后，星舰二级继续正常飞行，在发射 1 小时 5 分钟左右，二级成功降落印度洋，圆满完成预定任务。

SpaceX 在社交媒体 X 平台上发文称："确认降落，祝贺整个 SpaceX 团队完成激动人心的'星舰'第五次试射。"

随后，马斯克转发该文表示："两个目标中的第二个已经实现。"马斯克还发文称，今天向实现多行星生命迈出了一大步。

证券时报消息，据美国有线电视新闻网（CNN）报道，"星舰"第一级"超级重型"助推器在发射台完成"历史性着陆"。直播画面显示,该助推器悬挂在"筷子"之间。与此同时,"星舰"飞船仍在太空中航行。大约半小时后,飞船将尝试重返大气层,并计划在印度洋上溅落。

另据CNBC报道,这一成就是SpaceX朝着使"星舰"成为完全可重复使用的火箭系统目标迈进的一个重要里程碑。

"当我们准备在阿尔忒弥斯的带领下重返月球时,持续的测试将使我们为未来的大胆任务做好准备。"纳尔逊写道。

"星舰"此前已进行四次试射。2023年4月首次试射时,火箭在第一、二级分离前爆炸。2023年11月第二次试射时,火箭第一、二级成功分离,但随后助推器和飞船先后爆炸。2024年3月第三次试射时,火箭第一、二级成功分离,但助推器在尝试着陆点火后意外解体,飞船再入大气层时失联。2024年6月第四次试射时,火箭第一、二级成功分离,并分别按计划落入墨西哥湾和印度洋。

据界面新闻,星舰是迄今全球体积最大、推力最强的运载火箭。据SpaceX介绍,星舰配备了多台"猛禽"发动机,总高度约120米,直径约9米,火箭由两部分组成,分别是一级助推器"超重型推进器"(Superheavy)和二级飞船"星舰"(Starship)。

星舰发射成功,对于人类航天史具有革命性意义,它能够一次性将100多吨物品送入轨道。星舰也是一枚完全可重复使用的火箭,将大幅降低太空活动成本,助力马斯克实现"火星梦"。

6.1 人工智能

人工智能(Artificial Intelligence,AI)时代已悄悄来临,它对人机交互中的法律、心理、政治、商业、基建、社区、服务等提出了众多挑战。而人工智能伦理学还处于萌芽阶段,科学家和社会学家意识到许多问题的存在,却没能给出令人信服的答案。例如,自动驾驶(Autonomous Driving)出了车祸,我们应该归咎于谁?一般的算法或编程错误不会让人有性命之忧,但无人驾驶却有这个风险。消费者不愿花钱买一个潜在的危险品,如果生命及财产的安全没有保障、相关法律责任模糊不清,自动驾驶将会引起严重的社会问题。

诺贝尔经济学奖得主(1978年)、图灵奖得主(1975年)、人工智能先驱赫伯特·西蒙(Herbert Simon)曾说:"关于社会后果,我认为每个研究人员都有责任评估,并努力告知其他人,他试图创造的研究产品可能带来的社会后果。"

现有的AI技术很多不具备可解释性,导致模型或产品出了问题也不知道真实的原因。有些技术缺陷对人类来说是致命的,用户对可能的不良后果应有知情权。故而,对AI产品的质量及性能的评估,需要更科学、更严谨、更系统的评测方法。人类需要小心翼翼地发展AI技术,确保它促进文明的进化,而不是成为人类自相残杀的新式武器。人类如蜉蝣于天地,唯有理性的光辉永恒。公平而开放的合作,而不是恶意的竞争,是我们要走的AI之路。

科技是一把双刃剑,人类用它披荆斩棘,也有自伤的危险。越来越多的AI产品具备决策能力,由弱到强,它们在方便人类生活的同时,是否准确地代表我们的意愿?智能助手是否会太了解主人而成为一个泄密隐患?自动驾驶如何尽可能地保护人身安全?自主杀人机器是否应该禁止?许多AI伦理问题等待人们的理性思考。

6.1.1 人工智能的概念和发展

人工智能是一门研究如何让计算机模拟、扩展和辅助人类智能的学科。它旨在使计算机能够理解、推理、学习、计划和感知等，以实现类似人类的智能行为。简单来说，人工智能就是让计算机具有类人的智能，以解决各种复杂问题。

人工智能的发展历史可以追溯到 20 世纪 50 年代，其发展经历了多个阶段，包括起步、反思、应用、低迷、稳步发展，直至今日的蓬勃发展期。以下是一些关键的历史节点：

（1）1950 年：阿兰·图灵（Alan Turing）发表了论文《计算机器与智能》，提出了图灵测试，为人工智能的发展奠定了基础。

（2）1956 年：在达特茅斯会议上，约翰·麦卡锡（John McCarthy）首次提出"人工智能"这一术语，标志着 AI 作为一门学科的正式诞生。

（3）1960 年：早期的 AI 研究取得了一些成果，例如 ELIZA 聊天机器人和 Shakey 机器人。

（4）1970 年：专家系统的出现推动了 AI 从理论研究走向实际应用。

（5）1980 年：由于对 AI 的期望过高，加之技术未能满足预期，AI 经历了一段低迷期，被称为"AI 冬天"。

（6）1990 年：互联网的发展为 AI 带来了新的机遇，IBM 的"深蓝"计算机在 1997 年战胜了国际象棋世界冠军卡斯帕罗夫。

（7）2000 年：AI 技术开始广泛应用于语音识别、图像识别等领域。

（8）2010 年：深度学习和大数据的兴起推动了 AI 技术的飞速发展，AlphaGo 在 2016 年战胜了围棋世界冠军李世石。

（9）2020 年：AI 技术进一步发展，出现了如 GPT-3 这样的大型语言模型，以及 DALL-E 和 ChatGPT 等能够生成文本和图像的模型。

（10）2023 年：OpenAI 发布了 GPT-4，这是一个多模态大型语言模型，能够接收文本和图像提示。

AI 的发展不仅推动了技术的进步，也引发了对伦理、隐私和安全性的深入讨论。随着 AI 技术的不断成熟，其在全球经济、社会和文化中的影响力将持续增长。同时，国际在 AI 领域的竞争也日益激烈，许多国家都将 AI 发展视为提升国家竞争力的重要战略。

6.1.2 人工智能在社会中的应用

随着社会的发展，人工智能悄悄崛起，渐渐应用到社会生活，如智能制造、无人车驾驶、智能交通管理、医学诊断、智能辅导等，人工智能在社会上扮演着重要角色。

研究如何调度各种资源高效地进行生产活动的管理科学离不开人工智能。把生产过程抽象为带约束条件的优化问题，以前靠运筹学专家，现在靠人工智能专家系统 辅助完成预测、计划、组织、领导、协调、掌控，效率更高，效果更好。

资本逐利，以人工智能为基础的"智造业"必然导致低成本，成为资本青睐的发财之道。工厂里不辞辛苦的机械臂，和蔼可亲、随时恭候的智能客服，节省了培训、劳力、福利等成本，进一步解放了生产力。"智造业"将刺激智能机器的设计、生产、销售、维护等，一些新兴的行业和市场会随之诞生，促使教育满足职业和技能的诉求。同时，"智造业"也会带来一些社会问题,如技术失业、恶意垄断、残酷竞争、财富集中等负面影响。

在通往超级智能之途,我们必然要经历一段渐进的过程——人机协同。这些没有自我意识的低智能机器,需要有人类维护,甚至参与控制。以往的人机协同往往需要人类的感知、综合判断、问题分析等机器不擅长的能力,AI 技术正一点点地弥补机器的缺憾。未来"智造业"需要懂人工智能、有技术革新能力的工人,因此学科和技能的教育必须与时俱进。事实上,计算机科学正在成为一门新的基础学科,与数理化并重,甚至更为重要。

智能机器的"灵魂"是 AI 算法,它们也将成为商品,成为商业竞争的重要指标之一。也就是说,将来当人们评价一个产品或服务的质量时,智能的多少是影响用户体验的一个必不可少的因素。

负责质量监控的机器会自动地将检测结果反馈给生产线,负责生产的机器相应地做出参数调整,甚至对不合格产品进行根因分析,将经验固化成一些规则。例如,再也不需要工人站在喧闹的纺织机旁时刻提防错误的出现,机器能发现肉眼难以察觉的瑕疵。再也不需要矿工在高温粉尘的环境下工作,机械锤能自动识别体积大的矿石并将其击碎。在危险、恶劣或者不利于健康的工作环境下,无人值守的机器完全替代了人类。

智能机器可以生产商品和服务,但它们并没有像人类那样消费。生产力低下、资源稀缺的状况,随着技术进步将得到改善。新技术的红利,应属于整个社会而不是一小部分人群。然而,科技实力最强大的美国,贫富差距却在不断地拉大。

6.1.3 人工智能在军事领域的应用和道德考量

人工智能的研究如果不加以道德限制,很容易被滥用而使得未来战争变得更加残忍。例如,小型无人机组成的协同攻击蜂群,机器战士和自动化武器。不久的明天,制空权的争夺将在无人战机之间展开,较量的不仅有飞机的先进性,还有人工智能技术、加密解密技术、通信协同能力等。

人工智能让人们看到重新洗牌的希望,新一轮以人工智能技术为支撑的军备竞赛已经变得不可避免——有针对性地毁灭敌方的军事存在和武装人员比无差别杀伤更高效、更"人道"。在伦理上,对任何纯粹的攻击性武器的研究和使用都是反人类的。然而,有一方不管出于何种目的而研制,其他方皆会无条件地跟从,否则就处于被动挨打的地位。可以说,邪恶一经开始便是连锁反应,把一切良善吞噬。美好太容易被摧毁,而重塑却几乎无望。

人类编造出千百条杀死同类的理由,基本上毫无怜悯之心,这或许是写在基因里的本性。读者只需翻看下历史,战争从没在这个星球停止过,每一天都重复着杀戮,千万像你我一样有血有肉、手无寸铁的生灵被同类残忍地杀死——这绝不是高等智慧的所为。仅仅需要一点点推己及人的同理心,这个世界就会变得美好。只因有不同的肤色、语言、文化、信仰就生恨,这绝非一个宽容的文明!

很不幸,对那些直接用于军事目的、对人类生存造成潜在威胁的人工智能技术,仍然缺乏世界范围的伦理约束。例如,无人机既可以用于物流,也可以投放炸弹,所用技术几乎没有差别。再如,基于图像识别的无人机群协同围追堵截消灭对手,令人无处藏身、无法逃脱。这类直接用于杀伤性武器的技术是否应该禁止或有所限制?

另外,AI 武器也将成为恐怖组织和黑社会的首选,因为不需身临现场,加上隐蔽性好、成功率高,难以抓住犯罪的证据链,这样的工具只会为虎作伥。所以,AI武器比核武器更可怕,核武器旨在震慑不会轻易使用(因为相互伤害的结果是共同毁灭),而AI武器能够常规化,危及我们的日常生活和每个无辜者。

6.1.4 人工智能对人类生活的影响

科技是一把双刃剑,人类用它披荆斩棘,也有自伤的危险。事物的发展往往具有两面性,唯物辩证法指出,事物的发展经历肯定—否定—否定之否定,呈现螺旋式下降的运动,从而说明事物的发展就是行进性和曲折性、下降性和答复性的统一,这就是否定之否定规律的实质。人工智能在给人类生活带来便利的同时,不可避免也会产生新的问题。

作为生产工具,当前的"机器人"和普通机器没有本质区别,很难为政策的实施画出一条明晰的边界。长期来讲,只有科技进步才是经济稳定增长的来源。所以,阻碍科技进步的行为是不可取的。"机器人税"不利于激发人们的创新热情,容易因小失大。科技进步机器取代人类的工作而造成一定规模的失业,即所谓的"技术失业"(Technological Unemployment),但是人类社会有很强的适应性,利用新技术去创造更多的工作机会。AI每消灭几个工作岗位,就会补偿性地创造出一些新的工作岗位。

以前的机器虽提高了生产效率,但总离不开技术工人来操作。世易时移,现在的智能机器逐渐连人都不需要了。资本天生逐利,劳动力成本能省则省。所以,人们直观上觉得技术进步带来的是大规模失业。果真如此吗?

人们把先进技术引起的失业称作"技术失业"。古典和新古典经济学家都认为存在多种补偿机制,抵消技术失业。技术进步是刚性的、累积的、不可逆的,技术失业是常态,总是会发生的——事实上,一直在发生。

卡尔·马克思在《资本论》第一卷第十三章"机器和大工业"里早就指出,"一个毫无疑问的事实是:机器本身对于把工人从生活资料中'游离'出来是没有责任的。机器使它所占领的那个部门的产品便宜,产量增加,而且最初也没有使其他工业部门生产的生活资料的数量发生变化。因此,完全撇开年产品中被非劳动者挥霍掉的巨大部分不说,在应用机器以后,社会拥有的可供被排挤的工人用的生活资料同以前一样多,或者更多。而这正是经济学辩护的主要论点!同机器的资本主义应用不可分离的矛盾和对抗是不存在的,因为这些矛盾和对抗不是从机器本身产生的,而是从机器的资本主义应用产生的!因为机器就其本身来说缩短劳动时间,而它的资本主义应用延长工作日;因为机器本身减轻劳动,而它的资本主义应用提高劳动强度;因为机器本身是人对自然力的胜利,而它的资本主义应用使人受自然力奴役;因为机器本身增加生产者的财富,而它的资本主义应用使生产者变成需要救济的贫民,如此等等,所以资产阶级经济学家就简单地宣称,对机器本身的考察确切地证明,所有这些显而易见的矛盾都不过是平凡现实的假象。于是,他们就用不着再动脑筋了,并且还指责他们的反对者愚蠢,说这些人不是反对机器的资本主义应用,而是反对机器本身。"

工人和机器组合在一起形成生产的整体,其中工人所从事的恰恰是机器无法做到的"最高级的部分"。倘若有成本更低的机器能替代人的工作,那么资本会毫不犹豫地选用机器。从表面看,先进的机器和工人是对立的,是导致工人失业的原因。而事实上,机器是无罪的。"工人要学会把机器和机器的资本主义应用区别开来,从而学会把自己的攻击从物质生产资料本身转向物质生产资料的社会使用形式,是需要时间和经验的。"

马克思还预见到了全球化(Globalization)和贫富的两极分化。"采用机器的直接结果是,增加了剩余价值,同时也增加了体现这些剩余价值的产品量,从而,在增加供资本家阶级及其仆从消费的物质时,也增加了这些社会阶层本身。这些社会阶层的财富的日益增加和生产必要生活资料所需的工人人数的不断相对减少,一方面产生出新的奢侈要求,另一方面又产生出满足这些要求的新手段。社会产品中有较大的部分变成剩余产品,而剩余产品中又有较大的部分以精致和多样的形式再生产出来和消费掉。换句话说,奢侈品的生产在增长。大工业造成的新的世界市场关系也引起产品的精致和多样化。不仅有更多的外国消费品同本国的产品相交换,而且还有更多的外国原料、材料、半成品等作为生产资料进入本国工业。随着这种世界市场关系的发展,运输业对劳动的需求增加了,而且运输业又分成许多新的下属部门。"

针对 AI 技术带来的新的工作机会,我国《新一代人工智能发展规划》有明确的指导:"加快研究人工智能带来的就业结构、就业方式转变以及新型职业和工作岗位的技能需求,建立适应智能经济和智能社会需要的终身学习和就业培训体系,支持高等院校、职业学校和社会化培训机构等开展人工智能技能培训,大幅提升就业人员专业技能,满足我国人工智能发展带来的高技能高质量就业岗位需要。鼓励企业和各类机构为员工提供人工智能技能培训。加强职工再就业培训和指导,确保从事简单重复性工作的劳动力和因人工智能失业的人员顺利转岗。"

6.1.5 机器犯错的责任归属

利用人工智能技术犯罪,实施犯罪行为的是(受控的)智能体,研制者和控制者应该负全责。对人类造成伤害的机器(例如自动驾驶的汽车),如果机器的行为和伤害之间有因果关系,则应停售或召回,并追究设计生产厂商的法律责任。

拿自动驾驶举例,即使它拥有最完美的软件和硬件,也仍有撞车的风险。例如,为规避撞来的一辆车,自动驾驶面临道德的考验,它选择向人行道躲避,还是权衡后选择宁愿被撞也不伤及行人?这种应用类算法设计(Algorithm Design)包含人类的道德伦理标准,当机器没有真正智能时,我们只能直接赋予机器一些应有的道德选择。

在没有明确法律法规指导的情况下,机器应该遵循什么伦理方法来进行决策?技术开发人员应该被视为自动驾驶汽车的"幕后"驾驶员,他们应该为自动驾驶算法或程序出问题导致的损失负法律责任。然而,一般的汽车制造厂商都会采取免责的手段。例如,提示自动驾驶有危险,在不当场合使用自动驾驶所导致的一切后果由用户承担。

消费者为"自动驾驶"功能付了钱,理应享受到该项服务。如果把责任完全推向用户,厂家的竞争力会大打折扣。厂商可以通过保险公司分担一部分风险,但最终还是要承担起自动驾驶技术上应负的责任,以及可能的负面影响。

未来的机器变得更加聪明,具有一定"明辨是非"的能力,AI 产品上市前需要通过伦理测试。例如,自动汽车会拒绝主人要求它撞向人群的命令,聊天机器人与未成年人交流时注意自己的言语得当。

一旦机器具有自我意识,也是真正机器智能诞生之时,它们将建立更高级的机器伦理体系。离这一天的到来尚远,在很长一段时间里,我们要和没有自我意识、被人类伦理约束的机器相处。现有的法律框架对机器犯错的责任追究仍为空白,因为目前的 AI 尚缺乏自主决策能力。如果机器听从主人命令不辨是非地做了错事,主人要负主要责任,机器的研发单位也应该负有一些伦理缺陷的责任。如果是因为机器的决策失误或系统缺陷造成了严重的损失,研发单位应该负产品不合格的责任。

6.1.6 人工智能的未来发展和伦理挑战

人工智能的未来发展趋势是多方面的,涵盖了技术进步、行业应用、投资趋势、法规制定以及社会认知等多个层面。以下是一些关键点:

(1) 技术进步:人工智能在图像分类、视觉推理和语言理解等方面已超越人类,但在更复杂的任务如数学竞赛、视觉常识推理和规划方面仍有提升空间。同时,产业界在人工智能研究方面继续领先,尤其在机器学习模型的开发上。

(2) 行业应用:AI 技术在医疗、金融、交通、家居和教育等领域的应用将进一步推广和深化。特别是在医疗领域,AI 的应用将更加精准和高效。

(3) 投资趋势:尽管人工智能私人投资整体有所下降,但生成式人工智能的投资却显著增长,显示出市场对其潜力的认可和期待。

(4) 法规制定:美国等国家的人工智能相关法规数量急剧增加,反映了政府对 AI 技术发展的关注和监管需求。

(5) 社会认知:人们对 AI 的潜在影响有了更深刻的认识,但同时也伴随着更多的焦虑和担忧。

(6) AI 模型发展:大型语言模型与机器人或智能体的结合,预示着机器人在现实世界中更有效工作的前景。

(7) AI 技术基础设施:AI 基础设施的创新,包括硬件芯片、云计算、数据处理等方面,对降低成本、提高安全性和隐私保护至关重要。

(8) AI 治理和标准化:负责任的 AI 缺乏标准化,不同的开发商根据自己的基准测试模型,这使得比较不同 AI 模型的风险和局限性变得更加复杂。

(9) AI 教育和科研:新华 AI 学术科研助手的上线,展示了 AI 技术在学术研究中的辅助潜力,能够提供文献解读、翻译、在线引用等功能,加速研究进程。

(10) AI 代理和其他 AI 形式:AI 代理将开始与其他 AI 代理交流,形成新的生态系统,同时生成式人工智能模式将扩展到更多沉浸式和感知模式。

这些趋势表明,人工智能正迅速成为全球技术发展和行业转型的核心,同时也带来了新的挑战和机遇。随着技术的不断进步和应用的深入,社会各界需要共同探索如何最大化 AI 的积极影响,同时妥善管理其潜在风险。

所有新技术,包括人工智能,如果让社会财富越来越集中在少数人身上,使得贫富差距逐渐拉大,那么它就没能被善用,就需要一些变革来改变财富分配的规则。我们不主张虚无主义(Nihilism),消极地看待世界和自己,否认它们存在的意义。我们追求真理和更高级的文明,人工智能既是手段也是目标。仁爱是给予,大爱是创造美好,而具有自我意识的人工智能是人类能留给世界的至善。

人工智能的伦理挑战是多维度的,涉及技术风险、社会影响、法律规制和全球治理等方面。以下是对这些挑战的概述:

(1) 技术伦理风险：人工智能的设计、算法和数据安全可能带来风险，包括设计缺陷、算法不透明性（"算法黑箱"）和隐私泄露问题。这些问题可能导致对消费者权益的侵害和市场秩序的扰乱。

(2) 社会伦理挑战：人工智能的发展可能对人类道德主体性、社会公平正义造成挑战。例如，智能机器人的道德主体性问题，以及可能加剧的贫富差距和社会结构性失业问题。

(3) 法律规制与伦理原则：为应对人工智能带来的挑战，需要确立基本价值原则和具体伦理规范。这包括人本原则、公正原则和责任原则，以及建立伦理审查委员会和相关组织。

(4) 全球治理：2023 年被视为全球人工智能伦理治理的开局之年，各国政府和国际组织开始密集讨论伦理问题，并发布相关政策。联合国在人工智能伦理治理上发挥重要作用，推动国际共识和合作。

(5) 国际差异：不同国家对人工智能治理的立场存在差异。例如，美国在确保技术领先前不愿严格限制技术发展，而欧盟则提出全面监管法规《人工智能法案》。中国则高度重视人工智能治理，侧重于平衡发展和安全。

(6) 教育与公众意识：提升工程师和专家的伦理敏感性，通过案例研究等教育手段，帮助他们理解技术中的偏见与歧视问题，并在未来的设计中体现价值敏感性。

(7) 治理实践：人工智能治理需要多学科、多领域深度合作，包括技术、法律、伦理和社会问题的综合讨论，以形成有效的治理策略。

综上所述，人工智能的伦理挑战需要全球性的合作与治理，确保技术进步同时符合伦理标准和社会价值。

6.2　软件工程

概括地说，软件工程是指导计算机软件开发和维护的一门工程学科。采用工程的概念、原理、技术和方法来开发与维护软件，把经过时间考验而证明正确的管理技术和当前能够得到的最好的技术方法结合起来，以经济地开发出高质量的软件并有效地维护它，这就是软件工程。

人们曾经给软件工程下过许多定义，下面给出两个典型的定义。

1968 年在第一届北大西洋公约组织（NATO）会议上曾经给出了软件工程的一个定义："软件工程就是为了经济地获得可靠的且能在实际机器上有效地运行的软件，而建立和使用完善的工程原理。"这个定义不仅指出了软件工程的目标是经济地开发出高质量的软件，而且强调了软件工程是一门工程学科，它应该建立并使用完善的工程原理。

1993 年 IEEE 进一步给出了一个更全面更具体的定义，"软件工程是：① 把系统的、规范的、可度量的途径应用于软件开发、运行和维护过程，也就是把工程应用于软件；② 研究 ① 中提到的途径。"

6.2.1　软件质量和安全性

如果软件工程真的是一门工程学科，那么它是对经过验证的原则、技术、语言和工具的智慧的运用，用于有成本效益地创造和维护能够满足用户需求的软件。

　　无论如何定义质量,客户都不会容忍低质量的产品。质量必须被量化,并建立可落地实施的机制,以促进和激励质量目标的达成。即使质量没达到要求,也要按时交付产品,这似乎是政治正确的行为,但这是短视的。从中长期来看,这样做是自杀。质量必须被放在首位,没有可商量的余地。Edward Yourdon 建议,当你被要求加快测试、忽视剩余的少量Bug、在设计或需求达成一致前就开始编码时,要直接说"不"。

　　软件质量没有唯一的定义。对开发者来说,质量可能是优雅的设计或优雅的代码。对在紧张环境中工作的客户来说,质量可能是响应时间或高吞吐量。对成本敏感的项目来说,质量可能是低开发成本。对一些客户来说,质量可能是满足他们所有已知和未知的需求。这里的难题是,以上要求可能无法完全兼顾。当优化某人关注的质量时,可能会影响其他人关注的质量(这就是温伯格的"政治困境"原则)。项目必须确定各因素的优先级,并清晰地传达给所有相关方。

　　软件包含了大量的用户信息,如果这些用户信息被泄露出去,将可能造成巨大的经济损失,如果被不法分子掌握这些信息,将给人民群众造成巨大的麻烦。

6.2.2　用户隐私和数据安全

　　《中华人民共和国民法典》第一千零三十二条规定自然人享有隐私权。任何组织或者个人不得以刺探、侵扰、泄露、公开等方式侵害他人的隐私权。

　　隐私是自然人的私人生活安宁和不愿为他人知晓的私密空间、私密活动、私密信息。

　　但是应用程序过度收集个人信息、"一揽子"授权、强制同意、大数据"杀熟"……这些侵害公民个人信息权益的行为今后将受到制约。十三届全国人大常委会第三十次会议表决通过了《中华人民共和国个人信息保护法》(以下简称"个人信息保护法"),该法自 2021 年11 月 1 日起施行。作为中国首部针对个人信息保护的专门性立法,个人信息保护法将进一步强化个人信息安全监管与治理,把个人信息使用权关进法律的笼子里。

　　"去餐厅吃饭,被要求扫码点餐,有的还必须填写姓名、出生年月、手机号码等与服务无关的个人信息。有时候想下载一款 App,需要和平台方达成某种'交易',开放一大堆个人隐私,例如允许授权打开相册、允许打开通讯录、允许开启定位等。"这一切都极大侵害了用户的隐私权,一旦平台(软件)发生数据泄露将会造成极大安全隐患。

　　数据安全首先指避免数据遭受破坏和未经授权的访问、传播和滥用等。人们可以通过备份、屏蔽、加密来保障数据在存储和传输中的安全性。在大数据时代,如何做到安全和共享"鱼与熊掌兼得"也是一个具有挑战的课题。

　　2018 年,欧盟出台了《通用数据保护条例》(General Data Protection Regulation,GDPR),违法者面临高达 2000 万欧元或其全球营业额 4%(选二者较大者)的重罚。例如,个人数据的处理者必须采取适当的脱敏技术,使用假名或完全匿名化。数据的控制者必须在信息系统的设计中考虑隐私的保护,使数据在缺省情况下不能被公开获取。如果企业泄露个人隐私数据,必须在 72 小时内报告。截至 2020 年上半年,依据 GDPR 欧盟已开出约300 张罚单,金额约 35 亿欧元,被罚企业遍布全球,包括英国航空公司、德国宽带运营商1&1、意大利电信运营商 TIM、谷歌、万豪酒店等。

　　高质量的大数据就像是金矿,意味着财富。在各种互联网服务的旗号下,个人数据和业务数据捆绑存储,一旦数据泄露,用户的行为特征、兴趣爱好等隐私就能被分析出来。如果利用大数据整合技术将各类垂直领域的个人数据拼接在一起形成颗粒度更细的多维度描绘，个体将变得透明，再无隐私可言。

一些人喜欢在网上晒各种私人信息，晒得越多越置自己于危险之中。有一些大数据的采集者，利用人们的好奇、贪小便宜、有病乱投医的心理，以抓人眼球的服务"钓鱼"，吸引用户心甘情愿或不知不觉地上传个人数据。从内因角度讲，如果人人都有保护好隐私的意识，让心存不轨的人无法轻易获取你的姓名、电话、家庭住址、亲人信息等，电信诈骗就没有生长的土壤。

谷歌在提供搜索、广告、地图、邮件、浏览器、安卓系统、YouTube 等服务时收集了大量个人数据。按照 GDPR 的条款，用户有权了解不同的服务如何收集、处理和使用其个人数据。而谷歌的隐私策略，只要用户勾选"同意"，即代表谷歌的任何服务都可以收集和处理用户的个人数据。另外，"同意提供个性化广告服务"的复选框也被谷歌预置勾选，并被故意隐藏。谷歌的隐私策略违反了 GDPR 关于数据处理透明性的原则，也侵犯了用户的自主选择权。

6.2.3　知识产权和版权问题

1. 知识产权

知识产权的基本特征一般可归纳为以下 3 方面：

(1) 知识产权的专有性。

知识产权是自然人、法人或权利人对其所创作的智力劳动成果所依法享有的专有权利。这种专有性具有独占性或垄断性的特点，除权利人同意或法律规定外，权利人以外的任何人不得享有或使用该项权利，因此，知识产权是受严格保护的，只有通过"强制许可""征用"等法律程序，才能变更权利人的专有权。

(2) 知识产权的时间性。

权利人所创作的智力劳动成果，一般只在有限时间内有效，即只在规定期限内予以保护。各国法律对各种类型知识产权，其保护期限的长短可能一致，也可能不完全相同，只有参加国际协定或进行国际申请时，才对某项权利有统一的保护期限。

(3) 知识产权的地域性。

知识产权一般只在所确认和保护的地域内有效，即除签有国际公约或双边互惠协定外，经一国法律所保护的某项权利只在该国范围内发生法律效力。另外，对于大部分知识产权的获得，一般都需要经过法定的程序。例如，商标权的获得就需要经过登记注册(法律限制)。

知识产权保护与打击盗版的行为对于软件产业而言，其意义在于需要对知识、信息、数据通过人为手段进行排他性保护，是商业软件企业自我保护的一种方式。

开放源代码运动的支持者则认为，一些大软件厂商的垄断行为，将会阻碍科技、经济和社会进步。因此，源代码的开放可以实现知识和技术的世界共享，也造就了 Java、Linux、Firefox 等众多先进的科学方法和技术进步，使全球众多的用户享受了学习、创新和免费使用的机会。

两者之间至今仍有诸多争议，不过，保护知识产权的真正目的是要保护知识创造者的积极性和促进知识进步，这点应该是明确的。

2. 版权问题

软件盗版行为是指任何未经软件著作权人许可,擅自对软件进行复制、传播,或以其他方式超出许可范围传播、销售和使用的行为。软件盗版过程中常见的侵权行为如下。

(1) 使用者侵权。

使用者侵权是指使用者进行未经授权的软件复制,例如以一个授权的软件备份在多台计算机上安装使用;复制磁盘以供安装及散布之用;没有可以升级的版本的合法软件,却盗用升级版的优惠;采购教学版或其他有限制或非零售的软件,而没有供商业用途的授权;在工作场所内外交换磁盘。

(2) 客户端/服务器滥用。

当网络上有太多员工在同一时间使用服务器上的一项中心软件时,就发生客户端/服务器滥用的情况。如果有局域网络,并且在服务器上安装了软件供多人使用,则必须确定有足够的授权允许。如果使用者人数比授权所允许的人数还多,此即为"滥用"。可以通过确保员工了解授权限制;通过安装"计量"软件,使仅限于授权允许的人数可以登录;或是通过购买另一项授权,使其涵盖所需要的使用者人数,来解决这个问题。

(3) 在线侵权。

以传统的方式购买软件的规则,应该适用于线上软件的采购。在线侵权可有以下几种形式:盗版软件网站,免费供人下载软件或是交换上载程序;网络拍卖网站,提供仿冒、渠道外销售、侵犯著作权的软件;对等式网络,能够让人在未获授权的情况下传送有著作权的软件。

(4) 硬盘预装软件。

某些计算机经销商会在计算机硬盘上预先安装非法软件,以期增加其商品的吸引力,此即为硬盘预装软件。因此,当"增值经销商"(VAR)销售或安装新软件到办公室的计算机上时,也可能会出现同样的疑虑与问题。

(5) 仿冒。

仿冒是以直接模仿为意图,将有著作权的产品非法复制及销售。就套装软件而言,常可见到包含软件程序的光盘或磁盘,以及相关包装、手册、授权合约、标签、注册卡及安全警示的仿冒。

(6) 互联网盗版。

近年来,Internet与电子商务的迅速发展,在极大地增加了销售产品和服务机会的同时,也为盗版软件创造了新的机会,使得该类侵权行为变得更加简便、快捷和廉价。

6.2.4　软件产品的影响和风险

软件工程的提出始于软件危机的出现。1968年,北大西洋公约组织(NATO)在当时的联邦德国召开的国际学术会议上提出了软件危机一词,并同时提出软件工程的概念,以解决软件危机。软件危机是指在软件开发及维护的过程中遇到的一系列严重问题,这些问题可能导致软件产品的寿命缩短,甚至夭折。

软件危机在20世纪70年代表现得尤其严重,具体表现如下:超预算、超期限、质量差、用户不满意、开发过程无法有效介入和管理、代码难以维护等。人们逐渐认识到软件开发是一项高难度、高风险的活动，因为它失败的可能性较大。软件危机的产生与软件本身的特点有很大的关系，其中最主要的就是软件的复杂性。

(1) 软件是逻辑层面上的，不是有形的物理文件，与硬件具有完全不同的特征。而且，软件的主要成本产生于设计与研制的过程，而不是制造的环节，因为软件的制造过程可以理解为"复制"。

(2) 软件在使用过程中不会磨损，但会退化。因此，软件的维护不能像维修硬件那样(进行简单的更换)。软件维护就是修复不断发现的缺陷。这个过程比较复杂，有时需要经历新的开发过程，而且缺陷被发现得越晚，为之付出的代价就越高。

(3) 软件开发早期是一门艺术，但目前越来越趋于标准化，软件产业正向大规模制造和基于构件的方向前进。

(4) 软件同时也是一种逻辑实体，具有抽象性。软件可以被使用，但无法看到其本身的形态。软件产品是人类智慧的作品。

(5) 软件是复杂的，并且会越来越复杂。人类思想的复杂性导致了软件的复杂性。随着信息领域的发展，软件的规模会越来越大，也会越来越复杂。

人们对软件往往有着过高的期望，认为软件无所不能，对软件的认识也比较模糊。例如，早期人们对软件的误解之一就是软件即程序，软件开发就是编写程序，编写程序就是软件开发的全部工作。实际上，软件是由三部分组成的，即程序、数据和文档。程序是指能够运行的、能提供所希望的功能和性能的指令集。数据是指支持程序运行的数据。文档是指描述程序研制的过程、方法及使用的记录。随着对软件了解的深入，人们也认识到软件开发的一般性规律——变化，变化是软件开发不变的主题，变化带来了诸多挑战。

随着社会的发展、文明的进步，人民的生活已和各类软件密不可分。事物的发展往往具有两面性，一个新生事物的发展必然带来新的问题与机遇。正如信息发达的今天，越来越多的人奔赴直播行业，例如直播卖货、直播游戏等，都想在这市场上占据一片天地。但是直播行业的兴起也带来了新的问题，直播涉黄、未成年人在直播打赏是否符合法律要求，直播卖货的售后服务是否有保障等，法律具有滞后性，这就需要软件(平台)来制定一些条例来管理及处理各类可能出现的问题。

6.2.5　软件工程行业的伦理框架和准则

软件工程是关于软件项目的工程方法学，其价值只能通过具体的软件项目才能真正体现出来。为保证在软件项目中能够有效地贯彻与正确地使用软件工程规程，需要有一定的软件工程原则来对软件项目加以约束。著名的软件工程专家 B. W. Boehm 经过总结，提出了以下 7 条基本原则。

(1) 采用分阶段的生命周期计划，以实现对项目的严格管理。软件项目的开展，需要计划在先，实施在后。统计表明，50%以上的失败项目是由于计划不周而造成的。在软件开发、维护的漫长生命周期中，需要完成许多性质各异的工作，若没有严格有效的计划对项目工作的开展加以约束，则必将使今后在项目中的诸多工作处于一种混乱状态。

采用分阶段的生命周期计划，实现对项目的严格管理，即意味着：应该把软件项目按照软件的生命周期分成若干阶段，以阶段为基本单位制订出切实可行的计划，并严格按照计划对软件的开发、维护实施有效的管理。

（2）坚持阶段评审制度，以确保软件产品质量。软件质量是通过软件产品反映出来的，但是，软件质量的形成将贯穿于整个软件开发过程之中。大量的软件开发事实表明，软件中的许多错误是在开始进行编码之前就已经形成了。根据有关统计：软件设计错误占了软件错误的 63%，而编码错误则仅占 37%。采用阶段评审制度，也就是要求在软件产品形成过程中，能够对其质量实施过程监控，以确保软件在每个阶段都能够具有较高质量。实际上，软件错误发现得越早，则错误越容易修正，为此所需付出的代价也就越少。因此，在每个阶段都进行严格的评审，也有利于从管理制度上减少质量保证成本代价。

（3）实行严格的产品控制，以适应软件规格的变更。软件规格是软件开发与软件验收的基本依据，是不能随意变更的。在软件开发过程中若出现了软件规格的变更，也就意味着，软件的开发费用由此增加了。但是，在软件开发过程中，改变软件规格有时又是难免的，特别是那些需要较长的开发周期的软件项目。例如，那些由专门用户定制开发的软件系统，就有可能因为用户的业务领域、服务方式发生了改变，而使软件功能有了新的要求。面对用户的新要求显然不能硬性禁止，而只能依靠科学的产品控制技术来适应。实际上，许多通用软件产品也存在规格变更这个问题。例如，软件开发机构为了使自己的软件产品能够在更多的环境下工作，而不得不针对所开发的软件产品推出诸多不同的版本。实行严格的产品控制，就是当软件规格发生改变时，能够对软件规格进行跟踪记录，以保证有关软件产品的各项配置成分保持一致性，由此能够适应软件规格的变更。

（4）采用先进的程序设计技术。许多先进的软件工程方法往往都起源于先进的程序设计技术。例如，20 世纪 70 年代初出现的 C、Pascal，这些结构化的程序设计语言，不仅成为了当时先进的程序设计技术，而且由此带来了结构化的软件分析、设计方法。自 20 世纪 80 年代以来，随着 C++、Java 等程序设计语言的产生，面向对象程序设计技术成为了更加先进的技术，并由此推动了面向对象软件分析、设计方法的发展。自 20 世纪 90 年代开始，建立在面向对象程序设计技术基础上的组件技术又随之诞生了，于是，基于组件技术的软件工程方法学也就不断涌现了出来。采用先进的程序设计技术会获得诸多方面的好处。它不仅会带来更高的软件开发效率，而且所开发出的软件会具有更好的质量，更加便于维护，并且也往往会具有更长久的使用寿命。例如，组件技术，通过创建比起"类"来更加抽象、更具有通用性的基本组件，可以使软件开发如同可插入的零件一样装配。这样的软件，不仅开发容易，维护便利，而且可以根据特定用户的需要，更加方便地进行改装。

（5）软件成果应该能够清楚地审查。软件成果是软件开发的各个阶段产生出来的一系列结果，是对软件开发给出评价的基本依据。包括：系统文档、用户文档、源程序、资源数据和最终产品等内容。针对软件开发给出有效的评价，是软件工程必须关注的重要内容。但是，软件产品是无形 的逻辑产品，缺乏明确的物理度量标准。与一般物理产品的开发相比，软件开发工作进展情况可见性差，其开发更难于管理与评价。因此，为了提高软件开发过程的可见性，更好地管理软件项目和评价软件成果，应该根据软件开发项目的总目标及完成期限，规定软件开发组织的责任和软件成果标准，从而使所得到的结果能够清楚地审查。

（6）开发小组的人员应该少而精。这条基本原则具有以下两点含义。其一，软件开发小组的组成人员的素质应该好。软件开发是一种需要高度负责、高度协作的高智力劳动。因此，其对人员素质的要求也就主要体现在智力水平、协作能力、团队意识和负责态度等几方面。实际上,由高素质人员组成的开发队伍能够成为一支很强的开发团队,具有比由一般人员组成的开发队伍高出几倍,甚至几十倍的开发效率,也能够完成更加复杂的项目任务。其二,软件开发小组的成员人数不宜过多。软件的复杂性和无形性决定了软件开发需要大量的通信。随着软件开发小组人员数目的增加,人员之间因为交流信息、讨论问题而造成的通信开销会急剧增大,这势必影响人员之间的相互协作与工作质量。因此,为了保证开发小组的工作效率,开发小组成员人数一般不应超过5人。由于这个原因,一些有许多成员参与的大型项目,也就需要将一个项目分成多个子项目,然后分别交给多个项目小组去完成。

(7) 承认不断改进软件工程实践的必要性。软件工程的意义重在实践,作为一门工程方法学,它所推出的一系列原则、方法和标准,不仅来源于工程实践,而且也需要在工程实践中不断地改进、完善。实际上,不同的软件开发机构可以根据自己的具体情况,建立起具有自己特征的软件工程规程体系。应该讲,上述的七条基本原则,是实现软件开发工程化这个目标的必要前提。但是,仅有上述七条原则,还不足以保证软件开发工程化进程能够持久地进行下去。因此 Boehm 提出了"承认不断改进软件工程实践的必要性",这表明:软件工程在实际应用中,应该积极主动地采纳新的软件技术,并不断总结新的工程经验。软件技术在不断进步,软件的应用领域也在不断拓宽。软件工程必须紧紧跟上新时代软件的发展,才能获得更加持久的生命力。

6.3　通信工程

6.3.1　通信伦理的基本原则

通信伦理是指在通信技术使用过程中应遵守的道德准则和行为规范,它涉及信息的收集、存储、处理、传输和使用等方面。通信伦理的基本原则通常包括以下几点。

尊重隐私:保护个人隐私,不侵犯他人个人信息。

诚实守信:在通信中保持诚实,不欺骗、不误导。

公平公正:确保通信资源的公平分配和使用,避免歧视和偏见。

责任意识:对自己的通信行为负责,对可能产生的后果承担责任。

保护知识产权:尊重和保护他人的知识产权,不非法复制、分发或使用他人的作品。

信息安全:采取措施保护信息不被未授权访问、篡改、破坏或泄露。

透明度:在通信过程中保持透明,确保信息的可追溯性和可验证性。

尊重多样性:尊重不同文化、语言和观点,促进包容和理解。

遵守法律法规:遵守相关的法律法规,包括数据保护法、版权法等。

促进公共利益:在通信活动中考虑公共利益,避免对社会造成负面影响。

可持续性:考虑通信活动对环境的影响,努力实现可持续的信息通信技术使用。

教育和培训:提高公众对通信伦理的认识,通过教育和培训增强人们的伦理意识。

这些原则旨在确保通信技术的健康、负责任和有益的使用,促进社会的和谐与进步。

6.3.2　5G 技术

科幻只能勾勒未来,科技才能兑现想象。

工业和信息化部(以下简称工信部)2019 年 6 月 6 日向中国电信、中国移动、中国联通、中国广电发放 5G 商用牌照,如图 6-2 所示,标志着中国正式进入 5G 时代。

图 6-2   工信部颁发 5G 牌照

坚持自主创新和开放合作并举,中国 5G 网络建设将迎来新机遇,为国内经济社会发展和生产生活带来革命性变化,也为全球移动通信产业起到示范效应。

"5G 支撑应用场景由移动互联网向移动物联网拓展,将构建起高速、移动、安全、泛在的新一代信息基础设施。与此同时,5G 将加速许多行业和社会生活数字化转型。"前工信部部长苗圩表示。

4G 改变生活,5G 改变社会。

一个 10GB 视频,4G 下载需 15 分钟,5G 下载仅需 9 秒;无人驾驶刹车智能控制反应距离,4G 下是 1.4 米,5G 下是 2.8 厘米。

正如业内人士所说,具备高速率、大容量、低时延等特性的 5G,将改变普通人的移动互联生活,也会改变社会的服务与管理。

对于 5G,运营商积极筹划。中国移动介绍,发牌后,中国移动将加快 5G 网络部署,大力推进"5G+"计划,在超过 40 个城市提供 5G 服务,用户"不换卡""不换号"就可开通 5G 服务。

中国电信副总经理刘桂清介绍,中国电信适时推出具备 5G 特征,满足用户高流量、多层次需求的资费套餐;终端方面除了手机、数据卡外,电信还将探索推出面向个人、家庭的 AR、VR 终端。

5G 时代已来临,资费会贵吗?中国信息通信研究院副院长王志勤说,5G 时代,单位流量资费水平更低,性价比更高。5G 峰值速率相比 4G 高 10 倍,5G 时代用户套餐内包含的流量将大幅提升,但人均支出不会出现大幅增长,单位流量平均资费将进一步降低。

不仅是网络建设,在应用创新上,相关各方也已经开始积极布局,共筑 5G 新生态。2019 年以来,从远程医疗、远程教育到智慧派出所、智慧酒店、智慧交通,从无人驾驶到 VR 互动、AR 直播,各地 5G 应用场景如雨后春笋般涌现,呈现爆发式增长态势,人们已经可以看到未来 5G 给日常生活带来的颠覆性变化。

工信部信息通信管理局副局长鲁春丛说,5G 的商用将扩大升级信息消费,促进形成强

大的国内市场,工信部将大力推动 5G 融合应用,包括在教育、医疗、养老等公共服务的深度
应用,不断增强人民群众的获得感。

2019 年 5 月 10 日,石台县人民医院医护人员通过 5G 远程协同操作平台,在安徽医科
大学第二附属医院专家的指导下进行手术操作,如图 6-3 所示。当日,安徽省首例 5G 网络
支持下远程协同手术由安徽医科大学第二附属医院牵头完成。

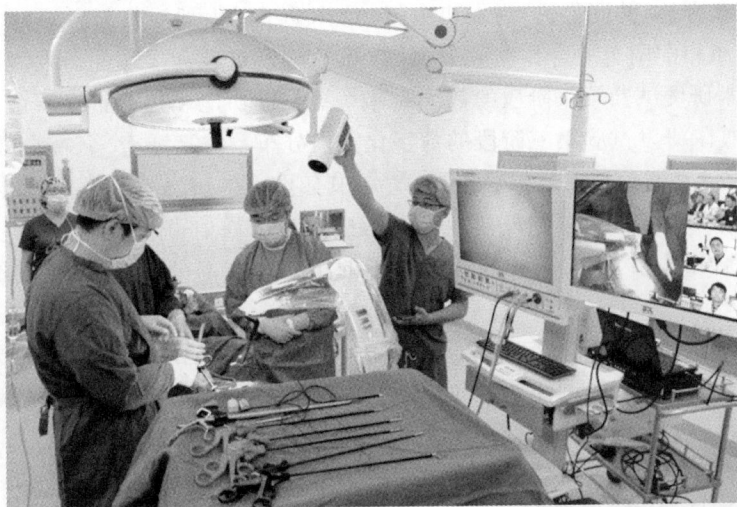

图 6-3　安徽首例 5G 网络支持下远程协同手术

5G＋自动驾驶、5G＋智慧港口、5G＋智能制造陆续发展,业内人士普遍认为,4G 对消
费领域改变巨大,而 5G 更大的应用在工业领域。

“我们可以把 5G 网络看作一把钥匙,它能够帮我们解锁原先难以数字化的现实场景,
让数字技术以更小的颗粒度重塑现实世界。”腾讯公司董事会主席兼首席执行官马化腾说。

从人人互联到万物互联,从生活到生产,从物理世界再到数字世界,5G 时代,随着物联
网、车联网、工业互联网等应用的实现,对于工业、物流、运输、能源等行业,都意味着前所未
有的新机遇,带动各类企业实现数字化转型。

中兴通讯副总裁崔丽说,基于与国内运营商的 5G 合作及外场试验网络,在智能制造领
域,中兴通讯与三一重工、浙江中控等签署战略合作协议,5G 工业数据采集及控制系统、远
程遥控挖掘机等智能制造示范项目成功上线,助力产业升级。

“5G 将构筑新型的网络基础设施。加快新一轮科技革命和产业变革的进程,推动社会
生产力再次跃升,这也是我国实体经济高质量发展的新机遇。”鲁春丛说。

不仅如此,5G 时代,云计算、大数据、人工智能等技术与实体经济将在更广范围、更深
程度、更高水平融合,加快实体经济数字化、网络化、智能化升级。

“5G 未来转向以工业应用为主,需要垂直行业与网络运营之间形成更紧密合作,由后
者提供个性化的服务。”中国工程院院士邬贺铨强调,要用好 5G,发展 5G,需要构建能够更
好地激发自主创新的环境,通过开放平台、加强合作等多种方式,推动构建共享共建的产业
发展生态。

坚持自主创新与开放合作,一直是中国 5G 发展所秉持的。

技术标准上,中国倡导的 5G 概念、应用场景和技术指标已纳入国际电信联盟(ITU)的

5G 定义。截至 2019 年 5 月,全球共 28 家企业声明了 5G 标准必要专利,我国企业声明数量占比超过 30%,位居首位。

产业发展上,我国率先启动 5G 技术研发试验,加快了 5G 设备研发和产业化进程。目前我国 5G 中频段系统设备、终端芯片、智能手机处于全球产业第一梯队。

同时,中国也向世界敞开大门,并积极吸纳全球智慧,全球系统设备、芯片、终端、测试仪表等企业相互合作、共同促进,为加快中国 5G 产业链的发展成熟起到了重要作用。

英特尔宣布和中国企业合作完成中国 5G 第三阶段试验互操作性研发测试;爱立信完成中国 5G 技术研发试验第三阶段的数字室分系统关键功能和性能指标验证;诺基亚贝尔完成中国 5G 技术研发试验第三阶段的数字化室内分布系统测试。

如今,全球移动通信产业发展已经形成“你中有我、我中有你”的格局,各国企业通力合作、互利共赢。4G 时代,多家国外企业已参与中国移动通信市场,并与中国电信运营企业建立了良好的合作关系,是我国移动通信市场的重要组成部分,为我国移动通信产业发展做出重要贡献。

中国信息通信研究院政策与经济研究所高级工程师龚达宁说,我们将一如既往地欢迎国外企业积极参与我国 5G 网络建设和应用推广,继续深化合作,共谋 5G 发展和创新,共同分享我国 5G 发展成果。

美国打压华为 5G 发展的主要目的是控制信息资源,具体原因包括以下几方面:

控制信息资源:美国担心华为的 5G 设备可能被用于监控或干扰国家关键基础设施,从而威胁到其国家主权和信息安全。此外,美国政府担心华为可能成为中国政府监控和控制个人数据的手段,这种担忧源于中国法律允许其政府获取企业和个人的数据。

维护国家安全:美国政府对华为进行限制,主要是出于对其产品潜在安全风险的担忧。在网络空间安全方面,如果不加以控制,这些设备可能被用于监控或干扰国家关键基础设施,这对于维护国家主权和信息安全至关重要。

防止中国公司扩大市场份额:从贸易角度来看,中国企业在核心技术领域的迅速增长对传统西方公司构成了直接挑战。不允许华为等中国公司进入核心供应链,可以防止它们进一步扩大市场份额,减少未来面临更大竞争压力的可能性。

维护美国科技霸权:在国际舞台上,高科技产业是各国军事能力的重要组成部分。如果一个国家能够掌握并控制这些高端技术,它将拥有更多手段去影响甚至操纵全球局势,使自己处于更有利的地位。因此,美国通过打压华为等中国高科技企业,旨在维护其在科技领域的霸权地位。

综上所述,美国打压华为 5G 发展的目的是多方面的,包括控制信息资源、维护国家安全、防止中国公司扩大市场份额以及维护美国科技霸权等。

6.3.3　6G 技术

2024 年 2 月 26 日,美国、英国、澳大利亚、日本、韩国等十国发表 6G(第六代移动通信)研发原则联合声明,英伟达、亚马逊、微软、三星等通信巨头成立“AI-RAN”联盟,标志着美西方打造 6G“小圈子”更进一步。

当前第四次工业革命已拉开帷幕,6G 作为下一代移动通信技术,是未来数字技术、智能应用、科技产业的底层核心技术。其相较于 5G 不仅实现了卫星通信、可见光通信等更多网络接入方式,且可构建跨地域、空域、海域的空天海地一体化网络,是打造智慧城市、智能网联汽车、智能制造等智慧应用与未来数字产业的关键。因此,掌握6G这一关键阵地对把握未来数字空间制高点至关重要。

在移动通信领域,美国认为中国占据了5G技术发展领先优势,因此不甘落后,将6G视作赢得大国科技竞争、争夺全球数字权力、塑造数字空间未来的关键,誓将6G领域主动权牢牢掌握在手中。美国在6G领域展开激烈的抢占布局,以构建技术、标准、规则领域将中国隔离在外的"小圈子"为主要手段,塑造非对称战略环境,争夺、重塑数字时代话语权。

中国工程院院士张平指出,通信与智能融合是6G迈向"智简"的有效途径。

通信通过信息的传递消除了系统的不确定性,高效、可靠、安全的通信是人们普遍关注的重要问题。经过一百多年的科学研究、技术开发和工程试验,在20世纪中期,学术界将通信分为语法、语义及语用三个不同的层次。语法通信忽略信息含义,仅关注通信符号的精确传输;语义通信考虑信息含义,关注信息含义的准确传递;语用通信考虑信息效用,关注意图的准确传递。1948年,美国科学家香农创立信息论,为语法信息度量、压缩、传输等指明发展方向。语法通信的理论完备、工程可行,构成完善的经典信息通信技术体系。

2024年6月24日,习近平总书记在全国科技大会、国家科学技术奖励大会、两院院士大会上的重要讲话中指出:"当前,新一轮科技革命和产业变革深入发展。科学研究向极宏观拓展、向极微观深入、向极端条件迈进、向极综合交叉发力,不断突破人类认知边界。"6G是重要战略任务,国家向来十分重视信息通信技术的创新研究与产业培育工作,在政策层面和科研基础层面均具备语义通信基础理论研究、关键技术突破以及试验验证平台研制的优势条件。得益于提前布局和高水平技术研发,我国建成的国际首个面向6G的智能通信融合外场试验网开通,验证了基于"智简"语义通信所创设的"新道"的泛在智能化和可持续发展的能力。

1. 我国移动通信高速发展为数字经济注入新动能,同时面临严峻挑战

信息通信技术正加速人类物理空间与数字空间的深度融合,是发展数字经济、数字社会的核心驱动力,是保障国家安全的基础性技术,正推动生产力发生重大变革,成为重塑国际经济、政治、文化、社会、军事发展新格局的关键力量。世界主要国家和地区均高度重视信息通信技术战略布局,将其作为谋求竞争新优势的战略方向。加快信息通信技术发展,建设数字国家已成为全球共识。移动通信是信息通信技术的核心组成部分,也是战略制高点。短短30年,我国在移动通信领域实现了从2G跟随、3G突破、4G并跑到5G引领的角色跨越。我国引领的5G网络架构、灵活系统设计、编码方案等技术陆续被国际标准所采纳。同时,历经数十年的奋斗,我国也建立起自己的供应链和市场,改变了全球移动通信的技术及产品分布格局。面向未来移动通信系统,我国要继续保持领先优势,进一步提升在移动通信技术领域的国际话语权。

但是,在国际强博弈背景下,我国移动通信领域发展还面临严峻挑战,主要体现在以下两方面。

一是技术受限层面。如随着后摩尔时代的到来,芯片尺寸与元器件规模的矛盾日益突出,半导体工艺升级速度渐缓,算力增长式微;同时,冯·诺依曼结构带来的局限日渐明显,单纯依靠算力堆积无法解决可拓展性难题,移动通信的技术堆叠式演进还受到芯片工艺、器件及计算结构等严重限制。

二是国际博弈层面。基于香农信息论,西方国家在 1G~5G 中建立了不可撼动的传统生态优势。随着国际形势日益严峻,部分西方国家在核心芯片等关键要素上进行霸权打压,我国的供应链和市场被"卡脖子"。全球产业链供应链格局向区域化、多元化调整,叠加贸易保护主义带来"断供""脱钩"等,将对我国产业链供应链稳定安全带来挑战和压力。

现有以语法通信为特征的堆叠式创新难以为继,我国迫切需要转变思路、换道引领。随着移动通信发展迈入 6G 时代,语法通信正面临新挑战。从信道容量公式可以看出,通过增加信息传输的天线、频谱、功率等物理维度尽管可提升通信系统的容量,但对资源消耗巨大,难以可持续发展。不同类型机器人等新型通信对象不断涌现,这与人类的通信需求和信息接收方式存在巨大差异。例如,机器和机器之间的信息交互,通常面向任务,非常简洁,它们的语言可能人类无法理解。此外,人类与机器人交互过程中,理解机制也并不相同。例如,人类视觉看到的图像与机器视觉看到的图像差别很大。面向新型通信对象,采用语法通信将导致交互效率低。现有的语法通信应对挑战的模式主要采用堆叠式创新,以技术堆砌为演进思路,以系统复杂度换取性能增益,快速消耗资源,但这难以实现可持续发展。

从国际电信联盟(ITU)发布的 6G 技术愿景和需求来看,这两方面的影响对 6G 的演进提出了两个难题:一是能否支持智能泛在化;二是能否可持续发展。

"延长线发展"还是"换道引领"?以通信与人工智能融合为核心的"智简"新设计范式属于新质生产力范畴。世界各国均高度重视 6G 的技术研发,以有效解决这两个难题。但各国的技术演进模式主要沿用基于语法的香农信息论体系,通信能力提升过分依赖器件和工艺的升级,芯片的物理极限越发制约移动通信的技术发展,在大国博弈背景下我国还存在被"卡脖子"风险。

从西方社会对 6G 研发的实际效果来看,其核心技术集中在传统通信技术的"延长线"上。从本质上看,目前并无突破性的创新出现,而且没能解决智能泛在和可持续发展难题。为了在 6G 中继续保持我国的领先地位,亟须破除堆叠式发展模式,探寻一条既符合我国发展国情又站在世界前沿的"新道"。这条"新道",能克服大国博弈的"卡脖子"危机和彻底摆脱西方国家的霸权压制,为我国乃至全球未来通信的可持续发展另辟蹊径。

我们提出了破除堆叠式发展模式的有效路径,这条"新道"以"智简"为通信系统设计的新范式。从传统语法通信的更上一级,即语义通信入手,实现通信与智能融合,使得 6G 技术不仅具有真正的"泛在智能"能力,还在新范式下找到支持可持续发展的"拐点"技术。这样,基于语义通信的 6G 技术演进,不再需要超多的天线数目、大功率消耗、宽频谱占用,尤其是对芯片的工艺尺寸没有过高要求,即"6G 引进智能后,系统实现可以获得极大简约,用 4G、5G 的资源就可以实现 6G 的需求"。

语义通信从基础理论、设计思想、核心方法等层面革新语法通信。在基础理论层面,需要解决"语义信息度量""语义传输容量"两个通信基本问题;在设计思想层面,以语义信息为对象,将通信与智能紧密融合,以语义知识库为关键支撑,重塑通信系统的信息提取、表征、编译码、综合和重建等核心环节;在核心方法层面,需要面向语义任务、信道能力实现弹性信息压缩,并实现信源-信道-信宿的联合设计,提出多用户模分多址方法达到多用户高效组网的目的。因此,语义通信通过基础理论、设计思想、核心方法层面的升华达到"锻铁成钢"的目的。

2. 以"智简"新设计范式为指导，语义通信颠覆传统通信技术体系

语义通信为通信与智能融合开辟了创新技术途径，在基础理论研究、核心技术攻关、工程试验验证三方面均取得突破性进展。

（1）基础理论研究突破：建立语义信息理论体系，是经典香农信息论体系的拓展，是夯实我国信息理论创新的根基。香农信息论指导下的通信技术已经逐步逼近理论极限，未来的信息与通信技术如何突破经典理论极限是业界关注的重大科学问题。如前所述，与语法通信关注通信符号的精确传输不同，语义通信主要关注信息含义的准确传递。语义通信从基本原理上改变了传统信息通信体系，挖掘信息语义层次内涵，探索语义信息表征与度量、语义知识库构建、语义弹性编码及语义协同传输等基础理论与核心方法，推动通信与智能融合的方法论创新和技术体系变革。语义通信是信息通信领域实现从"跟跑"到"领跑"的一项根技术，有望为我国 6G 突破"堵点"做出基础性贡献。语义信息构建了完整的语义信息理论框架，全面扩展了通信系统的理论极限，将成为通信与智能融合的指导理论。

（2）核心技术攻关突破：构建涵盖数学模型-物理模型-信息模型的语义通信的技术体系，为破解通信算力封锁、芯片工艺封锁创设"新道"。今天"人工智能＋通信"已是潮流，但人工智能和通信都有各自的内在规律。通信形成理论指导下的自洽体系，同时要考虑工程应用的多重限制因素，如能耗、芯片、模块的各自优化及商业价值等。将人工智能引入通信系统，必须提供额外的增益，而且系统的实现不是做堆叠式增加而是要做到简约增效，这是与常规方法和思维方式最大的不同。

面向 2030 年及未来，人类社会将进入智能化时代，社会服务均衡化、高端化，社会治理科学化、精准化，社会发展绿色化、节能化将成为未来社会的发展趋势。从移动互联、万物互联到万物智联，6G 将实现从服务于人、人与物，到支撑智能体高效联接的跃迁。通过人-机-物-智慧的全面互联、协同共生，满足经济社会高质量发展需求，服务智慧化生产与生活，助推人类走进虚拟与现实深度融合的全新时代，最终实现"万物智联、数字孪生"的美好愿景。

6G 网络有望将人和拥有不同智能程度的机器相互连接起来，使得人-机-物-智慧四类通信对象之间产生大量不同形态的数据。由于各种对象之间的通信不再仅仅是传输比特数据，语义和有效性方面成为万物智联不可忽视的重要因素。与语法通信不同，语义通信泛指在不同的智能体间进行的以"达意"为目标的通信，是将语义在通信双方之间准确传递。与传统语法通信不同，语义通信并不要求信息的大量符号级准确传递，而是关注发送端输入的语义信息与接收端恢复出的语义信息之间的匹配，通过减少信息交流和理解的时间，提升通信节点协作的效能。这项技术有望突破基于经典香农信息论的通信系统传输瓶颈，解决基于数据移动通信系统中存在的人机不兼容、难互通等问题，最终实现万物智联。

在语义通信基础理论和关键技术方面，目前我们已做了大量的原创性研究。其中，针对语义通信的全新架构，提出模型驱动的"智简"通信系统；通过设计新型"智简"发射机与接收机，实现模型构建、信源信道编码一体化能力及信源信息的高效重建、恢复。针对利用终端的智慧能力，将模型作为"智简"信息传输的核心方式，提出面向"智简"通信系统的云-边-端协同模型部署与传输方案；基于模型分割、剪枝、蒸馏等技术，提出"智简"模型的切分技术，通过安全高效的模型传输机制，为 6G 终端提供"定制化""智简"模型，实现"智简"模型灵活增强与高效能传输，并在无人系统、智能电网、视频应用和高轨卫星等场景开展试验验证。

（3）工程试验验证突破：建成国际首个面向 6G 的智能通信融合外场试验网，首次测通从北京到西安 1200 千米的语音语义通信。继理论证明后，从工程试验验证层面也验证了语义通信是支持 6G 可持续发展的"拐点"技术，使通信技术上升到一个新的高度，打通了香农信息论对思想的禁锢；核心技术上的突破证明了人工智能可以与通信高效融合，克服了网络知识、模型传递的"最后一千米"难题，使得网联人工智能成为可能。语义通信的基础理论和核心技术是我国进行从"0"到"1"原始技术创新的一个成功范例，是另辟蹊径的颠覆性创新，证明了我国不仅可以在制造、应用等方面取得举世闻名的成就，也可以在基础理论和核心技术方面位居世界一流。

语义通信基础理论和核心技术的突破带来传统通信系统设计的变革，它不是传统通信系统在工程实现时采用模块分离设计"延长线"的碎片化创新，而是采用人工智能的系统化优势并与通信系统模块化、低成本、可解释的优化融合，获得巨大的系统性能增益。系统性能增益主要来自三方面：一是基础理论突破了传统通信体制无法逾越的理论极限的天花板，找到了系统设计的"拐点"技术，解决了系统依赖高功耗和高制程芯片的设计难题；二是通信体制与人工智能的设计范式深度匹配的核心技术继承了人工智能全局优化的优点，改变了传统通信以模块优化为主的限制，同时继续保持通信成本可控；三是面向不同典型场景与用户语义需求，基于共享知识库的语义弹性编码方法，根据不同语义任务需求及移动信道条件等自适应调节编码模式、编码速率等，智能适配语义信息传输的效率与质量，实现语义弹性压缩与重建，以最优化语义信息量传输为目标，使得通信体制可以灵活适配复杂场景变化的需求。

团队重点部署"'智简'语义通信关键技术研究与试验验证平台研制"创新工作，以"智能简约"为指导，研究面向语义通信系统中信源、信道以及传输等方面处理的基础理论及关键技术，研制试验验证平台，并建设国际首个面向 6G 的智能通信融合外场试验网，解决多模态以及跨模态语义信息处理、信道语义表征以及信道知识库构建、语义信息端到端有效传输等方面的快速部署、统一验证等技术难题，为"智简"语义通信创新发展提供一个开放、共享、融合的一体化真实试验验证环境。

该外场试验网面向 6G 通信与智能融合，展示了语义通信在智慧模型传输、沉浸式视频传输、无人车联、无人机网络、泛在连接卫星通信及大规模物联网等场景中的优异性能，验证了语义通信在 4G/5G 链路上可以达到 6G 传输能力，频谱效率突破"香农极限"对通信系统的禁锢，在三项通信核心基础指标（容量、覆盖、效率）上均获得 10 倍的性能提升。未来，现代语义通信将通过赋能具身智能，助推低空经济、工业互联网、扩展现实（XR）、智慧教育、元宇宙等获得更广阔的创新发展。

语义通信理论与技术体系赋能通信、智能的高速发展，有潜力成为开启新一轮科技革命和产业变革的钥匙，为我国成为智能时代的信息科技中心赢得先机。

人工智能和通信技术的深度融合，有望开辟革命性的技术演进新路线。通过多域知识及深度学习技术训练的神经网络，能够理解和生成多模态信息，其在处理复杂任务方面展现了卓越的能力，是通用人工智能发展的重要组成部分。融合信息通信领域多元多态数据、科学数据和专家经验的大模型具有提升通信效能的巨大潜力，能够动态更新多域知识库，处理多模态数据，理解和生成意图。这些能力可以革新通信中信源、信宿及信道传输过程中的信号与信息处理机制,构建达意、高效、适变、跨模态的语义通信技术新体制,促进我国信息通信技术的智能化升级。

6.3.4 在个人和社交领域的通信伦理

诚实守信是社会交往的基石,它不仅关系到个人的声誉和形象,也关系到社会的和谐与稳定。在网络空间,诚实守信同样重要,它能够促进信息的真实流通,维护网络秩序,保障网络安全。

1. 网络环境下诚实守信的重要性

1)促进信息真实流通

网络环境下,信息传播速度快,覆盖面广。诚实守信能够确保信息的真实性,避免虚假信息的传播,减少社会恐慌和误导。

2)维护网络秩序

网络秩序的维护需要每个网民的共同努力。诚实守信能够减少网络欺诈、侵权等行为,维护网络空间的公平正义。

3)保障网络安全

网络诚信是网络安全的重要组成部分。诚实守信能够减少网络攻击、信息泄露等风险,保护个人和组织的网络安全。

2. 网络失信行为的危害

1)损害个人信誉

网络失信行为会损害个人的信誉,影响其在社会中的交往和合作,甚至可能导致法律后果。

2)破坏社会信任

网络失信行为会破坏社会信任,导致人与人之间的猜疑和不信任,影响社会的和谐稳定。

3)威胁网络安全

网络失信行为可能涉及网络攻击、信息泄露等,对网络安全构成威胁,影响网络空间的正常运行。

互联网的快速发展极大地方便了人们的生活和工作,但同时也带来了一系列法律问题。网络犯罪、网络欺诈、网络侵权等违法行为时有发生,严重威胁着社会的稳定和公民的权益。因此,强调网络不是法外之地,加强网络法治建设,对于维护网络空间的秩序和安全具有重要意义。

网络是一个虚拟的世界,但不是法外之地,在这个虚拟的世界里,人类的恶被无限放大,更有不良商家为博人眼球扭曲事实,不良媒体断章取义博取流量。我们都应该严格遵守法律,守住自己的底线。

6.4 电气工程及其自动化

6.4.1 电力工程伦理概说

1. 电力工程伦理的定位

电力工程伦理,就是运用伦理学理论、原则、规范分析解决电力工程领域的道德问题,属于工程伦理以下的分支。

2. 电力工程伦理的目的

电力工程伦理的目的,就是通过对电力工程活动产生的或可能产生的伦理问题的分析,明确电力工程行为何为善,何为恶? 何为道德的,何为不道德的? 何为伦理的,何为不伦理的? 并进一步提出正确的行为导向:应该怎样做,不应该(不能)怎样做? 从而帮助所有与电力工程活动有关的人们树立正确的电力伦理观,自觉采取符合伦理的行为。

3. 电力工程伦理关注的焦点

1994 年,在一篇探讨科学技术成为第一生产力的限制性条件的文章中指出,科学技术成为第一生产力的第三个限制性条件是"先进科技被善意使用,但不能是盲目的",就是说,"在某些情况下,由于盲目性,以善的动机使用科技,也可能对生产力、对经济和社会的发展产生'副作用';使用科技取得的成果越大,'副作用'也越大。在这样的情况下,科技作为第一生产力就大大地打了折扣。这主要有两种情况。一种情况是,由于人们对某些客观规律的认识还处于'必然王国',在运用科技手段对自然界进行改造的时候,只预期到好的结果,没有预期到可能出现不好的结果。当预期的结果实现时,人们欢欣鼓舞,对已出现的'副作用'的苗头,因被取得的胜利所掩盖而视而不见。等到'副作用'充分显露出来,人们认清了这些规律时,要消除'副作用'所产生的后果就不那么容易了,往往需要相当长的时间。另一种情况是,人们知道自己的行为会产生什么样的'副作用',但由于追求经济效益的盲目性而急功近利,在运用科技手段创造物质财富的同时,也制造着不利于生产力发展、甚至威胁人类生存的因素。从世界范围看,由于人们的短期行为,使很多动植物资源濒临枯竭,环境严重污染,生态严重恶化。可以毫不危言耸听地说,如果人类在这方面还不悬崖勒马,总有一天会酿成慢性自杀的结局。试问到那时,又还有什么第一生产力可言呢?"这一段文字,现在用来讨论电力工程伦理问题应该说仍然是适用的、具有现实意义的。

人类制造并利用着电力,增进了人类的福祉,可谓善莫大焉。可是,电力工程有没有"副作用"? 例如温室气体(主要是二氧化碳等)的排放,会导致气温升高,全球变暖,发展下去会酿成人类的灾难,但这个问题却长期以来被人们所忽视。虽然近年来人们逐渐认识到这个问题的严重性,并采取了很多措施减少、消除这些"副作用",但效果并不理想。虽然发达国家温室气体的排放总量在减少,如截至 2004 年,主要工业发达国家的温室气体排放量在 1990 年的基础上平均减少了 3.3%,但世界上最大的温室气体排放国美国的排放量却比 1990 年上升了 15.8%,而且在 2001 年,美国总统布什刚开始第一任期就宣布美国退出《京都议定书》,理由是议定书对美国经济发展带来过重负担。同时,一些不发达国家,在小火电已被许多国家淘汰(小火电煤耗高,排出的二氧化碳多)的情况下,却正在大力兴建,因此,不发达国家的温室气体排放量还在上升。显然,由于急功近利,不顾人类整体、长远利益的被损害,而对狭隘的短期利益的无度追求,电力工程的"副作用"从总体上看还有增加的趋势。所以,人类的电力工程活动正是一方面增进了人类的福利,另一方面却"制造着不利于生产力发展、甚至威胁人类生存的因素",而且从长远看,对人类不利的一面甚至超过对人类有利的一面,这正是电力伦理所关注的焦点问题。我们的任务就是要使人们特别是各个层次上的决策者明白:为了人类整体的世世代代的利益,赶快"悬崖勒马""亡羊补牢"。

4. 电力工程伦理的研究领域

电力工程伦理研究电力工程领域的伦理问题。这里所说的电力工程,是指工程技术性质的电力工程,不包含企业管理、企业改革等带有人文社会学科性质的社会工程。电力工程,既可以按参与的不同群体分类,也可以按活动的物质内容分类。这里采取后一种分类法,将电力工程分为火力发电工程、水力发电工程、新能源发电工程和输电工程。如此,电力工程伦理的研究主要就由以下4部分构成。

(1) 火力发电伦理。这是电力工程伦理研究的重点,将以很大的篇幅分析火力发电带来的严重影响人类发展和威胁人类生存的环境和生态问题,人们对这些问题应抱有怎样的态度,以及人们应该采取怎样的措施来减轻这些问题起作用的程度,来消除、防止这些问题,以避免造成人类的灾难。在火力发电伦理的探讨中,本书关于电力工程伦理的许多基本观点将得到阐述。

(2) 水力发电伦理。水电工程伦理分析研究水电工程及其运行以后产生的或可能产生的对人有不利影响的问题,如生态和环境问题、移民问题和文化遗产保护问题等,人们对这些问题应抱有怎样的态度,以及人们应该采取怎样的措施来减轻、消除和防止这些问题。

(3) 新能源发电伦理。哪些属于新能源发电,并没有严格的界定。我们认为,火力发电和水力发电是两种传统的发电方式,除此之外的一次能源发电都属于新能源发电的范围,包括核能发电、垃圾发电、地热发电、海洋能发电、太阳能发电、生物质能发电、风力发电和氢能发电等。新能源发电工程伦理就是分析这些电力工程及其运行会产生或可能产生的对人有不利影响的问题,从伦理的角度探讨如何减轻、消除和防止这些问题。

(4) 输电工程伦理。输电工程建设和运行过程中也会产生伦理问题,输电工程伦理也就是要针对这些问题提出正确的行为导向,使人们有所遵循。

6.4.2 火力发电伦理

1. 加速全球变暖

1) 全球变暖及其原因

(1) 何谓全球变暖?全球变暖的概念最早是由美国气象学家詹姆士·韩森于1988年6月在参众两院的听证会上提出的,当时他预测未来10年内全球温度会上升$0.35℃$。

全球变暖理论认为,大气具有允许太阳短波辐射透入大气低层,并阻止地面和低层大气长波辐射逸出大气层的作用,大气中的一些气体如二氧化碳(CO_2)、甲烷(CH_4)、一氧化二氮(N_2O,又称氧化亚氮)、氢氟碳化物(HFCs)、氟碳化合物(PFCs)、六氟化硫(SF_6)和氯氟烃(CFCs)等,这些气体的阻止作用较强,被称为温室气体。如果大气中的温室气体浓度增加,就会使地球表面的平均温度升高,导致全球变暖,这就是所谓的"温室效应"。

(2) 全球变暖的原因是温室气体排放的人为增长。对于导致全球气候变化并造成地表温度变化的原因,一般可归纳为以下几点:气候内部系统的自然变化;排放的温室气体增加,使得气候因为辐射作用力的变化而变化;太阳入射角变化或火山爆发产生的悬浮微粒影响,造成辐射作用力的自然变化或火山爆发产生的悬浮微粒影响,造成辐射作用力的自然变化。气候内部系统的自然变化、太阳入射角变化或火山爆发产生的悬浮微粒影响属于自然界自身的运动变化,其变化是有规律的,在一个长时期内基本是恒定的,因此它们不是导致全球气候变化并造成地表温度变化的原因。温室气体排放的人为增长是全球变暖的真正原因。

（3）二氧化碳是最主要的温室气体，对加重温室效应的作用最大。不同的温室气体对加重温室效应的作用程度是不同的。

二氧化碳人为增加的排放，是由于人类燃烧化石（矿物）能源（煤、石油、天然气）所致。

（4）火力发电是二氧化碳人为排放增加的主要因素。

2）全球变暖对人类的影响

尽管气候变暖可能带来诸如中高纬度地区农作物增产、全球木材供应增加和需要的取暖能源减少等对人类有利的结果，但也会产生对人类不利的影响，而且，其负面影响远远大于它带来的益处。

实际上，全球变暖对人类的负面影响是多方面的，至少有以下 8 方面：水资源短缺、居住环境恶化、海平面上升、热浪袭击增加、人类健康受威胁、物种变化加剧、影响重大工程安全、经济损失加剧。以上 8 方面的不利影响，任何一方面都可以说是灾难性的，而火力发电是造成如此结果的重要因素。

2. 加剧生态恶化

1）火力发电排放大量二氧化硫

煤燃烧产生二氧化硫，随着我国发电用煤量不断增长，排放的二氧化硫会更多。

2）二氧化硫——可怕的"空中死神"

如果说增加二氧化碳排放导致全球变暖可能产生某些对人类有利的影响，那么，增加二氧化硫的排放对人类就是有百害而无一利了，会造成环境和生态灾难。

（1）沙尘暴的罪魁祸首。二氧化硫对于植物来说确实是"死神"，因为它能够破坏植物叶片的栅栏组织和海绵组织，破坏细胞膜的通透性，能在叶面上形成肉眼可辨的伤斑，并最终导致植株枯死。如果植物直接而持续地接触二氧化硫，那也就意味着被判了死刑。火力发电会集中地大规模地排放二氧化硫，久而久之，就会造成大片的不毛之地，沙尘暴也就由此而生。

（2）酸雨危害严重。二氧化硫对生态的破坏除了直接摧毁植被、形成沙尘暴、加剧荒漠化，使许多人成为"生态难民"之外，另一个破坏作用就是酸雨危害。

3. 多重污染威胁人类健康

1）空气污染

空气污染是指因人类的生产和生活活动使某种物质进入大气，使大气的化学、物理、生物等方面的特性改变，影响人们的生活、工作，危害人体健康，影响或危害各种生物的生存，直接或间接地损害设备、建筑物等的现象。空气污染的污染物有烟尘、总悬浮颗粒物、可吸入颗粒物（浮尘）、二氧化氮、二氧化硫、一氧化碳、臭氧、挥发性有机化合物等。这些污染物，在火力发电（燃煤发电）向空气排放的物质中，除了臭氧和挥发性有机化合物外，其他都一应俱全。这些污染物对人的健康有着极大的危害。

2）废水污染

火力发电排出的废水除了冷却系统排水外，还有补给水化学除盐系统和凝结水处理系统的酸碱废水、煤厂雨排水、灰场排水、锅炉启动和运行期的化学清洗废液等。这些废水中含有废酸、废碱、悬浮物、油脂、有机污染物、富营养污染物和有毒微量元素，排入水体就会造成水体不同程度的污染。人一旦直接接触这些被污染了的水体，或者饮用被污染了的水源，健康就会受到危害。

3) 灰渣污染

火力发电产生的灰渣中,含有硅、铝、铁、钙、镁等多量元素和砷、铬、镉、铅等微量元素,经水浸泡和雨淋,会不同程度地溶入水中,无论排入地表水还是渗入地下水,都会污染水体,特别是砷、镉、铅都有剧毒,人一旦直接接触和饮用了这样的水,后果可想而知。

4) 放射性污染

某些煤中含有少量的天然铀、钍以及它们的衍生的放射性物质,通过烟气或废水排入环境,造成污染。这些放射性物质进入人体,会引起皮炎,并可能发生再生障碍性贫血和白血病。

5) 噪声污染

火电厂是一个噪声相对集中、辐射量大、种类繁多的场所,如磨煤机的噪声、锅炉排汽噪声等,对人有一定影响。不过,其作用范围仅仅只在厂区,对厂区以外的人就没有什么影响了。

6.4.3　水电发电伦理

水力发电是将水能转变为电能的过程,其工作原理是:具有一定势能的水流带动水轮机旋转,水能转换成机械能;水轮机带动发电机发电,机械能即转换成电能。

水力发电与火力发电相比,具有很多优点:水能是可再生能源,并且发过电的天然水流本身没有损耗,一般也不会造成水体污染,仍可为下游利用;水力发电是清洁的电力生产,不排放有害气体、烟尘和灰渣;水力发电的效率高,常规水电厂的发电效率在80%以上;水力发电可同时完成一次能源开发和二次能源转换;水力发电的生产成本低廉,无须购买、运输和存储燃料;所需运行人员较少、劳动生产率较高;管理和运行简便,运行可靠性较高;水轮发电机组起停灵活,输出功率增减快、可变幅度大,是电力系统理想的调峰、调频和事故备用电源;水电站的水库可以综合利用,发挥防洪、灌溉、航运、城乡生活和工矿生产供水、养殖、旅游等功能。如安排得当,可以做到一库多用、一水多用,获得最优的综合经济效益和社会效益。

那么,这是否意味着水力发电就十全十美了呢? 并非如此。其实水力发电也是一柄"双刃剑",也会产生种种对人有着不利影响的问题。

1. 三门峡

三门峡这项倾当时全国之力兴建的大型水利枢纽工程在建成后的40多年里,应该说还是发挥了一些积极作用的,如防洪、防凌、发电等,直到如今这些作用也还存在。但是总体来看,这项工程是一项不成功的工程。

2. 环境生态问题

当人类感谢大自然的恩赐,修筑了一个又一个大坝、建成了一个又一个电站、欢庆一次又一次胜利时,殊不知大自然已逐渐不堪重负,并开始报复人类。

(1) 大坝加速河流的衰亡。

(2) 水坝建设导致下游地区生态环境的急剧退化。

(3) 影响生物的生存环境。

(4) 水库水质退化。

(5) 小水电对生态环境也有重大影响。

3. 社会问题

1）移民问题

修建大型水坝，必然淹没大片土地，使世代生活在那里的人们失去家园。俗话说"故土难离"。离家远徙本来就是一件痛苦的事，如果迁到新的地方生活还不如原先，那就更加痛苦。因此，移民问题是大型水电工程必然出现而且必须解决好的重大社会问题之一。

2）自然景观、人文景观和文物被淹没

随着大片土地被淹，一批自然景观、人文景观和已发现的文物被淹没。如三峡大坝按设计蓄水后，被淹没的自然景观和人文景观如下：湖北秭归屈原故里牌坊和屈原祠；重庆巫山境内的孔明碑、大宁河古栈道；奉节县永安宫（刘备托孤）遗址、孟良梯、瞿塘峡口的粉笔堂；云阳张飞庙，龙脊石；忠县石宝寨和汉代无名阙；丰都鬼城东岳殿；涪陵白鹤梁；等等。这些被淹没的自然景观和人文景观，有的人们将再也看不到实物了，如大宁河和小小三峡的美景、大宁河古栈道等，有的没被发现的文物，也将永久淹没在水底。

6.4.4 新能源发电伦理

新能源发电无污染或污染很小，而且很多新能源可以再生，或者取之不尽，这是火力发电无法相比的。但是，新能源发电也不能说尽善尽美，凡事有利必有弊，新能源发电也会产生对人有不利影响的问题，我们的任务就是要发现和解决这些问题。

1. 核电

1）核电发展前景广阔

核能的发现和利用（核裂变能）是 20 世纪的重大成就之一。1954 年 6 月 27 日，苏联建造的世界首座试验性核电站——位于卡卢加州的奥布宁斯克核电站开始发电，标志着和平利用原子能和核电时代的到来。由于核能可以大规模和集中利用，而且耗费低、污染少、安全性强，人类已经从和平利用原子能中获得了巨大的利益。在 2004 年 6 月 27 日于莫斯科举行的庆祝世界上第一座核电站发电 50 周年的国际会议上，国际原子能机构总干事巴拉迪在会上表示，原子能是风能和太阳能所不能替代的能源，该机构的专家预计，2030 年前世界上的核电发电量将占全部发电量的 70%。

2）核电也是可能产生安全问题

核电总体来说是安全的。因为核电站非常强韧坚固，其安全措施的目标是：保证在所有合理的可能想象的情况下，放射性辐射照射绝对不会危及公众健康和安全。其设计的安全标准很高，早期核电站设计必须满足堆芯损坏事故发生频率小于万分之一，当前运行中的最好的核电站的堆芯损坏事故发生频率大约是百万分之一，而将来建造的核电站，其堆芯损坏事故发生频率将几乎是千万分之一。按理说，核电安全应该是万无一失的。但是，"不怕一万，就怕万一"，百万分之一、千万分之一的事故可能性还是存在，而且在实践中也确实发生过核事故。

特大核事故有两起，一起是 1979 年 3 月 28 日美国三哩岛核电站事故，另一起是 1986 年 4 月 26 日苏联切尔诺贝利核电站事故。而重大事故、一般事故和事故隐患就比较多了。

3）核事故可能产生十分可怕的后果

核电站事故的可怕之处在于：一旦发生事故，反应堆中的放射性核裂变产物泄漏到周围环境，人们就会受到大大超过正常剂量的辐射，从而患上"放射病"，转化为各种癌症而死亡。其实,人们在自然状态之下,也要受到辐射。辐射分为电离辐射和非电离辐射两类。α 射线、β 射线、γ 射线、X 射线、质子和中子等属于电离辐射,而红外线、紫外线、微波和激光则属于非电离辐射,通常将电离辐射简称为辐射或辐射照射,核泄漏物质产生的辐射即属于电离辐射。人类在自然状态之下,也随时受到辐射。食物、房屋、天空大地、山水草木乃至人体内都存在着辐射照射,但剂量很低,天然本底辐射平均为 2.4 毫希[①]每年。国际基本安全标准规定公众受照射的个人剂量限值为 1 毫希每年,而受职业照射的个人剂量限值为 20 毫希每年。我国核安全法规要求,核电站在正常运行工况下对周围居民产生的辐射剂量不得超过 0.25 毫希每年,而核电站实际产生的辐射剂量远远低于这个限值。但发生核事故,放射性物质泄漏到环境中,使人在短时间里受到大剂量辐射,后果当然就十分可怕了。

4) 确保核电安全是人类长期共同面对的重大课题

由于放射性物质泄漏到环境中会产生十分严重的后果,所以人类长期以来致力于研究解决核电站的安全防护问题。

核电安全的核心在于防止反应堆中的放射性裂变产物泄漏到周围环境。国际上辐射防护普遍采用的原则是:实践的正当性,防护水平的最优化和个人剂量限值。实践的正当性要求任何伴有辐射的实践所带来的利益应当大于其可能产生的危害;防护水平的最优化是指在综合考虑社会和经济等因素之后,将辐射危害保持在合理可行、尽量低的水平上;而规定个人剂量限值的目的则是为了保证社会的每个成员都不会受到不合理的辐射照射。为了防止反应堆堆芯中的放射性裂变产物的外泄,当今核电站运营采用配备多重安全系统的"纵深防御"方法,该方法的要点是:高质量的设计和建造;设备能预防运行故障发展成问题,如当出现误操作时,不会一错再错,酿成事故;利用多种系统来发现问题、控制危害到燃料组件和防止大量放射性物质释放;限制燃料严重损坏对核电站自身影响的防备设施。在工程上设置有 3 道安全屏障,即元件包壳、一回路压力边界和安全壳。

5) 解决好核废料处理问题

虽然核燃料很耐用,但也会产生废料。核废料仍有很强的放射性,处理不当就会对人们产生危害。如何妥善处理核废料也是一个令人头痛的难题,目前只能采取密封后深度填埋的办法。随着核电的迅猛发展,核废料将越来越多,必须寻找适合的填埋场所,并且填埋场所也必须妥善管理。因此,核废料的处理和核电站的安全一样,也是人类要长期面对和解决的重大课题。

2. 垃圾和生物质能发电

1) 垃圾和生物质能发电的一次污染不能忽视

焚烧垃圾发电是目前处理城市垃圾的有效方式。焚烧可减少垃圾量的 $80\% \sim 90\%$;经过焚烧,垃圾中的细菌、病毒比其他处理方式消灭得更彻底,各种恶臭气体被高温分解。因此,垃圾发电一方面能解决困扰城市的一大问题,又为社会提供了电、热等清洁能源,可谓"一石数鸟";发展生物质能发电也是利国利民的好事。但是,切不能就此认为垃圾和生物质能发电就很干净,不会产生污染。这正是一些人认识上的一个误区。事实上,只要燃烧有机质,就会有污染。首先是会产生二氧化碳,它是导致全球变暖的温室气体;如原料中含有硫,会产生二氧化硫,它是造成生态灾难的"空中死神";如燃烧温度较高,会产生氮氧

---

① 毫希(mSv),辐射剂量当量的专用单位。——编辑注

化物,氮氧化物既是温室气体,也是致病气体;燃烧垃圾和生物质还会产生烟尘,污染空气,危害健康。就是说,凡是火力发电具有的一次污染问题,垃圾和生物质能发电也都具有。因此,当我们为变废为宝而欢欣鼓舞时,千万不要得意忘形,一定要清醒地看到垃圾和生物质能发电也有产生污染的一面,并要像解决火力发电产生的污染问题一样,采取有效措施,将垃圾和生物质能发电产生的一次污染尽可能降低或消除。

2) 垃圾和生物质能发电的再污染必须防止

垃圾和生物质能发电,特别是垃圾发电,不仅有一次污染的问题,而且如果处理不当,还会产生二次污染的问题。

如浙江某市利用垃圾发电起步较早,并且将成为我国首个城市垃圾全部用于发电的城市。可是人们发现,以环保为出发点的垃圾发电产业,在这里却出现了令人担心的新型污染。该市的一家垃圾发电厂,卡车将垃圾发电后剩余的炉渣运到厂房外一百多米的地方即卸下随意堆放,炉渣堆外则是一片芦苇地,芦苇地外就是该市人民的母亲河。该市的另一家垃圾发电厂,出炉的垃圾更让人揪心。厂外的炉渣堆上,已经焚烧过的垃圾就像家里刚扔出来的垃圾一样,充斥着大量未曾燃烧干净的垃圾。有专家指出:垃圾燃烧不彻底,容易产生大量的有机污染物,包括迄今为止人们所知的头号致癌物质——二噁英。本来,利用垃圾发电是处理垃圾最好的办法之一,但该市的一些垃圾发电厂则正在生产更坏的垃圾,包括国家强制的必须填埋处理的垃圾发电残留"飞灰","飞灰"中含有诸多能致癌的有害物质。而该市的一些垃圾发电厂,"飞灰"至今赫然露天堆放,任凭雨水冲刷。

生物质直接燃烧发电,也会生成炉渣,产生"飞灰",虽然其毒性比垃圾发电产生的炉渣、"飞灰"的毒性低得多,但也有一个妥善处理的问题。

因此,垃圾和生物质能发电,特别是垃圾发电,一定要注意防止二次污染。首先是垃圾燃烧一定要充分,以免产生有机污染物;其次,对于发电后的炉渣要妥善处理,不得露天随意堆放,有毒的残留"飞灰"必须按国家规定填埋处理;最后,应按照循环经济"减量化、再利用、再循环"的原则,研究炉渣和"飞灰"的进一步利用和循环的问题,使炉渣和"飞灰"也能变废为宝。

3. 太阳能发电

太阳能发电主要有热发电和光发电两类,其中热发电有塔式、抛物面槽式、抛物面盘式、平板式、太阳池和热气流发电等形式;光发电有光伏发电、光感应发电、光化学发电和光生物发电等形式。目前,光伏发电是太阳能发电的主流形式。全球光伏发电已经形成了一个规模相当大的产业,其最终产品是太阳能光伏电池,从原料加工到太阳能光伏电池销售的过程是:硅矿→低纯度硅材料→硅材料提纯→经铸锭炉成硅锭→硅材切割、抛光成硅片→光伏电池的制造→电池组件封装→销售,这一过程就形成了光伏产业链。由于光伏电池对硅纯度的要求比较高,需要达到 99.9999%("6 个 9")的纯度,所以光伏产业链的上游产业即硅材料提纯很关键,只要有了太阳能级硅材料,下游产业并不复杂,制造出光伏电池就比较容易。

因为太阳能是清洁能源,且无穷无尽,人类对于能源的需求与日俱增,且化石能源的枯绝日渐迫近,所以太阳能光伏发电在能源供应中被寄予厚望,很多国家都注重发展太阳能光伏产业。日本、欧洲、美国等都雄心勃勃,做出了发展光伏产业的中长期和远景规划,世界上的一些多晶硅生产厂家也有扩产计划。

4. 风力发电

1) 风电应该大力发展

风力发电本身具有很多优点：风能是可再生能源，不存在资源枯绝的问题；风力资源本身成本为零；风力发电是清洁的电能生产方式，不会造成空气污染；机组建设工期短、占地少、运行简单；有利于满足边远地区分散人群的用电需求；等等。因此大力发展风电，减少一些燃煤发电，对于减轻污染，缓解资源、环境和生态压力，对于增进人类的福祉，都有着莫大的好处。

2) 认真对待风电对生态环境的负面影响

毫无疑问，风力发电对生态环境的影响主要是积极的、正面的，是有利于生态环境的。但是，风力发电对生态环境从而对人有不利影响的一面也还是存在的。

2005 年 8 月 9 日国家发改委、国土资源部、国家环保总局联合下发了《风电场工程建设用地和环境保护管理暂行办法》。其中第九条规定，风电场工程建设项目实行环境影响评价制度。风电场建设的环境影响评价由所在地省级环境保护行政主管部门负责审批。凡涉及国家级自然保护区的风电场工程建设项目，省级环境保护行政主管部门在审批前，应征求国家环境保护行政主管部门的意见。第十条规定，加强环境影响评价工作，认真编制环境影响报告表。风电规划、预可行性研究报告和可行性研究报告都要编制环境影响评价篇章，对风电建设的环境问题、拟采取措施和效果进行分析和评价。第十一条规定，建设单位在项目申请核准前要取得项目环境影响评价批准文件。项目环境影响评价报告应委托有相应资质的单位编制，并提交"风电场工程建设项目环境影响报告表"。第十二条规定，项目建设单位申报核准项目时，必须附省级环境保护行政主管部门审批意见；没有审批意见或审批未通过的，不得核准建设项目。这说明了国家已经充分意识到风电对生态环境具有负面影响，并从政策上防止、减轻其作用。

因此，需要注意防止和减轻以下负面影响。

(1) 视觉影响。

(2) 对鸟类生活的影响。

(3) 占用土地资源。

(4) 更换润滑油可能引起污染。

6.4.5　输电伦理

广义地讲，电网从起点（电网和电源点之间的电能计量装置）到终点（电网与电力用户之间的电能计量装置），应该都属于输电的范围，但也有按电压等级，将电压等级较高的范围称为输电，电压等级较低的范围称为配电，如很多地方将 110kV 及以上的范围称为输电，110kV 以下的称为配电，但有的特大城市，将 220kV 及以下的范围都称为配电。实际上，电能从电源点发出到电力用户的用电设备消耗电能，是连续的不可分割的，因此本节讨论的输电是广义的。

输电工程涉及很多方面，如工程的决策（从研究论证一直到立项）、工程的建设、工程的运行管理等，其中既有人与人之间的关系，也有人与物、人与环境之间的关系，这些关系的处理，有的会产生对人有利（善）的结果，有的可能会产生对人不利（不善）的结果。我们的主要任务就是要发现不利的一面，并提出对策建议。

1. 正确处理工程中用地的利益问题

输电要架设输电线路,输电线路中间要建若干不同电压等级的变电站。架设输电线路和建变电站都要占用土地,占用土地就必须对集体所有和集体所有个人使用的土地所有者和使用权享有者进行补偿。土地补偿涉及电网企业和占用土地的所有者、使用权享有者的利益,现实中又突出表现为电网企业与农民之间的利益关系。这一利益关系的处理,直接关系着电网企业的利益和农民的切身利益,关系着国家经济发展和社会主义新农村建设,关系着社会的稳定与和谐,有着很强的伦理意义。因此,必须正确处理电网企业与农民之间的利益关系,以求得最善的结果。

2. 保持电网安全稳定

电力是国民经济中特殊基础产业,在现代,整个社会的运转如果没有电力的支撑是不可想象的,没有哪一种能源可以取代电力的位置。整个社会的正常用电消费有赖于电网的安全稳定,因此,保持电网的安全稳定,从国民经济和各行各业的发展、国家安全上讲,具有战略的意义;从提高人民生活水平和生活质量,增进人民福祉来讲,又具有很强的伦理道德的意义。正因为电力对于整个社会来说不可或缺,一旦电网崩溃,后果不堪设想。因此,应采取一切可能的措施保持电网的安全稳定。

3. 着力降低电网损耗

电网损耗(也有人称为线损)是指电能从发电厂传输到电力客户过程中,在输电、变电、配电和营销各环节中所产生的电能损耗和损失的总和。电能从发电厂传输到电力客户过程中发生损耗,有的是在现有设备和技术条件下不可避免的,是合理的;有的则是由人为因素所造成,是不合理的。电网损耗是可以降低的:合理损耗随着设备性能的提高和技术的改进可以降低,不合理损耗更是可以逐步消除。

努力降低电网损耗应做到以下几点:①电网规划建设要科学合理;②提高设备和材料的性能;③加强生产运行管理;④防止窃电;⑤加大超导研发投入。

6.4.6 特高压技术

特高压技术是指交流电压等级达到 1000kV 及以上的输电工程及其相关技术。该技术具有传输距离远、输电容量大、能量损耗低和经济效益高等特点。

特高压是有 1000kV 交流和 ±800kV 及以上直流输电技术,能够有效解决能源供应不安全、现有电网不安全、生态环境不安全等问题。

特高压电网指的是以 1000kV 输电网为骨干网架,超高压输电网和高压输电网以及特高压直流输电、高压直流输电和配电网构成的分层、分区、结构清晰的现代化大电网。其内容包括了特高压电网的系统特性和经济性,特高压交、直流输电的系统特性。

2006 年 8 月 19 日晋东南—南阳—荆门交流特高压试验示范工程在山西奠基,这是我国首条特高压电网。由此我国电网发展方式翻开了新篇章,以特高压为重点、各级电网协调发展的"大戏"拉开了序幕。那么我国为何要发展特高压电网呢?

我国是个一次能源和电力负荷分布不均衡的国家。西部能源丰富,全国三分之二以上的可开发水能资源分布在四川、西藏、云南,煤炭资源三分之二以上分布在山西、陕西和内蒙古西部;东部经济发达,全国三分之二以上的电力负荷集中在京广铁路以东地区。西部能源基地与东部负荷中心距离在 500 千米至 2000 千米。

"然而,现有超高压输电技术无法满足未来电力增长的需要。必须加快电网发展和技术创新,通过更高电压等级电网的建设带动电力工业的结构优化、科学发展,满足经济社会的持续快速发展。"原国家电网公司总经理刘振亚说。

特高压电网,是指 1000kV 交流和正负 800kV 直流输电网络,具有远距离、大容量、低损耗输送电力和节约土地资源等特点。

同时,特高压交流线路在输送相同功率的情况下,可将最远送电距离延长 3 倍,而损耗只有 500kV 线路的 25%～40%。输送同样的功率,采用 1000kV 线路输电与采用 500kV 的线路相比,可节省 60% 的土地资源。

特高压技术具有远距离、大容量、低损耗和经济性等特点。对特高压技术的研究主要集中在线路参数特性和传输能力、稳定性、经济性以及绝缘与过电压、电晕及工频电磁场等方面。

远距离:使用特高压技术的特高压交流线路在输送相同功率的情况下,可将最远送电距离延长 3 倍,输送同样的功率,采用 1000kV 线路输电与采用 500kV 的线路相比,可节省 60% 的土地资源。

大容量:研究证明,1000kV 特高压交流输电线路输送功率为 500kV 线路的 4～5 倍;正负 800kV 直流特高压输电能力是正负 500kV 线路的两倍多。

低损耗:在输送相同功率的情况下,损耗只有 500kV 线路的 25%～40%。

经济性:据测算估计,1 条 1150kV 输电线路的输电能力可代替 5～6 条 500kV 线路,或 3 条 750kV 线路;可减少铁塔用材三分之一,节约导线二分之一,节省包括变电所在内的电网造价 10%～15%。1150kV 特高压线路走廊约仅为同等输送能力的 500kV 线路所需走廊的四分之一,这对于人口稠密、土地宝贵或走廊困难的国家和地区会带来重大的经济和社会效益。

我们在关注特高压话题时,不必先急于表达自己的观点,而是应当力争做到如下三条:

(1) 公众要具备必要的专业知识,专家也要具备讲清技术基本概念的能力。

在 2013 年底德国华人新能源协会组织的回国高校和企业交流中,曾经做过一个测试:几乎所有的非电力专业人士不知道什么是无功功率;几乎所有的电力高校本科学生从未听过什么是自然功率——事实上这两个并非是什么高深的专业概念,高中物理电学必然学过法拉第电磁感应定律、右手定则,这些都与无功功率息息相关;而电力高校本科的电力系统分析课上,自然功率作为电网规划和线路模型的基础概念,必然也曾出现在教材上。

可是,这两个本来应该是广泛普及的科学基本常识,现在却成为区分专业与非专业人士的测试常量。

(2) 多研究些数据,少发布些结论。

在缺乏数据支撑的情况下进行决策,无疑很容易被人们诟病为拍脑袋的决定。中国幅员如此辽阔,现在的工业世界产生的数据又是如此之大,很难有人在面对一个项目的时候仅凭一二三论点就可轻易得出结论。德国在制定 2022 年电网规划时,不仅对全员电力消费、能源分配等提供数据,连未来预测的可能数据也综合起来形成电网规划三个模式:保守模式、乐观模式和适用模式,其属下的各种数据支撑何止千万。

即便如此,德国的网监会一旦公布有关的电网数据,依然会有成千上万的人去网站跟帖发表意见,甚至正式提出质询议案——如果没有锱铢必较的科学严谨精神和不怕浪费时间的诚意,全民决策势必只能变成全民狂欢和国网阴谋论。

(3) 历史不应重演,机遇稍纵即逝。

面对争议,我们要争论,但更要结论。人们应该首先明确目标函数的约束条件到底是什么:是削减二氧化碳,还是消除雾霾、调整能源结构?然后再由专业部门拿出整体的计划和方案,交由相关的行业公司去完成,而后还必须有机构实施专业的监管和评估,而媒体要做的,应当是沟通这其中的每个环节,加速并伴随信息流转——如果只是将其中一个技术环节强行剥离并且裹挟各种不同概念出来吸引眼球,则无益于作出正确的结论。

至此,我们不得不再度回顾美国购买阿拉斯加这一历史事件:隔着白令海峡与俄罗斯相对的阿拉斯加在 1867 年卖给美国前也是很多人反对,但多年以后人们才意识到这块地的战略意义和能源蕴藏。

很多时候,真理并非是越辩越明,而是只能留待时间来验证。

6.4.7 控制工程的发展历史

自动化作为控制工程的一个分支,本质上还是控制问题。控制工程的发展历史可以分为 3 个阶段:

1. 经典控制理论时期(20 世纪初至 20 世纪 50 年代末)

经典控制理论主要关注单输入单输出(SISO)系统的控制问题。这一时期的主要数学工具包括微分方程、拉普拉斯变换和传递函数。核心的分析和设计方法包括时域法、频域法和根轨迹法。系统稳定性、动态性能和稳态性能是这一时期研究的重点。

经典控制理论的形成和发展受到了当时重大技术(如通信技术和火炮技术)的深刻影响,以及物理学和数学理论的支持。

2. 现代控制理论时期(20 世纪 60 年代)

现代控制理论以状态变量概念为基础,使用现代数学方法和计算机来分析和综合复杂控制系统。适用于多输入多输出(MIMO)、时变或非线性系统。核心的数学工具转变为状态空间模型和矩阵论。

现代控制理论的形成主要标志是卡尔曼滤波理论、庞特里亚金极大值原理和贝尔曼的动态规划法。

这一时期的控制理论着重解决多输入多输出系统的控制问题,并将电子计算机作为核心控制装置。

3. 先进控制理论时期(20 世纪 70 年代之后)

先进控制理论是现代控制理论的发展和延伸,涵盖了自适应控制、鲁棒控制、模糊控制和人工神经网络控制等内容。

这一时期的控制理论不仅包括基于频域和时域的方法,还结合了基于知识的方法,如智能控制。

先进控制理论的形成和发展受到了微电子技术、计算机技术、通信和网络技术、机器人技术的影响,以及经济和技术全球化进程的加快。

在控制工程的发展过程中,一些重要的里程碑事件包括:

(1) 公元前 300 年至公元前 1 年,古希腊人和阿拉伯人发明的水钟中的浮球调节装置,被认为是最早的控制系统之一。

（2）都江堰水利工程（约公元前256年至公元前251年）被认为是一个杰出的控制系统，至今仍在造福成都平原。

（3）荷兰人Cornelis Drebbel（1572—1633年）发明的温度调节器，是近代欧洲最早发明的反馈控制系统之一。

控制工程的发展不仅推动了自动化技术的进步，也为航空航天、工业过程、电力系统等多个领域的发展提供了重要的技术支持。

6.4.8　控制工程伦理

控制工程的伦理问题通常涉及工程实践中的道德规范和价值观，包括但不限于以下几方面。

（1）公众安全原则：控制工程必须确保公众的安全和福祉，这包括在设计和实施过程中考虑所有可能的风险，并采取适当的预防措施。

（2）诚实守信原则：工程师应诚实地报告工程进展和存在的问题，不得隐瞒或歪曲信息，确保与利益相关者的沟通透明和真实。

（3）专业责任原则：工程师应具备相应的专业知识和技能，并对其在工程项目中的行为和决策承担责任。他们应按照专业标准和规范进行工作，并不断提升自己的专业能力。

（4）社会责任原则：控制工程应考虑到对社会和环境的影响，推动可持续发展，并积极参与社会公益活动，为社会作出贡献。

（5）尊重人权原则：在控制工程实践中，应尊重每个人的人权和基本自由，保护工人的劳动条件和权益，促进公正和平等的待遇。

（6）环境伦理问题：控制工程需要考虑其对自然环境的影响，努力实现工程活动与环境保护的和谐共存，避免对生态系统造成不可逆的损害。

（7）数据隐私和安全问题：随着控制工程中自动化和智能化水平的提高，收集和处理的数据量大大增加，这就需要考虑数据的隐私保护和安全问题。

（8）利益冲突问题：工程师可能会面临利益冲突的情况，例如，项目的经济利益与公众安全或环境保护之间的冲突。在这种情况下，工程师应以公众利益为重。

（9）工程决策的透明度和问责制：控制工程的决策过程应该是透明的，并且所有相关决策者都应该对可能产生的后果负责。

（10）持续教育和专业发展：工程师应致力于终身学习，不断更新自己的知识和技能，以应对快速变化的技术环境和伦理挑战。

在实践中，控制工程的伦理问题可能需要在具体的工程案例中进行分析和解决，如郑州地铁5号线"7·20事件"中所展示的，工程伦理的缺失可能导致严重的后果。因此，工程师和项目团队应始终将伦理原则放在首位，确保工程项目的负责任和可持续实施。

6.5　计算机伦理

6.5.1　计算机伦理的基本概念

1. 计算机伦理的提出

20世纪40年代，著名的科学家与哲学家、美国麻省理工学院（MIT）诺伯特·维纳

(Norbert Wiener)教授在他撰写的《控制论：或关于在动物和机器中控制和通信的科学》(*Cybernetics Or Control and Communication in the Animal and the Machine*)一书中指出：像众所周知的原子弹一样，超高速计算机给人类带来的是美好还是罪恶？如何看待动物与机器之间的相互依赖与交流？这是一个非常深刻的哲学问题。他的计算机伦理观还见之于他于 1950 年出版的《人有人的用处》(*The Human Use of Human Beings*)以及 1964 年出版的《上帝与机器人》(*The God with a Robot*)两本代表作中。这两本书首次提出了数字伦理与社会的问题，探索了计算机技术将会给人类价值观带来多方面的影响，如生活、健康、快乐、安全、自由、知识、机会和能力、计算机与安全、计算机和学习、计算机与宗教、虚拟社区、人工智能等，维纳还提出了伦理对政治的责任等结论。书中提出的观点和思想为计算机伦理学奠定了基础。这里，特别要指出的是，早在第二次世界大战期间，维纳就预言，新的信息技术革命将会像 19 世纪到 20 世纪初的工业革命一样改变世界，还预言，在"第二次工业革命"中，一个自动化的时代将会出现一系列令人惊愕的新的挑战和机遇，而在那时，人们还没有完全意识到这些问题。因此，维纳被公认为信息论和计算机伦理学的鼻祖。

1976 年，美国应用伦理学家和著名的哲学教授瓦尔特·曼纳(Walter Manner)正式提出并使用了"计算机伦理学"这一概念，并首次在美国大学开设了计算机伦理学课程。1985 年，全美第一本教科书《计算机伦理学》(*Computer Ethics*)由戴博拉·约翰逊撰写出版。之后，陆续有 45％的美国大学计算机专业都开设了这门课程。1991 年，美国计算机学会/电气电子工程师协会(ACM/IEEE)计算机学科课程组首次把"社会、伦理和职业的关系"作为九门计算机学科推荐课程之一。2001 年，美国计算机学会(ACM)正式把"计算机伦理学"规定为计算机专业的必修课，该课程已于 2004 年正式列入 IEEE 教程。

2. 计算机伦理学的定义

按照美国计算机伦理学家摩尔的经典定义，计算机伦理学是"研究计算机技术的本质及其社会影响，制定计算机伦理应用的政策和为这些政策的正当性进行辩护"的应用伦理学科。国内学者萧成勇和张利认为，计算机伦理学是对计算机技术的各种行为（尤其是计算机行为）及其价值所进行的基本描述、分析和评价，并能阐明这些分析和评价的充足理由和基本原则，以便为有关计算机行为规范和政策的制定提供理论依据的一种理论体系。可见，两者对计算机伦理学的认识是基本一致的。

西方学者大多把计算机伦理学看作职业伦理学(Professional Ethics)的一个分支或表现形式。戴博拉·约翰逊在《计算机伦理学》一书中开宗明义地指出："计算机伦理学旨在帮助学生和计算机专业人员更好地理解他们的职业，作出更恰当的道德选择，总之，是能使他们采取更恰当的职业态度。"他还强调，计算机伦理问题的讨论，应当与道德规范相联系，以便于指导实践。在书中，他把"职业伦理学"作为重要的内容来进行分析，探讨了为什么需要职业伦理学、计算机专业人员的特殊性、职业关系、责任冲突、职业行为规范等问题。

从哲学、伦理学和计算机伦理学三者的关系来进一步描述，作为哲学的一个分支的伦理学又称道德哲学(Moral Philosophy)，是用哲学的方法研究道德的学问，它着重于研究道德规范的建立和评价。而伦理学与计算机伦理学的关系，这两者是个性与共性的关系：伦理学是研究整个社会生活中的道德现象，提出社会生活中的一般道德原则和规范；而计算机伦理学是研究人们在 IT 生活中的道德现象，提出 IT 生活中的特殊道德原则和规范。

总之,计算机伦理学属于应用伦理学的范畴,是人类在社会生活中使用计算机时可接受的道德、行为指导,简单地说,计算机伦理学是用来让人们正确判断,在使用计算机时,什么可做、什么不可做、什么对、什么错的问题。主要包括以下四方面:

(1) 隐私:在收集、使用个人信息,含使用数据库、网络时必须遵守相关的隐私性。

(2) 准确性:在收集数据时要保证所收集到的数据是准确的。

(3) 所有权:数据的所有权和它在软件中的使用权限必须界定清楚。

(4) 访问权:涉及对数据的操作控制与使用权限的管理。

以上四方面,实际上是要求操作计算机的人,必须严格要求自己,加强自己的道德修养,培养自己的职业操守,合理、有序、有道德地应用计算机。

"计算机伦理"在概念上最容易与"网络伦理"混为一谈。从技术发展的角度来看,"网络伦理"是计算机联网以后产生的与网络运行相关的一些伦理问题。美国达特默斯(Dartmouth)学院的詹姆斯•摩尔(James Moor)于1985年在其发表的代表作《什么是计算机伦理》一文中,将计算机的发展划分为两个阶段:第一阶段是第二次世界大战后的40年,是计算机的发展与成熟阶段;第二阶段是20世纪80年代以后,为计算机技术向其他领域的渗透阶段。摩尔所说的前一个阶段类似于国内所理解的计算机发展阶段,而他说的后一个阶段则倾向于通常所理解的网络发展阶段,网络伦理问题主要在后一个阶段应运而生。但在实际应用中,由于这两个阶段过渡的渐进性,很难确切地划分出一个十分明确的界限,因此,在研究中,"计算机伦理"和"网络伦理"两个概念很多时候是混同使用的。

3. 计算机伦理学研究的基本问题

(1) 隐私保护。

(2) 计算机犯罪。

(3) 知识产权。

(4) 软件盗版。

(5) 计算机病毒扩散。

(6) 黑客。

(7) 行业行为规范。

(8) 网络色情。

6.5.2　计算机伦理学的研究方法

从学科的角度来看,计算机伦理学的研究是多层次、跨学科的。因此,该学科的研究方法宜采取多学科合作、实证研究和案例分析为主的研究方法,也可采用社会调查。

1. 多学科合作

多学科合作主要是指计算机信息科学与哲学、社会学、心理学、法学等学科的合作。

2. 实证研究

所谓实证研究,是指从大量的经验事实中通过科学归纳,总结出具有普遍意义的结论或规律,然后通过科学的逻辑演绎方法推导出某些结论或规律,再将这些结论或规律拿回到现实中进行检验的方法。实证性研究方法可以概括为通过对研究对象大量的观察、实验和调查,获取客观材料,从个别到一般,归纳出事物的本质属性和发展规律的一种研究方法。在介绍实证研究的同时还需提及规范研究,这种研究方法主要回答"对不对"的问题,即用公认的价值判断去衡量事实,然后给出实际做得对与否的结论。

实证研究的过程一般分七步:第一步确立研究主题;第二步文献回顾和探索性访谈;第三步定义研究问题;第四步进行研究设计;第五步收集数据;第六步分析数据;第七步得出结果。

在实证研究中,最重要的一步是进行研究设计,研究设计是整个研究过程的执行计划。

3. 案例分析

案例是人们在生产、生活中所经历的典型的富有多种意义的事件陈述,往往是一个实践、一个故事或一个实例。案例对于人们的学习、研究、生活借鉴等具有重要意义。案例一般包括四大要素,即真实而复杂的情境、典型的事件、多个问题呈现和典型的解决方法。案例分析的目的,就是让学习的人,掌握在什么情况下,应该如何考虑问题(找到事件的重点、重要影响因素等),最终如何制定出相应的战略。例如,通过阅览有关计算机伦理学中的案例,进而对案例进行分析并对此做出伦理评价,最终从内心提高道德意识以至约束自己的行为。

实证研究和案例研究之间既有联系,又有区别,实证研究是相对于规范研究而言,是指利用已有数据对过去经验状态的一种研究方法。而案例研究,是以解释某一案例的方式来获取自身所需要的信息。两者是从不同角度进行定义,在案例研究中,往往可以用到实证研究这一方法。

4. 社会调查

社会调查是指走出校门步入社会进行调查研究,通过调查研究一些有关计算机伦理道德方面的社会现实问题,从理论上和实践上提出具体解决办法。

6.5.3 计算机技术与隐私保护

隐私是一个很广泛的问题,随着时代的发展它所包含的内容涉及方方面面,很难对它作出一个绝对准确的定义。隐私,随着时代的发展被赋予不同的含义。19世纪末,"隐私"一词主要指不侵入他人房间、不侵占他人财产或者不侵入他人"私人空间",如宾馆客房等。到了20世纪中叶,"隐私"的含义已经拓展到不干涉影响他人健康、爱情生活或者家庭计划等个人的或家庭的决定。而且到20世纪末,尤其在工业化国家,计算机技术使"隐私"一词变得具有"信息丰富"。"隐私"的含义已经扩展到涵盖和强调个人控制或限制他人访问自己的个人信息的能力。从整体上说,隐私的发展从宏观到微观,从有形到无形。

信息隐私包括三方面:可控制的公开、敏感数据、被影响的主体。

1. 可控制的公开

隐私是什么?一个很好的定义是,隐私是指有权去控制谁可以知道关于你、你的交际和你的活动的某些方面。换句话说,你自愿选择谁能知道关于你的事和那些事是什么。某人会问你的电话号码,你会思考那个人为什么要你的电话号码,然后决定是否给他。这里的关键是你的决定。因此,隐私是这样一些事情,在这些事情上你具有重大影响力。

然而你不能完全地控制它。一旦你把你的电话号码告诉了其他人,你的控制力就会削弱,因为这部分地依赖于其他人如何使用你的电话号码。只要你公布了你的电话号码,你就将控制权交给了别人。你也许会说"不要把我的号码告诉任何人""运用你的判断力""我对我的隐私很敏感",但是你不能控制其他人。你不得不相信其他人会答应你的要求,无论你是否明确地表达。这个问题类似于计算机安全中的传播问题：任何人只要能够访问一个对象，就能将这个对象或它的内容无限制地复制、转移或传播给其他人。即使是你指定这个对象在一定时段后被删除或摧毁，你也无从得知该系统或个人是否真的销毁了其中的内容。

2. 敏感数据

有人问你鞋的尺码，你也许会回答"我是一个对隐私十分敏感的人，我无法想象你为什么想知道这么隐私的细节"，有些人会认为这个数据非常敏感。我们知道有些事情人们会认为很敏感，如经济状况、特定的健康数据、过去的一些令人不快的事件，等等。因此，如果你认为一些东西对别人很敏感，便会对这些东西保持沉默，除非在你和他人发生争吵时会有意地提及。例如，很多地方要求医疗专家（致力于疾病诊断、传染和隔离）汇报具有高传染性或致死性病情的病例，即使这些病人不想要外界知晓他们的病情。但是，大多数人对于鞋子的尺寸不是特别敏感，因此在正常情况下不会保护它们。

下面是一些大多数人认为应该保密的数据（不考虑顺序）。

(1) 身份：私有数据的所有权和控制隐私公开的能力。

(2) 财政：信用卡和银行细节。

(3) 法律事务：犯罪记录、婚姻状况、民事诉讼、遗传疾病。

(4) 健康状况：医疗条件、药物使用、DNA、易患疾病。

(5) 观点、偏好、资格：投票记录、意见、公益组织的成员资格、宗教、政党、性取向、阅读习惯、网页浏览、业余爱好、亲密朋友。

(6) 生物测定：身体上的特征、测谎器的结果、指纹。

(7) 记录证据：信件、日记、诗歌、通信、记录的想法。

(8) 与专家的特别通信：如律师、会计师、医生、顾问。

(9) 学业与就职信息：学校记录、就业率。

(10) 位置数据：总体旅行计划、目前位置、旅行方式。

(11) 数字痕迹：电子邮件、电话、垃圾邮件、短信和其他形式的电子交互。

隐私也许会被你的身份所影响。当你处在谁都不认识的房间里时，如一个招待会，一些人也许会过来对你说"你就是做了那个漂亮蛋糕的人吧，我十分欣赏你的技术"。当得到这种评价时，你当然非常高兴。相反，如果一个朋友经常出现在当地的电视中，她更倾向于在家吃饭而不是去饭店里，因为她已经厌倦了人们的簇拥并对她说"我总是在电视里看到你"。世界冠军运动员必须公布他们的成绩，尽管他们肯定不愿意让每个人都知道他们在上次比赛中的表现有多么糟糕。文化也会影响人们对敏感的认识。在一些文化中允许人们讨论性接触或薪资信息，而在另一些文化中则不被允许。

总之，一个人对隐私的看法依赖于两方面：谁会被影响和当前流行的隐私表现规范是什么。

3. 被影响的主体

个人、组织和政府都有其认为敏感的数据。我们用"主体"和"拥有者"来区别数据描述的人或物和掌握数据的人或物。截至目前，我们都是从个人的立场出发来讨论隐私的，因此其中的主体是个人。公司拥有其认为是私有或敏感的数据：生产计划、重要顾客、利润和最新的技术创新。对于公司，隐私经常涉及取得并维持竞争的优势。其他如学校、医院或慈善机构,也需要保护学生、患者或捐款者的个人信息。很多机构也保护关系到其声望的信息。机构想控制负面消息或把握能够影响股价和法律决定的信息的发布时机。政府认为军事和外交事务很敏感,并且其也认识到提供有关国家话语信息的责任。同时,政府有责任保护从公民那里收集到的机密数据,如税务信息。

隐私是机密性的一方面。机密性、完整性和可用性这三个安全目标相互冲突,其中机密性和可用性之间的冲突更频繁。如果你选择不在电话号码簿中公布自己的电话号码,那就意味着一些人不能通过电话找到你。又如拒绝给商场提供个人信息会使你接收不到会员折扣信息。因此,我们需要认识到重要的一点:隐私不仅可以是信息保护的方式,也可能是实现重要、有益目标的阻碍。

隐私保护的伦理规范:在计算机信息化的社会中,很多个人信息是保存在数据库中的,像电子病历、会员俱乐部的会员信息等。一些业务人员在工作中直接接触个人隐私,如心理医生、医院医生、警察、教师、市场营销人员、新闻记者,甚至图书管理员也涉及民众的个人隐私信息。可以说数字化使得隐私问题突出化、普遍化,很多场合和工作都会涉及隐私问题。所以,在这些职业伦理中,尊重个人隐私都是必需的道德要求,并且在执业执照考试中也是必考内容。

在国内,每个人生活中个人隐私权受到侵犯的现象很多,公民意识中还没有普遍树立对他人隐私尊重的概念。虽然我国于 1987 年实行了《中华人民共和国民法通则》(已废止,《中华人民共和国民法典》自 2021 年 1 月 1 日起施行),最高人民法院先后发布过《关于审理名誉权案件若干问题的解答》(1993 年)和《关于审理名誉权案件若干问题的解释》(1998 年)两个司法解释,但法律条文不可能完全阻止犯罪活动发生,更不能代替伦理规范。2009 年2 月 28 日,中华人民共和国第十一届全国人民代表大会常务委员会第七次会议通过的第七条和第九条刑法修正案,将保护个人隐私、维护个人及商业组织合法权益的措施延伸到了普通的企事业单位和公民。当然,这次法律的修正和补充还不完全是专门针对隐私的问题,也并不意味着现实中即可适用。所以,"十年树木,百年树人"。一个社会形成对他人隐私尊重的道德风尚需要时间,伦理规范与法律约束都要有,自律与他律要双重并重。

隐私和安全是一对相关词,只有隐私得到很好的尊重和保护,人们的生活才会觉得安全。在 IEEE-CS 和 ACM 软件工程道德和职业实践联合工作组推荐的"软件工程职业道德规范和实践要求(5.2 版)"中提到,"批准软件,应在确信软件是安全的、符合规格说明的、经过合适测试的、不会降低生活品质、影响隐私权或有害环境的条件之下,一切工作以大众利益为前提"。人们也可以从各种职业伦理规范中看到尊重个人的条文。但现实生活中不遵守伦理规范的事件屡屡发生。究其原因,是犯错误的人没有认识到侵犯个人隐私是对他人人权的侵犯,是羞耻的、不道德的行为,要承担民事责任,更严重的还是违法行为,要承担法律责任。这些人没有认识到在伤害别人的同时,也伤害了自己:给自己留下了不好的个人道德记录。所以,在学习了什么是对的、什么是不对的道理以后,一定要做正确的事情,做对社会大众有利的事情,这样,在给他人带来快乐的同时,也给自己留下良好的"信用"记录。

充分运用网络舆论作用,促使社会建立尊重个人隐私伦理观念,促使每个公民修正其行为,对于出现的非道德行为应借助新闻媒介的作用予以监督和约束,发挥舆论的力量使其回到伦理规范中。

6.5.4 计算机犯罪

在计算机和通信中,安全问题实质上是一把双刃剑,它具有两面性。

它可以用来保护隐私;它也会用来阻碍人们访问关于自己的虚假信息的自由,也可以用来侵犯其他个人权利。

它能够有助于防止恶意滥用计算机,如侵入、特洛伊木马、病毒以及其他有害行为;它又会极大地阻碍紧急修复和应对紧急事件。

在中国,公安部计算机管理监察司对计算机犯罪给出的定义是:所谓计算机犯罪,就是在信息活动领域中,利用计算机系统或计算机信息知识作为手段,或者针对计算机信息系统,对国家、团体或个人造成危害,依据法律规定,应当予以刑罚处罚的行为。

计算机犯罪分为三大类:

(1)以计算机为犯罪对象的犯罪,如行为人针对个人计算机或网络发动攻击,这些攻击包括"非法访问存储在目标计算机或网络上的信息,或非法破坏这些信息;窃取他人的电子身份等"。

(2)以计算机作为攻击主体的犯罪,如当计算机是犯罪现场、财产损失的源头、原因或特定形式时,常见的有黑客、特洛伊木马、蠕虫、传播病毒和逻辑炸弹等。

(3)以计算机作为犯罪工具的传统犯罪,如使用计算机系统盗窃他人信用卡信息,或者通过连接互联网的计算机存储、传播淫秽物品等。

为什么对计算机犯罪难以起诉?

(1)缺少了解:法官、律师、警官不一定了解计算机。许多法官是在计算机发明之前就开始从事法律工作的,而且大多数人是在个人计算机广泛使用之前就从事法律工作的。幸运的是,随着法官、律师、警官在日常事务中对计算机的使用,他们将不断增加计算机知识。

(2)缺少有形证据:警察和法官多年来都是依靠诸如指纹这样的有形证据进行判案的。可是,对于计算机犯罪而言,根本就没有指纹,没有有形的线索。

(3)缺少政治影响:给一个杀人犯或抢劫犯定罪备受公众关注,因此案子的起诉人和警官都很重视。计算机犯罪没有明显的严重损失,很少受到人们的关注。

(4)案子的复杂性:人人都明白如谋杀、绑架、盗窃之类的基本犯罪,因此很容易对其起诉。一个复杂的洗钱或偷税案件则很难呈现给陪审团,因为陪审人员要进行艰难的账目调查。但是,在法庭上最难以陈述的犯罪是高科技犯罪。例如,通过缓冲区溢出(其他指令可以重写内存)获得 root 访问权限,攻击者可以任意复制、执行代码,然后将其删除,并销毁所有入侵记录(如使日志文件无效)。

(5)青少年问题:许多计算机犯罪都是青少年所为。社会谅解他们的不成熟,因此,即使青少年犯下较严重的罪行,社会也不过多追究其罪行。青少年不知道自己的行为所带来的影响,更为严重的问题是许多成年人把青少年的计算机犯罪看成孩童的恶作剧。

即使有确凿的犯罪证据,受害者因为公开可能带来的负面影响而不愿起诉犯罪者。银行、保险公司、投资公司、政府和医疗保健机构害怕一旦暴露其计算机脆弱性就会失去公众的信任,这些机构还担心其他人重复相同的罪行,即所谓的模仿犯罪。正是由于这些原因,计算机犯罪往往不会被起诉。

6.6　国产化与替代

早在建国初期,面对重整家园的迫切需要、自身工业实力弱小的现实,有高层人士提出,尽量购买和租赁船舶之类的大家伙,因为"见效快""成本低"。在特定的国情下,一些政策是可以解决燃眉之急的,但长久下来,这样做的弊端便渐渐显露出来。

授人以鱼不如授人以渔,不要把希望寄托于他人身上。这个世界并非我们表面看到的那般平静,实则暗流涌动,为实现中华民族的伟大复兴,为维护世界和平,全面替换国产软件与系统已刻不容缓。

6.6.1　国产化的重要性

2007年,华为欲收购3com,被美国阻止;2010年,华为向加州的3Leaf伸出特定资产收购橄榄枝,美国再次出手阻拦;2011年,华为竞购摩托罗拉业务失败,被诺基亚西门子公司以低于华为报价的12亿美元收购。从2018年开始,美国政府对华为的打压骤然升级,各种政策不断出台。剔除设备、禁止投资、直接断供等各种手段轮番上演,直接变"不让华为卖进来"为"不让华为造出来"。美国制裁华为最终的目的,始终都是阻止中国的科技革命和中华民族的伟大复兴。

随着中国科技的不断发展,已然可以威胁美国的霸主地位。

国产化替代的重要性体现在多个方面:

(1) 提升自主创新能力:国产替代鼓励国内企业减少对进口产品的依赖,将资源投入自主研发和创新中,从而提高企业的核心竞争力,并在关键领域实现技术突破,推动产业转型升级。

(2) 促进国内市场健康发展:通过国产替代,可以打破进口产品的市场垄断,为国内企业提供更广阔的市场空间,增强市场的竞争活力,并形成公平、公正的市场环境。

(3) 增强国际竞争力:国产替代有助于推动企业在关键领域的技术进步和产品升级,提升我国产业的国际竞争力,减少对进口产品的依赖,降低国际经济波动的风险。

(4) 推动绿色可持续发展:国产替代战略的实施将促使国内企业加大环保技术的研发和应用,推动产业向更加环保、低碳的方向发展,实现绿色发展目标。

(5) 应对全球供应链变化:在全球供应链本地化倾向下,国产替代是应对策略,可以防范全球产业链和供应链风险,对冲外资增速放缓和跨国公司产业链外迁带来的经济下行压力。

(6) 提高供应链稳定性:国产替代有助于提高供应链的稳定性,减少对外部供应链的依赖,降低供应链中断、延误等方面的风险。

(7) 满足市场需求:随着国内市场的快速扩大和消费升级,国产化替代可以满足国内市场对于本土产品的需求,为相关职业提供更广阔的市场和商机。

(8) 政策支持:国家政策推动国产化替代,特别是在关键领域和战略产业,为从事国产化替换相关职业的人提供了良好的政策环境和机遇。

(9) 提升核心竞争力:国产化替代能够提升本土企业和产业的核心竞争力,通过自主研发和生产,提高产品质量和技术水平,降低成本。

（10）创业机会增加：国产化替代为创业提供了更多机会，有创业精神的人可以找到许多创业机会，打造本土产品和品牌。

综上所述，国产化替代对于提升国内产业的自主创新能力、促进市场健康发展、增强国际竞争力、推动绿色可持续发展、应对全球供应链变化、提高供应链稳定性、满足市场需求、获得政策支持、提升核心竞争力以及增加创业机会等方面都具有重要意义。

6.6.2　C919 大型客机

中国商飞 C919 大型客机，是由中国商飞公司研制生产的中国首款按照国际通行适航标准、具有自主知识产权的喷气式中程干线客机。C919 大型客机于 2007 年立项、2017 年首飞、2022 年获得中国民用航空局颁发的型号合格证，并于 2023 年 2 月交付全球首架于东方航空。

C919 大型客机总长 38.9 米、翼展 35.8 米、高 11.95 米、空机重量 45.7 吨、最大商载 18.9 吨、最大起飞重量超过 70 吨、标准航程 4100 千米、最大航程 5500 千米，为 C 类飞机。该型机的基本型混合级布局 158 座，全经济舱布局 168 座，高密度布局 174 座，最大载客量 190 座。其机舱宽度比空客 A320 和波音 737 宽松，乘客体验感和座舱舒适性更佳，货仓体积也更大。

C919 大型客机使用了大量的树脂级碳纤维材料，先进气动设计和先进推进系统设计，碳排放更低、燃油效率更高，采用新一代发动机 LEAP-1C，经济性竞争优势明显。它除了在性能上与国际新一代的主流单通道客机相当以外，在飞机的研发设计上也实现了 163 项关键技术的突破，并且完全按照国际适航标准设计生产，让飞机的安全性得到了充分保障。

大型飞机重大专项是中国致力于建设创新型国家、提高在民用航空领域自主创新能力和增强国家核心竞争力的重大战略决策。2006 年 2 月 9 日，国务院颁布《国家中长期科学和技术发展规划纲要（2006—2020 年）》，大型飞机被确定为未来 15 年中国需要突破的 16 个重大科技专项之一。

全球大型客机市场长期被波音和空客垄断，中国民用客机市场也是如此。截至 2019 年末，在中国国内的 3805 架飞机中，超过 95% 的飞机全部来自欧洲的空客和美国的波音，总价值超过 4000 亿美元。在民用客机长期依赖欧美飞机制造企业的同时，中国民用航空市场还在蓬勃发展。据空客预测，从 2014 年往后的 20 年时间里，中国民航市场还将增加 5300 多架 100 座以上的货机和客机。另外，在第十四届中国航展上，中国商飞公司发布的报告也显示，未来 20 年全球客机市场规模还将继续扩大，到 2041 年将达到 47531 架，其中超过 90% 都是新机交付。

发展 C919 大型客机既能满足中国国内市场的需求，也能成为一个潜力无限的新的经济增长点。

"十二五""十三五"期间，中国民用飞机制造商在产品研制上实现了一个个重大突破。飞机制造商在民用飞机的研发销售、技术创新、供应链和产业链搭建的能力上都在不断提升。在满足适航要求的民用无人机、直升机、涡桨支线飞机、通用飞机的产业化发展上也在不断完善。在此背景下，飞机制造商也发展出来了一批重要的民机型号，如 AG600、"新舟"600、"新舟"700、新型多用途直升机 AC352 等民机。与此同时，中国商飞公司投入运营的 ARJ21 支线客机也在飞机设计制造、试验、试飞、新技术的应用方面积累了经验。中国民机制造体系和产业体系在过去 10 多年以来取得的成果，为 C919 大型客机的研发、测试、试飞试验和取证提供了丰富的经验和强大技术支撑。

从市场需求和本身技术特点以及发展趋势出发，中国提出了 C919 大型客机巡航升阻比相对竞争机提高 5% 的目标。C919 大型客机所应用的空气动力设计，在先进气动布局、超临界机翼设计、高效增升装置设计与减阻技术、流动控制技术等方面取得了一系列突破。总体达到了空气动力设计相对竞争机同比减阻 5% 的设计要求。

先进气动布局：在 C919 大型客机气动布局的设计中，科研人员创新性地探索了放宽静稳定度及其带来的一系列关键技术。放宽静稳定度技术是依托现代主动控制技术的进步提出的一种气动布局设计思想，这种设计可以让 C919 大型客机减轻结构重量、降低巡航阻力、大幅改善飞机的飞行性能。

超临界机翼设计：C919 大型客机采用了中国第一次自主设计的超临界机翼。超临界机翼是一种特殊翼剖面（翼型）的机翼，与传统机翼相比，超临界机翼可使飞机的巡航气动效率提高 20% 以上，进而使其巡航速度提高 100 千米/时以上。

高效增升装置：增升装置设计决定了飞机的起降特性和商载能力，C919 大型客机综合了世界主流客机的发展趋势，最终采用三段方案，即主翼、前缘缝翼和单缝襟翼。这种设计结构比较简化，性能更好，重量代价也小。

减阻效果提高：C919 大型客机在空气动力设计上采用了新型翼梢小翼、流线型机头，进一步提高了飞机的气动水平。研究人员选择了结构、重量、颤振综合最优的鲨鱼鳍翼梢小翼形式。这种新型翼梢小翼翼根弯矩小、重量轻，主要通过给机翼增加适当的展长达到减阻的目的。此外，传统的客机机头是由正面两块以及侧面 4 块挡风玻璃组成，而 C919 机头少了侧面两块挡风玻璃。这种流线型机头设计使得 C919 机头的减阻效果会更好。

流动控制技术的应用：在气动设计过程中，C919 大型客机通过采用快速成型技术、先进优化设计方法及精确 CFD 与优化设计、风洞试验验证等技术得出了真实的流场信息，大幅提升了设计效率。

从 1970 年"运十"飞机立项，到 2017 年 C919 大型客机成功首飞，中国人实现了自己的"大飞机梦"。C919 大型客机的成功首飞是中国航空工业取得的重大历史突破，也是中国创新驱动发展战略的重大时代成果。

6.6.3 原生鸿蒙操作系统

2024 年 10 月 22 日，华为正式发布原生鸿蒙操作系统 HarmonyOS NEXT，并正式命名为 HarmonyOS 5，这是鸿蒙系统史上最大的升级。随着公测设备名单的展开，也意味着原生鸿蒙迎来了面向普通用户的时刻。

对业界和普通用户而言，他们更愿意将其称为"纯血鸿蒙"。其意义在于，鸿蒙摆脱了"套壳安卓"的质疑，不再依赖国外编程语言和操作系统内核等核心技术，仅支持鸿蒙内核和鸿蒙系统的应用，首次实现国产操作系统从底层架构到应用生态的全面自主可控。

"我们实现了一个系统，统一生态，打通多设备、多场景，实现服务和信息的自由流转。鸿蒙操作系统实现了终端操作系统的自主可控。"华为常务董事、终端 BG 董事长、智能汽车解决方案 BU 董事长余承东在发布会上强调。

对于原生鸿蒙，甚至是华为来说，是在释放一个信号：过去数年的逆风局，华为挺过来了,并且独立于谷歌安卓系统和苹果iOS,像苹果一样制定自己的"游戏规则",是鸿蒙新长征迈出的坚实第一步。

之所以说是"长征",是因为原生鸿蒙本身就是一个开发难度极大的超级工程,需要从零开始。为此,华为投入了数万名研发工程师、数千亿资金,并与上万家合作伙伴、百万开发者紧密合作。2024年4月,华为分析师大会上,华为轮值董事长徐直军曾表示:"打造鸿蒙原生应用生态,是华为2024年最关键的事情。"

"鸿蒙用了十年长征,走完了欧美国家三十年才走完的路",余承东也不止一次这般感慨。

华为最初开发操作系统,既有万物互联的考虑,更是"为防止断粮"的考量。据华为心声社区,2012年,华为创始人任正非曾与华为实验室就为什么要自研操作系统一事有过讨论。当时终端OS开发部部长李金喜向任正非发问:"当前在终端OS领域,Android(安卓)、iOS、Windows Phone 8三足鼎立,形成了各自的生态圈,留给其他终端OS的机会窗已经很小,请问公司对终端操作系统有何期望和要求?"

言下之意是在犹豫:华为为什么要单独做操作系统? 任正非回答是出于战略考虑,"如果这三个操作系统都给华为一个平等权利,那我们的操作系统是不需要的。为什么不可以用别人的优势呢? 如果他们突然断了我们的粮食,Android系统不给我用了,Windows Phone 8系统也不给我用了,我们是不是就傻了?"

这是任正非的危机感,也是外人熟知的"过冬论",类似的说法还有后来马云提出的"晴天修屋顶"。华为在不同的业务阶段,为熬过"冬天",都会推出"备用计划",鸿蒙便是其中之一,并于2015年立项。

2019年,华为被美国列入"实体清单",华为的供应链、技术、芯片等遭遇全面封锁。例如华为手机业务,芯片断供,出口管制,谷歌也不再为华为提供GMS框架服务等,这对华为的消费终端业务形成致命打击。前者导致华为手机在很长一段时间内无芯可用,自身有5G的技术优势,只能推出4G手机;后者导致华为手机在海外无法正常使用,华为只能专注于国内市场。

为此,华为开始"备用计划"转正,包括海思芯片、鸿蒙系统等,都在这一时期被华为推上台前。2019年,鸿蒙OS首次发布并投入商用。从最开始的"套壳安卓",到现在完全自研,鸿蒙经历是四次大版本迭代。根据官方数据,2024年鸿蒙生态全球设备安装量超10亿台,有超1.1亿行代码、675万注册开发者。

作为对比,目前苹果全球活跃设备数已超22亿,安卓全球设备数则超40亿台。鸿蒙后发,在不到1900天里能取到这样的成绩,实属不易。

值得一提的是,原生鸿蒙自2023年年底被首次披露,在不到一年的时间里,其原生应用生态发展迅速,满足用户99.9%时长的常用应用已全部启动鸿蒙原生应用开发,覆盖汽车、教育、旅游住宿、金融理财、商务办公、购物比价等诸多垂直领域。

客观上说,原生鸿蒙的意义不言而喻。央视连续报道称,打造一款国产内核的操作系统非常不易,原生鸿蒙操作系统的发布,标志着我国在底层软件技术能力上取得了重大突破,是我国打破"缺芯少魂"掣肘和欧美技术垄断的又一标志性成果。

但作为操作系统的新物种,原生鸿蒙还有一道最难的关卡要闯过去,那便是生态关。华为曾经定义,打造鸿蒙操作系统是三大战役,目前已经完成了底座和体验两大战役,第三大战役则是生态。如果以iOS与安卓百万级别的应用体量来比较,鸿蒙生态才刚刚越过第一座山头。

腾讯《深网》评价：技术突破难，但做生态更难，因为这相当于号召所有人自掏腰包来你的地盘，遵循你的游戏规则，还要为你可能会有的失误兜底。因为"鸿蒙系统和安卓完全不一样，相当于要重写一个App"。

庆幸的是，HarmonyOS NEXT相比iOS和安卓，起步的市场环境大为不同，得到的支持也更多。这主要体现在两方面：

一是软硬件厂商、合作伙伴的大力支持。从华为宣布启动原生鸿蒙开始，中国移动互联网便开启一轮"大迁徙"，包括微信、支付宝、淘宝、抖音、百度、美团、微博、京东等在内的主流应用先后为鸿蒙系统适配。发布会当晚，钉钉、WPS、京东等企业的负责人一一登场，为鸿蒙站台。

其背后也反映了业界对原生鸿蒙带来的全新商业模式的期待。原有iOS和安卓对流量入口的把持，已经很难有新的蛋糕出现，只能在原有基本盘上切割，并常因分成问题引发终端。一个典型案例就是微信、抖音因"苹果税"与苹果的暗中较劲，普通用户一度面临"二选一"的尴尬境地。

原生鸿蒙已经蓄积出足够体量的流量池，基于五大能力，生态伙伴的增益不仅限于智能手机，也能无缝延展至PC、平板电脑、可穿戴设备等多种终端中。钉钉总裁叶军甚至断言：鸿蒙时代，所有应用都有机会被重做一遍。而且，硬件厂商也因此挖掘新的赛道，有硬件企业对媒体表示，将更多开发资源投向鸿蒙已经成为一个确定性的选择。

二是华为在技术、流量、资金等方面，都给予生态伙伴"真金白银"的支持。据《财经》援引多位负责鸿蒙开发的应用厂商人士信息，对于首批适配鸿蒙的厂商，华为会提供技术支持和流量倾斜，包括华为渠道的宣发、应用商店排名等；在原生鸿蒙正式上线前，华为还针对中小开发者推出激励政策，符合政策将有机会获得最高百万现金和价值500万流量激励；华为还启动了"鸿飞计划"，在未来三年内投入上百亿人民币，为合作伙伴提供技术支持、市场推广和商业合作等方面的资源扶持。

这些举措最大的一个出发点就是，要让开发者赚到钱，充分展示原生鸿蒙的商业价值。换句话说，政策刺激只能短时间内解决部分需求，鸿蒙要持续让开发者吃到肉，才能为整个生态的完善提供源源不断的新生力量，这也考验着华为"分蛋糕"的智慧。

6.6.4 华为麒麟芯片

华为麒麟芯片（又称海思麒麟芯片）是华为旗下海思半导体公司自主研发的系列芯片之一。麒麟芯片解决方案是业界领先的智能手机芯片解决方案，它拥有先进的SoC架构和领先的生产技术，集成了单芯片处理器（AP）、通信处理器（Modem）。不止在智能手机领域，华为麒麟芯片还应用在智能穿戴和智能汽车领域。

2019年以来，在美国悍然发动的"芯片战争"全方位极限打压下，华为连续4年没有新款5G手机可卖，以致绝版的Mate 40 Pro 5G版在市场上溢价千元，粉丝一直期盼着华为手机能再度归来。

2020年，手机发展进入5G爆发期。麒麟芯片家族不断突破升级，上半年先后发布了麒麟W650，科技新锐麒麟820、麒麟985，解锁更多极致终端体验。麒麟820基于华为在5G领域的深厚积累，集成5G Modem，支持NSA/SA双架构和TDD/FDD全频段，采用7nm

工艺制程,自研华为达芬奇架构 NPU,性能相比上一代提升 73％。相比上一代麒麟 810,麒麟 820 性能、能效、AI 及拍照能力全面提升,实现手机体验的全方位升级。麒麟 985 采用 7nm 5G SoC、全新 8 核 Mail-G77 GPU、华为达芬奇架构 NPU,AI 实力全新升级集成度更高,能效更优。

2020 年 4 月,华为海思麒麟芯片居一季度国内市场占有率第一,市场份额为 43.9％,首次超过高通骁龙系列芯片,高通骁龙芯片份额为 32.8％,位列第二。联发科和苹果分别以 13.1％和 8.5％排在第三和第四位。

2020 年 6 月,麒麟芯片在汽车领域开始探索,华为海思与比亚迪签订合作协议,首款产品是应用在汽车数字座舱领域的麒麟 710 A。这是麒麟芯片首次在智能座舱应用方面进行探索,也是麒麟芯片向开放供应迈出的第一步。

2020 年 10 月,华为新一代 5nm 5G SoC 麒麟 9000 登场,其拥有全球首个 24 核 Mali-G78 GPU,业界顶级图形处理能力,Kirin Gaming＋3.0 打造极速高画质手游体验,华为达芬奇架构 2.0,NPU 算力翻倍。2020 年年末,搭载麒麟 9000E 的华为 Mate40 正式开售,这款芯片是麒麟 9000 系列另一位重磅成员,与麒麟 9000 相比,它也是采用全球顶级 5nm 工艺制程,ISP＋NPU 融合架构。不同的是,在 GPU,它采用了 22 核 Mali-G78,在 NPU,它采用达芬奇架构 2.0 NPU,大核彰显出众 AI 算力,探索更丰富的 AI 视频应用,NPU 微核实现更优能效比,全天超低功耗运行,解锁更多体验。

2021 年 4 月,北汽极狐阿尔法 S 华为 HI 版车型正式发布,搭载了全新的麒麟 990 A 芯片,这是一款专为汽车智能座舱设计的芯片,麒麟 990A 芯片搭载了华为自研的鸿蒙 OS,支持多屏协同、智能语音交互、车内娱乐等功能,为用户提供智能化的驾乘体验。

2023 年秋,作为华为全面回归 5G 手机的冲锋号,冠以"先锋计划"的 Mate 60 系列产品悄然上线。央视特意采访海外半导体行业观察机构 TechInsight 对 Mate 60 Pro 发布的拆解报告。报告称,华为 Mate 60 Pro 使用的麒麟 9000S 芯片采用了先进芯片技术。北京邮电大学教授、中国信息经济学会常务副理事长吕廷杰教授认为,麒麟 9000S 的出现,是一个"0 到 1"的关系,"把智能手机最关键的 5G 芯片部分实现了国产化"。央视评价华为 Mate 60 Pro 是有着"中国芯"的"争气机"。

2023 年第三季度,华为智能手机出货量同比增长 44％,在搭载麒麟 9000S 芯片的 Mate 60 Pro 机型的推动下,华为在中国实现了 50％的年增长率。

华为发布的新手机 Mate 60 Pro,不仅在电子消费领域火了,这款"防制裁手机(Sanction-Proof)"在国际政治领域也火了。美国奥尔布赖特石桥集团技术政策专家保罗·特里奥洛说,这款手机发布"对华为之前的技术供应商,主要是美国企业来说,是一个重大打击"。他说,就算 Mate 60 Pro 在某些方面与西方最先进的智能手机型号互有短长,但这显示了没有美国技术依旧可以生产相当不错的产品,具有"重大地缘政治意义"。

尝试构建芯片自主供应链:坚持长期主义,华为已经在尝试构建芯片自主供应链。不同的是,华为的芯片产业链建设不能只依靠自己,可以通过收购、参股、联合等方式来实现与其他企业共同建设。而截至目前,华为旗下哈勃科技投资有限公司已出手投资了 10 多家半导体相关企业,打破了此前"不做应用、不碰数据、不做股权投资"的"三不原则"。

向技术平台服务商转型:在最极端的情况下,即使没有芯片,华为也并非无路可走,而是开启了一个新的"软硬件双线作战"。Gartner 公司研究副总裁盛陵海认为,在 2020 年华为开发者大会上,华为宣布鸿蒙操作系统(鸿蒙OS)开源,其实这也预示着华为未来的一个发展方向,即向技术平台的提供商转型。具体来看,借助鸿蒙OS与麒麟芯片强大的研发能力,将这些技术开源出去,并不需要生产硬件。

转向物联网新赛道:在手机芯片被卡后,华为正在寻找IoT(物联网)新赛道。其实,手机只是鸿蒙的一个重要场景,它的征程还在IoT领域,这也是华为反复强调的鸿蒙特性——全场景。

案例分析

案例6-1:智能驾驶

2023年北京市自动驾驶车辆道路测试报告显示,截至2023年年底,累计38家企业在北京市开展自动驾驶车辆道路测试,累计测试里程超过3893万千米,道路测试过程安全可控,未对周边交通环境产生不良影响。在车企端,越来越多的高级别智驾方案也在不断涌现,并逐渐成为消费者选品的重要依据。往前看,在政策的大力支持和厂商的持续迭代下,我国智驾产业也有望迎来更快的发展节奏。

智能驾驶是否会造成更多的人员失业?这些失业人员又该何去何从?

案例6-2:AI领域专家获诺贝尔物理学奖

当地时间2024年10月8日,瑞典皇家科学院宣布,将2024年诺贝尔物理学奖授予美国科学家约翰·霍普菲尔德和英国裔加拿大科学家杰弗里·辛顿,以表彰他们在使用人工神经网络的机器学习方面的基础性发现和发明。颁奖结果也让不少人颇感意外,认为将物理学奖项颁发给机器学习及人工智能领域的专家略显牵强。

为什么人工智能领域的科学家可以获得诺贝尔物理学奖?将来是否是人工智能的天下?

案例6-3:西电东送

我国能源资源与电力负荷需求呈逆向分布,80%以上的能源资源分布在西部、北部,70%以上的电力消费却集中在东部、中部。因此,纵横中国的能源"闪送"工程——西电东送工程出现了。

"能源空中走,电送全中国"。电从西部送到东部,横贯数千千米,只需要0.00526秒,就可以把青海的绿色能源输送到1500多千米之外的河南;一秒的输电量足够一个家庭使用两年。这条横贯东西的"电力高速公路",就是特高压输电工程。

2009年,我国首个特高压工程投运。截至2023年年底,我国已建成特高压交流线路19条、特高压直流线路20条,跨省跨区输电能力超过3亿千瓦,特高压线路的输电长度超过4万千米。在特高压工程的加持下,我国可再生能源装机规模由2012年的3.13亿千瓦增加至2023年的15.16亿千瓦,增长3.8倍。

近年来,一批世界上电压等级最高、输送容量最大、输送距离最远、技术领先的特高压输电工程相继投产。一条条"电力高速公路"连接起能源基地与负荷中心,为经济发展"出力添绿"。

西电东送工程让我国电力科技实现"从无到有、从有到强"的跨越式发展。随着西电东送工程实施,推动特高压输电技术研发应用,科技创新成果也已跻身世界前列。

2019年9月投运的±1100kV昌吉—古泉特高压直流输电工程,是目前世界上电压等级最高、输送容量最大、输送距离最远、技术水平最先进的特高压输电工程。2022 年 6 月投运的 ±800kV 白鹤滩—江苏特高压直流输电工程则首次将"常规直流＋柔性直流"的混合级联技术应用于实践,是世界首个混合级联特高压直流工程。

随着新型电力系统加快构建,"西电东送"特高压工程正向更绿色、更高效的方向发展,推动西南水电和西部、北部清洁能源大规模开发外送的同时,促进东中部地区能源结构清洁绿色转型。

为深入实施创新驱动发展战略,持续完善能源科技创新体系,以科技创新引领新型能源体系和新型电力系统建设,助推电力能源产业转型升级与高质量发展,经中华人民共和国商务部批复同意,于 2025 年 5 月 15—17 日在成都世纪城新国际会展中心举行"2025 中国国际电力产业博览会暨绿色能源装备博览会"(CIPIE2025)。

西电东送有什么战略意义?

案例 6-4:特高压观点的对垒

特高压电网是指交流 1000kV、直流正负 800kV 及以上电压等级的输电网络。在特高压电网建设上,"主建派"和"反对派"观点针锋相对。

(1)"主建派"认为建设特高压电网是一件利国利民的大好事,可谓有百利而无一害。

"主建派"认为,特高压输电技术的采用,将大大提高远距离、大容量输电的效率,减少输电损耗,降低输电成本,实现更大范围的资源优化配置,推动我国能源的高效开发和利用,促进经济与社会的可持续发展。专家分析,随着我国特高压电网的发展,中国电网优化资源配置的能力和规模将显著提高,将会极大地促进国内能源资源的有效开发和高效利用,进一步提高电网安全稳定运行的水平和抗事故能力,同时有力推动国际能源合作,满足国民经济和社会发展对电力的需求。

"主建派"认为发展特高压的必要性有六方面:一是满足未来我国电力需求持续增长的基本保证;二是优化我国能源资源配置方式的必要途径;三是促进电网与电源协调发展的有效手段;四是提高电力和社会综合效益的必然选择;五是推动电力技术创新的重大举措;六是带动电工制造业技术升级的重要机遇。

"主建派"认为特高压电网有六大优点。第一,提高输送容量。单回 1000kV 特高压输电线路的自然功率接近 500 万 kW,约为 500kV 输电线路的 5 倍。正负 800kV 直流特高压输电能力可达到 640 万千瓦,是正负 500kV 高压直流的 2.1 倍,是正负 620kV 高压直流的 1.7 倍。第二,提高稳定极限。1000kV 线路的电气距离相当于同长度 500kV 线路的 $\frac{1}{5}\sim\frac{1}{4}$。换句话说,在输送相同功率的情况下,1000kV 特高压输电线路的最远送电距离约为 500kV 线路的 4 倍。采用正负 800kV 直流输电技术使超远距离的送电成为可能,经济输电距离可以达到 2500 千米及以上。第三,降低线路损耗。在导线总截面、输送容量均相同的情况下,1000kV 交流线路的电阻损耗是 500kV 交流线路的 1/4。正负 800kV 直流线路的电阻损耗是正负 500kV 直流线路的 39%,是正负 620kV 直流线路的 60%。第四,减少工程投资。1000kV 交流输电方案的单位输送容量综合造价约为 500kV 输电方案的 $\frac{3}{4}$。正负 800kV 直流输电方案的单位输送容量综合造价也约为正负 500kV 直流输电方案的 $\frac{3}{4}$。第五，节省走廊面积。交流特高压：同塔双回和猫头塔单回线路的走廊宽度分别为 75 米和 81 米，单位走廊输送能力分别为 13.3 万千瓦每米和 6.2 万千瓦每米，约为同类型 500kV 线路的 3 倍。直流特高压：正负 800kV、640 万千瓦直流输电方案的线路走廊约 76 米，单位走廊宽度输送容量为 8.4 万千瓦每米，是正负 500kV、300 万千瓦方案的 1.29 倍，是正负 620kV、380 万千瓦方案的 1.37 倍。第六，改善电网结构。通过特高压实现长距离送电，可以减少在负荷中心地区装设机组的需求，从而降低短路电流幅值。长距离输入 1000 万千瓦电力，相当于减少本地装机 17 台 60 万千瓦机组。每台 60 万千瓦机组对其附近区域 500kV 系统的短路电流约增加 1.8 千安，如果这些机组均装设在负荷中心地区，对当地电网的短路电流水平有较大的影响。通过特高压电网，实现分层分区布局，可以优化包括超高压在内的系统结构，从根本上解决短路电流超标问题。

因此，"主建派"认为，应大力推进特高压电网试验工程的建设，构建华中、华北交流同步的坚强核心电网。然后在全国范围内建成交流特高压"四横六纵多受端"的骨干网架，形成全国联网。届时，跨区域输送能力将占到全国装机总容量的 25% 左右。

（2）"反对派"认为建设特高压电网弊大于利，应该赶快"叫停"。

"反对派"认为，强推全国一张网是"釜底抽薪"，从技术上削弱区域电网公司的主体地位，以强化自然垄断达到维护电网垄断体制的目的。问题的关键是特高压交流电网一旦形成，全国一张网即宣告形成，垄断在技术上即形成屏障，区域电网的 500kV 网架必须解列，成为配电电网，区域电网公司的体制模式和区域电力市场即失去依托，从体制上、技术上彻底堵死了区域电网公司的发展之路，区域电网公司已失去了存在的意义。

思考与讨论

1. 在发展人工智能的同时，如何最大程度避免人工智能反噬人类？
2. 软件研发团队在研发软件的过程中，在维护自身的利益的同时，怎样避免侵害用户权益？
3. 查阅相关资料，简述各类发电都有哪些优缺点。
4. 查阅相关资料，简述计算机犯罪的危害。
5. 简述软件以及操作系统国产化的意义。

第7章

水利工程的伦理问题

引导案例：三大水利工程

1. 都江堰水利工程

在我国成都平原有一座气势磅礴、蔚为壮观的宏大水利工程，这就是闻名中外的都江堰，如图 7-1(a) 所示。这项具有 2000 多年悠久历史、凝聚着我国古代劳动人民智慧和勇敢的"生态工程"，至今还在发挥着不可替代的巨大作用。

都江堰位于岷江中游，是由战国时期秦国蜀郡太守李冰父子率领百姓修筑的。当年，发源于四川北部岷山的岷江，沿江两岸山高谷深，水流湍急；进入一马平川的成都平原中部后，水势浩大，往往冲决堤岸，泛滥成灾。岷江两岸庄稼年年歉收，百姓背井离乡，流离失所。公元前 256 年，李冰担任蜀郡太守后，决心根治水害，为岷江两岸的百姓造福。

都江堰的主体工程将岷江水流分成两股，其中一股水流引入成都平原，既能分洪减灾，又能引水灌田，从而变害为利。李冰在儿子二郎，以及当地有治水经验的农民的协助下，对岷江附近的地形和水文情况进行了实地调查和研究，经过多次勘察，李冰决定凿穿玉垒山引水。在没有火药、不能爆破的情况下，他以火烧石使岩石爆裂，在玉垒山凿出了一个宽 20 米、高 40 米、长 80 米的山口，取名"宝瓶口"。宝瓶口引水工程完成后，虽然起到了分流和灌溉的作用，但因江东地势较高，江水难以流入宝瓶口。于是，李冰父子又在离玉垒山不远的岷江上游和江心筑分水堰，将装满鹅卵石的大竹笼堆在江心形成一个狭长的小岛，从而使江水被分成内外两江。外江仍循原流，内江经人工造渠，通过宝瓶口后流入成都平原。为了进一步分洪减灾，在分水堰与宝瓶口旁的小山之间，李冰又修建了一条长 200 米的溢洪道流入外江，取名"飞沙堰"。溢洪道前修有弯道，避免淤塞内江和宝瓶口水道。为了观测和控制内江水量，又将三个石桩人像置于水中，让人们知道"枯水（低水位）不淹足，洪水（高水位）不过肩"。另外，还凿制石马放置于江心，作为每年最小水量时逃难的标准。

在都江堰修建的过程中，李冰父子和当地百姓充分利用山势地貌，采取无坝引水，巧妙地将工程和自然环境融为一体，浑然天成，体现了人与自然的高度和谐统一。都江堰建成后，不仅解除了岷江的水患，还使几十万亩农田旱涝保收。从此，成都平原沃野千里，物产丰饶,成为我国重要的粮食和经济作物的主产区,"水旱从人,不知饥馑,时无荒年",谓之天府。为民造福的李冰父子也因此受到世世代代人们的尊敬和怀念。

都江堰水利工程作为我国古代工程的典范,历经千年而不衰,是当今世界年代久远、唯一留存、以无坝引水为特征的宏大水利工程,是中国古代历史上最成功的水利杰作之一,更是古代水利工程沿用至今、硕果仅存的奇观。

2. 三门峡水利工程

黄河的水患问题一直困扰着当地的居民,其水情复杂而又难以治理。黄河的源头是清澈见底的溪流,到了中游黄土高原地带,黄河携卷着大量的泥沙咆哮而去,形成了世界有名的"黄色河流"。而到了下游,由于流速减缓,泥沙沉淀,导致河床逐年抬高,形成"悬河"奇观,直接威胁着下游人民的生命和财产安全。因此,黄河的危害一直是历代统治者的心腹之患。中华人民共和国一成立,党和国家领导人立即着手治理黄河。

1954年4月,国家计委在苏联援华专家的指导和帮助下,编制了黄河流域规划,决定修建三门峡水利枢纽大坝,以根治黄河水患问题。1957年6月,由周恩来总理主持,水利部召集了70多位学者和工程师对苏联专家的方案提意见。清华大学水利系教授黄万里认为,三门峡大坝建成后,河水必然夹带大量的泥沙,泥沙会在潼关以上流域淤积并不断向上游发展,建成后不但不能发电,还会淹没大批土地。然而,黄万里教授的一家之言并没有引起其他人的警觉,1959年苏联专家组最终确定了高坝大库的三门峡工程设计方案,1960年9月工程建成并开始投入运营,如图7-1(b)所示。

然而,三门峡水库的投运效果并不理想。从1960年到1962年3月,水库中淤积泥沙约15.3亿吨,远超预期。潼关高程抬高了4.4米,并在渭河河口形成拦门沙,渭河下游两岸农田遭受淹没,土地出现盐碱化。为此,1962年2月,原水电部将原来的"蓄水拦沙"运行方式改为"滞洪排沙",但由于泄水孔位置较高,仍有60%泥沙淤积在库内,而潼关高程却并未降低。下泄的泥沙由于水量少,淤积到下游河床,改建在所难免。第一次改建后,枢纽的泄流规模增大了一倍,虽缓解了水库的严重淤积,但仍有20%来沙淤积在库内,潼关以上库区和渭河仍在淤积。尤其是1967年,黄河倒灌,渭河口8.8米长的河槽全部被淤塞。1968年,渭河在华县一带决口,造成农田被大面积淹没,关中平原受到严重威胁。

3. 三峡水利工程

长江三峡水利枢纽位于距湖北省宜昌市上游不远处的三斗坪镇,和下游的葛洲坝水利枢纽构成梯级电站。三峡工程控制流域面积约100万平方千米,占长江全流域面积的56%左右;年均径流量达4510亿立方米,约为长江入海径流量的一半。三峡水利枢纽具有防洪、发电、航运、供水、旅游等巨大的综合效益,是世界上规模最大的水电站,也是中国有史以来建设的特大型工程项目之一,如图7-1(c)所示。

1994年12月14日,三峡工程正式开工。枢纽工程以"一级开发,一次建成,分期蓄水,连续移民"为建设方案,共分三期进行,其中施工准备和第一期工程施工5年,二期工程施工6年,三期工程施工6年。按当时的价格水平,工程静态投资为954亿元,其中枢纽工程500.9亿元。2009年8月29日,国务院长江三峡三期工程验收委员会完成最后一次验收,标志着三峡水利枢纽最后竣工。

三峡水利枢纽工程主体建筑由拦河大坝、水电站、通航建筑三大部分组成。拦河大坝坝顶高程185米,大坝轴线长度2335米,最大坝高175米,泄洪坝段居河床中部,枢纽最大

(a) 都江堰

(b) 三门峡

(c) 三峡

图 7-1 三大水利工程

泄洪能力为 11.6 万立方米/秒；水电站位于泄洪坝段两侧，左、右厂房分别安装 14 台和 12 台单机容量为 70 万千瓦的水轮发电机组，总装机容量为 1820 万千瓦；通航建筑物为双线连续梯级船闸及单线一级垂直升船机，施工期另设单线一级临时船闸，配合导流明渠和升船机以满足施工期通航要求。

三峡工程建成后，其巨大库容所提供的调蓄能力将使下游荆江地区能抵御百年一遇的特大洪水，枯水季节通过水库放水改善了长江中下游地区的航运条件。三峡工程的水力发电是中国西电东送工程中线的巨型电源点，带来巨大的经济效益。

7.1 水利工程及其特点

7.1.1 水利工程的特点

简言之,水利工程通过修建结构物来控制、调配、利用、节约、治理和保护水资源,达到兴水利、避水害的目的。按照其承担的核心任务,可将水利工程分为防洪工程、农业水利工程、供水与排水工程、水力发电工程、港口与航道工程、水土保持工程和河湖环境生态工程等。

防洪工程按功能可分为挡、泄(排)和蓄(滞)三类,其中挡水工程阻拦江河洪水或沿海潮水可能造成的侵袭,泄(排)水工程通过设置或清理泄洪通道增加行洪能力,而蓄(滞)水工程则是通过调节洪水、削减洪峰来减轻下游防洪压力。农业水利工程通过修建水库、堰塘、泵站等设施,完成向农田输水、配水和排水等功能,调节和改变农田水分状况,促进农业增产增收。供水与排水工程是保证工业和居民用水的关键设施,主要包括水库、管井、渠道、水闸、泵站等,而排水工程的主要任务则是排出废水、污水和暴雨引起的短时局部积水。水力发电工程一般简称为水电工程,是水利工程的重要组成部分,利用水力来推动水轮机转动将水能转化为电能。港口与航道工程一般简称为港航工程,涉及港口、船闸及航道的设计、施工与运行管理。水土保持工程一般简称为水保工程,通过退耕还林及修建梯田、蓄水池、淤地坝等措施,减缓泥沙从坡面向河道的输移,大大延长水利工程的使用寿命。河湖环境生态工程致力于解决伴随水利工程建设及经济发展产生的河湖环境生态问题,是新时期水利工程的崭新内容。

水利工程涉及的范围宽广、规模不一,考虑到水利工程伦理问题主要与大中型水利工程有关,这里仅概括大中型水利工程的特点。

1. 政府主导

水利工程是基础设施,也是基础产业,具有典型的公益性质,因此大型水利工程规划和建设一般都由政府来主导,具有鲜明的国家行为特征。在中华民族发展的历史长河中,兴修水利一直是治国安邦、发展生产、开拓疆土的重要措施,多由中央政府直接负责组织实施,水利工程建设伴随着时代的起伏与兴衰。在世界其他国家,水利工程建设也同样具有明显的政府行为特征。以美国为例,在"向西运动"的过程中,联邦政府在水利工程规划建设中一直发挥着主导作用;20世纪20年代美国陷入了持续的经济萧条,作为罗斯福新政的一部分,如火如荼的水利建设也由联邦政府主导。

2. 规模宏大

与其他行业的工程项目相比,大型水利工程的规模要宏大得多。京杭大运河全长近1800千米,纵贯北京、天津、河北、山东、江苏和浙江六个省(市),沟通了海河、黄河、淮河、长江、钱塘江五大水系。南水北调中线工程的总干渠全长超过1200千米,沟通长江、淮河、黄河、海河四大流域,穿过黄河干流及其他集流面积10平方千米以上的河流200多条,建节制闸、分水闸、退水建筑物和隧洞、暗渠等各类建筑物千余座。三峡工程在规模上更是创下了多项世界之最:坝体总混凝土量最大(1486万立方米),船闸级数最多(5级),总水头最高(113米),移民人数最多(超过140万人)等。

3. 技术复杂

大型水利枢纽一般位于深山峡谷区。对坝址及相关区域的勘测包括水文、地质、地貌、生态等多项内容,枢纽规划涉及政治、经济、军事多目标优化,技术设计需要考虑水文、荷载、地震等多种随机因素,工程施工需要截流、导流并承受洪水风险,枢纽运行须综合考虑社会、经济、生态等多重效益,因此水利工程涉及的技术问题非常复杂。以三峡工程为例,大江截流水深达 60 米,最大流量超过 10000 立方米/秒,截流进程中有通航要求,戗堤基础覆盖层深厚,因此施工难度相当大。二期围堰堰址水深达 60 米,约 $\frac{2}{3}$ 高度的堰体在水下施工,堰址地质情况复杂,世所罕见。导流明渠截流,抛投物不易稳定,江水流量大(10300立方米/秒),落差大(超过 4 米),流速高(7 米/秒),综合难度大于大江截流。

4. 周期漫长

大型水利工程的勘测、规划、设计、施工周期很长,往往长达几年、十几年甚至几十年、上百年,其使用寿命一般都是几十年、上百年。以三峡工程为例,它承载着中华民族的百年梦想。早在 1919 年孙中山先生就提出了最初的建设设想,1945 年国民政府启动了三峡工程的筹备工作(相关工作随后中断)。中华人民共和国成立后,三峡工程规划建设步伐明显加快,1957 年长江流域规划办公室完成了三峡工程不同正常蓄水位和不同坝区的枢纽布置的比较方案,1984 年国务院同意三峡工程立即开始施工准备,随后批准了《长江三峡工程可行性研究报告》。1992 年 4 月 3 日,第七届全国人民代表大会第五次会议通过了《关于兴建长江三峡工程决议》。三峡工程整个施工任务的完成,前后总共历时 17 年,而三峡水库的设计使用寿命则超过 100 年。

5. 投资巨大

由于水利工程的规模巨大,周期漫长,因此工程建设需要的资金巨大。从水利行业整体来看,自 2012 年以来,每年完成的水利建设投资基本稳定在 4000 亿元的规模。对于单项工程而言,三峡工程 1993 年经国家正式批准的初步设计静态总概算为 900.9 亿元(其中枢纽工程投资 500.9 亿元,水库淹没处理及移民安置费用 400 亿元)。由于三峡工程施工期长达 17 年,且其资金来源多元化,计入物价上涨及施工期贷款利息的动态总投资估算约为2039 亿元(由于我国经济发展、物价稳定、利率下调等有利因素,三峡工程实际总投资约1800 亿元)。

6. 功能多元

大型水利工程多为枢纽工程,一般具有防洪、发电、航运、供水等多项功能,能够发挥综合效益。三峡工程就是具有多元功能的综合水利枢纽工程,正常蓄水位 175 米,设计防洪库容为 221.5 亿立方米,从根本上改变了长江中下游防洪形势;水电站总装机容量 2250 万千瓦,年最大发电能力约 1000 亿千瓦·小时,将华中、华东、华南电网联成跨区的大电力系统;航运效益也非常突出,水库形成后从根本上改善了大坝上游三斗坪至重庆江段 660 千米的航道,同时增加了坝下长江中游航道枯水季节的流量和航深,保证万吨级船队由上海直达重庆,运输成本大幅度降低。

7. 综合性强

大型水利工程都是枢纽工程,具有很强的综合性,其规划建设基于对国家政治和经济形势的综合判断。工程目标包括防洪减灾与发电兴利等综合内容,技术设计涵盖了水利、土木、机械、电力、电子、环境等多个学科。水利工程产生的影响也是多方位的,以三峡工程为例,共有涵盖 42 个专业的 400 多位专家参与论证,划分为地质地震、枢纽建筑物、水文、防洪、泥沙、航运、电力系统、机电设备、移民、生态与环境、综合规划与水位、施工、投资估算、综合经济评价共 14 个专题，从涉及的范围和层次来看，其综合性非常突出。

8. 影响深远

水利工程规模宏大、周期漫长、投资巨大、功能多元，这就决定了其影响必定是深远的。第一，水利工程对于促进国民经济和社会发展具有全方位的深远影响。第二，水利工程影响的空间范围广大，工程枢纽上下游串成一条线，这条线又带动一个面，会引起空间大范围的连锁反应。第三，由于水利工程的生命周期长，因此产生的影响常常跨越数十年甚至上百年。第四，水利工程对人文和生态环境均产生深远影响，极大改变了库区移民的生产和生活状态，整个河流的环境与生态系统将发生重要的变化与调整。

7.1.2　我国水利的发展历史

中国水利的发展历史可以追溯到古代。在中国古代，水利工程主要是为了进行灌溉农田和防洪。最早的水利工程可以追溯到公元前 2000 年左右的夏朝时期。当时，中国的农业区域主要集中在黄河和长江流域，因此灌溉和防洪工程就显得尤为重要。在这个时期，中国人发明了水车和水车泵等灌溉工具，并建造了大型水利工程如引黄灌区和大禹治水等，使得灌溉技术得到了极大的发展。

随着时间的推移，中国水利工程的建设不断得到加强和发展。在宋、元、明、清各个朝代，中国不断完善水利工程，建设了大量的水库、水渠和灌溉设施，使得农业生产得到了极大的发展。特别是在大运河、南水北调工程等大型水利工程的建设过程中，中国的水利工程技术得到了长足的进步。

在现代，中国的水利建设更是迅速发展。20 世纪以后，中国不断加大对水利工程的投资，建设了一系列大型水库、水闸和水利枢纽工程，极大地改善了中国的水资源利用情况。同时，中国不断加强防洪工程建设，尤其是在黄河流域和长江流域，大规模进行防洪设施的建设，有效地降低了洪水灾害的发生频率和影响范围。

总体来说，中国水利工程的发展历史可以说是源远流长，经历了漫长的岁月，取得了丰硕的成果。中国水利工程的不断发展，不仅为中国的农业生产和水资源利用提供了有力的支持，也对中国国家经济的发展做出了重要贡献。

7.1.3　伦理学在水利工程中的作用

在经济、社会、科技、国防等领域中，水利开发及水利技术应用具有重大的战略意义。因此，对水利工程领域的伦理学研究及应用，有利于保障我国水利事业的健康、安全和可持续发展，有利于取得公众、社会和国际信任并承担应有的责任。伦理学在水利工程中的作用可分为两方面：一方面，水利工程需要伦理学的支持和肯定，为其解决一系列的价值难题；另一方面，水利工程需要伦理道德引导、约束，以保证其安全且向着有利于人类的方向发展。

7.2　水利工程应遵循的伦理原则

7.2.1　以人为本原则

以人为本的原则以实现人的全面发展为目标，这就是说，一切社会活动归根结底都是为了人,为了所有的人。所以,从伦理角度而言,开发和利用水应当做到:首先,要充分认识水电发展的社会地位。发展水电是国家经济的迫切需要,是人民群众日益发展的物质文化生活的需要,水电作为清洁高效能源,对于推进我国社会进步,发展低碳经济,满足人民群众生活需要,具有极其重要的意义。其次,水电建设要以人为本,就是以人的生命安全为本。因此,从水电站的选址开始,就要做到以人的生命安全为本,远离人口密集区,充分考虑极端事故尤其是极端的事故叠加发生的状况对水电站安全的影响,大力增强水电站应对自然灾害(如地震、海啸)的能力,确保水电运行安全。再次,要调动和发挥所有人的智慧、力量和敬业精神。人民群众是历史的主人,是社会物质财富和精神财富的创造者。社会活动的一切创造,都离不开人民群众的积极参与。最后,水电在自身发展中要注意关心企业员工的利益,要积极创造条件,改善工作环境,加强文化建设,增加培训机会,努力促进企业员工全面发展。

7.2.2　可持续发展原则

可持续发展中,发展与持续性是其最基本的内涵,两者相辅相成,唇齿相依。没有发展,也就谈不上可持续;没有持续性,就毫无发展可言。可持续发展是在社会、经济、人口、资源、环境相互协调和共同发展的基础上建立的一种发展模式。可持续性发展原则是,既要满足人类的各种生活需要,个体的人得到充分的发展;又要保护资源和生态环境,不影响后代人的生存和发展。它强调各种经济活动的生态合理性,是否对资源、环境有利。可持续发展的宗旨就是,既能满足当代人的需求,又不能对子孙后代的发展构成危害;资源的持续利用和生态系统可持续保持,是人类社会可持续发展的首要条件。可持续发展要求人们根据可持续性的条件调整自己的生活方式,在生态可能的范围内确定自己的消耗标准。水电的开发和利用,是目前人类文明可持续发展的现实需要。水电资源完全能够承担起人类经济和社会可持续发展的能源需求。

我国水电发展遵循可持续发展原则,应当做到:

(1) 正确处理水电发展"好"与"快"的关系,注意质量,注意效益,注意安全。

(2) 正确处理好经济效益与生态效益的关系,既要重视水电的经济效益,又要重视水电的生态效益。从水电站的选址到水电站的运行及相关设施的退役处理,都要充分考虑对生态环境的保护。要加强电站的监测和管理,严防事故发生,杜绝各种事件对环境可能造成的污染和破坏。

(3) 正确处理好水资源的使用与节约。我国水资源储量丰富,但分布不均,在水电发展过程中必须做到厉行节约,最大程度地发挥有限资源的效率。

(4) 依靠科技进步,整体提升水电效益。要通过水电技术的改进与创新,降低水电的建设成本与运行成本,加强水资源的循环使用,为水电的可持续发展提供坚实的科技支撑。

7.2.3　生态原则

发展水电应遵循生态原则,即在满足人类可持续发展的能源需求的同时,对环境和生态的破坏减至最小。遵循生态原则,就是要使水能的开发与利用有利于保护环境和维护生态平衡。生态伦理思想的核心是强调生态环境的权利和内在价值。面对我国水电建设中生态环境的现状,我们要汲取生态伦理思想中的精华,以生态伦理思想为指导,在尊重自然权利和价值的前提下合理发展水电事业,以期实现对水电建设的生态环境责任与义务,实现我国水电建设的生态化。这就要求我们在水利工程实践活动中,必须突出生态伦理思想的指导作用,加强与水电建设有关的生态伦理教育,树立我国水电建设中的生态价值观,唤起社会公众的"生态良知"。

具体来说,我国水电发展遵循生态原则,应当做到:

(1) 在项目的选址及可行性研究阶段,必须保证风险范围最小化,周围环境安全的最大化。

(2) 在项目可行性评估通过后,再审查水电建设初期是否符合相关伦理规范和原则。若不可避免地对生态有破坏性,需考虑生态能否得到有效恢复,当地居民权利是否得到充分保障,如知情权、赔偿权等。

(3) 水电运行阶段,审查其产生的污染是否在可控范围,如果破坏程度过大,就必须停止运行,必须保证周围生态环境的安全。

(4) 若发生水电事故,需审查有关部门是否及时采取有效措施防止事态恶化,事故导致公众权利受到侵害后是否能给予足够补偿。

7.2.4　公正原则

公正原则要求人们以社会公平与正义的观念来指导自己的行为,平衡各方利益。发展水电应当遵守公正原则,这包含两方面的含义:首先,是公平原则。公平,就是指任何国家都有和平开发和利用水能的基本权利。其次,是正当原则。正当原则即是要求"正当"发展水电工程,意味着所有国家发展水电的计划和进展都应该置于国际机构的监督和制约下。水电发展要严格在国际机构的框架下进行,并遵守相关国际公约,严格坚持水电的和平用途。任何国家都有发展水电以满足人民基本需要的权利,任何国家的人民都有安全使用水能的权利,同时,也都有接受国际社会监督与核查的义务。保护世界水安全是每个公民不可推卸的责任,因此,发展水电必须遵循公正原则。

我国水电遵循公平公正的原则,应当做到:

(1) 牢牢把握我国自主发水电的权利,坚持水电发展战略不动摇。

(2) 根据我国经济社会发展对清洁高效能源的现实需要,积极稳妥地推进水电建设,让水电发展有利于全体人民。

(3) 认真加强水电安全管理,确保水电安全运行。

(4) 水电建设布局要做到科学合理、公平公正,要根据水电建设的条件,统筹兼顾,正确处理好东部地区与中西部地区水电发展的关系、发达地区与欠发达地区水电发展的关系,以促进水电布局合理,协调发展。尤其要重视中西部欠发达地区的水电建设,保证欠发达地区的群众能更多地享受水电发展的成果。

水电发展是解决人类所面临能源和环境危机的现实选择。水电发展应遵循可持续发展、生态、公正的原则,满足人类发展的需要,保护生态环境,保障各国发展水电的基本权利,防止水污染扩散,真正实现人类文明的可持续发展。

7.3　河流健康

7.3.1　河流系统的生命特征

河流具有多元价值。人类社会通过水利工程开发利用河流的多元方面的价值,彰显了对河流的主宰和支配地位。从人类生存和发展的维度看,河流的价值集中体现在经济、生态、审美和文化四方面。"大地伦理学"等生态中心主义学说认为,河流除了常规意义上的价值之外,还具有独立的"内在价值",具有天赋的生存和发展权利。虽然在大众层面完全理解和普遍接受河流的"内在价值"论尚需时日,但这并不影响我们保护河流的认识和实践。

河流生命健康是实现其价值的基础和前提,我国水利工作者率先提出了保护河流健康生命的理念,并且在水利工程建设中努力践行这一理念。目前学术界对河流生命这一概念的内涵和外延尚处于探索过程中,对评判河流生命健康的指标体系和参考原点也还存在争议。这些争议中已形成部分共识,即在具体的河流实践中,维护河流健康生命与保护河流生态环境、有限度地开发河流价值不谋而合。因此,为方便表述,本章直接使用河流健康生命这一概念,并从河流的外在价值观察河流生命的周期性、弹塑性、独特性和庄严性特征。

河流是地球上大尺度水循环中的一个环节。正如人有悲欢离合,月有阴晴圆缺,水循环也具有典型的周期性。观察我国大江大河的实测水文资料可以发现,汛期与非汛期的周期交替(年内)以及枯水年和丰水年的周期交替(年际)非常显著。同一条河流,在汛期汹涌咆哮、泥沙俱下,而在非汛期则温顺流淌、清澈见底;在丰水年河水漫溢,导致泛滥成灾,而在枯水年流量锐减,甚至出现断流。由于丰枯的程度不同,丰枯交替的频率不定,因此河流的周期性本身非常复杂,无法用简单的函数关系来表征其内在规律。理解河流生命的周期性,对于正确认识河流自然生命的特征、正确界定人类活动施加的影响具有重要意义。

在特定的流域,河流系统经历长期的历史演化,一般都处于动态平衡状态。随着流量的变化,河床或冲或淤,植物或枯或荣,动物迁入迁出,整个河流系统随时都在进行不断的自我调整。当条件发生小幅变化时,河流通过自我调整,能够在一定时间内回到原有的平衡状态,或者在新的健康状态下达到平衡。河流系统的表现张弛有度,伸缩自如,河流生命体现出很强的弹性。当外来的扰动过于暴烈,超过河流系统的承受能力时,河流受到的损害将不可逆转,就像钢材发生塑形变形,极端情况下河流系统可能一路下滑甚至出现崩溃。找到河流生命弹塑性的分界点,是维护河流健康生命的技术关键。

河流具有独特性,因为世界上没有两条完全一样的河流,人类也不可能两次踏入同一条河流。河流生命具有独特性,其价值也无法替代。区域经济发展和社会进步,在很大程度上依赖于对当地特定河流经济价值和生态价值的开发。河流生命在审美意义上的独特性更为典型,不同河流的独特美激发了不同的艺术灵感——黄河壶口瀑布"湍势吼千牛",而长江三峡"险过百牢关";在乡村拐角小桥流水,居大漠深处长河落日。

在文化意义上,河流生命彰显无比的庄严性。黄河与长江承载着中华民族集体的核心记忆,奠定了整个中华民族凝聚力与向心力的根基。在和平年代,黄河为"成千上万的海外华人寻根问祖、顶礼膜拜提供了可知可感的实体和空间,成为凝聚民心、引领民气的精神图腾";当中华民族到了最危险的时候,一曲《保卫黄河》成为凝聚所有中华儿女的无穷力量。

河流生命的上述四个特征,主要是源自从人类的视角出发观察河流的外在价值。如果从河流的"内在价值论"出发,那么河流的生命就独立于人类对价值的常规判断。"河流的形成是自然界长期进化的产物,是河流按照自身规律进行自我组织、自我维持和自我表达的生命系统。因此,河流同人类一样是主体性的存在,拥有至上性的生命意义"。河流的主体论目前尚未得到广泛认可,但其倡导的人与河流的关系有一定可取之处。河流处于被动地位,人类担负着对河流给予充分尊重和公正维护的伦理责任。

7.3.2 水利工程对河流健康的影响

大型水利枢纽工程在很大程度上改变了河流的特征。在天然状态下,河流从源头开始流经上游、中游和下游,一直奔流入海,在纵向上形成完全联通的体系,水流连续而平稳(局部存在瀑布的情况除外);而建在河流上的水利工程结构物对河流自然的连通性形成了阻碍,甚至造成了完全破坏。天然河流很多河段在横向上可以自由摆动,堤防建设则完全限制了河流的横向摆动,阻断了河流在横向上的物质、能量和信息交换。高坝大库的修建,显著改变了河流的水深,而防洪与发电调度则很大程度上改变了河流的水沙过程。水利工程对河流形态和水沙过程的改变,直接或间接地影响了河流的生命健康。

水利工程对河流健康生命具有正面的促进作用,这一点是毋庸置疑的。其一,在生态方面,水利工程能够显著提升河流的生态价值。例如,水库蓄水形成大规模的人工水体和湿地,为众多的动植物创造了新的乐园;水库调节下游河道流量,在偏枯年份避免出现断流;水电是绿色能源,替代火电可以大大减少二氧化碳排放。其二,在审美方面,水利工程形成的大规模水体和湿地创造了新的风景,"高峡出平湖,当惊世界殊"的三峡水库和被誉为"天下第一秀水"的千岛湖 5A 级风景名胜区就是典型的例子。其三,在文化方面,数千年用水和治水的历程孕育了"现代民族国家的本土文化品格和深层意识形态,而河流则成为民族文化的象征和传统文化的载体"。水利工程通过提升河流的经济、生态和审美价值,促进了社会的发展,提升了我国的国际地位,增强了民族向心力,发挥的影响无法估计。

河流纵向连通性的退化破坏了河流生态系统的空间连续性,减弱甚至切断了物质和能量沿水流的传递,对原来稳定的生态系统造成一定冲击。对于洄游鱼类,这种冲击往往是巨大的甚至是致命的。被誉为"鱼中至尊"的大西洋鲑鱼一生大部分时间都生活在浅海海域,而在繁殖季节将沿河流溯源而上,经历千辛万苦返回到自己出生的淡水溪流中产卵。若建设拦河大坝却不设立相应的鱼道,鲑鱼的洄游路线就会被彻底切断,它们无法完成自己生命的历程,将会面临种群灭绝的威胁。堤防工程使得河流横断面上趋于几何规则化,横向摆动受限,滩地与主槽之间、主流与岔流之间随着丰枯变化而进行的自由转换将彻底消失,植被面积明显减少,生境的空间异质性降低。部分鱼类无法进入滩地和汊流产卵、觅食,也失去了一部分躲避风险的避难所,有可能造成物种的大幅度减少,影响生物群落的多样性,从而引起整个生态系统的退化。与河流相比,水库内水深加大,流速降低。在蓄水期,河流几乎变成了静止的人工湖,水温及水流边界条件皆随之发生变化,这种变化对原来的河流生态系统也将产生一定的冲击。

7.3.3 维护河流健康的途径

在认识上,我们应该牢固树立维护河流健康生命的价值观,坚持开发与保护并重、局部与整体协调、补偿与损害等容以及近期与远期统一这四项基本原则,追求人与河流和谐相处。在实践中,可以通过法律、技术和管理手段,努力维护河流健康生命。

目前,与河流流域管理有关的法律和法规内容已比较健全,对河流相关问题的规定可以分为以下几个层面。第一,《中华人民共和国宪法》明确规定国家保护和改善生态环境,禁止任何组织或个人破坏自然环境。第二,以《中华人民共和国环境保护法》和《中华人民共和国环境影响评价法》为代表的环境保护法规对河流环境保护和水利工程环境评估等做出了具体规定。第三,《中华人民共和国野生动物保护法》《中华人民共和国水生野生动物保护实施条例》《中华人民共和国野生植物保护条例》等涉及对河流生态平衡及野生动植物的保护。第四,《中华人民共和国文物保护法》《风景名胜区条例》等涉及对河流人文资源和风景名胜的保护。第五,《中华人民共和国水法》《中华人民共和国水土保持法》《中华人民共和国防洪法》《取水许可和水资源费征收管理条例》《黄河水量调度条例》《南水北调工程供用水管理条例》等丰富的水资源类法规,它们是河流管理中最直接、最重要的法规。当前我国已经初步建立起河流环境资源管理体制,确立了关于河流资源开发、利用和保护的基本法律原则和法律制度,这为维护河流健康生命提供了法律保障。

技术进步对维护河流健康生命提供了有力的支撑。节水技术可大大减少水资源的消耗,减轻对河流的取水压力。有数据显示,我国农田灌溉年均用水量为 3400 亿～3700 亿立方米,有效利用系数只有 0.52;若利用率提高 10%,每年就能节省 300 多亿立方米水,相当于一条黄河的年用水量。我国农业灌溉节水潜力很大,目前大水漫灌的方式还非常普遍,若推广喷灌可节水 50%,而使用滴灌可节水 75% 以上。此外,技术的进步也可推动生态友好型水工建筑物的设计与施工。以鱼道为例,传统的设计手段效率低,鱼道的适用范围窄,效率也比较低;而现代的鱼道设计方基于计算机辅助设计(CAD)、计算流体动力学(CFD)和虚拟现实技术,集成流域特征、河段特点、过坝鱼型、鱼道参数等数据信息,可根据鱼类耐力、速度和飞跃能力,优化鱼道几何参数和相应的水流条件,为鱼类翻坝提供高效舒适的通行廊道。关于河流廊道生态工程技术、水库生态治理技术以及水环境修复生态工程技术等,在实践中也已经得到一定应用。

目前我国对涉水事务实行流域管理与行政区域管理相结合的管理体制。国务院水行政主管部门负责全国水资源的统一管理和监督管理,在重要江河、湖泊设立的流域管理机构行使水资源管理和监督职责,而县级以上地方人民政府水行政主管部门负责本行政区域内水资源的统一管理和监督管理工作。流域的统一管理,有利于充分保证河流生态用水,有利于维护河流长期健康生命。以黄河为例,黄河水利委员会自 1999 年开始实施水量统一调度,自 2002 年起利用小浪底水利枢纽进行调水调沙调度。这些统一调度措施,产生了积极的生态环境效应,从根本上扭转了黄河下游连年断流的局面,遏制了黄河三角洲湿地的急剧萎缩。由于河流问题复杂,水资源供需矛盾突出,目前流域的综合管理仍面临复杂、艰难的局面。在确保防洪、防凌安全的基础上,协调流域各省区、各部门、上下游、左右岸的关系,协调生活、生产、生态用水关系,需要完善的法律法规体系作为制度保证,也需要现代通信、信息技术的有力支撑。

在尊重河流健康生命的基础上合理开发利用水资源,是实现现代社会可持续发展的基本保证;片面渲染水利工程对河流的损害,盲目反对水利工程建设,是非常有害的。

7.4 水利移民

水利工程占用巨大的空间资源,移民搬迁是工程建设的前提条件之一。我国水利工程建设取得举世瞩目成就的背后,是广大水利工程移民付出的巨大牺牲。与铁路、民航、石化和市政工程相比,水利工程移民有数量大、范围广和历时长三个典型特征。由于大型水利枢纽的淹没区多为山地,就地后靠不仅地形条件比较差(坡度大,不适合城镇建设等),而且资源缺乏,环境承载力低,因此通过就地后靠安置移民的数量非常有限。在大多数情况下,移民外迁安置是必然选择。

7.4.1 移民政策

随着社会经济的逐步发展,我国的移民补偿与安置政策大致经历了三个阶段。

第一阶段是中华人民共和国成立初期至改革开放前。这一阶段的特点是行政命令主导水利移民政策,移民的固有权利在很大程度上被漠视,公正性严重缺位。在当时的经济和政治背景下,移民补偿与安置工作在整个水利工程建设中处于边缘地位,移民问题被认为是从属于工程的环境问题,移民工作既没有明确的法律法规指导原则,也没有具体的安置操作手册。为保证按时搬迁和工程顺利施工,各级政府常常"运用群众路线的大鸣大放大辩论大字报的方法,发动群众,教育群众,使移民认识到一户搬迁,保了千户,眼前利益服从长远利益,个人利益服从整体利益,小集体要服从大集体",并且"移民各项费用,规划测算时就偏低",而"实施阶段大幅度压缩补偿标准,根本不足以补偿移民的损失,使移民损失过大,多年不能恢复生机,经济发展速度远远低于同类地区,部分移民生活水平甚至低于迁移前的水平"。由于"重搬迁,轻安置",移民生活常常陷入困境,搬得出却留不住,一度产生大范围的移民返迁问题。

第二阶段是改革开放至 20 世纪 90 年代中后期。在这一时期,移民补偿与安置政策取得重要进展,移民安置的公正原则得到确认。与前一阶段相比,这一时期移民政策的主要变化包括:从水电站发电收益中提取库区维护基金,专门用于解决移民的历史遗留问题;修订《国家建设征用土地条例》,确定了大中型水利水电工程建设征用耕地的补偿标准,并且新增了安置补助费;出台了一系列的水库移民专项政策与法规,明确提出水库移民安置是水利水电工程建设不可分割的组成部分,施行"谁主管、谁负责,谁受益、谁承担"的原则;确立开发性移民的原则,把搬迁转化为发展契机,立足于补偿,着眼于发展。这一阶段"重工程、轻移民"的旧观念得到了扭转,移民补偿与安置标准也有较大提高。

第三阶段是 21 世纪初至今。进入 21 世纪以来,以人为本的移民理念深入人心,移民的权利得到比较完善的法律法规保护。《长江三峡工程建设移民条例》(2001 年)和《南水北调工程建设征地补偿和移民安置暂行办法》(2005 年)标志着特大型水利工程移民工作已经到了精细化管理的程度。2006 年修订《大中型水利水电工程建设征地补偿和移民安置条例》(国务院 471 号令,以下简称《移民安置条例》),强调工程征地补偿与移民安置必须遵循"以人为本,保障移民合法权益,满足移民生存与发展的需求"的原则,"从保护移民合法权益、维护社会稳定的原则出发,明确了移民工作管理体制,强化了移民安置规划的法律地位,对征收土地的补偿补助标准、移民安置程序和方式、水库移民后期扶持制度以及移民工作的监督管理等问题作了比较全面的规定",成为指导水库移民征地补偿、搬迁安置的纲领性文件。同年国务院印发关于移民后期扶持的政策性文件《关于完善大中型水库移民后期扶持政策的意见》,为移民的可持续发展起到了积极的促进作用。

近年来,我国西南地区小水电开发过程中对利益共享机制进行了积极探索,将补偿移民淹没土地的资金用于对工程的投资,移民以土地入股,以类似股东的身份分享工程效益,突破了原来的移民补偿与安置模式,保证了移民的可持续性长远发展。

7.4.2　落实途径

移民补偿与安置工作涉及多方利益,《移民安置条例》规定了五项原则:①以人为本,保障移民的合法权益,满足移民生存与发展的需求;②顾全大局,服从国家整体安排,兼顾国家、集体、个人利益;③节约利用土地,合理规划工程占地,控制移民规模;④可持续发展,与资源综合开发利用、生态环境保护相协调;⑤因地制宜,统筹规划。对移民进行补偿和安置是水利工程建设中的法定要求,而公平公正原则是整个移民工作成败的核心。在移民工作实践中,落实补偿安置的公正原则,需要抓住以下 3 个关键方面。

1. 明确责任主体

移民的补偿安置责任应该由谁来承担? 这是移民工作中首要的问题。水利移民补偿具有典型的公益征收补偿性质,在计划经济时代,是由政府来承担补偿义务的主体责任。随着开发投资主体的多元化,水利工程建设投资主体由国家变成项目法人,例如三峡工程的建设与运营就是由中国长江三峡集团公司全面负责。按照"谁投资、谁受益、谁补偿"的原则,作为投资主体的项目法人,理所当然要承担补偿义务的主体责任;否则,由全民买单帮助具体项目得利,将引发对公平性的强烈质疑。但在实际工作中,由于大型水利工程价值多元、意义重大,其建设和运行"彻底改变整个库区的生态结构、资源结构、社会结构、区域经济结构以及社会生产力的布局",绝非其他行业一般工程项目可比,"移民安置、项目迁建则从属于由纯技术问题所引发的生态问题、环境问题和经济、社会、文化问题,其中所包含的社会责任和历史责任显然已大大超出了一个企业的责任能力范围"。在经历了一段时间的游离之后,国家承担补偿的义务主体在《长江三峡工程建设移民条例》和《移民安置条例》中得到了确认,问题的关键转化为如何分配水利工程多元效益带来的价值增值。

2. 核定补偿标准

如何对移民的损失进行计算和补偿是落实公正原则的核心。和其他行业相比,目前水利工程补偿标准偏低,例如同时期实施的南水北调中线工程和石武铁路客运专线工程,在同一地段的土地补偿标准,交通比水利高出近 15%,引发移民对公平性的质疑。而且,对于无形的损失,例如精神损失的补偿,目前法律、法规中还找不到相应的依据,这对于某些少数民族和原住民的心理与情感冲击是很大的。少数民族移民在宗教、文化、语言及生活方式等方面具有很强的独特性,移民远离世代定居的家园,远离固有的文化环境,其无形的损失难以估量;而调整生活模式,适应新的文化环境,所付出的成本也是高昂的。

在实际工作中,首先要避免出现"同一时间段,水利工程移民在不同工程、同一工程的不同区域、不同群体补偿方面存在的不公平问题",例如"水利工程比其他工程征地拆迁补偿标准低,实物补偿标准较实际损失偏低,对不同身份或不同地域的移民补偿标准不同"等。其次,要避免"不同时间段(主要指在可比的相邻时段内)移民安置补偿存在不公平的情况",例如"同一个工程由于搬迁时间较长,特别是一些大型水利工程,搬迁前后可能相差十余年,这期间整体经济水平和物价调整可能比较大,在这种情况下如何做到补偿公平;此外,同为水利工程移民,由于安置政策及补偿标准的调整,如何保持政策调整前后的补偿公平"。

3. 平衡公私矛盾

对移民所享有的权利,《移民安置条例》中虽有一定的表述,但仍存在较大不足,而且学术界也并没有达成完全共识。在实际移民工作中，移民对自己权利的认知也存在两个极端。

一方面，移民对自己的权利坚持不够，在多方压力下，容易做出妥协，放弃自己的法定权利，过多地牺牲了个人利益；而另一方面，部分移民超越了法定权利的边界，坚持"我的地盘我做主"，认为"故土无价"，拒绝一切形式的补偿与安置方案，客观上影响了水利工程建设的顺利推进。

毫无例外，大型水利工程的兴建代表着国家的整体利益，不可避免地会影响甚至损害到个人利益。《移民安置条例》提出"顾全大局，服从国家整体安排，兼顾国家、集体、个人利益"。在我国水利工程建设历史上，广大移民曾为全力支持工程建设而付出了巨大的个人牺牲——三门峡水库部分移民，远赴大漠深处，遭受物质和精神双重苦与痛；百万三峡移民，义无反顾地舍弃故土，成为支撑三峡工程最牢固的基石。广大移民以国家利益为至高利益，为国家的经济发展和更多人的福祉牺牲了个人利益，这是值得肯定和称颂的。

移民的奉献精神值得高度赞扬，但在实际移民工作中，国家、集体和个人利益兼顾的平衡点到底在哪里？这是移民补偿与安置中最深沉的伦理追问。毫无疑问，国家的利益高于一切；在这个基本原则之下，依法对移民及时、足额进行补偿安置，对移民的付出给予高度的政治认可，对移民群体给予更多的伦理关怀，这是目前阶段做好移民工作的正确途径。

7.5　水利工程中的伦理关系

水利工程作为人类改造自然的活动之一，不可避免地涉及人与自然、人与社会，以及人与人之间的关系，正是由于这些关系的存在，在水利工程中伦理问题日益凸显。

7.5.1　同代人之间的正义分配

正义是人类具有的一种内在本质和道德呼唤。它深埋在人们的心底，同时又外化于人们的一切活动之中，正义是人类的理想、渴望与追求，不过，到底何为正义，人们有着不同的看法。尽管对于正义问题有很多的争论，但这些争议的核心仍是利得与成本之间的分配关系问题。具体到水利工程，则是工程建设的权利与义务、工程利益和风险的分配问题。具体来讲，这些问题可能包括：工程所带来的正面作用——收益，谁来获取？又怎样分配？工程所带来的负面效应——成本与风险，谁来承受？又该怎样分配？一般来讲工程的利得总是在工程的业主和工程承包人之间分配，工程所在地的居民也可能受益，但同时也最有可能承担工程所带来的成本与风险。

为什么会出现这样的问题呢？又应该怎样避免此类问题的出现呢？从利益的争取与博弈的角度能很好地说明这一问题。我们必须承认水利工程中是存在利益博弈的。其实，存在利益的博弈并不必然是坏事。在现代社会，会有不同的利益诉求的主体的存在，这很正常。一个水利工程中自然也会出现不同的利益诉求主体，这也很正常。但是我们要看到，在利益博弈过程中，由于不同的利益诉求主体的话语权存在差异，因而其对公共政策的制定所产生的影响也会不同。于是，不公就可能产生。为什么呢？道理其实很简单，谁的影响力大，政策的倾向性也越大，那么实现自身的利益的可能性就大，所取得利益则越多；而那些影响力弱的群体在公共政策中则可能得不到应有的体现。但这样做的程序和随之而来的结果是不公正的。

7.5.2　隔代人之间的正义分配

水利工程中所涉及的人与人的关系,不仅有当代人之间的关系问题、正义问题,还涉及不同代人之间的关系问题、正义问题。工程之中我们必须要考虑代际公正的问题。也就是说我们在建设工程、满足自身需要、增强自身福利的同时,不应当只顾我们自己,还要考虑到我们的后代。

我们每个人来到这个世界,都是有限的存在,但我们却力求无限。当然在无限的追求中,既有对精神价值永恒的求索,更有通过后代的繁衍而实现我们永恒的期望。因而这就必然涉及不同代人之间的关系,涉及代与代之间利益所得与分配的关系。

资源从某个角度而言是大自然对于我们整个人类的馈赠,并不是单给我们这一代人的。因而每一代人都是资源的掌管者、使用者和保护者,都有开发利用的权利与自由,但同时也有保护后代使用资源的责任与义务,这既是代的延续、资源的延续,更是公正的延续。但是当下有一些工程,无论是在项目规划还是项目施工中,总会因眼前利益的诱惑而出现某种"短视"的行为:现在一些大型水利工程建设中,出现了一些对环境、生态及文化的永久性破坏;对一些资源无限制地、过度地开采与使用,导致资源的枯竭、环境的恶化。我们每一代人都会根据自身发展的需要对自然环境进行改造,对自然资源进行开发,这是人类社会发展的必然要求,但是这种开发与利用不能剥夺后代人享受同样生存环境和条件的权利。因此,在进行大型水利工程建设等开发和改造的活动时,我们要注重节约、减少浪费,同时更要注重环保、维护生态,给后来人留下蓝天与绿水,留下富裕与美丽。

7.5.3　人与自然之间的生态公正

生态公正就是要求我们在工程中,善待自然,尊重自然,按照自然规律,考虑到环境的承受能力,合理地利用与改造自然,维护生态环境,实现人与自然的和谐。不过,在一段时期内,出于急功近利的考虑,人们在工程建设中不重视生态保护,乃至于搞杀鸡取卵式的开发,这样做的结果就是环境污染、生态恶化。不过,自然不仅仅是受害者,自然会以自己的方式"报复"人类。对此,恩格斯十分生动地描述过自然对人的报复:"我们不要过分陶醉于我们对自然界的胜利。对于每一次这样的胜利,自然界都报复了我们。每一次胜利,在第一步都确实取得了我们预期的结果,但是在第二步和第三步却有了完全不同的、出乎预料的影响,常常把第一个结果又取消了。美索不达米亚、希腊、小亚细亚以及其他各地的居民,为了想得到耕地,把森林都砍完了,但是他们想不到,这些地方今天竟因此成为荒芜不毛之地,在山南坡砍光了在北坡被十分细心地保护的松林,他们没有预料到,这样一来,他们把其区域里的高山牧畜业的基础给摧毁了;他们更没有预料到,这样做竟使山泉在一年中的大部分时间内枯竭了,而在雨季又使更加凶猛的洪水倾泻到平原上。"

地球是我们赖以存在的家园,我们一定要爱护好这个家园,如果我们将家园毁了,最后我们也将无处安身。因而,我们在工程建设中,一定要注重保护环境,维护生态。

7.5.4　工程良心

工程良心是对于工程责任意识的深化与内化,是工程善的内在的保障。同时,工程良心不仅对于工程师起监督、制约、规范与升华作用,更是所有做工程的人都应具备的。做工程的人,一定要有责任心,一定要有工程良心,一定要用良心做好工程。

良心对每一个人都起作用,良心对每一件事都起作用。我们每个人都无法逃脱良心之网。良心具有对个人的思想和行为进行认识、指导、反省、评判、纠正的功能。良心既是公诉人又是审判官,做了坏事,良心发现,自责不已。因而,我们认为良心对于人(工程师)而言有着以下几点重要的作用:

第一,良心使人严肃地思考、仔细地权衡和慎重地选择。良心一方面检查人们行为动机是否合乎道德要求,良心会在不同程度上抑制、否定那些邪恶动机。另一方面,良心还预测并评估可能的行为结果。对于符合道德要求的,给予强化与激励;对于不符合道德要求的情感、欲念或冲动,则予以纠正和克服。当人履行了道德义务并产生了良好的后果后,感到满意和欣慰;对于没有履行道德义务的行为,或后果和影响不好的行为,便进行自我谴责,感到内疚、惭愧和悔恨,陷入极度的痛苦中。总之,良心的觉醒与持存,有助于培养责任感、义务感、荣誉感和羞耻感,产生明确的自我道德意识。

第二,良心使人有荣誉感,使人追求崇高。如果说人的品性是在实践中变得高尚,那么良心正是将人们引向高尚、走上崇高之路的关键。最了解自己的莫过于自己,其实最好的观众就是人们自己的良心。良心的自我评判其实是自我解剖或自我审判,每一行为过程之后的良心评判都会使人受到深刻的启迪、教育。良心是对人格的守护,是人的自我确信,良心使行为主体内心宁静:我做了我该做的一切,我的灵魂坦荡而又平静。简单一句话:我对得起良心。另外,良心之所以能使人走向高尚与崇高,不仅在于自我确信,还在于促使行为主体执着于自认为是善的、真理性的事业。"良心是自己同自己相处的这种最深奥的内部孤独,在其中一切外在的东西和限制都消失了,它彻头彻尾地隐遁在自身之中。"良心自我确定,率性而行。虽然它最初来源于风俗、习惯,来源于社会普遍的道德观念与生活方式,但是一旦良心发展到不再以风俗、习惯为内容,而是以理想社会、理想人格为内容时,它将以理想来衡量生活,并为理想而奋斗。此时,行为主体的良心可能已超出他的同辈人、他的时代,他将会自觉地负起对人类未来的责任。尽管此时行为者可能会受到他人的误解与冷落,但他相信自身的价值存在于这种事业与追求中,良心召唤着他为真理而献身。

第三,良心使人具有耻感,使人避免沉沦。当一个人做了不道德的事情,良心会提醒自己、批判自己。它震撼心灵,使人产生一种相当强烈的持续的焦虑,这就是内疚感、罪恶感与羞耻感。当一个人运用良知去评价自己时,他发觉自己做了背离初衷、背离原则的事情,定会羞愧难当,因为他发觉自己背叛了原初的理想与信念。尤其是当个体发现与"理想的我"的距离越来越远、越来越大时,他就会更加内疚。而这时,他就会悬崖勒马,从而避免沉沦。当然良心使人具有耻感的意义不仅在于"自耻",还在于"他耻",即"我"以他人的耻辱为耻辱,"我"对自己要不断地警醒:不要犯类似的错误,不要使自己的良心受到谴责。总之,耻感促使人尽可能地摆脱不完善的现状,缩小与完美之间的差距,从而使人避免沉沦走向善与崇高。

案例分析

案例 7-1:京杭大运河

京杭大运河始建于春秋时期。战国时期开凿运河基本都是为了征服他国的军事行动服务的。例如吴王夫差命人开凿邗沟的直接目的是运送军队北伐齐国。

隋王朝在天下统一后即作出了贯通南北运河的决定,其动机已超越了服务军事行动的目的,因为此时天下已统一。隋开运河有经济方面的动机。中国古代很长时期内,经济重心一直在黄河流域,北方的经济比南方进步。但到魏晋南北朝时期,社会发生了深刻变化。400多年的混乱使北方经济受到严重的冲击,与此相比,南方经济获得迅猛发展。隋统一全国后,格外重视这个地区,但隋定都长安,其政治中心不能伴随经济重心的发展变化南移。因此,国家需要加强对南方的管理,长安需要与富庶经济区联系,需要南方粮食物资供应北方,不论是中央朝廷还是官僚贵族或是北方边境。同时,长时期的分裂阻断社会南北经济的交流,而随着生产力水平的提高,经济的发展到这一时期已迫切要求南北经济加强联系。

隋开运河不仅有经济方面的动机,也有政治方面的。魏晋南北朝时期是门阀世族大发展的时期,他们的力量相当强大。隋统一后,他们仍依恃其强大的势力,企图与中央政权抗衡。这一尖锐矛盾在江南地区一直存在,使隋政权面临严重威胁,隋统治者要实施对南方的有效统治,贯通南北运河势在必行。同时,北部边境少数民族政权对隋亦是大患,隋王朝派出大量军队驻扎边境,这些军队仅靠屯田是不够的,必须依靠江淮和中原粮饷供应。路途遥远,开凿运河才是解决问题的关键。

隋以后的历朝历代,至清朝后期,无论是大一统时期政权,还是分裂时期的政权,都注重运河的疏凿与完善,其动机无外乎经济、政治、军事等方面,充分利用运河漕运。以运河为基础,建立庞大而复杂的漕运体系,将各地的物资源源不断的输往都城所在地,成了中华大地统治者主要手段之一。运河的修复改道,其缘由亦是现实中运河常常的淤堵以及不同政权的都城位置变化。至元代京杭大运河全线贯通,明、清两代京杭大运河成为南北水运干线。

运河是由统治者主导开凿整修而成,统治者们集合庞大的人力、物力开凿运河的主要目的是漕运。运河是为了实实在在的漕运目的而生的,漕运是封建王朝的生命支持与动力供应系统,维持王朝的生命延续。由于海运的海盗、风浪等问题难以解决,在漕运史上运河水运是主要首选方案。开凿运河是名副其实的功在当代、利在千秋的壮举,对修造者而言,其功效时隔不久就能显现,给王朝带来举足轻重的影响,所以历朝历代有见识的统治者都非常重视运河的修造。

案例7-2:新疆坎儿井

在新疆,农田水利的设施中,除明渠外,还有一类是坎儿井。它是以地下水为水源的自流灌溉工程,是雪山前沿、气候特别干燥的斜坡地上最理想的水利设施。

南疆吐鲁番和哈密两盆地,便是最理想的修建坎儿井的地区。它们都位于天山南麓,地下蕴藏着丰富的雪水。盆地有一定的坡度,凿渠将盆地北缘地下的雪水开发出来,便可进行自流灌溉。这里雨量极为稀少,全年只有几十毫米,而气候干燥,年蒸发量高达几千毫米,蒸发量是降雨量的100多倍,采用明渠灌溉,渠水多被蒸发,而蒸发对坎儿井的威胁极小。

坎儿井又称井渠,由竖井、暗渠、明渠等几部分组成,每条坎儿井的长度,由一二里到一二十里不等。暗渠是地下渠道,其作用为拦截地下水,并将它引出地面。暗渠每隔一二十米,便在其上立一竖井,井深从几米到几十米,视含水层深浅而定。每条暗渠的竖井,少则几眼,多则一二百眼。它是穿凿、修理暗渠时掏挖人员的上下通道,又有出土、通风、采光等作用,还依靠它来确定暗渠的坡度和方向。明渠将从暗渠中引出的地下水,导入农田,灌溉庄稼。

西域何时开始兴建坎儿井?多数学者认为可以上溯到西汉。理由是,自汉武帝起,西汉大力经营西域,并在轮台、渠犁(今库尔勒境)、车师(今吐鲁番境)等地驻兵屯田。这一带雨量稀少,空气干燥,屯田时必须兴修水利。他们认为,穿凿坎儿井技术,在屯田西域之前,在兴建龙首渠时即已掌握,而车师等地地下水的资源又很丰富,驾轻就熟,完全可以在西域发展井渠灌溉。

学者们还认为,西汉时井渠技术西传,在史籍中也隐约可见。《汉书·西域传》载,宣帝元康二年(公元前 64 年),"遣破羌将军辛武贤将兵万五千人至敦煌,遣使者案行表(行军地图),穿卑鞮侯井以西,欲通渠转谷……"三国时孟康对卑鞮侯井加以注释:"大井六,通渠也,下泉流涌出。在白龙堆东土山下。"根据这些记载和解释,可认为卑鞮侯井就是井渠,白龙堆位于罗布泊东,当时既能用修建井渠来增加漕渠的水量,当然也会在西域兴建井渠灌田。

上述的理由和依据,值得重视。但推论较多,依据也显单薄。西汉时,西域是否已用井渠溉田,有待于地下遗物、遗迹的发现。

与西汉不同,从魏晋到隋唐,有关西域井渠的资料逐渐增多,有文字记载,也有遗迹出土。

新疆水利厅原厅长维吾尔·米努甫和我国著名水利专家王鹤亭,各在自己的论文中指出,中华人民共和国成立以来,在新疆一些地方修建水库时,曾发现了一批十分古老的井渠遗迹。米努甫在文中所举的古老井渠遗迹在吐鲁番金胜口水库区。这条古井渠长约 100 米,已经干涸;有七个竖井,每个竖井相隔约 10 米;暗渠出口处,有一段已坍坏成明渠。与古渠遗迹同出的还有古陶和古城等。经鉴定,属于魏晋时文物。这条古老井渠,当有一千五六百年的历史。

王鹤亭所论述的古老井渠,位于高昌故国东面,鄯善县鲁克沁西北。这里发现的不只在同一层面上的三条废弃的井渠,而且在三条古井渠下面,还有许多废弃井渠。这批古井渠竟毁灭了一个新水库。王鹤亭说,中华人民共和国成立后,在这里建了一座名叫"海洋"的水库。蓄水不久,即由漏水溃决。"经检查,是由于水库下面埋有三道废弃的老坎儿井。经过很大的工程回填后,再次蓄水,又发生了决口,原因是深处还有很多废弃的老坎儿井,修不胜修。"新水库只好报废。文章认为,修建这批坎儿井的时间,约在 1000 年以上,相当于唐朝前后。

唐朝,吐鲁番已有井渠,不仅见之于遗迹,还见之于第一手文献资料——《吐鲁番出土文书》。如高昌县阿斯塔那唐墓出土的有关田产的文字,就不止一次地提到井渠、胡麻井渠等名称。其中"胡麻井渠"的规模似乎不小,可灌高昌城北和城西的农田。

宋、元、明三代,有关新疆井渠的资料,目前掌握较少,特别是宋、元两代。至于明代,20 世纪 80 年代普查时,已发现了一批。以新疆坎儿井最多的吐鲁番市为例,在 445 条新旧坎儿井中,历史在 350~500 年的,有 10 多条。应该说,它们都是明朝修建的。

清朝新疆的水利建设很有成就,无论是普通灌渠,还是坎儿井。特别是清朝后期,由于林则徐、左宗棠等人的努力,发展很快。

如前所述,林则徐在远谪回疆期间,曾受伊犁将军布彦泰之命,与喀喇沙尔办事大臣全庆共同建设南疆水利。他们除在那里修建许多明渠外,又大力扩展坎儿井工程,由吐鲁番扩大到托克逊、伊拉里克等地。后来,林则徐虽被清政府调回内地,但他开始的这一扩展坎儿井工作,仍然得到新任的伊犁将军萨迎阿的重视和支持,终于使吐鲁番盆地的官坎,由原来的 30 多条,增加到 100 多条,并使托克逊与吐鲁番一样,成为坎儿井比较密集的地区。在修建官坎的推动下,民间也纷纷修建这种工程。到 19 世纪 60 年代前期,吐鲁番、托克逊的官坎、民坎多至 800 余条,鄯善也有 300 多条。

回疆坎儿井第二次大发展在 1878 年左宗棠粉碎阿古柏入侵之后。由于左氏把恢复、发展回疆水利,作为善后工作的重要内容之一,所以在短短的三年中,当 1881 年他调离回疆时,便已取得了显著的成绩,除修复吐鲁番的官坎外,又在其他一些地方,如连木沁(吐鲁番盆地东部)、鄯善等地,新建官坎 185 条。当时百姓重建民坎的积极性也很高。10 年以后,连木沁以西的吐鲁番盆地上,建成的"坎尔以千百计"。

清朝新疆坎儿井的发展,虽然与林则徐、左宗棠等一批官吏的推动有关,但是更主要的是当地维吾尔族、汉族、回族等人民辛勤劳动的结果。其中维吾尔族人民的贡献尤大,可以说大部分的坎儿井,都是他们穿凿的。

不仅如此,研究者认为,坎儿井工程的重要结构之一——涝坝,也是维吾尔族人民创造的。古代的井渠,主要由暗渠、竖井、明渠三部分组成。维吾尔族发展了坎儿井的结构,又增加了"涝坝"。涝坝是维吾尔语,其含义与汉语中的蓄水池相当。涝坝具有三个重要的作用。一是蓄水:它位于暗渠的出口处,可将冬季从暗渠中流出的水存储于此。新疆冬季气温太低,农业生产停顿,而坎儿井却在继续出水。涝坝便可将冬水存储起来,供来春使用。二是晒水:这里的地下水,主要来源是融雪,水温很低,如从暗渠引出,立即循明渠灌溉农田,低温便会严重影响庄稼发育。引出的水,只有先存储在涝坝中,经过晾晒后,再灌溉农田,才利于作物生长。三是便于统一调配农田用水:涝坝的创建,使坎儿井工程更臻完备。

目前,吐鲁番和哈密两盆地的坎儿井共约 1000 多条,暗渠的总长度约 5000 千米,可与历史上的万里长城和京杭大运河媲美。

案例 7-3:瓜达尔港

在 2001 年五月份,我国就同巴基斯坦签署了中国政府援助建设瓜达尔深水港一期的工程项目,并于 2002 年 3 月开始援助巴基斯坦修建瓜达尔港。

在项目建设的过程中,充满了各种挑战,因为,它的地理位置是在山区或丘陵地带修建的,需要处理大量的土石,同时,还有着软土、溶洞、断层等不良的地质条件。再加上巴基斯坦夏天高温、冬天严寒,并且存在多雨、大风等极端天气,这些都会是影响施工进度和质量的因素。

而且,当时的我国在技术上也面临一定的难题,例如,在一些特殊结构或先进技术的应用等方面可能会有技术挑战。并且,像在一些偏远地区修建工程时,也可能会面临建筑材料运输困难,所带来的建筑材料、机械设备等资源的短缺或者供应不足。除此之外,想要进行这么大的一个工程,需要涉及很多专业以及施工团队。同时,在施工时还存在着众多安全问题,如高空作业、电气作业等多种危险因素。

思考与讨论

1. 简述水利工程应遵循的伦理原则。

2. 查阅相关资料,如何防范水利工程风险,有哪些手段和措施?

第8章

生命与医药工程的伦理问题

引导案例："基因编辑婴儿"案件

1. 基本情况

2018 年 11 月 26 日，一项震惊世界的科研事件——"基因编辑婴儿"事件，让全球的目光聚焦在中国深圳。南方科技大学副教授贺建奎对外宣布，一对名为露露和娜娜的基因编辑婴儿在中国诞生。该团队利用基因编辑技术，对双胞胎的一个基因(CCR5)经过修改，她们出生后即能天然抵抗艾滋病病毒(HIV)。这起事件却引发了巨大的争议和质疑，不仅在国内引起了轩然大波，也引发了国际社会的广泛关注。

"基因编辑婴儿"指通过基因编辑技术修改人体胚胎、精子或卵细胞细胞核中的 DNA (脱氧核糖核酸)后生下的婴儿。南开大学生命科学学院副院长陈凌懿认为，"CCR5 承担着重要的生物学功能，通过对小鼠进行实验证明它对心血管、造血系统、免疫系统等都可能带来重大影响，敲掉它甚至导致一些病毒的感染更严重，孩子的健康将会受到严重威胁。除此之外，由于艾滋病病毒的高变性，很多变种不依赖于 CCR5，也就是说敲除了 CCR5 的基因编辑婴儿只能防御部分艾滋病病毒变种，而无法达到所谓天然抵抗艾滋病的目标"。随即，广东省对基因编辑婴儿事件展开调查。

2. 案件分析

1) 安全隐患

贺建奎宣称使用 CRISPR/Cas9 技术敲掉人类胚胎里的 CCR5 基因，原理是该基因被认为是 HIV 病毒入侵细胞的主要辅助受体之一。简单来说，敲掉它，HIV 病毒就找不到入侵并最终感染人体的机会。然而实际上，CRISPR/Cas9 技术是存在不确定性的。基因编辑技术的风险主要表现为"脱靶效应"(即未能达到预先设定的目标)、"嵌合效应"(即形成不同遗传性状嵌合或混杂表现的个体)。脱靶效应和嵌合效应会导致基因编辑效果随机，造成更不可预期的基因突变，使得被编辑对象的功能紊乱甚至完全丢失。

美国政府机构"国家人类基因组研究所"(NHGRI)认为，除非通过研究确认种系基因组编辑技术足够安全，它不应该被用于临床生殖目的。在解决安全问题之前，潜在益处不得被用于证明人类种系编辑的正义性。这是国际学术界的共识,而贺建奎的人体胚胎基因编辑试验,如果真实存在的话,毫无疑问违背了国际学术界的共识。

2)知情同意

知情同意(Informed Consent),顾名思义,指的是受试者对他们(以及他们的未来子女)即将经历这一场试验的优势和劣势、收益和风险全面知情,然后同意试验者对自己进行试验。《自然》杂志刊登过一篇名为《不要编辑人类种系》的社论。这篇文章及其引用资料,被包括美国 NHGRI 在内的各国广泛采纳,作为立法、行政禁止或不鼓励人类种系编辑的理论来源。文章指出:种系编辑根本不可能取得受试者的同意,严格来讲,受试者是胚胎,而不是其生殖父母。

3)正义与平等

基因编辑很可能会被改造,用于在动物活体上生产人类器官组织。首先这种情况彻底打乱了自然界的规律,会加速摧毁食物链并让地球环境崩溃;进而它还会创造更不敢想象的伦理困境。

在国际上,正义和平等是基石性的理念。它们和其他许多理念一起,定义了许多国家和地区的社会制度,相应地受到这些国家和地区的法律、政策以及公序良俗的保护。

3. 分析思考

随着科学技术的进步,科学伦理建设面临着越来越多的新情况和新挑战,我们要以对人类和生命高度负责的态度践行科学研究中的伦理规范。在新的科研成果不断涌现的今天,科技应用于人的安全性和有效性是我们应该关注的。动物实验与人体实验规范监管的差别在哪?应当遵循什么样的伦理道德?如何让公众有更多的科普知识?怎样才能在科学家、学术共同体和政府之间真正达成共识?这表明有效的伦理教育与示范作用是必需的。

8.1　生命与医药工程伦理学基础

8.1.1　生命与医药工程伦理概念

在当代社会,生命与医药工程作为重要的学科领域,因其涉及人的健康和生命的尊严而备受关注。随着医疗技术的发展和生命科学的进步,生命与医药工程伦理的议题也日益成为社会的关注焦点。生命与医药工程伦理旨在研究和探讨人类在生命健康、医疗治疗领域中所遇到的道德和伦理问题,以便建立出一套规范的伦理准则,保障人类生命和尊严。

生命与医药工程伦理主要涉及基因治疗、干细胞、器官移植等与生命康健有关的伦理问题的学科。它主要涉及人的生命权、生存权以及对于生命的尊重。生命伦理学通过探讨这些伦理问题,来制定相应的准则和指导原则,以确保人们在面对生命伦理困境时能够做出正确的道德决策。生命与医药工程伦理是研究和探讨人类在生命健康、医疗治疗领域中所遇到的道德和伦理问题的一门学科。它包括了生命的起源和终结、人类健康和医疗治疗、生物技术和生命科学、医学研究和实验以及医学教育等方面。它的目的是根据道德原则和伦理准则,确保个体的尊重、权利和自主能力得到保护,同时提高医疗治疗的质量和安全性。

8.1.2 生命与医药工程伦理的历史发展

医药学是中国传统文化中的重要部分,它在古代就已经形成了一整套完善的体系,且有着深厚的历史渊源。作为医药学的代表,中医在中国已经传承了几千年之久,并且作为一种独特的医学体系,它将疾病看作人体的内部平衡失调,通过调整内部的生理和心理,达到治疗疾病的目的。

1. 我国生命与医药工程伦理历史发展

中国古代生命与医药工程伦理的发展分为萌芽阶段、发展阶段、相对完善阶段和提高阶段。

萌芽阶段:早在古代,医疗行为往往与宗教、巫术交织在一起,医者的角色复杂多样。从原始社会晚期到奴隶社会初中期,包括传说中五帝时期和夏朝,医药学的发展特点就是巫医合流。从甲骨文中的卜辞来看,殷商时期人们认为疾病是天神所降或祖先作祟,或是由于蛊毒为害,这显然带有浓厚的迷信色彩。但是,在长期与自然猛兽的斗争中逐渐积累了一些治病的医药知识。在古代社会道德影响下,逐步形成了"以拯夭亡""令民知所避"等医德思想,例如"伏羲制九针""神农尝百草""献身试药"。

发展阶段:从奴隶社会末期至西汉时期,随着天命鬼神观念的动摇和科学文化的进步,人们对鬼神致病的观点产生了怀疑,开始从自然环境与气候变化、七情、饮食起居等方面探讨疾病发生的原因。由于有了文字,中医药知识积累大大增加了,公元前的中国百科全书《山海经》记载有 100 多种中药。春秋战国时期由于出现了中医基础理论《黄帝内经》,使中医药知识得到了普及和提高,并为针灸理论奠定了理论基础,从而使医战胜了巫、中医药在全社会得到普及和提高。此外,当时认为世上万物的生成变化都是神作用的结果。神作用于人体,表现在外的是易观察到的韵、色、形、态,同时包括人的思维活动。

相对完善阶段:秦汉时代,我国出现了第一本药物学专书《神农本草经》。晋代出现了皇甫谧的《针灸甲乙经》,把经络理论与针灸临床密切结合,推进了针灸学的发展。东汉末年张仲景编著的《伤寒杂病论》是我国最早的临床医学著作,该书中对外感伤寒证提出了398 条条文。宋元时代,中医学逐步向专科发展,分为大方脉(内科)和小方脉(儿科)、妇产科、外科、杂病、五官科、眼科、口齿科、正骨科。明代李时珍编著《本草纲目》记载药 1892 种,纠正了历代文献的错漏,被称为"东方医学巨典",并被译成日文、英文、法文、德文、俄文遍传世界各地。

提高阶段:鸦片战争以后,在中国既存在着中国传统医德,也存在着半殖民地半封建社会所特有医德。1926 年《中国医学》刊有中华医学会制订《医学伦理学法典》,全文共 2339个字,其中包括到对普通医疗行为叙述,并论及经验不足中国医生和经验丰富外国护士之间关系,这在 20 世纪早期全世界医德规范中是少有,表达了当初中国所特有医学伦理观。1933 年 6 月上海国光印书局出版了由宋国宾主编《医业伦理学》,这是我国第一部较系统医学伦理学专著。

新民主主义革命时期,在中国共产党领导下,继承我国古代医药学家优良传统,发扬了救死扶伤革命人道主义精神,把爱国主义和国际主义相结合,建立了同志式新型医患关系,使中国医学道德跨入一个新历史阶段。1956 年国务院批准开办中医高等院校,从此,生物医药人才有了高等学历。1981 年 6 月,在上海举行了第一次全国医学伦理道德学术讨论会。1982年国家把发展现代医药和传统医药正式载入宪法总纲第二十一条,传统医药的发展有了法律的保证。1988年10月,全国第五次医学伦理学讨论会暨中华医学会医学伦理学会成立大会在西安召开,标志着中国医学伦理学理论队伍已经形成并走向正规。

2. 国外生命与医药工程伦理历史发展

古埃及的《埃伯斯纸草书》记录了最早的医学知识,显示了当时对疾病治疗的初步尝试。古罗马文件中有许多医学道德规范,如公元前450年颁布"十二铜表法"记载:"禁止将死者埋葬于市之外壁以内"和"孕妇死时应取出腹中之活婴"等。罗马著名医生盖伦继承了希波克拉底体液学说,发展了机体解剖结构和器官生理概念,创建了医学和生物学知识体系。在医德方面,他指出"作为医生,不可能首先盈利,首先从事伟大艺术——医学"。

进入中世纪,随着基督教的影响加深,医疗实践中开始融入更多道德考量。蒙田在《随笔集》中提到:"医生的职责不仅是治愈身体,更是要安抚灵魂。"文艺复兴时期,维萨里等对人体解剖学的研究推动了医学科学的进步,同时也促使医学教育更加注重理论与实践的结合,以及医德的培养。1803年,托马斯·帕茨瓦尔编著《医学伦理学》,标志着医学伦理学形成了一门独立的学科。

19世纪末至20世纪初,随着现代医学体系的形成,一系列医疗伦理准则逐渐成形。《希波克拉底誓言》作为医学生入学誓言,强调了医生对病人的保密义务、不伤害原则等。而20世纪中叶的《纽伦堡法典》及随后的《赫尔辛基宣言》,则是在第二次世界大战期间人体实验丑闻后,对医学研究伦理的全球性响应,明确了人体试验需遵循的伦理标准。

8.1.3 生命与医药工程伦理的原则

生命医学伦理学是研究医学领域中涉及生命和伦理道德的学科,其基本原则是指导医学实践和决策的准则,主要包括尊重原则(respect)、不伤害原则(non-maleficence)、有利原则(beneficence)和公正原则(justice)。

1. 尊重原则

尊重,是指尊重人格尊严和权利。"人"是世界上唯一有理性、有情感、有建立和维系社会关系的能力、有目的性、有价值、有信念的实体。《孝经·圣治章》提到"天地之性,人为贵",《黄帝内经·素问》提到"天覆地载,万物悉备,莫贵于人"。生命伦理原则之一尊重原则,主要包括尊重自主权、知情同意权、保密和保护隐私等,"尊重和保障受试者自主决定同意或者不同意受试的权利,严格履行知情同意程序,不得使用欺骗、利诱、胁迫等不正当手段使受试者同意受试,允许受试者在任何阶段退出受试"。尊重原则是现代生物-心理-社会医学模式和医学人道主义的必然要求和具体体现。医生要尊重患者的自主性,包括自主知情、自主同意、自主选择等权利,医务人员实现自主原则,必须处理好病人自主与医方自主之间的关系,尤其要正确运用医疗干涉权。对病人的隐私,要实施保密原则,否则泄露出去会给病人造成身心上的伤害,病例和各项检查报告、资料不经本人同意不能随意公开。

2. 不伤害原则

不伤害原则是生命与医药工作人员应遵循的基本原则。但是不伤害原则对患者而言,做不到绝对不伤害,很多的检查和治疗即使符合适应证,也会给患者带来生理或心理上的伤害。作为医务工作者需强化以病人为中心的动机和意识,恪尽职守,尽可能避免对患者身体、精神上的伤害和经济上的损失,将伤害控制在最低限度以内。

3. 有利原则

有利原则的目的是保护患者的利益、促进患者的健康、增进患者的幸福感。以真诚关心病人的生命和健康为核心利益,努力使病人受益,实现与社会公益的有机统一。

4. 公正原则

公正原则是指在诊疗服务中公平、公正地对待每一位病人的伦理原则,要求做到人际交往公正和资源分配公正。根据病人的病情需要、治疗价值、既往和预期贡献、家庭地位和作用、对医学发展的意义、治疗后的可能生存期限来进行考量。

8.2 基因工程药物及基因治疗伦理

随着人类基因组的破译,基因工程药物在临床上的使用面越来越广。基因技术的快速发展也使人们对于自身的认识提升了一个台阶,一些以前被认为无解的病因难题,在基因工程技术的支持下,其神秘的面纱正在被一层层揭开,人们期待着基因工程药物能够治疗更多的病症,为人类的健康生活提供服务。

基因治疗是通过修饰活细胞的遗传物质进行医学干预,可以预防、治疗、诊断和缓解人类疾病。基因治疗分为单基因疾病治疗、多基因疾病治疗和获得性基因病治疗。根据治疗对象分为体细胞治疗和生殖细胞治疗。基因编辑技术是一种随意截取和编辑基因的技术,可以根据需要进行基因的敲出、加入或定点突变。然而,基因治疗和基因编辑都引发了伦理问题,包括是否违背自然法则、是否支持优生主义以及可能出现的遗传缺陷等。因此,我们需要不断思考和研究如何规范和解决这些问题。

8.2.1 基因工程药物及伦理思考

生物技术的核心就是基因工程,基因工程技术最成功的应用就是研制用于生物治疗的基因工程药物(Genetically Engineered Drug)。在基因工程药物生产之初,先确定对某种疾病有预防和治疗作用的蛋白质,然后将控制该蛋白质合成过程的基因取出来,将这些具有应用价值的基因即"目的基因"作为起始材料,通过基因切割、插入、重组等技术实现遗传物质的重新组合,借助质粒等特定载体转移到新的宿主细胞中,如大肠杆菌、酵母菌或哺乳动物细胞等,这里所谓的特殊载体是能将切割或重组后的这段基因片段的功能发挥出来,通过这些宿主细胞快速复制和繁殖经过分离提纯后获得其表达的蛋白质物质。基因是 DNA 分子上的一个特定片段,因此基因工程又称为 DNA 分子水平上的生物工程。其技术体系是为利用生物有机体(如微生物)或其组成部分(如细胞)发展新产品或新工艺的技术体系。

基因工程药物大致分为 10 类: DNA 药物、基因重组激素、基因重组细胞因子、基因重组溶血栓药物、基因工程抗体、反义核酸药物、基因工程重组蛋白药物、基因工程血液代用品、siRNA 基因治疗药物以及 RNAi 基因治疗药物。

1. 基因工程药物发展简史

1953 年,Watson 和 Crisk 对 DNA 的双螺旋结构进行了阐述,到 1965 年 Sanger 发明了氨基酸测序,随后发明了氨基酸测序法,20 世纪 60 年代则发现了可以作为基因载体的质粒,直到 1972 年人类基因重组技术的诞生,人类的生命科学进入了一个崭新的领域,为以后基因工程的发展和基因工程药物的出现奠定了基础。Berg P 和 Cohen 等实现了第一次

DNA体外重组,从此诞生了生物工程。基因工程的诞生实现了物种间的基因交流,打破了物种间的界限,能够在实验室内对生物实现直接的改造。1982年美国礼莱公司将重组人胰岛素投放市场,实现了人类第一个基因工程药物的市场化,而人工干扰素的问世和临床使用则实现了基因工程药物的产业化。

2. 基因工程药物应用过程中产生的伦理问题

开发基因工程药物往往需要巨大投入,而效益很小,投入受益比例失衡;小规模试验的情况下原本是安全的供体、载体、受体等实验材料,在大规模生产时完全有可能对人和其他生物及其生存环境产生危害。例如,在实验室合成的工程微生物一旦泄漏到实验室以外,就有可能导致基因漂移和基因污染,有可能产生对人类危害极大的新物种,对生态平衡和生物多样性产生巨大损害。如美国的"星联玉米事件"、加拿大的"转基因油菜超级杂草"、墨西哥的"玉米基因污染事件",这些事实证实基因污染的威胁不可忽视。

1) 药物的试验问题

作为新生药物体系的基因工程药物存在极大的潜在的风险。因此,在进行药物临床试验时,要严格按照程序进行,要特别尊重受试者的权利,尤其是知情同意权。否则就很可能就会出现一些违反伦理道德的事件。例如美国公共卫生署的约翰·查尔斯·卡特勒博士主持的危地马拉梅毒试验,在危地马拉对696个梅毒病毒感染者在不知情的情况下进行治疗,约有1/3的感染者尚未得到有效治疗。60年后,危地马拉总统将该试验称为"违背人性的犯罪"。

2) 药物的使用问题

在基因工程药物使用过程中很可能在使用后产生无法预料的潜在危害。例如基因工程药物是否含有对人体有害的未知毒素,是否会引起新的过敏反应,是否引起人体对抗生素的耐药性的增加,是否会破坏人体免疫系统等;基因工程药物价格比较高,非一般公众所能长期承受,这种医疗资源和资金不公平的分配,将加重社会的不平等现象并增加其不稳定因素。由于受药者首先要将自己的"遗传隐私"公布于医生,人们担心由此而导致的个人信息公开化将会对自己在求职、婚姻、保险甚至人际交往方面产生不利的影响。

3) 基因工程药物的安全问题

例如DNA疫苗使用,质粒DNA注入体内可能会产生因向体细胞基因组插入突变片段从而激活癌基因现象;可能使机体长期表达外源蛋白从而引起病理性免疫反应,也有可能会产生导致机体对该抗原的免疫耐受或麻醉——可能激发宿主体内高水平抗DNA抗体,从而诱发自身免疫应答;可能使体内合成的抗原引起不必要的生物学活性。

8.2.2 基因治疗的伦理原则

1. 公开透明原则

公开透明原则是指开发新技术的全部流程要以易于利益相关者获得和理解的方式来公开和定期及时地共享信息。基因编辑技术的公开透明度原则是指科研工作者把具体研发的项目上报给相关监督部门审核,一些不涉及技术机密的实验小环节可以向广大群众展示,并且对百姓进行科普工作。基因编辑技术研究者要以大众理解和接受的方式披露和分享信息。对于基因编辑技术应用,应该尽可能及时公开相关信息,让关心基因编辑技术的人们得以了解技术的进展情况。

2. 科研诚信原则

近年来,各种媒体纷纷谈论起"偷来的病毒""困境中的科学""伪造的结果""举报人""科学骗局""不端行为调查"。

诚信具有"完整""可靠"的含义,甚至有着"完美"的意思。科研诚信,顾名思义是科学研究要以信任与诚实作为基础。科学诚信就是要遵守不仅是实验室要以最高研究标准,而且临床医学也要最高的标准来执行,保证研究过程同国际专业标准保持一致性。落实科研诚信,就要保证做到优质的实验设计和分析,研究人员对研究方向和数据进行严谨的审查和评估,保证基因编辑技术研究进程公开透明,及时纠正研究进程众多的错误和带有误导性的数据等。贺建奎进行的"基因编辑婴儿"试验,其技术应用失当的原因在于严重缺乏对风险的科学评估验证;违反国家相关部门出台的关于基因相关研究的系列政策、法规和管理办法,违反科研伦理规范和程序;将基因编辑婴儿置于不可预知的健康风险之中。

3. 技术公平原则

技术平等原则是指要使用高新技术来使得社会资源平均分配,要合理规避风险和分享技术带来的利益,把技术以同等的方式来对待并且回馈给每一个公民。就基因编辑技术而言,是指要公平的分配技术资源和平等地获取基因编辑技术带来的益处,并且要认可个体的人格尊严,认同每个人选择的基因编辑技术的必要性并且尊重个人对于技术的选择权和使用权。每个人拥有不可替代的道德价值,人类种族没有高低贵贱,所有人都应该拥有同等地使用技术使自己变得更好的权利。每个人都是有价值的体现,可以平等地利用基因编辑技术提高自身的幸福指数和生活质量。

4. 跨国合作原则

跨国合作原则是指虽然各国的政治文化、经济形态和社会制度均有差异,但在全球各类国家都有责任在平等互利的基础上,对经济、医学、科学和技术等各种领域进行互帮互助,并且合作是多领域、多方向的。跨国合作要尊重不同国家的政府政策,要进行严格的监管标准和工作流程程序的合作,尽最大努力进行技术资源的共享。就基因编辑技术的跨国合作而言,科学技术的发展是没有国界的,首先要严格遵守各个国家对于基因编辑技术的政策规定。

其次要学会相互借鉴和协调管理标准和办事程序,"以物为本"是中国科研管理的主要理念。围绕着"物"的管理展示出科研经费应该怎么使用、如何防止资金的流失、怎么样充分利用科研设备的效用等,缺乏激励机制即激发科研工作者的工作热情和技术创新精神。西方国家是"以人为本"展开科研活动的,美国、欧洲、日本等国的研究所经费支出约35%是用来激励科学工作者的,有的国家甚至更多。

5. 增进福祉原则

增进福祉顾名思义就是让人类生活幸福愉悦、老百姓有满足感,正如习近平总书记所言,要坚持以人民为中心的发展思想,这也是马克思主义政治经济学的根本立场,旨在坚持把增进人民福祉、促进人的全面发展、朝着共同富裕方向稳步前进作为经济发展的出发点和落脚点。通过基因编辑技术使百姓拥有幸福感、满足感。增进福祉就是为受疾病折磨或者潜在受疾病影响的人群提供治疗,并且健康人类可以预防疾病带来的伤害,即生命伦理的有利和无害原则。基因编辑技术确实在整体上提高了人类在自然界的生存竞争能力,对人类的文明昌盛起到至关重要的作用,也是人类进步的基础。

8.2.3　基因治疗的规制

1．人类基因编辑的法律规制

人类基因编辑必须从法律层面予以规制。1997年联合国教育、科学及文化组织通过了《世界人类基因组与人权宣言》，强调任何有关人类基因组及其应用方面的研究都必须以尊重人的尊严为前提。各国为了有效禁止人类基因编辑技术的使用，制定了相关的法律。例如，1990年英国通过了《人类受精与胚胎法》。1990年德国制定了《胚胎保护法》，禁止人类胚胎的克隆，同时也禁止将克隆胚胎转移到妇女体内。2000年日本制定了《关于人类相关克隆技术等的规制的法律》（2014年5月1日最新修改），通过采取措施禁止克隆胚胎移植于人或动物体内，防止克隆人及杂交个体或类似个体的生成。虽然我国有相关基因方面的规定或者管理办法，但散见于国务院的暂行办法或者有关部委的管理办法，还不够系统、全面，没有上升到法律的高度，效力远远不够。正是由于我国人类基因编辑有关的法律尚未制定，才发生了不该发生的贺建奎基因编辑婴儿事件。通过这类事件我们需要进行深刻反思，从中吸取教训并引以为戒，应该尽快制定相关法律，对人类基因编辑增强工程或相关试验予以全面禁止，明确基因治疗与基因增强之间的界限，规定科研机构和医疗机构及其研究人员相关的权利和履行的义务，规范科研工作者和医疗工作者有关基因方面的治疗和试验，切实保护人的尊严和人的基本权利。

2．人类基因编辑的伦理规制

人类基因编辑必须从伦理道德层面予以规制。"一个道德标准的发现肯定会帮助我们解答一些使人苦恼的道德问题。我们并不总是知道什么是正当和不正当，我们必须反省自己的行为，我们需要一个衡量行为的标准或理想。"没有伦理的审视，没有道德的约束，我们的生活将会成为为所欲为者的借口，成为肆无忌惮者的通行证。

从我国传统伦理、西方伦理、马克思主义伦理维度对人类基因编辑予以审视，使我们深刻地懂得生命伦理学的基本原则同样适用。一是不伤害原则，消除伤害，避免恶的行为。不伤害原则在道德规则上体现为"不要对他人造成痛苦""不要冒犯他人""不要剥夺他人的生命"等。二是行善原则，我们有积极的义务实施"好"的行为，达到"好"的结果，促进善，促进幸福。"不伤害"是一种消极责任，"行善"是一种积极责任，在道德层面，履行消极责任优先于履行积极责任。三是尊重自主性原则，尊重他人，尊重他人的选择，让他人知情同意，能够理解别人所透露的全部信息，并且同意是自愿的，没有别人的强迫，在掌握所透露的信息的基础上完全按照自己的意愿行动，达到自己所预想的结果。四是公正原则，平等地尊重每个人的基本权利和每个人的尊严，平等地分配资源、福利、义务等。

8.3　干细胞与克隆伦理

8.3.1　干细胞和克隆研究

干细胞和克隆技术是生命科学领域的重要分支，它们在疾病治疗、再生医学、生物制药等方面展现出巨大的潜力和应用前景。

干细胞是一类具有自我更新和多向分化能力的细胞，可以分化成多种类型的细胞，甚至形成完整的器官。根据干细胞的来源和分化潜能,它们可以分为胚胎干细胞(ESC)和成体干细胞(如造血干细胞、神经干细胞等)。胚胎干细胞具有形成所有成年细胞类型潜力的全能干细胞,而成体干细胞则通常只能分化为特定类型的细胞。近年来,诱导多能干细胞(iPSC)的出现为干细胞研究开辟了新的道路,这些细胞通过重新编程成熟细胞获得,具有与胚胎干细胞相似的多能性,但避免了伦理争议。

克隆技术则是指通过体细胞进行的无性繁殖,以及由无性繁殖形成的基因型完全相同的后代个体组成的种群。克隆技术的发展经历了微生物克隆、生物技术克隆和动物克隆三个时期。克隆技术的应用包括抢救濒危动物、扩大良种动物群体、提供试验动物、推进转基因动物研究、攻克遗传性疾病、研制新药、生产可供人移植的内脏器官等。

干细胞和克隆技术的研究与应用在医学领域具有革命性的意义。例如,干细胞疗法已经用于治疗某些类型的癌症、血液疾病、糖尿病、心脏病等。克隆技术则为培养具有特定遗传特性的动物提供了可能,有助于药物测试和器官移植。然而,这些技术也面临着伦理、法律和社会接受度等挑战,需要在确保安全、有效和符合伦理的前提下谨慎推进。干细胞和克隆技术在医学上的应用前景非常广阔。例如,干细胞可以用于治疗白血病、免疫系统疾病等过去难以医治的疾病,还可以用于再生医学,如治疗阿尔茨海默病、修复衰老器官等。克隆技术则可以用于复制濒危物种、生产转基因动物,以及在医学上生产可供人移植的内脏器官等。

然而,这些技术也面临着伦理和道德的挑战。例如,克隆人类可能会引发关于个体身份、家庭关系以及人类尊严的复杂问题。干细胞研究,尤其是胚胎干细胞的研究,也涉及关于生命起始和尊重生命的伦理讨论。

8.3.2　干细胞与克隆的伦理问题

干细胞研究和克隆技术在伦理上引发的争议主要集中在以下六方面:

1. 胚胎的地位和生命尊严

干细胞研究,尤其是胚胎干细胞研究,涉及胚胎的获取和使用。这引发了关于胚胎是否应被视为具有与成熟人类相同权利和尊严的生命的讨论。一些观点认为,胚胎在某个发展阶段前不具有与成熟人类相同的道德地位,因此可以用于研究。然而,也有观点认为,从受精的那一刻起,胚胎就应被视为具有人类尊严的生命,因此任何破坏胚胎的行为都是不道德的。

2. 治疗性克隆与生殖性克隆

治疗性克隆旨在产生用于医疗目的的胚胎干细胞,而生殖性克隆则旨在创造与供体基因相同的个体。虽然许多国家和组织反对生殖性克隆,但对于治疗性克隆的立场则更为宽容。但是,也会有担心治疗性克隆可能会滑向生殖性克隆,因此要求对两者都进行限制。

3. 伦理审查和监管

随着干细胞研究的深入,伦理审查和监管变得尤为重要。研究机构和政府需要确保研究遵循严格的伦理准则和程序,以保护人类尊严和权利。例如,中国的《干细胞临床研究管理办法(试行)》要求对干细胞临床研究项目进行独立的伦理审查,并规定干细胞的来源和获取过程必须符合伦理。

4. 文化差异和伦理观念

不同文化和社会对干细胞研究的接受程度不同。一些文化可能更加重视生命的尊严和胚胎的保护,而其他文化可能更看重科学研究和医疗进步的潜力。这种差异导致了全球范围内对干细胞研究的不同态度和政策。

5. 公众参与和透明度

公众对干细胞研究的理解和接受程度对政策制定有重要影响。因此,提高研究的透明度,鼓励公众参与讨论和决策过程,对于确保研究的伦理性和公众信任至关重要。

6. 科技发展与伦理的平衡

科技发展与伦理之间的关系需要不断审视和调整。在追求科学进步的同时,必须考虑到研究对人类价值和社会伦理的影响,以确保科技的发展能够造福人类而不是造成伤害。

这些争议反映了干细胞研究和克隆技术在推动科学进步的同时,也对社会的伦理标准提出了挑战。因此,需要在科学探索和伦理审查之间找到平衡,确保科技发展能够造福人类,而不是损害人类的伦理价值。

8.3.3 干细胞与克隆技术的政策与管理

干细胞技术和克隆技术是当今生物医学领域的重要前沿技术,它们在治疗多种疾病和改善人类健康方面具有巨大的潜力。然而,这些技术也引发了伦理、法律和社会问题,因此需要严格的政策和管理来确保其安全、有效和伦理的应用。我国在这一领域的政策和管理也在不断发展和完善,以促进科学研究的健康发展,同时确保伦理和法律的界限得到尊重。

自 2006 年起,干细胞研究技术被纳入国家重大科技战略发展计划。随着相关政策的发布,如《干细胞临床研究管理办法(试行)》等,干细胞行业逐步建立了行业规范,促进了行业的健康发展。中国国家卫生计生委与食品药品监管总局共同制定了《干细胞制剂质量控制及临床前研究指导原则(试行)》,以加强干细胞制剂和临床研究质量管理。科技部、教育部、工业和信息化部、国家卫生健康委等十部门联合印发《科技伦理审查办法(试行)》,实现科学研究和技术开发活动的全过程伦理监管。国家药品监督管理局发布《人源干细胞产品药学研究与评价技术指导原则(试行)》,为干细胞产品药学研究提供技术建议。

在伦理和法律方面,我国对干细胞研究和克隆技术的应用有着明确的立场。我国政府反对生殖性克隆,但支持治疗性克隆研究。相关法规如《人类辅助生殖技术规范》和《人胚胎干细胞研究伦理指导原则》等,为干细胞研究提供了伦理指导。同时,相关部门也在努力完善相关立法,以确保科技伦理问题得到妥善处理。

我国的干细胞监管体系经历了多次调整,目前形成了药品监管部门和卫生健康管理部门的双重监管体系。干细胞产品按药品进行管理,而干细胞临床研究则由卫生健康管理部门监管。这种双重监管体系旨在确保干细胞研究的规范性和安全性。

干细胞和克隆技术的发展需要在政策和法规的框架内进行,以确保这些技术的应用既科学又符合伦理。中国在国家和地方层面都出台了一系列政策和法规,以促进干细胞技术的研究、开发和临床应用,同时确保其安全、有效和伦理。这些政策和管理措施为干细胞技术的发展提供了指导和保障,有助于推动这一领域朝着更加健康和可持续的方向发展。

8.4 器官移植伦理

8.4.1 器官移植概述

器官移植是一种通过手术将病损的器官替换为健康的器官,它涉及将一个健康的器官从一个个体(供体)移植到另一个需要替换病变或衰竭器官的个体(受体)体内,以治疗器官衰竭或多种致命疾病,如肾功能衰竭、肝硬化、心脏疾病和某些类型的癌症。它是一种公认的治疗严重和危及生命的疾病的最佳且往往是唯一的救命疗法。器官移植的类型包括心脏、肺脏、肝脏、肾脏、胰腺和肠道等器官的移植。器官移植是一种生命延续的医学奇迹,这种手术可以挽救那些因器官衰竭而生命垂危的患者,提高他们的生活质量,并在许多情况下,使他们能够延长生命。

现有的手术手段可以完成多种器官的移植,器官移植的种类包括:自体移植、同种异体移植和异种移植。器官移植现在也面临多种挑战,如供体短缺、排斥反应以及伦理和法律问题等。随着科技的进步,再生医学、3D 生物打印和基因编辑等新技术为器官移植领域带来了新希望,未来可能实现定制化器官和减少排斥反应。尽管如此,器官移植仍然是一个涉及复杂医疗程序、伦理考量和社会资源分配的领域。

8.4.2 器官移植引发的伦理问题

我国在器官移植方面有着严格的法律法规,以确保捐献和移植的合法性、伦理性和公正性。《人体器官捐献和移植条例》规定了器官捐献和移植的自愿、无偿原则,以及相关的监督管理措施。此外,中国还建立了人体器官捐献和移植工作体系,推动器官捐献,规范器官获取和分配,提升移植服务能力,并加强监督管理。

器官移植技术的发展在挽救生命的同时,也引发了一系列伦理问题和争议,主要包括以下 5 方面:

1. 器官来源的伦理问题

器官移植的主要来源包括活体器官、尸体器官、胎儿器官、异种器官和人工器官。活体器官的来源受到配型等限制,而尸体和胎儿器官的捐献数量较少。异种器官和人工器官尚处于研究阶段。西方国家通过建立器官捐献体系和鼓励公民捐献器官来解决器官短缺问题,如荷兰和英国的器官捐献活动。美国则推出了推定同意的器官捐献方式,即除非个人明确反对,否则推定公民同意死后捐献器官。

2. 脑死亡的伦理问题

脑死亡标准的确立对于器官移植具有重要意义,因为它允许在脑死亡后摘取器官,从而提高器官的活力和移植成功率。然而,脑死亡与传统的死亡判断标准存在差异,导致许多人难以接受。在中国,脑死亡的概念尚未被广泛接受,部分原因是受到传统文化和中医观念的影响。

3. 利用死刑犯捐献器官的问题

一些国家曾使用死刑犯的器官进行移植,但这种做法引发了伦理争议。反对者认为,死刑犯可能无法真正自愿地同意捐献器官,且在传统观念中,死刑犯被视为"可耻"的犯罪分子,这可能导致他们的器官被不公正地利用。

4. 异种器官移植的伦理问题

为了解决人体器官短缺的问题,科学家们研究了从动物(如猪)身上获取器官的可能性。然而,异种器官移植涉及动物福利、人的同一性和完整性、群己关系以及公共卫生资源分配等问题。例如,动物福利问题关注的是以何种方式和在多大程度上利用动物作为器官供源是伦理上可接受的。

5. 器官移植经费与买卖问题

由于器官捐赠的缺乏,器官买卖现象时有发生。世界卫生组织和中国卫生部都明确规定禁止器官买卖,以维护人的尊严和防止道德滑坡。然而,仍有观点认为,在某些情况下,如为了解决贫困问题,有偿器官移植可能是可以接受的。

这些伦理问题和争议需要通过法律、伦理和社会的共同努力来解决,以确保器官移植技术能够在尊重个体权利和尊严的基础上,为更多患者带来福音。

8.4.3 器官移植的伦理原则与保障措施

器官移植的伦理原则和保障措施是确保这一医疗实践符合道德标准和法律规定的重要组成部分。以下是一些关键的伦理原则和保障措施。

1. 伦理原则

自愿无偿原则:人体器官捐献应当遵循自愿、无偿的原则,任何组织或个人不得强迫、欺骗或利诱他人捐献人体器官。

知情同意原则:捐献者或其合法代理人应当对捐献器官的决定提供明确的知情同意。对于活体器官捐献,需要确保捐献人了解所有潜在的风险和后果。

控制风险原则:在活体器官捐献中,必须确保捐献人因捐献器官而可能遭受的风险最小化,同时保证不会损害捐献人其他正常生理功能。

公平公正原则:器官的分配应基于医疗需要,遵循公平、公正和公开的原则,不得因医学、伦理学因素以外的其他因素干扰伦理审查。

保护隐私原则:必须保护人体器官捐献人和移植接受人的隐私,除法律法规规定的情形之外,未经授权不得向第三方透露他们的个人信息。

2. 保障措施

伦理审查:所有器官移植活动都应通过伦理委员会的审查,确保符合伦理原则和法律规定。伦理委员会应由医学、法学、伦理学等方面的专家组成,并独立、透明、及时、有效地开展工作。

合法性和监管:医疗机构开展人体器官移植必须遵守相关法律法规,包括《中华人民共和国医师法》和《人体器官捐献和移植条例》等,并受到国家卫生健康委和省级卫生健康行政部门的监管。

质量控制和评估:医疗机构应建立人体器官移植技术临床应用的医疗质量和医疗安全保障制度,定期进行安全性、应用效果和合理使用情况评估。

教育培训:所有参与器官移植的医务人员,包括医生、护士和协调员,都应接受相关的法律法规、规章制度及专业伦理知识培训。

法律责任:对于违反器官移植相关法律法规的行为,将依法追究责任,包括刑事责任、行政处罚和民事责任。

这些原则和措施旨在保护捐献人和接受者的权利,确保器官移植的公正性和透明度,同时防止滥用和非法交易。通过这些规定,可以最大程度地维护伦理标准,保护公众利益,并促进器官移植技术的发展和应用。

8.5 动物实验与人体实验伦理

8.5.1 动物实验与动物权利

动物实验,作为科学研究的重要手段之一,尤其在生物医学、药物研发等领域发挥着不可替代的作用。然而,每一次实验都涉及生命的介入,因此如何在追求科学进步的同时,确保实验的合理性和动物的权益,成为了社会广泛关注的焦点。

1. 明确动物实验的必要性

在许多情况下,由于人体实验的伦理限制和实际操作难度,科学家们不得不借助动物模型来探索生命奥秘、验证新药物或治疗方法的有效性。例如,在研发新冠疫苗的过程中,科学家们就通过小白鼠等动物模型,初步评估了疫苗的安全性和有效性,为后续的人体临床试验奠定了基础。这一过程不仅加快了疫苗的研发速度,也最大限度地保障了人类健康。伦理上,动物实验遵循着 Replacement(代替)、Reduction(减少)和 Refinement(优化)(即 3R 原则)的基本原则。

Replacement(代替):倡导应用无知觉材料替代有知觉动物的方法。包括低级动物代替高级动物、小动物代替大动物;用组织学实验代替整体动物实验;用分子生物学方法替代动物实验;人工合成材料替代动物实验;利用数学及计算机模拟动物各种生理反应替代动物实验;用物理、化学和信息技术方法代替实验动物的使用等。

Reduction(减少):指在保证获取一定数量与精确度的信息前提下,通过选择优质量动物、改进实验设计、规范操作程序等,达到动物使用数量的最少化。

Refinement(优化):使用动物时尽量减少非人道程序的影响范围和程度。优化饲养方式和实验步骤,在动物正常状态下取得真实可靠的实验数据。实验同时,避免或减轻给动物造成的与实验目的无关的疼痛和紧张不安。

2. 实验前的伦理审查与准备

任何一项动物实验在启动前,都必须经过严格的伦理审查。这一环节通常由独立的伦理委员会负责,成员包括科学家、伦理学家、动物保护人士等,他们共同评估实验的必要性和合理性,确保实验设计符合伦理原则和法律法规。伦理审查的核心在于平衡科学进步与动物权益。审查过程中,会详细询问实验目的、预期成果、动物种类及数量、实验方法、动物福利保障措施等内容。例如,实验人员需说明为何选择特定动物种类,这些动物如何获得,饲养环境是否符合标准,实验过程中将如何减轻动物痛苦,以及实验结束后动物将如何处理等。只有通过全面、客观地评估,确保实验方案既科学又人道,才能获得伦理委员会的批准。

3. 实验过程中的动物福利保障

在实验过程中,保障动物福利是伦理考量的重要方面。这包括提供适宜的饲养环境、合理的饮食安排、必要的医疗保健以及减轻动物痛苦的措施。饲养环境方面,实验动物应享有清洁、干燥、通风良好的住所,足够的活动空间,以及适宜的温度和湿度;饮食安排上,应根据动物种类和实验需求提供营养均衡的饲料和清洁的饮水;医疗保健方面,应定期对实验动物进行体检,及时发现并治疗疾病,防止交叉感染。减轻动物痛苦是实验伦理的核心。在实验开始前,应选择合适的麻醉方法,确保动物在无痛状态下接受操作。实验过程中,应尽量减少对动物的创伤和刺激,避免不必要的重复实验。同时,应密切关注动物的行为变化、生理指标等,一旦发现异常应及时调整实验方案或终止实验。

4. 实验后的动物处理与伦理反思

实验结束后,对动物的处理同样需要遵循伦理原则。对于不再需要的实验动物,应根据其健康状况和实验要求采取合适的处理方式。例如,对于健康状况良好的动物,可以考虑将其放回自然或转至动物保护机构;对于因实验而受到严重伤害的动物,则应给予人道终结。此外,实验人员还应进行伦理反思,总结经验教训。他们应思考实验过程中是否存在可以改进的地方,如何在未来的实验中更好地保障动物福利,以及如何将实验成果转化为对人类有益的实际应用。这种反思不仅有助于提升实验的科学性和人道性,也有助于促进社会对动物实验的理解和支持。

在探讨动物实验和动物权利时,我们不难发现,这是一个涉及科学、伦理、法律和社会多个层面的复杂问题。它既需要科学家们严谨求实的科学态度和创新精神,也需要伦理学家们深邃的人文关怀和道德判断;既需要法律法规的规范约束和保障支持,也需要社会各界的广泛参与和共同努力。

8.5.2 动物实验的基本规范

动物实验的基本规范涉及伦理、科学性和法律合规性等方面,旨在确保实验动物的福利,同时保证实验的科学性和有效性。

(1) 伦理原则:实验动物的使用应遵循 3R 原则、Replacement(代替)、Reduction(减少)和 Refinement(优化),以最小化动物的使用数量和减轻动物的痛苦。

(2) 法律合规性:实验动物的使用必须遵守国家相关法律法规,如《实验动物管理条例》等,确保动物实验的合法性。

(3) 设施环境:实验动物的饲养和实验环境应满足国家标准,如《实验动物 环境及设施》(GB 14925—2023),为动物提供适宜的温湿度、光照、噪声等条件。

(4) 饲养管理:实验动物的饲养应遵循科学合理的操作技术规程,确保动物健康和福利。

(5) 人员培训:实验动物从业人员应接受专业培训,了解相关法律、法规及规章制度,熟悉实验动物学专业基础理论知识和专业技能。

(6) 实验操作:实验操作应遵循标准操作规程(SOP),确保实验的科学性和重复性。

(7) 生物安全:实验动物设施应符合生物安全要求,防止病原体的传播和交叉污染。

(8) 废弃物处理:实验动物的尸体和废弃物应进行无害化处理,确保环境安全。

(9) 监督检查:应定期对实验动物设施和实验操作进行监督检查,确保规范的执行。

(10) 福利伦理审查:实验动物项目应通过福利伦理审查,确保动物实验的合理性和必要性。

8.5.3 动物实验的控制和管理

国家采取了一系列的措施,对实验动物进行管理和质量控制,明确管理职责、制定管理办法和实施细则,从实验动物种子资源、生产和使用的设施设备、从业人员、饲料营养和质量检测等都做出了具体规定和要求,目的是保证实验动物的质量,使动物试验的结果准确可信,更好地服务于我国经济建设和科学研究。

1. 实验动物质量管理法规与规范性文件

实验动物管理条例是目前全国范围内实验动物管理工作的最高法律文件,首次以法规形式全面规范了实验动物及其管理工作,明确了实验动物的规范性概念及其主管机关为国家和地方的科学技术行政主管部门。为了实现对实验动物质量的有效控制,条例要求定期根据标准对实验动物进行质量检测,并制定科学的管理制度和操作规程,涵盖种子质量和保种的规定。条例还划分了实验动物的等级,提出了饲料质量、饮水卫生标准及垫料等的原则要求。规范实验动物的应用是质量控制的最后一个关键环节,也是实验动物质量管理的根本目标。实验动物从业人员的资质管理以及对实验动物工作的奖励与惩罚均由各地主管部门负责。

实验动物质量管理办法是我国实验动物主管部门第一个专门针对质量管理的规范性文件。该文件明确提出全国统一执行的实验动物质量国家标准,并建立统一的质量管理制度,设立"国家实验动物种子中心",并明确实验动物质量检测机构的建立,实施国家和省级两级管理。该办法的实施极大地推动了我国实验动物质量管理的规范化进程。

实验动物许可证管理办法是我国实验动物质量管理的核心性规范性文件,为实验动物单位和个人从事实验动物工作设定了行业准入门槛。该办法规定了申请许可证的主体、条件、标准、审批和发放程序,强调许可证的管理和监督,并设定年检制度。各省级科技行政主管部门负责受理实验动物许可证申请,并对申请单位进行考核、审批和监督管理,省级实验动物质量检测机构负责检测实验动物生产和使用单位的质量及相关条件,为许可证的管理提供技术保障。

地方实验动物质量管理法规和规范性文件主要由地方人大常委会审议通过并实施,地方人民政府以政府令或政府文件的形式印发,或由地方科技主管部门与医药、卫生主管部门联合印发。质量控制方面,中国已制定国家标准《实验动物 质量控制要求》(GB/T 34791—2017),对实验动物的生产、运输和使用等关键环节进行控制,以确保其质量,服务于生物医药科技和产业发展。

2. 实验动物种质资源管理

种质资源管理的重要性:实验动物作为重要的自然科技资源,在多个领域中发挥着不可替代的作用。对这些资源的拥有、保存和有效利用是科技进步和国民经济发展的基础和重要保障。实验动物种质资源直接影响实验动物的质量,因此加强其管理是当务之急。

国家实验动物种子中心及种源基地建设:自1998年以来,国家陆续建立了多个种质中心和种源基地,如"国家啮齿类实验动物种子中心及上海分中心""国家遗传工程小鼠资源库""国家实验用小型猪种质资源基地"等,初步形成了国家实验动物种质资源网络,并完善了国家实验动物种质资源体系。

种质资源的管理:种质资源的管理包括进出口管理、国内引种管理,并设立实验动物专家委员会和管理办公室,统一协调种质资源的管理。

种质资源的标准化:作为资源源头,种质资源的标准化程度关系到实验动物的质量。我国已建立和完善实验动物描述标准与规范,并建立了部分种质资源的生物学特性数据库,以提高有效利用率并促进资源共享。

3. 实验动物从业人员管理

实验动物从业人员包括所有从事实验动物工作的人员,主要分为两类:一类是专业人员,如从事实验动物研究、生产和繁育的技术人员,以及提供动物试验服务的技术人员、质量控制技术人员和相关管理人员;另一类是以应用实验动物为目的的科技人员,包括科研教学人员和生产技术人员等。

国外许多大学设有医学实验动物学或相关专业,开展专业学历教育和人才培养。我国自 20 世纪 80 年代起,部分医学院校开设了实验动物学课程,并开展包括研究生在内的学历教育。继续教育和上岗培训是当前主要的培训方式。实验动物从业人员包括医学、药学、畜牧、兽医等多个行业的人员,因此对其管理是实验动物质量管理的基础环节。人员的素质、技术水平、敬业精神和思想意识等因素直接影响实验动物的质量。

4. 实验动物的质量标准与检测技术

实验动物的质量标准是进行质量管理和评估的重要依据,也是衡量实验动物科学水平的具体体现。这些标准不仅包括技术指标和质量合格的具体要求,还对实验动物科学的发展提供了重要指导。实验动物质量标准的主要内容涵盖微生物学、寄生虫学、遗传学、营养学和环境设施等方面,并根据这些要求实施控制以实现标准化。实验动物应具备明确的遗传背景,并受到严格的遗传控制,以确保其遗传质量。此外,实验动物需有明确的微生物学和寄生虫等级,并附有合格的检测证明。这些措施为评价实验动物质量、预防病原体侵袭造成的疾病暴发,以及确保动物生产和实验的顺利进行提供了技术保障。各类环境指标的恒定是确保动物正常生理状态和反应的基本条件,而满足动物各生长发育阶段需求的全价配合饲料则是保证其正常生产和生理活动的物质基础。为了确保检测结果的真实性、准确性和科学性,国家统一了实验动物质量检测的技术和方法,以确保不同地区、单位及个人的检测结果都具有可信性,只要经过当地质量监督部门和国家检测中心的认证。

5. 实验动物设施及运行管理

实验动物设施及其运行管理是实验动物质量管理和控制的重要环节,对动物的生存、生长、繁殖和生理状态有着显著影响。因此,实验动物环境设施标准提出了多项要求,主要包括动物设施的布局、内部温度、湿度、风速、压力梯度、空气洁净度、照度、氨浓度、噪声和换气次数等。此外,对于设施的建筑材料、动物用具、饲养设备和垫料等也有明确规定,尤其是生物安全问题需要特别关注和重视。

6. 实验动物的饲料营养与饮水

实验动物的饲料营养和饮水是影响动物质量的关键因素,涵盖了营养需求、饲料配方、添加剂、加工工艺、灭菌、储存及运输等方面。对饲料的营养成分及有害成分的监测是确保其标准化的重要步骤,为实现实验动物的标准化创造条件。在我国的实验动物标准中,对饮用水的质量也有具体要求。饮用水的质量直接关系到动物的整体健康,而饮水量也会显著影响动物的健康和生产性能,有时可能导致严重的危害。

7. 实验动物福利伦理

实验动物的生存环境完全由人类提供,动物本身无法做出选择。因此,国内外对实验动物的生存环境制定了严格的要求,许多国家已经通过立法确保实验动物在生长、繁殖和实验过程中能满足其需求,避免饥渴、困顿、伤病、疼痛、恐惧和不安。同时,在动物使用上也制定了减少、优化和替代的原则,以最大程度地保护动物。

8.5.4 人体实验及意义

"人体实验"指任何需要从人类身上获取检体或资讯的研究。人体实验使医学知识建立在科学的基础上,对医学的发展有重要意义。人体实验,也称为临床实验,是指在人体上进行的生物医学研究,以评估新药物、治疗方法、医疗设备或预防措施的效果和安全性。人体实验是药物开发、医疗设备创新和治疗方法改进过程中至关重要的一步,其意义和重要性体现在以下十方面。

(1)验证安全性和有效性:人体实验能够直接评估新药物或治疗方法对人体的安全性和有效性,这是实验室研究和动物试验所无法完全替代的。

(2)剂量确定:通过人体实验,可以确定药物或治疗的最佳剂量,从而确保治疗效果并将副作用降至最低。

(3)副作用监测:人体实验可监测并记录药物或治疗方法可能引发的副作用,为后续的改进和风险管理提供数据支持。

(4)疗效评估:人体实验能够评估新药物或治疗方法在实际临床环境中的疗效,包括症状缓解、生活质量改善及生存率提升等。

(5)个体差异研究:通过人体实验,可以研究不同人群(如不同年龄、性别、种族和基因型)对药物或治疗的反应差异,从而促进个性化医疗的发展。

(6)法规要求:在大多数国家,新药物或治疗方法在上市前必须经过严格的人体实验,以满足监管机构对安全性和有效性的要求。

(7)科学进步:人体实验是医学科学进步的基石,许多现代医学突破的成果均来源于人体试验的结果。

(8)伦理考量:人体实验必须遵循严格的伦理准则,例如知情同意、风险最小化和隐私保护等,以确保参与者的权益不受侵犯。

(9)公众信任:通过透明的人体实验流程和结果的公开,能够增强公众对新药物和治疗方法的信任。

(10)全球合作:人体实验通常需要跨国界合作,以招募足够数量的参与者,提升研究的多样性和代表性。

8.5.5 人体实验的伦理审查与道德原则

随着医学技术的不断进步,以人为对象的科学实验研究中出现了一些违背伦理原则的现象。

1932年,美国联邦政府公共卫生局联合当地的非裔大学——塔斯基吉大学,针对600名塔斯基吉非裔男性,展开了一系列与梅毒相关的人体实验。这600人中,有399人在参与实验前就被确诊患有梅毒。公共卫生局允诺将向参与实验的人提供免费医疗、体检和餐饮,但并没有给梅毒病人提供真正的救治。公共卫生局的真实目的,是观察和记录梅毒病人的发病情况,不进行任何有意义的治疗。399 名梅毒患者中,不少人甚至不知道自己患上了当时致命的性病,而是被公共卫生局用治疗"坏血液"一类的含糊措辞搪塞过去。实际上,早在 20 世纪 40 年代,青霉素就已经被医学界发现,可以用来有效治疗梅毒,但公共卫生部门却无动于衷,眼睁睁地看着塔斯基吉的病患们一个接一个悲惨地离开人世。令人费解的是,这项人体实验居然持续了长达 40 年之久,直到 1972 年,由于《纽约时报》将内幕全盘捅了出来,相关实验才得以草草收场。

1947 年,美国医学界和法律界主导起草了《纽伦堡守则》,作为纽伦堡审判的道德依据,该守则认定,未经实验对象同意的人体试验是非法行为。但很显然,从公共卫生部门的所作所为来看,他们并没有认真遵守《纽伦堡守则》。塔斯基吉梅毒实验,并不是美国活体试验的第一个案例,当然也不是最后一例。

以人体实验研究的类型为切入点,通过对不同类型的人体实验研究进行伦理分析及评价,得出在人体实验研究中应坚持人道主义原则,充分尊重研究参与者的知情同意权、公正地选择研究参与者、充分保护研究参与者权益以及监督整个研究过程,以期更好地规范医学科研人员进行人体实验研究的行为,保障研究参与者的权益。

1. 人道主义原则

人道主义是一种以人为中心的伦理主张,其核心内容包括重视人的价值,视每个人的生命与健康平等,每个人的自由、平等、幸福为最高价值。在医学科学研究过程中,人道主义要求以人为对象的医学科学试验的最终目的应该是人,即发展医学技术、促进人类健康、减轻疾病痛苦、提高人类的寿命和健康水平为最高价值追求。在不得不利用人作为研究对象时,应将研究参与者的安全、健康放在第一位,而不应成为特定人谋取特定权益的工具。如果以人为对象的人体实验以损害研究参与者的权益为代价,即使有再多的受益,也是不道德的研究,从研究设计到实施,都不能得到伦理辩护,属于违背人道主义原则的行为。

2. 知情同意原则

自《纽伦堡守则》确立知情同意权以来,人体研究要保证研究参与者完全知情、自主同意成为保护研究参与者的核心准则。其逻辑前提是只有个体自己才是其权益的最佳捍卫者。在特定情况如弱势群体缺乏自我保护能力时,以血亲为代表的代理人、监护人等,属于退而求其次的选择。人体实验必须在受试者完全知情并同意的情况下进行,研究人员需要向受试者充分告知实验的内容、可能的风险和潜在的好处,确保受试者在没有任何压力和欺骗的情况下做出决定。

3. 公正选择研究参与者原则

在医学研究领域中人体实验研究的过程中,要求对任何研究参与者在最大程度上做到无差异公正,或人道主义所追求的人人均等的公平,尽量缩小医疗研究受试对象的差异对待。在长期的医学科学研究过程中,形成一个选择研究参与者的惯例,即首先选择正常的成年人、健康人为受试对象。与之相对,一般都强调规避弱势群体,如儿童、精神病患者等。但是,该选择原则导致一个隐形的后果,无论是基础研究还是临床应用研究,其结果的涵盖面、有效性,都完美地规避了被定义为弱势的、受保护的群体,致该类群体的相关知识存在缺环,并导致因研究缺憾而致的不公平。从这个角度看,公平选择研究参与者原则,强调研究参与者选择应该基于研究目的所针对的群体。如果是全体,研究参与者就应涵盖全人群；如果是特定人群，就应该从该人群中选择研究参与者。回避弱势群体的出发点是保护弱势群体，但其结果却损害了弱势群体的最终受益。

4. 充分保护研究参与者原则

任何临床研究都有可能对参与者造成不同程度的伤害，无论该研究对社会或科学的贡献有多大，都不能忽视参与者的基本权益。一般来说，研究通常伴随某种收益，包括科学技术的进步以及可能带来的社会利益，参与者自身也可能从中获益。如果一项研究没有任何收益，就不应开展。在研究过程中，应优先保障参与者的生命与健康安全，这一原则在任何情况下都应高于科学和社会利益，因此必须遵循道义优先于功利的伦理原则。科研伦理强调要平衡风险与收益，确保个人和群体的健康利益高于所面临的风险。换句话说，不应为了科学或社会的利益而牺牲特定人群的利益。

人体医学研究属于探索未知领域，必然会面临许多未知风险。因此，在研究开始前，对参与者的风险进行评估是至关重要的。风险评估是指对参与者在研究过程中可能面临的潜在风险和额外负担进行合理的判断，以帮助参与者做出下一步的决策。基于这一评估，从研究设计阶段起，就应考虑相关风险的预防措施，制定相应的应对方案，并确保研究者具备相关资质，同时给予充分的培训。

5. 研究受监督原则

此类活动具有较高的风险，且存在知识、信息和权力的不对称性。通常情况下，申办者和研究者在整个研究过程中拥有相对较大的主导权，而研究参与者则处于相对弱势的地位。因此，加强监督是保障研究参与者安全的重要措施。

从监督的层次来看，包括自我监督、伦理委员会监督、所属机构的管理监督、行政部门监督以及行业内部监督等。其中，本书重点关注伦理委员会监督。伦理委员会依据相关的实体和形式规则，对研究方案和过程进行规范与审查，旨在平衡各方权益关系，尤其是保护研究参与者的权益。

8.6　合成生物伦理学

合成生物学(Synthetic Biology)是一门多学科交叉的领域，融合了生物学、基因组学、工程学和信息学等学科。其技术路径主要基于系统生物学和工程学原理，以基因组和生化分子的合成为基础，综合运用生物化学、生物物理学和生物信息学等技术。合成生物学的目标是设计、改造和重建生物分子、生物元件及其分化过程，以构建具有生命活性的生物元件、系统以及人造细胞或生物体。这门学科将生命科学的观察分析方法与工程设计思维结合起来，使得人类能够通过工程方法设计、改造甚至从零合成具有特定功能的生物系统。根据麦肯锡的研究，生物制造的产品有潜力覆盖 60% 的化学制造产品，未来，生物制造方式有望在医药、化工、食品、能源、材料和农业等传统行业产生深远影响。

8.6.1　合成生物学的发展历程、主要方法及应用前景

1. 发展历程

"合成生物学"一词最早由法国物理化学家 Stéphane Leduc 于 1911 年提出，他在其著作《生命的机理》(*The Mechanism of Life*)中利用物理学理论来解释生物的起源和进化，认

为"生物体的构成源于其形态",并总结道"合成生物学是对形状和结构的合成"。

合成生物学的起源可以追溯到 1961 年,弗朗索瓦·雅各布(Francois Jacob)和雅克·莫诺(Jacques Monod)发表的一篇里程碑式论文。他们在研究大肠杆菌中的 lac 操纵子时提出,存在调节性双基因表达。

进入 20 世纪 70 年代和 80 年代,分子克隆和 PCR 技术的发展使得基因操作在微生物学研究中得以广泛应用,为人工基因调控的设计提供了重要手段。到 20 世纪 90 年代中期,自动 DNA 测序和改进的计算工具使得完整的微生物基因组得以测序,同时高通量技术的应用使科学家能够生成大量细胞成分及其相互作用的数据。这种分子生物学的"放大"促使了系统生物学的兴起,生物学家和计算机科学家开始将实验与计算相结合,进行细胞网络的反向工程。

合成生物学真正引起广泛关注始于 21 世纪初,这期间一系列颠覆性成果相继问世。2000 年,波士顿大学的 Collins 团队受噬菌体 λ 开关和蓝藻昼夜节律振荡器的启发,设计合成了双稳态基因网络开关;普林斯顿大学的 Elowitz 和 Leibler 则基于负反馈调控原理设计了基因振荡网络。2002 年,纽约州立大学石溪分校的 Wimmer 团队通过化学合成病毒基因组获得了具有感染性的脊髓灰质炎病毒,成为人类历史上首个人工合成的生命体。2010 年,美国 Venter 团队宣布诞生首个"人工合成基因组细胞",该团队设计、合成和组装了 1.08Mb 的支原体基因组(JCVI-syn1.0),并将其移植到山羊支原体受体细胞中,产生了仅由合成染色体控制的新型支原体细胞。2013 年,青蒿素的生物合成生产成功;2014 年,拓展遗传密码子的研究被评选为《科学》年度十大突破之一。美国 Scripps 研究所的 Romesberg 团队合成了一个非天然碱基对(X 和 Y),并将其整合入大肠杆菌基因组,理论上将遗传字母表从 4 个扩展到 6 个,密码子数量从 64 个增至 216 个,意味着未来生命形式的无限可能。2016 年,Nielsen 等发表了 Cello,这是一个用于大肠杆菌中逻辑构造的端到端计算机辅助设计系统,标志着合成生物学研究的重大进展。2017 年,基于 CRISPR 的快速诊断技术被提出;2018 年,具有逻辑控制的 CAR-T 细胞、合成融合染色体的酵母及自组织多细胞结构相继开发。2019 年,E. coli 基因组的全合成、E. coli 基因组碳固定及大麻素的合成生产也取得了重要进展。

进入 21 世纪,合成生物学的发展可分为 4 个阶段:

(1) 创建时期(2000—2003 年):这一时期产生了许多具有领域特征的研究手段和理论,尤其是基因线路工程的建立及其在代谢工程中的成功应用。

(2) 扩张和发展期(2004—2007 年):工程技术进展相对缓慢,但该领域有了扩大的趋势。

(3) 快速创新和应用转化期(2008—2013 年):这一阶段涌现出许多新技术和工程手段,使合成生物学的研究和应用领域大为拓展。

(4) 新发展阶段(2014 年后):工程化平台的建设与生物大数据的开源应用相结合,全面推动了生物技术、生物产业和生物医药的"民主化"发展。

2. 主要方法

合成生物学的目标在于设计符合标准的生物系统,通过应用工程设计原则,利用可预测的工程方法来控制复杂系统的构建。基于这一理念,"设计-构建-测试-学习"(DBTL)循环逐渐成为合成生物学的核心策略。在生物制造领域,DBTL 循环的四个阶段相互循环,能够成功构建所需细胞并生产出合适的产品。

（1）设计：DBTL策略的基础是合理设计基因、代谢通路或基因组，遵循一定的规则，利用现有的标准化生物元件进行设计。相关技术包括生物元件库、计算机辅助设计以及代谢通路合成，形成了以发酵为主的放大生产方式。

（2）构建：这一阶段涉及对目标基因进行操作以构建细胞工厂，包含DNA合成、大型片段组装和基因编辑等过程。相关技术包括DNA合成、DNA拼接与组装、基因编辑和基因测序。

（3）测试：在通过理性或非理性设计构建的逻辑线路和模块化代谢途径中，通常会产生大量的突变体或候选目标。因此，需要高效、准确且经济的检测手段，以生成相应数据并评估构建的细胞工厂的实用性。相关技术包括微流控技术、酶活性测定和无细胞系统。

（4）学习：这一阶段通过分析测试数据，识别并随机搜索更有效的方法，以推动循环的实现并达到预期目标，从而为下一个循环的设计改进提供指导。相关技术包括数据收集、数据分析、机器学习和建模。

整体来看，DBTL循环为合成生物学的发展提供了系统化的方法，使得生物系统的设计与构建更为高效和精确。

3. 应用前景

合成生物技术已成为传统技术的重要补充和替代手段，其应用范围广泛，包括医疗、化工、食品、农业和消费品等终端领域。得益于政策和技术的双重推动，全球合成生物学市场在2021年底实现了爆发式增长，市场规模达到了736.93亿美元，较2020年增长了767.5%。与此同时，中国合成生物学领域也进入了快速发展阶段，2021年中国市场规模约为64.16亿美元，同比增长158.92%。

细分市场分析表明，医疗、科研服务和化工行业是合成生物学的主要应用领域。其中，医疗领域增长最为显著，超过70%的药物发现依赖于生物技术，2021年医疗领域的市场规模达到687.24亿美元；其次是化工领域，市场规模为18.22亿美元；科研服务领域市场规模为18.11亿美元；农业领域的合成生物学市场规模为4.97亿美元；食品领域为5.08亿美元；其他领域合成生物学的市场规模为3.31亿美元。

展望未来，合成生物学将在未来10年内对多个行业产生深远影响。医学和美容行业将在未来5年内迎来新产品的替代或工艺的改进，而纺织品、食品、农业和化工等行业也将因合成生物学技术的进步而受到显著影响。随着应用场景的不断增加和技术的持续改进，市场将进一步扩容。根据CB Insights的预测，2019年全球合成生物学市场规模为53亿美元，预计到2024年将增长至189亿美元，年均复合增长率（CAGR）为28.8%，其中医疗健康领域的市场占比最高。此外，麦肯锡预测，2030—2040年合成生物学在医疗健康领域每年将带来0.5万亿至1.2万亿美元的潜在影响，并有望解决全球约45%的疾病总负担。

综合技术发展、政策支持和投融资环境来看，合成生物学正处于快速成长期。凭借其在多个领域的广泛应用前景，合成生物学有望推动制造业升级，助力新一轮产业革命的到来。

8.6.2　合成生物学的安全担忧、风险评估及管理

1. 安全担忧

合成生物学的生物安全（Biosafety）主要是指防止危险生物因子与其他生物或环境之间

意外相互作用可能对公众健康和环境造成的风险。2019年发表在《环境科学与技术评论》的一篇综述性文章将在合成生物学中确定的44种独立风险因素划分为与人类健康有关的四种风险类型，即过敏、抗生素耐药性、致癌性和致病性或毒性，以及和环境污染有关的四种风险类型，分别是环境的变化或枯竭、与本地物种的竞争、基因水平转移和致病性或毒性。按照涉及的技术方法不同，合成生物学可分为生物工程（Bioengineering）、合成基因组学（Synthetic Genomics）、原型细胞（Protocells）、异源生物学（Xenobiology）等研究领域和分支。在生物安全方面，合成生物学可能与传统的基因组工程或转基因生物（GMO）有所不同，需要对这些领域的生物安全问题进行具体考虑。

（1）生物工程。这一领域源自将生物技术转化为真正工程学科的设想，研究内容主要集中在基因回路的组装和生物元件的工程化。生物工程在改善人类健康、农业生产和环境治理方面具有巨大潜力。例如，近年来，通过对谷氨酸棒杆菌进行合成生物学改造，科学家提高了其在复杂环境中的稳定性和适应性。然而，基因编辑细胞一旦被释放到环境中，可能带来微生物耐药性、生物入侵和水平基因转移等生物安全风险。

（2）合成基因组学。该领域的核心是研究最小基因组和底盘细胞，最小基因组的研究有助于解析基因的功能特性，是人工合成生命的关键步骤。2018年，中国科学院成功构建了全球首例单染色体的合成酵母细胞，将天然酵母的16条染色体融合成一条，为真核细胞的人工合成迈出了重要一步。这一突破在DNA合成与组装方面推动了生命科学的发展，尤其在病毒合成领域取得了显著进展。从脊髓灰质炎病毒的人工合成到登革热病毒等复杂病毒基因组的设计，合成基因组学为病毒性能研究提供了强大的工具。然而，致病病毒的人工合成也带来了潜在的生物安全隐患，如新型病毒的危害性及其可能的环境泄露问题。

（3）原型细胞。与最小基因组通过"自上而下"的方式研究最简单生命形式不同，原型细胞则采取"自下而上"的方法，旨在从头构建简单的生命系统。2018年，戈博·皮埃兰杰洛（Gobbo Pierangelo）等通过蛋白质聚合物设计出能够自我组装的合成组织，为人造组织材料的开发奠定了基础。2020年，托帕拉克·杜汉（Toparlak O. Duhan）等构建了可以与哺乳动物细胞进行化学通信的人工细胞，展示了该技术在神经系统中的潜在应用。虽然目前尚无证据表明人工细胞可以在生理条件下与真核细胞相互作用，但这一技术的发展前景广阔。与此同时，原型细胞的生物安全问题仍需重点关注，特别是它们与天然细胞的相互作用以及可能引发的生物风险，例如靶向癌细胞的人工细胞是否会意外感染正常细胞，或引发其他不可预见的效应。因此，需要进一步评估这些细胞的生物安全性，包括其致敏性、致病性以及在环境中释放后的潜在影响。

（4）异源生物学。异源生物学的核心是通过使用非自然的核酸或遗传密码，设计并构建全新的基因组，进而将其导入细胞内以实现特定功能。该研究领域涵盖了五大方向，包括异源核酸（XNA）、遗传密码扩展、遗传密码工程、新型聚合酶以及定向进化，旨在探索和操控生物学器件及系统的合成与功能。该领域的一个重要突破是在2014年，丹尼斯·马利舍夫（Denis A. Malyshev）等成功构建了一株半合成的大肠杆菌菌株，该菌株的DNA中首次整合了非天然的碱基对（X-Y），超越了自然界的A-T和C-G碱基对，实现了扩展遗传密码表的稳定遗传，这一成就被视为异源生物学的重要里程碑。

此外，马特勒·查尔斯·亚历山大（Mattelae Charles Alexandre）等研究了合成核酸聚合物的二级结构（如发卡结构），发现基于脱氧木糖和木糖的核酸比天然核酸具有更高的稳定性和环柔性,同时它们的序列多样性也更丰富,使其成为适体开发的理想候选者。施密特·马库斯(Schmidt Markus)等则开发了一种度量标准,可以计算不同遗传密码之间的差距,并为设计"语义上疏远"的生物和测试基因防火墙的强度提供了基础。

异源生物学在酶工程中的应用引发了"异生酶"(Xenobiotic Enzyme)的产生,这些酶与传统酶工程产品不同,能够催化自然界中尚未见过的生物化学反应。虽然许多新型异生酶在体外已展现了显著功能,但其在体内的活性还有待进一步验证。使用非标准的生化系统,如异源核酸和替代碱基对,可能对生物安全与风险评估产生影响。

异源生物学的最终目标是设计出自然界中不存在的生命系统。然而,这些人工构建的正交生命系统如何与标准生物体相互作用,以及对环境和生物进化的潜在影响,仍是未解之谜。此外,异源生物学可能带来全新病原体的生成,对人类健康构成威胁,并产生尚不可预测的风险。这些异源生物体由于其独特性,可能无法被目前依赖 PCR、DNA 测序或抗体检测的标准技术所检测到,进一步增加了其生物安全性挑战。

(5)基因编辑。规律成簇间隔短回文重复序列(Clustered Regularly Interspaced Short Palindromic Repeats,CRISPR)最初在细菌的免疫系统中被发现,作为一种原核生物基因组中的重复序列。CRISPR/Cas9 系统通过向导 RNA 引导 Cas9 蛋白与特定靶序列结合并切割 DNA 双链,随后细胞利用自身的修复机制对该 DNA 区域进行插入、缺失或替换等修饰,从而实现精准的基因编辑。该系统已被证明能够高效、准确地编辑哺乳动物基因序列。2019 年,北京大学-清华大学生命科学联合中心的邓宏魁研究组成功利用 CRISPR 技术对人成体造血干细胞中的 CCR5 基因进行编辑,并建立了相应的技术体系。基因编辑后的造血干细胞被移植回艾滋病患者体内,成功实现了长期稳定的造血系统重建,为艾滋病的"功能性治愈"提供了新的治疗思路。

尽管 CRISPR/Cas9 技术带来了生物技术的革命性进展,但其仍存在许多潜在的生物安全问题。例如,在临床应用中,基因编辑可能带来不可预见的健康风险。在编辑目标基因时,CRISPR/Cas9 可能误伤基因组的非靶点区域,或者通过 DNA 双链断裂引发染色体丢失、异位,进而增加癌症发生的风险。此外,基因编辑技术还可能面临误用或滥用的威胁,如操作失误导致遗传物质的意外改造或修饰,从而产生预料之外的新功能或新物种,甚至可能被用于制造有害病原体或生物武器,危及国家和社会安全。

2018 年,贺建奎使用 CRISPR/Cas9 技术对胚胎进行基因编辑,并通过胚胎植入前的遗传检测和孕期全方位检测,获得了 CCR5 基因被编辑的个体。然而,这一操作存在巨大的风险,尤其是基因编辑带来的伦理问题,仍然引发了广泛的争议和担忧。

2. 风险评估及管理

中国、美国和英国是全球合成生物学科技创新的引领者和先行者。然而,与欧美国家相比,中国在合成生物学的技术安全管理、评价方法和监控体系等方面仍然存在一定的滞后和不完善之处。我国的《生物安全法》仅规定了生物安全领域的基本原则和要求,作为一部基础性、全局性的框架法律,尚未具体针对合成生物学技术及其产品进行详细的法律规制。目前,系统、完善的合成生物学管理体系仍有待建立。以下是针对我国在合成生物学领域的生物安全风险管理提出的若干建议。

(1)建立伦理审查机制。

政府应设立伦理审查机构——由各级伦理委员会负责对合成生物学研究进行伦理审

查和监督。委员会成员应覆盖广泛的相关领域,不仅包括合成生物学家、生物安全专家、生物武器专家、公共卫生专家等自然科学领域的专家,还应包括伦理学家、社会学家、法学家等社会科学领域的学者,并遴选部分非科研机构的社会公众参与。

委员会的主要职责包括:审查合成生物学实验方案是否具备科学性和伦理合理性;讨论技术研发的必要性,评估是否有更安全的替代方案;组织专家进行风险评估,重点监管涉及烈性传染病菌或病毒等危险微生物的合成研究;审查实验室的平台资质及科研人员的专业能力和道德水平;确保受试者的安全和健康权益得到充分保护等。

伦理审查应具备连续性,涵盖初审、跟踪审查和复审等多个环节。伦理委员会成员应定期接受关于合成生物学、生命伦理及相关法律法规的培训,以提升伦理审查能力并确保审查工作的专业性和规范性。

(2) 建立健全法律法规体系。

道德约束主要依赖于社会舆论和个人自律,但缺乏强制性。相比之下,法律通过国家的强制力确保实施,能够有效预防和制止危害人类和生态环境的行为。因此,解决合成生物学的伦理问题不仅需要依靠道德约束,更需要法律的强制保障。《生物安全法》规定,"从事生物技术研究、开发活动,应当遵守国家生物技术研究开发安全管理规范,并对风险类别进行判断,密切关注风险变化,及时采取应对措施。"然而,合成生物学不同于其他生物技术,其工程化和从头合成生命的理念可能带来不可预见的后果。因此,仅靠生物技术的安全管理规范是不够的,必须制定针对合成生物学的专门管理规范,包括法律、制度和规章,确保各项活动有法可依。

中国可以借鉴国内外转基因生物管理的相关文件和法规,制定国家层面的合成生物学管理法规。在这些法规中,应明确规定哪些合成生物学技术或行为需要受到约束,并建立统一的规范性描述语言。同时,国家和相关部门应定期召集各领域的专家,并广泛征求公众意见,对合成生物学管理的法律条款和指导意见进行讨论,并及时向社会公布。

(3) 建立安全评审制度和监督机制。

政府应协调农业部、生态环境部、疾病预防控制中心、卫生健康委员会以及合成生物学管理委员会等机构,建立统一的安全评审制度,对新型合成生物产品的研发进行小组评议和共同决策。评审小组需对合成生物项目进行风险评估,并根据风险等级和应用类型对合成生物产品进行分类管理,重点监管如合成病毒等高危试验活动。

此外,政府还应建立和完善监督机制,定期检查实验室的安全管理设施和制度,监督实验室工作人员的操作规范及设备维护情况,并检查危险制剂的运输和存储,防止因失误导致的意外伤害。同时,还应严格管理合成生物公司的订单服务,防止技术被恶意利用。

(4) 制定安全保护措施。

为了确保合成生物技术的安全性,可以在合成生物中引入"自杀基因"或其他类型的自毁触发机制,或者将其设计为只能依赖自然界不存在的特殊营养成分,如非标准氨基酸,才能存活。这些安全措施能够有效防止合成生物的失控扩散和繁殖,降低或消除生物安全风险。与此同时,安全措施必须随着合成生物学技术的进步不断升级,以保障生物安全。虽然有人认为在大量合成生物中安装"自杀基因"这样的自毁装置不够便捷,但在当前情况下,这仍是最可行的方法之一。未来,探索更加简便的安全防护手段将成为合成生物学领域的一个重要任务。公共与私人资金的投入是推动这些安全措施研发和应用的关键,政府及相关部门应加大对安全防护技术研发的支持,使其成为合成生物学工作者的标准工具。

(5)加强实验室安全管理和培训。

需要为合成生物学研究设立完善的实验室生物安全管理规范及运行体系,将生物安全的自查和内部管理纳入风险评估和安全检查的关键考核标准。政府可以参考国外的《高致病性病原体管理办法》和《实验室生物安全手册》等现有管理措施,组织合成生物学专家制定一套全面且灵活的安全管理制度,预测可能的风险并制定应急预案,以便在突发问题时能够快速响应并采取最佳解决方案,确保实验活动尽快恢复。对于特殊的高风险岗位,可以实施双人工作制以提高安全性。

此外,实验室工作人员需要定期接受安全培训,特别是对于学生和实习人员等新手,应加强培训力度。在实验过程中,经验丰富的指导老师应陪同监督。对于从事合成病毒研究的人员,需进行生命伦理培训,增强他们的伦理意识,使其自觉遵守伦理原则并将其贯彻到日常工作中。通过培训,研究人员可以加强与伦理学家的沟通,听取其意见,推动跨学科对话,确保研究活动在伦理与科学间达到平衡。

(6)对 DIY 从业者进行有效引导。

由于多数 DIY 生物学爱好者缺乏正规学术训练,伦理意识较为薄弱,且其活动隐蔽且分散,增加了监管的难度。因此,政府可以在社区内建立正式、开放的实验室,为 DIY 从业者提供合规的科研场所,并督促他们遵守实验室安全管理规定,使其活动合法化。与此同时,政府还可以通过创建微信公众号等网络平台,传播生物安全和伦理知识,设立线上答疑专栏,使业余爱好者能够与合成生物学及生物安全专家进行交流。此外,政府应鼓励生物黑客等 DIY 团体建立非正式的伦理规范,提倡信息共享、自由、平等、减少污染、不伤害他人以及尊重受试者等原则,帮助他们树立健康的道德观,将 DIY 生物团体的科技潜力引导到合法且有益于国家高科技发展的道路上。

(7)发展责任文化。

合成生物学肩负着解决能源、医疗、农业和环境等方面问题的重要责任,因此政府应鼓励研究机构和企业建立责任文化,确保安全和可持续发展。责任文化分为外部责任和内部责任两方面:外部责任是对相关人员实行问责制,将责任落实到每个组织和从业者,预防潜在风险;内部责任则是对从业人员进行安全责任教育,增强他们的责任意识,激发内生动力。政府应定期评估现行问责机制的有效性,必要时引入新的责任措施,同时避免过度限制学术自由。研究人员、科研机构、监管部门、公众及其他相关人员都应积极参与这一进程。此外,还应推动"负责任创新"理念的研究,从立法、风险伦理评估、教育监管、科普宣传以及跨学科合作等角度,构建和完善我国合成生物学的责任创新机制,推动国家科技创新治理体系现代化。

(8)加强国际合作构建全球共同体。

在全球化的背景下,合成生物学作为一种前沿生物技术,已逐渐对全球产生深远影响。我国应积极认识到国际合作对于合成生物学发展的重要性,采取措施加强与各国政府、世界卫生组织、世界贸易组织、国际合成生物学协会以及非政府组织的合作,促进持续的国际交流与合作。我国政府应积极参与或主导国际合成生物学安全性相关的研究和工程计划,深度参与全球科技治理,扩大我国在合成生物学领域的国际话语权,积极融入相关国际立法和协商对话中。生物安全关乎全球公共利益,必须通过国际对话与合作达成最低生物安全标准。由于科技和研究的全球化以及分散化趋势,合成生物学的生物安全治理面临严峻挑战,应在总体生物安全框架下,制定应对策略并构建全球性的科学共同体,以确保合成生物学的发展更加安全和可持续。

8.6.3 合成生物伦理学

合成生物学这一新兴领域可看作遗传工程或基因工程的延伸,由于它打破了生命与非生命的天然界限,因此会对传统"生命"的含义、本质、价值和意义等形成冲击。合成生物学使科学家和工程师能够创造自然界没有的生物系统,或改变已经存在的生物系统以执行新颖的和有益于人类的任务。随着它的不断发展,合成生物学与纳米技术和信息技术产生汇聚。当人们了解到科学之间的这种相互联系时,也会认识到其中伦理问题的相互联系性。合成生物学提出的伦理学问题大致有两类:一类是概念性伦理问题,涉及制造生命有机体的正当性问题;另一类是具体的非概念性伦理问题,涉及对合成生物的受益和风险的评价。

1. 概念性伦理问题

合成生命的正当性问题涉及生命概念的深层探讨。2010 年 5 月,Craig Venter 在《科学》杂志上宣布成功合成首个"人工生命细胞"。早在 1999 年,生命伦理学家便对 Venter 的目标——制造最小基因组的有机体进行了研究,认为这一尝试没有违反道德禁令,但也提出了这种新型自主生存有机体可能对生命概念带来的影响。

生命的定义往往反映了人类对其的理解,形成了一种特定的生命观。根据不同的理论背景,"生命"概念可以有多种诠释。希腊文中的"Zoe"指的是所有生物共享的生命过程(类似中文中的"生物")。从生物学的角度看,生命是活的有机体与无机物之间的区分条件,然而合成生命的出现可能打破"生命"与"非生命"、"自然"与"人工"、"进化"与"设计"之间的界限,通过技术手段创造生命。合成生物学的生命观是机械论的,即将生物看作可以通过零部件组装的机器。这一观点与传统的生命概念大相径庭,势必对传统关于生命的本质、价值及意义的观念带来冲击。

合成生物学所追求的生命定义主要基于生物学层面,而哲学家、宗教人士和其他社会群体则往往赋予生命更多的社会和文化意义。由于单一概念在不同语境中容易引发冲突,因此持有不同生命观的各方需要加强沟通与交流,以促成更深入的理解和共识。

2. 非概念性伦理问题

非概念性伦理问题涵盖了合成生命的风险与收益。收益包括推动基础知识的进展和创造新产品。合成生物学不仅帮助人类理解生命的起源、化学物质如何转换为生命体,还促使我们更深入探讨"生命是什么"这一基本问题。正如物理学家理查德·费曼所言:"我们无法制造我们不理解的东西。"分子生物学家史蒂文·本纳则认为:"布丁的检验在于制造它。"本纳希望通过合成生物学,能够更严格地验证生物学假设。通过这一技术,有望研发环境友好的新型生物能源、净化环境、促进药物研发,降低药物成本,并推动医学进步。未来,合成生物学的应用很可能催生新兴产业,甚至颠覆现有的社会经济格局。

然而,在利用合成生物技术生产新能源的过程中,也存在潜在风险。首先,合成生物的有意或无意泄露可能引发污染。与化学污染不同,合成微生物由于特性不易识别和控制,可能导致不可控的泄露,对现有物种构成威胁,危害生物多样性。其次,合成生物技术生产新能源可能影响土地使用,进而引发生态问题。因此,为了负责任地推进合成生物学的发展,人们必须预防或应对这些风险,解决生物安全和生物防护等关键问题。

科技伦理问题实质上关乎未来科技如何与社会深度融合。在这一过程中,必然会出现碰撞与协调,而科研人员作为科技发展的实践者,必须承担引导责任,确保科技朝向更加有益的方向演进。科技伦理问题也是构建新时代和谐社会的重要组成部分,这一过程不仅不应强调单方的主导作用,还应注重培养智能社会的人文素养,推动"科技＋人文"的协同发展。对于合成生物学等新兴技术而言,意味着我们必须同时关注技术的进步和伦理的期望,为此需要更大的智慧和共同努力。

思考与讨论

1. 医生在发现病人有伤害倾向时是否应该及时向有关人员或单位领导报告披露?这算不算违反保密规定?医生是否应该在病人有了伤害行动后再报告?

2. 医生应该如何平衡为病人保密的伦理责任和保护其他病人不受伤害的伦理责任?当无法做出判断时,应该怎么办?

3. 建立一个全国性医疗数据库有哪些好处?是否有必要?高科技和保密与保护个人隐私是否有矛盾?

4. 有无必要将医疗记录和财务、信誉、犯罪记录连在一起?向数据库调阅个人资料是否违反保护隐私的原则或法律?

第**9**章

土木工程的伦理问题

引导案例：江西丰城发电厂冷却塔施工平台坍塌事故

1. 基本情况

2016 年 11 月 24 日，江西丰城发电厂三期扩建工程发生冷却塔施工平台坍塌特别重大事故，造成 73 人死亡、2 人受伤，直接经济损失 10197.2 万元。江西丰城发电厂三期扩建工程建设规模为 2×1000MW 发电机组，总投资额为 76.7 亿元，属江西省电力建设重点工程。江西丰城发电厂三期扩建工程于 2013 年 8 月完成初步可行性研究工作，12 月通过初步可行性评审，2014 年 5 月完成可行性研究工作，2015 年 1 月获准开展项目前期工作，2015 年 7 月获准开展项目建设。事发 7 号冷却塔属于扩建工程 D 标段，是三期扩建工程中两座逆流式双曲线自然通风冷却塔（如图 9-1 所示）其中一座，采用钢混凝土结构，设计塔高 165 米，塔底直径 132.5 米，喉部高度 132 米，喉部直径 75.19 米，筒壁厚度 0.23～1.1 米。

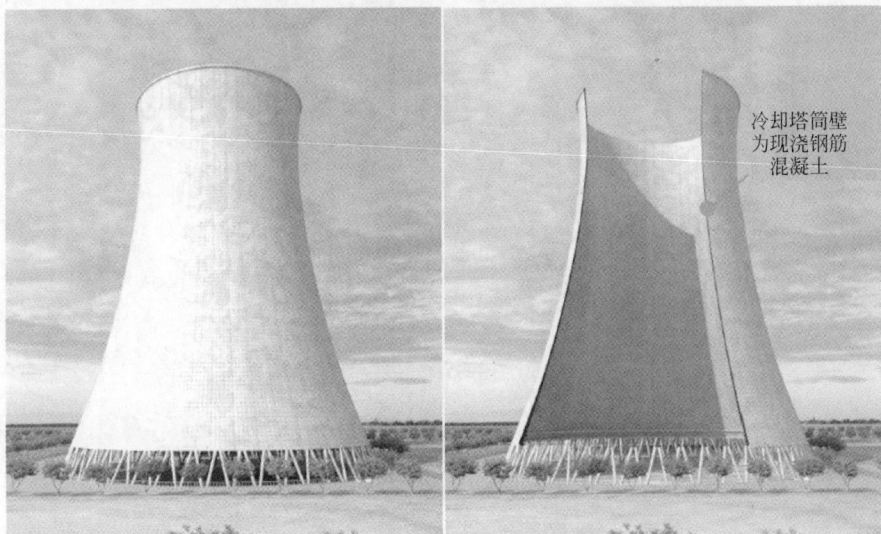

冷却塔筒壁为现浇钢筋混凝土

图 9-1　冷却塔外观及剖切效果图

筒壁工程施工采用悬挂式脚手架翻模工艺,以三层模架(模板和悬挂式脚手架)为一个循环单元循环向上翻转施工,第1~3节(自下而上排序)筒壁施工完成后,第4节筒壁施工使用第1节的模架,随后第5节筒壁使用第2节筒壁的模架,以此类推,依次循环向上施工。脚手架悬挂在模板上,铺板后形成施工平台,筒壁模板安拆、钢筋绑扎、混凝土浇筑均在施工平台及下挂的吊篮上进行。模架自身及施工荷载由浇筑好的混凝土筒壁承担。7号冷却塔于2016年4月11日开工建设,4月12日开始基础土方开挖,8月18日完成环形基础浇筑,9月27日开始壁混凝土浇筑,事故发生时,已浇筑完成第52节筒壁混凝土,高度为76.7米。

事故调查认定,江西丰城发电厂"11·24"冷却塔施工平台坍塌特别重大事故是一起生产安全责任事故,其中政府相关主管部门、建设单位、施工单位、设计单位、监理单位、劳务单位等31名责任人被采取刑事强制措施,48名责任人受到党纪政纪处分,依法吊销施工、设计、监理、劳务、建材等单位的资质、安全生产许可证、营业执照等,并对工程总承包、设计、监理等单位和相关人员给予相应行政处罚。2020年4月24日,江西省宜春市中级人民法院和其他县级人民法院对江西丰城发电厂"11·24"冷却塔施工平台坍塌特大事故所涉9件刑事案件进行了一审公开宣判,对28名被告人和1个被告单位依法判处刑罚。

2. 事故原因

经调查认定,事故的直接原因是施工单位在7号冷却塔第50节筒壁混凝土强度不足的情况下,违规拆除第50节模板,致使第50节筒壁混凝土失去模板支护,并且随着拆除模板数量的增加,第50节筒壁混凝土所承受的弯矩迅速增大,直至超过混凝土与钢筋界面粘结破坏的临界值,不足以承受上部荷载,从底部最薄弱处开始坍塌,造成第50节及以上筒壁混凝土和模架体系连续倾塌坠落。第50~52节筒壁混凝土和模架体系首先倒塌后,平桥附着拉索在混凝土和模架体系等坠落物冲击下发生断裂,同时,巨大的冲击张力迅速转换为反弹力反方向作用在塔身上,致使塔身下部主弦杆应力剧增,瞬间超过抗拉强度,塔身在最薄弱部位首先断裂,导致平桥也整体倒塌(如图9-2所示)。

图 9-2 七号冷却塔事故现场示意图

9.1　土木工程的类型与特点

9.1.1　土木工程定义及其分类

百度百科对"土木工程"的定义是：土木工程是建造各类土地工程设施的科学技术的统称。它既指所应用的材料、设备和所进行的勘测、设计、施工、保养、维修等技术活动，也指工程建设的对象。即建造在地上或地下、陆上或水中，直接或间接为人类生活、生产、军事、科研服务的各种工程设施，例如房屋、道路、铁路、管道、隧道、桥梁、运河、堤坝、港口、电站、飞机场、海洋平台、给水排水以及防护工程等。土木工程是指除房屋建筑以外，为新建、改建或扩建各类工程的建筑物、构筑物和相关配套设施等所进行的勘察、规划、设计、施工、安装和维护等各项技术工作及其完成的工程实体。

土木工程具有不同类型、不同性质的工程项目，有着各自的专业性和技术性，参考我国对一级建造师的分专业管理分类，可以将土木工程分为建筑工程、公路工程、铁路工程、民航机场工程、港口与航道工程、水利水电工程、矿业工程、机电工程、市政公用工程、通信与广电工程10个专业类别。建筑工程是我们最常见到的土木工程；市政公用工程包括城市道路、桥梁、给排水、污水处理、城市防洪、园林、道路绿化、路灯、环境卫生等城市公用事业工程，涉及大量的基础设施建设，例如地下管网工程、海绵城市建设等；水利水电工程是指以防洪、灌溉、发电、供水、治涝、水环境治理等为目的的各类工程，涉及水工建筑物建设、水电站建设发展趋势等，例如古代的都江堰工程、现代的三峡大坝等。

现在，土木工程专业向着工业化、智能化方向的发展，例如装配式建筑应用范围逐渐扩大，建筑工业化成为未来建筑业发展的重要趋势，以大力发展建筑工业化为载体，以数字化、智能化升级为动力，形成涵盖科研、设计、生产加工、施工装配、运营等全产业链融合一体的智能建造产业体系。随着经济发展，也涌现出越来越多的重大工程，对政治、经济、社会、科技发展、环境保护、公众健康与国家安全都有着重要影响，例如北京大兴国际机场（如图9-3所示）、港珠澳大桥（如图9-4所示）。

图 9-3　北京大兴国际机场

图 9-4　港珠澳大桥

9.1.2　土木工程的主要特点

1. 经济拉动作用强

土木工程与社会经济发展密不可分,房屋、道路、桥梁、港口等土木工程项目,为人们提供了便利的生活和工作环境,而且土木工程对多个行业发展有拉动作用。2023 年全年全社会固定资产投资 509708 亿元,比 2022 年增长 2.8%,建筑业总产值 315911.85 亿元,建筑业投资增长 22.5%,其中基础设施投资增长 5.9%,建筑业企业从业人员数 5253.75 万人,吸纳了大量的就业人口。

总体而言,土木工程直接推动了建筑行业的发展,无论是民用建筑还是农业建筑、工业建筑,都需要土木工程师的勘察设计和施工建造。建筑行业的繁荣为全社会提供了大量的就业机会,还带动了相关产业链的发展,包括钢铁、水泥、玻璃等建筑材料生产,建筑设备等工程机械行业,建筑安装、装修装饰、咨询服务等产业。

2. 社会影响范围广泛

土木工程项目往往与人们的日常生活息息相关,其建设成果直接关系到社会的稳定和繁荣,土木工程具有广泛的社会影响力和深远的历史意义。我国城市发展进入城市更新的重要时期,土木工程对于城市的规划和发展将发挥越来越关键的作用,从城市设计到建筑设计、再到工程设计等多个环节入手,充分应用土木工程师的专业知识进行合理的城市规划和土地利用,提升城市的生活质量和经济竞争力。交通基础设施的改善可以方便人们的出行、促进区域间的交流、提高人民生活水平,2020 年 6 月 30 日,四川阿布洛哈村的公路建成通车,标志着全国最后一个不通公路的建制村实现"车路"双通,阿布洛哈村村民的出行时间从 5 小时缩短至 30 分钟,全村 65 户 253 人从此踏上了通往美好生活的幸福之路。

3. 建设周期比较长

土木工程的建设周期一般比较长,项目的规模越大、复杂性越高,项目的建设周期也越长,特别是随着经济发展,出现了很多重大工程。这些重大工程投资规模大、复杂性高,对政治、经济、社会、科技发展、环境保护、公众健康与国家安全具有重要影响,涉及交通和基础设施、公共服务、生态环境、智慧城市等领域,例如三峡工程、南水北调工程、港珠澳大桥等,这些项目的建设周期可能长达 10～20 年,建设过程管理难度也较大。

土木工程项目建设程序从项目策划开始,到评估、决策、勘察设计、施工、竣工验收,直至投入生产或交付使用,是一系列相互关联的建设过程步骤,最终确保项目的顺利进行和最终完成。土木工程建设周期长的特点使得项目建设的每一个阶段都需要面对不同的挑战和难题,如气候变化、环境因素、政治经济环境变化的影响等,土木工程设计、施工必须严格按照标准规范进行,确保工程质量。

4. 安全责任重大

在土木工程建设中,安全责任是一个不容忽视的重要议题,涉及多个参与方,包括建设单位、施工单位、工程监理单位等,以及土木工程技术人员。这些参与方各自承担着不同的安全责任,以确保工程的安全进行。例如,土木工程的施工中存在着各种安全风险,如高空作业、地下施工、危险化学品等,需要施工人员时刻保持警惕,严格遵守安全规定,确保施工过程中不发生事故。因此,在土木工程施工中,安全是首要考虑的因素,需要全员共同努力,确保工程施工的安全顺利进行。

根据相关文献的数据统计,我国建筑施工行业自 2008 年起,截至 2018 年,共发生事故 6714 起,造成至少 8138 人死亡。2008—2015 年全国建筑安全事故数和死亡数的趋势呈现降低,平均降低速率分别为 10.34%、9.06%,呈现出缓慢降低状态,2015 年以来,建筑业总产值增加迅猛,2015—2018 年每年的事故死亡人数呈增加趋势与建筑业产值上涨有一定的相关性,其中高处坠落、坍塌、物体打击、起重伤害和机械伤害是施工现场的五大伤害事故,占事故总数的 90% 以上,因此需要重视土木工程的安全责任教育,加强项目施工现场管理,避免或减少建筑安全事故的发生。

5. 绿色建筑蓬勃发展

土木工程对资源、环境消耗比较大,在进行土木工程施工时,需要充分考虑资源的合理利用和节约,确保施工过程中资源的经济有效利用,保护自然环境,实现可持续发展。2022 年国家提出"推动绿色建筑规模化发展,大力发展装配式建筑,积极推广绿色建材,加快建筑节能改造",绿色建筑、绿色材料、绿色施工、绿色技术是建筑领域中推动可持续发展和环境保护的重要概念,绿色环保已经成为土木工程未来发展的必然趋势。

随着科技的进步,新材料、新技术、新工艺的不断涌现为土木工程的发展注入了新的活力。绿色建筑是指在全生命期内,节约资源、保护环境、减少污染,为人们提供健康、适用、高效的使用空间,最大程度地实现人与自然和谐共生的高质量建筑。绿色建筑材料作为构建未来可持续建筑的基石,正在逐步引领全球的建筑潮流,为土木工程领域带来前所未有的新突破。绿色施工是指工程建设中,在保证质量、安全等基本要求的前提下,通过科学管理和技术进步,最大程度地节约资源与减少对环境负面影响的施工活动,实现"四节一环保"(节能、节地、节水、节材和环境保护)。在土木工程中,循环利用是一种重要的绿色施工理念。在现代化土木工程中,循环利用废弃物料和资源是一种重要的环保举措。

土木工程涉及各种自然环境和地形地势,施工环境往往比较复杂,甚至有些工程需要在高山、沙漠、陡坡等恶劣环境中进行施工,因此,土木工程还需要考虑到周围环境的保护,避免对周围生态造成影响,充分考虑环境保护和生态平衡的问题。

6. 智能化发展趋势明显

随着物联网、大数据、人工智能等新兴技术的发展,土木工程的智能化发展和应用场景也日渐增多,土木工程行业正经历着一场前所未有的智能化变革,极大地提升了行业的效率、安全性和环保性,传统上劳动密集型的建筑业正朝着自动化和智能化的方向发展。例如,BIM(Building Information Modeling,建筑信息模型)技术的应用为土木工程的设计和施工带来了革命性的变化,数字化技术使得工程师们拥有强大的设计和分析能力,能够更准确地预测和模拟工程行为。智能建造,作为土木工程业的新形态,在建造过程中充分利用智能技术和相关技术,通过应用智能化系统,提高建造过程的智能化水平,减少对人的依赖,达到安全建造的目的,提高建筑的性价比和可靠性,正推动行业走向更加高效、绿色、安全的发展道路,逐渐成为土木工程发展的重要方向。

9.1.3 土木工程的伦理问题

土木工程是伴随着人类历史发展而不断发展壮大的工程学科,它包含了人类创建和改造人居环境的一切活动,建设过程复杂且有着广泛的经济、社会和环境影响。土木工程技术的发展,大大增强了人类抵御自然力和自然灾害的能力,包括居住条件的改善、交通出行的便利、工作环境的安全健康等。但是,土木工程的发展也衍生出诸如安全伦理、环境伦理等一系列工程伦理问题,这些伦理问题涉及多方面,需要工程师在实践中不断探索和完善,可以采用加强工程伦理教育、建立健全的伦理规范和监督机制等措施,有效提升土木工程领域的职业伦理水平,促进土木工程行业健康发展。

1. 土木工程安全伦理问题

工程安全是土木工程中最重要的一环,工程师应该将安全置于首位,从设计、施工到维护全过程都要充分考虑安全风险,并制定相应的安全管理措施,严格遵守行业标准和技术规范,确保工程质量达到设计要求,并采取措施预防潜在的安全隐患。在设计与施工过程中,任何疏忽都可能导致严重的后果,如建筑物倒塌、道路断裂等,严重威胁公众生命财产安全。因此,土木工程师必须具备高度的责任心和职业道德,不因追求经济效益而牺牲工程质量和安全。

土木工程发展史上发生过多起工程安全事故,迫使人们重视土木工程活动带来的安全风险,安全成为考察土木工程伦理的首要要素,需要确保建筑结构安全、人员安全以及安全风险管理控制等方面。

2008—2018年,我国各事故类型及死亡人数占比相对稳定;高处坠落事故一直是发生数量最多的类型,占比超过51%,共发生6699起,超过事故总起数的一半;其次是物体打击,占总事故类型的14%,坍塌占总事故类型的12%;高处坠落、坍塌、物体打击、起重伤害和机械伤害作为施工现场的五大伤害事故一直占据事故总数的90%以上,这五大类事故的预防仍是建筑安全管理的重点。应针对高发事故类型加强专项管理,对建筑施工人员加强安全意识教育,使其熟悉施工流程,自觉遵守安全操作规范,时刻注重施工过程中存在的安全隐患并及时上报。

2. 土木工程环境伦理问题

土木工程项目不仅涉及公众利益,对自然环境也会产生巨大的影响。随着全球环境问题的日益严峻和人们环保意识的普遍提高,土木工程活动对环境的影响越来越受到关注,工程伦理逐渐从人际伦理扩展到环境伦理,工程师逐渐将环境道德融入职业准则与工程实践中,例如美国土木工程师学会在1977年将环境责任纳入伦理规范之中。土木工程项目的规划设计和实施应考虑到生态平衡、资源节约和环境保护问题,采取环保措施减少污染和破坏,实现可持续发展。例如,实施节能减排技术、绿色建筑概念的兴起等,同时,工程师还应积极参与环境修复工作,为改善人类生存环境贡献力量。

城市新区开发、大型交通项目等项目建设规划时,会涉及土木工程建设对自然生态环境的影响问题,可能会对项目影响范围内的生态环境带来负面影响,工程师应考虑采取何种方式消除影响,或者如何科学确定合理的选址。例如,港珠澳大桥作为一项大型基础设施建设,对周边环境和生态系统产生了不可避免的影响,在建设过程中需要采取了多种措施来保护环境和生态系统,其中,保护海洋环境和中华白海豚是港珠澳大桥建设的一项重要目标任务,项目各参与者非常重视海洋资源与生态环境保护。为了减少对珠江口海洋生态环境的影响,港珠澳大桥建设采用了多项环保措施:开工前相继开展了环境影响评价、海域使用论证、中华白海豚保护、海洋倾倒区选划、防洪评价等环境保护专题研究,建设中吸收国内外先进技术,创新施工工艺和工法,如采用"大型化、标准化、工厂化、装配化"的设计理念,沉管隧道、桥梁承台和墩身、钢箱梁都在岸上工厂化预制、海上装配化安装,提高作业效率,缩短海上施工时间,以实现"减少占用海域面积,降低阻水率,减少施工噪声,有效降低海上施工对海洋环境和中华白海豚的影响"目标。由香港路政署及大桥管理局、环保顾问、工程监理及施工单位建立的"大桥环境保护跨境联合联络工作小组",通过定期会晤、对施工现场进行互访、交换环境监测数据等形式,加强监察与交流。通过多种切实有效的保护措施,港珠澳大桥建设的生态环保目标成功实现。

3. 文化与技术伦理问题

土木工程活动往往跨越不同的地域和文化背景,工程师应尊重当地文化习俗,避免在工程中因文化理念不同而引起冲突。同时,随着科技的不断进步,新技术、新材料的应用也带来了新的伦理挑战。工程师应审慎评估新技术可能带来的风险与影响,确保其符合伦理规范和社会价值观。

随着经济全球化的发展,"走出去"和"一带一路"等政策逐步推广落实,我国土木工程企业正在参与国际建筑市场的竞争。这些国际项目面临着不同的文化背景、技术标准等因素的挑战,如何克服困难、取得项目成功,成为我国土木工程企业需要关注的重要内容。国外土木工程施工项目所处的国家或地区文化背景与我国存在较大差异,包括语言、宗教、风俗习惯等方面,要求相关企业在项目实施过程中,充分了解和尊重当地文化,加强与当地居民的沟通与协作,降低文化冲突对项目的影响。同时,国外土木工程施工项目所采用的技术标准、规范和施工工艺与我国存在一定差异,需要了解和掌握这些差异,以便在项目实施过程中遵循当地规定,确保施工质量和安全。

4. 土木工程的其他伦理问题

在土木工程领域,利益冲突是一个常见问题。土木工程师作为专业技术人员,承担着对社会、雇主及公众的责任。职业责任伦理要求工程师保持专业诚信,遵循职业道德准则,不参与任何损害公共利益或违反法律法规的行为。在面对复杂工程问题时,工程师应坚持科学态度、客观分析,提出合理解决方案,并对自己的决策和行动负责。工程师可能面临来自不同方面的压力,如业主、承包商、政府部门等,这些压力可能与其专业判断相冲突。解决利益冲突的关键在于保持独立性和客观性,坚守职业道德底线,不因个人利益或外部压力而损害工程质量和公共利益。

9.2 国外土木工程领域的职业伦理规范要求

国外如欧美等国家,在工程伦理方面的研究呈现出三条发展路径:工程师职业伦理研究进路、内在主义工程伦理研究进路、宏观视角下的工程伦理研究进路,其中工程师的职业伦理问题是欧美工程伦理最初的研究范式,是工程伦理重要的研究领域,特别是在土木工程领域形成了一系列规范化的研究成果。

9.2.1 美国土木工程领域的职业伦理规范标准

美国的工程伦理在工程师职业伦理框架下得到快速的发展,工程职业协会在制定工程师道德行为规范和工程伦理教育方面发挥着重要作用,在土木工程领域,美国土木工程师学会(American Society of Civil Engineers,ASCE)、美国项目管理学会(Project Management Institute,PMI)、美国建筑师学会(American Institute of Architects,AIA)等,这些专业协会都高度重视工程师的伦理规范的制定,都提出工程师要"将公众的安全、健康和福利放在首位"。

1. 美国土木工程师学会

美国土木工程师学会(ASCE)成立于1852年,至今已有170多年的悠久历史,是历史最久的国家专业工程师学会,所服务的会员来自177个国家超过16万的专业人员。为推动土木工程行业的安全、可靠、高效的发展,ASCE制定了一系列的技术标准,并且,ASCE也强调工程伦理的重要性,《土木工程师伦理准则》(*Code of Ethics the American Society of Civil Engineering*)于1914年首次通过,是ASCE成员职业行为的典范,并于2020年10月进行了更新。

ASCE要求工程师在以下方面管理他们的职业生涯以下基本原则:①创造安全、有弹性和可持续的基础设施;②尊重、有尊严地对待所有人,以促进公平、平等的方式实现公平参与;③考虑当前和预期的需求社会;④利用他们的知识和技能提高人类的生活质量。ASCE的道德准则、政策和资源旨在帮助其成员了解其道德义务,并将其纳入其专业和业务相关事务的日常行为中,ASCE要求所有成员承诺遵循所有的道德准则,按照利益相关者的需求满足相应的职业伦理标准,具体如表9-1所示。

表 9-1 ASCE 对土木工程师职业伦理的利益相关者分类要求

序号	类别		要 求
1	社会公众	√	a. 保护公众的健康、安全和福利;
		√	b. 提高人类的生活质量;
		√	c. 只有在充分了解和诚实信念的基础上,才能真实地表达专业意见;
		√	d. 对一切形式的贿赂、欺诈和腐败采取零容忍态度,并向有关当局报告违规行为;
		√	e. 努力为公民事务服务;
		√	f. 尊重、尊严和公平地对待所有人,拒绝一切形式的歧视和骚扰;
		√	g. 承认社区不同的历史、社会和文化需求,并将这些考虑因素纳入他们的工作中;
		√	h. 在工作中考虑当前和新兴技术的能力、局限性和影响;
		√	i. 必要时向有关当局报告不当行为,以保护公众的健康、安全和福利

续表

序号	类别	要求
2	自然和建筑环境	√ a. 坚持可持续发展原则； √ b. 平衡社会、环境和经济之间的相互影响，重视相关的改进机会； √ c. 减轻不利的社会、环境和经济影响； √ d. 谨慎地使用资源，同时尽量减少资源消耗
3	职业	√ a. 维护职业的荣誉、正直和尊严； √ b. 按照执业管辖区的所有法律要求进行工程实践； √ c. 如实反映其专业资格和经验； √ d. 拒绝不正当竞争行为； √ e. 促进与现在和未来工程师的能够获得平等指导和知识共享； √ f. 向公众推广和介绍土木工程在社会中的作用； √ g. 继续专业发展，提高他们的技术和非技术能力
4	业主和雇员	√ a. 以诚信和专业精神为客户服务； √ b. 向客户和雇主明确任何实际、潜在或感知的利益冲突； √ c. 及时向客户和雇主传达与其工作相关的任何风险和限制； √ d. 如果客户和雇主的工程判断可能危及公众的健康、安全和福利，则应向他们明确及时地说明后果； √ e. 对客户和雇主的专有信息保密； √ f. 仅在其职权范围内提供服务； √ g. 仅批准、签署或盖章由他们或由他们负责准备或审查的工作成果
5	同事	√ a. 只对他们亲自完成的专业工作负责； √ b. 为他人的工作提供归因； √ c. 促进工作场所的健康和安全； √ d. 在与同事的所有交往中促进和表现出包容、公平和道德的行为； √ e. 在协作工作中诚实、公平地行事； √ f. 鼓励并促进其他工程师和该行业潜在成员的教育和发展； √ g. 公平和尊重地监督； √ h. 仅以专业的方式对其他工程师的工作、专业声誉和个人性格发表评论； √ i. 向美国土木工程师学会报告违反道德规范的行为

2. 美国项目管理学会

美国项目管理学会(PMI)成立于1969年，是项目管理领域的权威机构，PMI编制了针对项目管理者的《工程伦理手册》(*Code of Ethics and Professional Conduct*)认为工程伦理是关于在人力、资源和环境方面做出的最优决定，道德选择可以降低工程风险，促进积极成果，增加相互之间的信任，形成长期可持续发展，并建立良好的声誉，PMI成员应具备诚实、责任、尊重和公平的职业道德行为的价值观，管理者的领导力也取决于个人的道德选择。在《工程伦理手册》中，PMI将对项目管理人员的职业伦理要求如表9-2所示，希望通过行为准则来帮助从业者更好地建立和完善职业发展路径。

表 9-2　PMI 对项目管理者工程伦理要求

标准	期 望 标 准	强 制 标 准
责任	√ 根据社会、公共安全和环境的最佳利益做出决定并采取行动 √ 接受与背景、经验、技能和资格相一致的任务 √ 履行许下的承诺 √ 承担错误或责任并及时纠偏,承担因此而导致的后果;发现他人造成的错误或遗漏时,将其传达给适当的组织 √ 保护受委托的专有或机密信息 √ 遵守本准则,并互相监督	√ 了解并遵守相关监管工作、活动的法律法规 √ 向相关管理部门报告不道德或非法行为,并在必要时通知受行为影响的人
尊重	√ 了解他人的规范和习俗,避免做出不礼貌或冒犯他人的行为 √ 有同理心,倾听他人的观点 √ 直接与有冲突或分歧的人接触 √ 不求回报,以专业的方式行事	√ 真诚协商,友好谈判 √ 不以专业知识或权力来影响他人的决定或行为,不损人利己 √ 不诋毁、欺凌他人 √ 尊重他人的财产权
公平	√ 在决策过程中保持透明、公开 √ 保证公正性和客观性,并采取适当的纠正措施 √ 为有权获取信息的人提供平等的信息获取途径 √ 为合格的候选人提供平等的机会	√ 向利益相关者披露任何实际或潜在的利益冲突 √ 存在实际或潜在的利益冲突时,除非获得授权,避免参与决策过程或以其他方式影响结果 √ 不得基于个人立场雇佣或解雇、奖励或惩罚、授予或拒绝合同 √ 不得歧视他人 √ 遵守相关组织的规则
诚信	√ 认真寻求了解真相 √ 保证真实的沟通和行动 √ 及时提供准确的信息。 √ 不论采用暗示还是明示的方式,需要作出真诚的承诺和保证 √ 努力创造一个令人感到安全、能够坦诚相待的环境	√ 不参与或纵容旨在欺骗他人的行为,包括但不限于给出误导性或虚假陈述、陈述半真半假、断章取义提供信息或隐瞒信息 √ 不以个人利益或损害他人利益为目的作出不诚实的行为

PMI 提出了项目管理者工程伦理实践的关键要素,可以根据《项目管理者工程伦理实践手册》(*Ethics Toolkit Overview for PMI Practitioners*),帮助 PMI 从业者理解、识别、积极管理道德问题,从领导力、社区、客户、同事、合作方、董事会等几个角度进行评估,例如领导力打分表(部分)如图 9-5 所示。

3. 美国建筑师学会

美国建筑师学会(AIA)于 1857 年成立,是美国一家专业的建筑师学会。1909 年,AIA 以"关于专业实践原则和道德准则的建议通知"的形式发布了第一套规范建筑师行为的正式规则,建筑师以专业的知识和能力对公众、客户、行业负责,职业道德在建筑师的执业过程中具有非常重要的作用和影响。目前,AIA 已经发布了完善的《道德与职业行为准则》(*Code of Ethics & Professional Conduct*)。《道德与职业行为准则》成为建筑师普遍遵守的行为指南和职业道德的衡量标准。

LEADERSHIP

01. I take courageous, consistent and appropriate management actions to overcome barriers to achieving my organization's mission.				
☐ Almost Never	☐ Occasionally	☐ Usually	☐ Always	☐ N/A

02. I place community benefit over my personal gain.				
☐ Almost Never	☐ Occasionally	☐ Usually	☐ Always	☐ N/A

03. I strive to be a role model for ethical behavior.				
☐ Almost Never	☐ Occasionally	☐ Usually	☐ Always	☐ N/A

04. My statements and actions are consistent with professional ethical standards, including the PMI Code of Ethics and Professional Conduct.				
☐ Almost Never	☐ Occasionally	☐ Usually	☐ Always	☐ N/A

05. My statements and actions are honest even when circumstances would allow me to confuse the issues.				
☐ Almost Never	☐ Occasionally	☐ Usually	☐ Always	☐ N/A

图 9-5　项目管理者工程伦理实践领导力评价表

AIA 的《道德与职业行为准则》具体包括三个层次：准则、道德标准、行为规范，其中准则是指最广泛的行为准则，道德标准是成员应该在职业表现上以及行为上追求的具体目标，行为规则是具有强制性的，以一般责任（General Obligations）为例，AIA 对建筑师的"一般责任"职业伦理要求具体如表 9-3 所示。

表 9-3　AIA 对建筑师的"一般责任"职业伦理分层次要求

一般责任	
准则层要求：应保持和提高建筑艺术和建筑科学的知识，尊重建筑成果并为之付出努力，运用所学知识，考虑专业活动的社会和环境影响，作出专业的判断	
道 德 标 准	行 为 规 范
1.1 应努力提高专业知识和技能	1.101 在建筑实践中，应表现出一致的合理谨慎和能力，并应运用同一地区信誉良好的建筑师通常应用的技术知识和技能
1.2 卓越标准：成员应不断寻求提高美学卓越、建筑教育、研究、培训和实践的标准	
1.3 自然和文化遗产：成员国应尊重和帮助保护其自然和文化文化遗产，同时努力改善环境和生活质量	
1.4 人权：会员国应在其所有职业努力中维护人权	1.401 不得在其职业活动中基于种族、宗教、国籍、年龄、性别等 1.402 不得从事肆意无视他人权利的行为 1.403/1.404 成员不得故意设计使用目的违法的空间
1.5 应利用专业知识和技能来设计建筑和空间，为人类尊严和公众的健康、安全和福利而设计	
1.6 联合艺术与工业：应推广联合艺术，为整个建筑行业的知识和能力做出贡献	

AIA 对建筑师的职业伦理要求一共包括六方面：

（1）一般责任：应保持和提高建筑艺术和建筑科学的知识，尊重建筑成果并为之付出努力，运用所学知识，考虑专业活动的社会和环境影响，作出专业的判断。

（2）对公众的责任：成员应接受管理其专业事务的法律法规，并应在其个人和专业活动中促进和服务公众利益。

（3）对客户的责任：成员应以专业的方式为客户提供服务，并在提供所有专业服务时作出无偏见和公正的判断。

（4）对职业的责任：成员应维护专业的诚信和尊严。

（5）对同事的责任：成员应尊重同事的权利，并认可他们的专业抱负和贡献。

（6）对环境的责任：成员应认识到并认可在促进自然和建筑环境中的可持续发展设计以及实施能源和资源设计方面所承担的专业责任。

9.2.2 英国土木工程领域的职业伦理规范标准

英国的工程伦理在工程师职业伦理框架下发展也非常迅速，工程职业学会组织也发挥着重要作用，例如英国土木工程师学会（Institution of Civil Engineers，ICE）、英国皇家建筑师学会（Royal Institute of British Architects，RIBA）、英国皇家特许测量师学会（Royal Institution of Chartered Surveyors，RICS）。

1. 英国土木工程师学会

英国土木工程师学会（ICE）成立于 1818 年，拥有 200 多年的历史，是世界上历史最悠久的专业工程机构，在全球拥有 9.7 万多家成员组织。ICE 成立了道德委员会，由其负责起草 ICE 的《职业行为准则》（*Code of Professional Conduct*），道德委员会识别和促进工程师对伦理问题的认识，反映更广泛社会中伦理思想的演变，从而促进土木工程专业和道德行为等。在 2012 年，ICE 道德委员会更新了该指南，纳入了更多关于可持续性和防灾的信息，以确保其满足现代土木工程师的需求。

ICE 对土木工程师的职业伦理要求一共包括六方面：

规则 1：所有成员应正直地履行其专业职责，并在涉及组织机构和土木工程专业的地位、声誉和尊严的所有行为中保持正直。

规则 2：所有成员只能从事他们能力和资质范围内的工作。

规则 3：所有成员应充分考虑公众利益，特别是与健康和安全问题，以及与子孙后代福祉有关的问题。

规则 4：所有成员应适当考虑环境和自然资源的可持续管理。

规则 5：所有成员应持续发展其专业知识、技能和能力，并应为促进他人的教育、培训和持续专业发展提供一切合理协助。

规则 6：所有成员应

a. 如果被判犯有严重刑事罪，应立即通知该机构；

b. 如果他们有其他专业团体的会员资格，请及时通知该机构因纪律处分程序而终止；

c. 破产或丧失公司资格时，及时通知机构董事；

d. 如果成员真诚地认为另一成员严重违反了《职业行为准则》，应立即通知该机构；

e. 如果成员真诚地担心会有危险、风险、渎职或不法行为，应立即通知雇主或相关机构；

    f. 对于真诚地提出规则 d 或 e 所涵盖问题的同事或任何其他人员,成员有责任关心和支持他们。

  2. 英国皇家建筑师学会

英国皇家建筑师学会(RIBA)成立于 1834 年,旨在"推动建筑的全面发展,促进和便利与之相关的各种艺术和科学知识的获取"。该联盟于 2016 年 12 月发布了第一套适用于土地、房地产、建筑、基础设施和相关行业专业人员的普遍道德原则,2021 年 RIBA 采用了新的工程伦理标准,是由国际伦理标准联盟(International Ethics Standards Coalition)制定的《国际伦理标准》(*International Ethics Standards*),其主要内容包括以下几方面:

(1) 问责制:从业者应对其提供的服务承担全部责任;应保持对与其工作相关的专业技术、模型和数据的了解;应尊重客户、第三方和利益相关者的权益;应始终适当地关注社会和环境。

(2) 保密:未经事先许可,除非适用法律或法规要求披露,从业者不得披露任何机密或专有信息。

(3) 利益冲突:从业者应在提供服务之前和期间及时进行适当的信息披露。如果披露后,冲突无法消除或缓解,则从业者应退出该事项,除非受影响的各方相互同意从业者应适当继续。

(4) 多样性:从业者应促进形成一个包容和开放的环境,使不同能力和身份的人能够在各自的工作中成长发展。

(5) 财务责任:从业者在所有财务交易中都应诚实、透明和值得信赖。

(6) 诚信:从业者应诚实、得体、公平地行事,所提出的专业建议应基于相关性、可靠性和支持性的证据。

(7) 合法性:从业者应遵守其执业所在地的适用的法律法规,以及与工作任务相关的域外或国际法律。

(8) 反思:从业者应定期反思其行为的标准和最佳做法,并应采取措施确保其工作实践符合不断发展的道德原则和专业标准。

(9) 尊重:从业者应体谅他人;应避免削弱任何人的自由、隐私和独立能力;并应认识到无歧视或无偏见地与他人交往以及维护他们的福祉和人身安全的重要性。

(10) 服务标准:从业者应提供他们有能力范围内的高质量服务;应确保协助提供服务的任何员工或同事全力以赴;并应鼓励员工和同事通过持续的专业发展和其他资源来保持和提高他们的专业技能。

(11) 透明度:从业人员保证一定的公开性;应以简明易懂的语言提供相关文件或其他材料,包括聘用条款;并应清晰地呈现数据和分析结果,不得有不当操作。

(12) 信任:从业者应承担起提升其职业声誉的责任,并应认识到他们的实践和行为关系到公众对专业组织及其所代表的职业的信任和信心。

  3. 英国皇家特许测量师学会

英国皇家特许测量师学会(RICS)成立于 1868 年,已有 150 余年的历史,其专业领域涵盖了土地、物业、建造及环境等 17 个不同的行业。2021 年 RICS 更新了行为准则(*Rules of Conduct*-2021),以帮助全球行业应对新的风险和机遇。在新的行为准则中,将道德标准纳入一个明确的框架,强调尊重、多样性和包容性是职业道德的基础,强调了解数据和技术的不断发展的使用以及相关利益和风险的重要性。该行为准则表明,RICS成员和公司的道德实践在应对全球挑战方面发挥着重要作用,能够创造可持续发展和应对气候变化。RICS的行为准则的主要内容如下:

规则1:成员和公司必须诚实、正直,并遵守其专业义务,包括对RICS的义务。

规则2:成员和公司必须保持其专业能力,确保由具备必要专业知识的合格人员提供服务。

规则3:会员和企业必须提供优质、勤勉的服务。

规则4:成员和公司必须尊重他人,鼓励多样性和包容性。

规则5:会员和公司必须以公共利益为出发点,对自己的行为负责,并采取行动防止损害,保持公众对该行业的信心。

9.2.3 其他行业组织职业伦理要求

1. 国际咨询工程师联合会

国际咨询工程师联合会(FIDIC)成立于1913年,多年来,联合会逐渐发展成为一个全球性组织,FIDIC下设许多专业委员会制订了许多建设项目管理规范与合同文本,被世行、亚行等国际金融组织以及许多国家普遍承认和广泛采用。FIDIC认为咨询工程行业对于实现社会和环境的可持续发展至关重要,为了充分发挥作用,工程师不仅需要不断提高他们的知识和技能,而且社会必须尊重该行业成员的正直,信任他们的判断,并给予他们公平的报酬。2012年FIDIC发布了《FIDIC道德规范》,主要包括以下六方面:

(1)对社会和咨询行业的责任:工程师应承担咨询行业对社会的责任;寻求符合可持续发展原则的解决方案;始终维护咨询行业的尊严、地位和声誉。

(2)能力:工程师应将知识和技能保持在与技术、立法和管理发展相一致的水平,并在向客户提供的服务中运用应有的技能、谨慎和勤勉;只有在能力范围内提供相应的服务。

(3)诚信:工程师应始终以客户的合法利益为出发点,以诚信和忠诚的态度提供所有服务。

(4)公正性:工程师应在提供专业建议、判断或决定时保持公正;告知客户在向客户提供服务时可能出现的任何潜在利益冲突;不接受有损独立判断的报酬。

(5)公平性:工程师应推广"基于质量的选择"(QBS)的概念;既不粗心也不故意做任何损害他人声誉或业务的事情;既不直接也不间接地试图取代已经为特定工作任命的另一位咨询工程师;在通知相关咨询工程师之前,未经客户书面通知终止先前对该工作的任命,不得接管另一名咨询工程师的工作;如果被要求审查他人的工作,请按照适当的行为和礼貌行事。

(6)腐败:工程师应既不提供也不接受任何形式的不合法、不合理报酬。

2. 日本建筑学会

日本建筑学会(AIJ)创建于1886年,是日本权威性的建筑师组织。日本建筑学会的使命是通过尊重每个地区的历史、传统和文化,通过获得的智慧和技术实现与全球环境的和谐,同时认识到建筑作为丰富民用基础设施基石的社会作用和责任,为丰富人类生活结构做出贡献。AIJ在工程伦理方面公布了《行为的基本准则》(*Fundamental Canons of Behavior*),

其主要内容包括七方面：

(1) 传承建筑技术,尊崇传统文化：各成员应培养自古以来传承下来的"耐用、实用、美观"的理念,传承优良的建筑技术,尊重当地传统文化。

(2) 建设安全的建筑和优质的城市环境：各成员应尽最大努力建造安全的建筑和优质的城市环境,通过预测可能危及人类生命的灾害和事故,缓解所有人的焦虑并使其放心。

(3) 创造一个功能齐全、美观的生活环境：各成员应充分利用其智慧和获得的技术能力,为人类的繁荣和福祉创造一个注重功能的美丽生活环境。

(4) 保护全球环境及其可持续发展：各成员应努力通过尽量减少浪费和污染来有效利用有限的资源,以确保全球环境的保护及其可持续发展。

(5) 在学术中立的基础上共享和传播公共信息：成员应在学术中立的基础上,努力共享其参与的特殊领域的公共利益信息,并积极向社会传播这些信息。

(6) 尊重知识产权和不可侵犯性：成员应尊重已发表的学术成果和专利等知识产权,不得侵犯他人的知识成果或版权。

(7) 对当地和国际社会的贡献：各成员应通过相互合作,与其他学术和专业组织合作,为当地社会和国际社会的发展做出贡献。

3. 德国建筑师行业职业伦理分析

建筑业是德国经济的重要支柱,建筑师在建筑行业的发展中具有非常重要的作用和地位,目前,可以发现德国建筑行业职业伦理的特点主要体现在三方面：一是节能环保是德国建筑行业职业伦理的普遍共识,节约能源消耗,使用清洁能源,在新建、改建或扩建的计划中确定相应的节能措施。德国人特别重视建筑废弃物的回收利用,已经成为德国的建筑行业的普遍共识；二是彼此合作是德国建筑行业职业伦理的重要内容。建筑师和工程师、建筑工人等多方的合作。完成一项建筑工程,离不开项目参与者的共同努力。例如,德国法律明确规定了建筑工人危险性工作的范围,若建筑工程中包括法律规定的危险性工作,建筑师在建立施工现场之前,必须制订相关的安全健康计划,针对危险性工作采取特殊措施；三是客户导向是德国建筑行业职业伦理的讨论热点,客户导向是德国建筑行业近几年来发展演化出的职业伦理观念,要求建筑师避免和客户的冲突,尽量满足客户的需求。

职业伦理的形成与发展是整个社会多种因素共同作用的结果,因此,职业伦理问题要从社会体系的视角进行综合分析。影响德国建筑行业职业伦理的因素主要包括国家、行业协会、学校以及从业者的职业兴趣,这些因素相辅相成,共同作用于职业伦理的形成与发展。在德国,节能环保不仅是伦理道德方面的要求,德国政府为此制定了完善、详细的法律制度。行业协会是宣传建筑行业职业伦理的主要机构,学校是培养建筑行业职业伦理的重要途径,在专业课程中渗透职业伦理,从业者的职业兴趣是建筑行业职业伦理的重要内涵。

9.2.4　国外土木工程领域工程伦理共性要求

结合美国、英国及其他行业组织在土木工程领域对土木工程行业从业者的职业伦理要求,可以发现国外在工程师伦理要求是以行业组织为主来进行组织倡导,例如针对工程师、建筑师、项目管理人员等,并且在工程伦理标准制定方面存在分层次、分类型、分级别等特征,对利益相关者、可持续发展等方面的关注度逐渐提高。

土木工程领域对工程师的伦理要求存在一些共性要求,主要包括以下几方面：

（1）工程师个人特质的要求：在工作中保持正直、诚信，恪尽职守，遵守相关的法律法规，在执业范围内提供专业服务，努力提升专业技能。

（2）面对公众的要求：应充分考虑公众利益，保护公众的健康、安全和福利，特别是与健康和安全问题，以及与子孙后代福祉有关的问题。尊重当地的历史、社会和文化需求。

（3）环境方面的要求：坚持和倡导可持续发展原则，在工作中平衡社会、环境和经济之间的相互影响，充分利用资源，尽量减少资源消耗。

（4）对客户、同事方面的要求：以诚信和专业精神为客户和雇主服务，在协作工作中保持诚实、公平，尊重他人工作，相互促进，共同发展。

（5）营造行业环境方面的要求：倡导公开、公正、互相尊重的行业发展环境，对一切形式的贿赂、欺诈和腐败采取零容忍态度。

9.2.5 案例分析：美国迈阿密公寓倒塌事故

1. 基本情况

2021年6月24日凌晨，在美国佛罗里达州迈阿密-戴德县的瑟夫赛德镇，一栋12层住宅楼突然发生局部坍塌（如图9-6所示）。公共记录显示，该建筑建于1981年，目前已达到了40年的重新认证要求。事故楼房共有136套住房，其中55套在坍塌中损毁，事故迄今确认至少97人遇难。

图9-6 美国迈阿密公寓倒塌事故现场图

2. 事故原因

美国迈阿密公寓倒塌事故的原因是多方面的，主要包括地基和结构的长期损坏、海水的腐蚀作用，以及在监管方面存在一定的问题。

（1）地基和结构的长期损坏：公寓楼长期缺乏维护和修缮，导致地基和结构逐渐损坏，地基和承重梁出现了开裂现象，部分地面钢筋被腐蚀断裂。公寓楼的地下室和停车场存在大量积水，可能是导致这些问题的主要原因，在积水的作用下，钢筋发生锈蚀和混凝土逐渐开裂，地下停车场的支撑柱可能已经无法发挥作用，最终导致了结构损坏，最终失去支撑作用。另外,在 2020 年的一项研究指出该建筑自 1990 年以来一直以每年约 2 毫米的速度沉降,这些沉降也会对建筑物及其结构产生影响。

（2）海水的腐蚀作用：海平面上升导致海水倒灌,长期滞留在建筑底部的海水对建筑结构中的混凝土和钢筋造成了腐蚀性破坏,在没有适当防护措施的情况下,海水对建筑的腐蚀作用日渐明显,最终导致了事故的发生。

9.2.6 情景案例讨论

1. 公众利益选择

某地区存在水资源紧缺的情况,当地政府部门正在考虑在城市郊区水源地附近建设一座供水厂。从工程选址的角度看,这里临近水源,土地成本较低,建厂规模大,将再生水处理功能也纳入其中,对当地居民也可以提供就业岗位,但是对周边环境会产生一定的影响,例如周边居民可能对水厂的噪声、气味、污染等健康风险存在疑虑。同时,水厂的受益者主要是城市居民,而代价主要由周边社区承担,是否存在不公平的问题？在类似的化工厂、服装厂等企业选址的过程中,应如何取舍？

2. 利益冲突平衡

某房地产公司在开发一个住宅项目时,你作为刚接手这个项目的设计师,发现在当前的设计方案中存在某些设计缺陷：①卫生间设计不合理,如果按照该方案设计施工,在后期装修过程中,不利于设计干湿分离的装修方案；②电梯间设计位置不合理,不方便后期使用。如果修改设计方案,需要额外的时间和成本,会耽误项目的开发周期。雇主的需求和未来客户的需求存在冲突,这时你该怎么办？

3. 气候影响问题

2005 年 8 月,飓风"卡特里娜"在美国墨西哥湾沿岸登陆,主要影响路易斯安那州和密西西比州,在路易斯安那州造成了数千人死亡,美国南部名城新奥尔良被倒灌的海水淹没几米深,给美国经济造成了重大影响。新奥尔良市地理条件特殊,地处 800 米宽的密西西比河与庞恰特雷湖之间,呈碗状下凹地形,平均海拔在海平面以下,最低点低于海平面达 3 米,平时只靠防洪堤、排洪渠和巨型水泵抽水抗洪。"卡特里娜"带来的巨浪和洪水冲毁防洪堤,导致了灾难的发生。在防洪堤的修复过程中,工程师们需要在保证工程质量的同时,尽可能减少对当地居民的影响,短期修复和长期防洪需求应如何协调,作为工程师应该如何处理？

9.3 国内土木工程行业工程伦理研究分析

9.3.1 国内土木工程行业工程伦理研究概述

我国工程伦理方面的研究从参考美国、英国等国家的研究开始,特别是在土木工程领域,受到美国土木工程师学会、英国土木工程师学会的影响较大,但是,国外的行业协会发展体系以及工程师在项目管理中的作用与我国工程实践的现状有很大区别。我国的工程专业协会或社团的职业化色彩较淡,工程师的影响力小于西方工程师,仅将工程师作为工程伦理问题的研究主体是远远不够的,应审视建筑企业所应承担的伦理责任。工程伦理规范对工程师的责任要求与中国实践中工程师的低影响力水平的错位,以工程师为责任主体的工程伦理体系在我国适用性较弱。中国学者在工程伦理研究中发现应该扩充狭义上的工程师职业伦理的内涵,把土木工程中的其他利益相关者共同纳入工程伦理的研究范畴,即将建设单位、施工单位、勘察设计单位、监理单位等参与方共同作为土木工程伦理问题的研究对象,以单一个体作为研究主体的模式已经明显表现出其局限性与不合理性,需要重新审视责任主体及其责任问题。

同时,对工程实践的伦理反思和对具体工程伦理实践问题的伦理检视也成为土木工程伦理研究的重点内容,包括工程实践中的伦理冲突、工程伦理原则和实践途径以及工程实践中敏感行业和敏感环节以及工程引发的利益冲突等。另外,随着我国建筑工程建设的快速发展,工程伦理问题逐渐增多,在工程伦理的影响因素中,工程师作为重要参与者,仅让工程师遵守道德伦理,无法实现工程伦理目标,工程不仅依靠工程师的工作,更是整个工程共同体协作的结果,基于项目参与各方相互协作的工程伦理观则成为工程伦理研究的必然的选择。

工程师在如今的工程建设中起到的作用越来越重要,经常需要与业主、监理、建设方及各种分包单位进行工作联络。各个单位出于对自己利益、成本等的要求不一致性,必然会对工程师出现不一样的要求及责任。随着工程建设规模逐步扩大,我国也正在大踏步地从一个工程体量大国向着工程强国迈进,培养高素质的工程师成为一项重要的工作。其中,对于工程师的培养工程师职业伦理的培养需要法律层面、企业层面、高校培养等各方共同努力。尽管近些年来我国开始注意到工程伦理问题,并且陆续出台了部分法律法规,但还没有形成一个完整的法律体系,与一些西方发达国家相比,我国的工程伦理制度还有待完善。另外,高校的工程伦理课程培养是输送合格工程师的必要途径,应将工程伦理教育纳入素质教育中。还应该对土木工程项目的参与企业提出道德规范要求,不应只着眼于眼前利益,还需要考虑长远发展,共同构建可持续发展的行业环境。

9.3.2 土木工程主要参与方的职业规范

土木工程参与方主要是指从工程项目全寿命周期的角度考虑,在项目决策阶段、建设阶段和运营使用阶段中,从事土木工程建设并进行勘察设计、施工、咨询和建设管理的土木工程行业从业者,他们在土木工程职业伦理管理过程中也具有非常重要的作用,应遵循相关的职业规范,具体如下。

1. 建设方的职业规范

建设单位作为工程项目投资建设的主体,在土木工程活动中建设单位必须要遵守土木工程伦理规范,树立正确的伦理道德观念,履行自己在土木工程活动中的责任与义务。建设单位以追求企业利益和长远发展为目标,或者为了公益性的建设目标,在开发建设过程中均要通过项目可行性研究,符合工程建设审批制度的相关要求,关注并满足利益相关者的需求和期望,确保项目遵守相关的法律法规和政策规定。建设单位要避免因追求经济利益采用不正当手段违背道德与伦理,例如违规开展项目建设、拖欠工程款、压缩工程成本、降低工程质量等。

2. 勘察设计方的职业规范

勘察设计单位主要负责建设工程项目的勘察和设计工作。勘察设计单位服务于建设单位,勘察设计人员要认真贯彻遵守国家建设方针、政策和原则,以客户需求为导向,提高设计质量认真执行工程的设计规范。目前,有部分工程安全事故是由设计缺陷造成的,勘察设计人员要严格遵守职业道德,坚守职业操守,始终保持对职业的热爱和敬畏之心,秉持客观、公正、负责的原则,应严格遵守国家和行业的技术标准,保证设计成果符合相关规定,确保设计的安全性和可靠性。勘察设计人员坚持科学精神,勤奋工作,为客户提供合理的方案和意见。

3. 施工方的职业规范

建筑施工单位在整个工程项目建设过程中对建筑产品的最终质量起着决定性作用,担负着项目建设施工的重任,与业主、勘察设计单位、监理单位、材料供应企业之间存在着密切联系与合作,也因此面临更多的伦理冲突与伦理责任。施工单位首先要严格按照设计方案、施工方案等进行施工建设,保证建筑产品质量,保障建筑产品最终使用者的人身财产安全;其次,在施工过程中,减少环境污染、噪声污染等,降低对周边居民生产生活造成的影响;最后,采取有效的安全保护措施,保障施工人员的生命安全,减少施工安全事故。施工单位在实践过程中,可能出现很多违反职业伦理行为的问题,例如为了获取更大的利润,采用质量一般的材料,或者偷工减料、贿赂业主或者监理单位、暗箱操作、非法转包分包等。

4. 工程咨询方的职业规范

土木工程中的咨询业务包括项目规划、项目管理、工程招投标、工程勘察设计、造价咨询、工程监理等各个环节。

招标代理机构是专门从事招标代理业务且提供相关服务的中介机构。工程招投标对规范建设市场发展起到了非常重要的作用,促进了建筑市场的有序竞争,优化了政府部门对建筑市场的监督管理职能。招标代理机构的伦理责任包括依法参与招投标工作,维护公平、公正的市场环境,在工作中诚实守信、廉洁自律、公平竞争等方面,避免出现围标、串标、贪污腐败等违背职业道德的违法犯罪行为。

工程造价咨询是专门从事工程业务中与造价咨询服务相关内容工作的组织,包括投资估算、概预算、工程量清单、工程造价、竣工决算等工程造价文件的编制。造价咨询工作的伦理责任包括遵守维护造价咨询相关法律,在工作中自觉遵守公正、诚信等基本伦理规范。

工程监理的工作主要是对工程项目建设施工全过程的监督和管理,不仅包括施工作业中的工程质量进行监督,还要协助业主对工程投资成本的使用情况、工程进度、安全施工等方面工作进行管理。监理人员承担着对工程建设的质量、进度、费用等方面的监督管理的责任,应及时发现偏差提出纠正措施,保障工程的有序进行。监理工作应当遵循独立、客观、公正的原则,忠实履行职责,维护业主和被监理单位的合法权益。

9.3.3 案例分析：金华开发区"湖畔里"项目较大坍塌事故

1. 基本情况

2021 年 11 月 23 日 13 时 20 分许,金华经济技术开发区在建工程湖畔里项目酒店宴会厅钢结构屋面在进行刚性保护层凝土浇捣施工时发生坍塌事故,共造成 6 人死亡、6 人受伤,直接经济损失 1097.55 万元。

2. 事故原因

1）直接原因

经认定，本次事故的直接原因如下：屋面钢结构设计存在重大错误，结构设计计算荷载取值与建筑构造做法不一致，钢梁按排架设计，未与混凝土结构进行整体计算分析；未按经施工图审查的设计图纸施工，将钢结构屋面构造中 20mm 厚水泥砂浆找平层改为 50mm 厚细石混凝土，且浇筑细石混凝土超厚，进一步增加了屋面荷载。因上述原因造成钢梁跨中拼接点高强螺栓滑丝、钢梁铰接支座锚栓剪切和拉弯破坏，导致⑪、⑫轴二楣屋面钢梁坍塌。

2）间接原因

总承包答为违规出借资质，项目管理违法，施工管理违法。监理单位未履行工程质量和工程管理的监理职责。设计单位违规承揽设计任务，非法分包工程设计。审图中心未依法履行施工图设计文件审查职责。业主未落实建设单位工程质量的首要责任，未有效督促参建各方做好施工现场安全生产、工程质量审查工作，对事故项目非法挂靠、非法转包、分包，施工单位项目部管理机构虚设、人员严重缺位，管理制度流于形式等问题未履行监管职责。未认真督促监理单位履行项目监理职责。

3. 分析与思考

经认定该事故是一起因设计存在重大错误，且未按经施工图审查通过的设计图纸施工而引发坍塌的较大生产安全责任事故。应进一步规范建筑市场行为，加强设计文件管理，规范设计变更，严格按照图纸施工，切实履行安全管理责任，防止类似事故再次发生。

本章概要

1. 土木工程及其伦理问题

土木工程与人们的生活息息相关，具有经济拉动作用强、社会影响广泛、建设周期长、安全责任大等特点，目前来看，土木工程逐步向绿色节能的方向发展，绿色建筑、绿色材料、绿色施工等层出不穷，并且随着物联网、大数据、人工智能等新兴技术的发展，土木工程自动化和智能化的程度也越来越高。与之相伴的工程伦理问题也成为工程建设过程中不可避免的问题，例如安全伦理、文化冲击、环境伦理等。

2. 土木工程从业者的职业伦理问题

通过学习美国土木工程师学会、美国项目管理协会、美国建筑师协会以及英国土木工程师学会、英国皇家建筑师协会、英国皇家特许测量师学会的工程师职业伦理规范，了解在行业组织引导下的工程师职业道德规范制定的内容。美国、英国等国家在土木工程领域的职业伦理标准规范具有很强的影响力和巨大的应用范围，是我国建立完善的土木工程师职业道德规范体系的重要参考标准，如何与我国的工程实践相结合，对未来我国土木工程师职业规范化发展具有重要的指导意义。

3. 土木工程案例学习

本章介绍了多个土木工程伦理分析案例，通过这些案例背景、事故原因分析、分析与思考等环节，引导大家思考事故背后的原因，帮助大家更好地理解工程伦理在土木工程中的作用，明确业主、施工单位、监理单位、设计单位等项目参与者应遵循的职业伦理标准。

案例分析

案例9-1：湖南长沙"4·29"特别重大居民自建房倒塌事故

1. 基本情况

2022年4月29日12时24分，湖南省长沙市望城区金山桥街道金坪社区盘树湾组发生一起特别重大居民自建房倒塌事故，造成54人死亡、9人受伤，直接经济损失9077.86万元。涉事房屋位于长沙市望城区金山桥街道金坪社区盘树湾组安置区一期，共八层（局部九层），建筑面积1401.3平方米，一层至六层用作出租经营，七层至八层用于房主及其家人自住。

2022年4月28日20时许，涉事房屋二层餐饮店工作人员发现东侧一混凝土柱及附近墙面瓷砖脱落、抹灰开裂、根部混凝土被压碎，钢筋暴露并弯曲；29日10时15分，二层一根支顶槽钢（2019年7月因二层混凝土柱出现裂缝，房主自购2根槽钢进行支顶加固）严重变形，与墙面间隙约50毫米；11时50分许，房主吴治勇外出购买建筑材料准备再次加固；12时19分，一层与二层圈梁的东南角外墙面掉灰，砖头裸露并往外挤，外墙开始变形，现场邻居和村民小组长劝说房主吴奇生撤人，但劝阻无效；12时21分，二层餐饮店东侧墙壁发出异响，天花板及东侧外墙有物体掉落，店长随即催促店内2名工作人员、3名用餐人员离开；12时24分，房屋整体"下坐"式倒塌，历时4秒。事发后涉事房屋共埋压63人，其中在校大学生50人、商户员工和其他社会人员11人、房主及家人2人，事故共造成54人死亡。

根据调查报告分析和责任认定，此次事故是一起因房主违法违规建设、加层扩建和用于出租经营，地方党委政府及其有关部门组织开展违法建筑整治、风险隐患排查治理不认真不负责，有的甚至推卸责任、放任不管，造成重大安全隐患长期未得到整治而导致的特别重大生产安全责任事故。事故发生后，对事故中涉嫌违纪违法的62名公职人员进行严肃追责问责，其中，4名公职人员因严重违纪违法并涉嫌职务犯罪被移送司法机关处理；涉事房主吴治勇、湖南湘大工程检测有限公司法定代表人杨双富、金山桥街道金坪社区盘树湾组居民龙立勤等14人涉嫌重大责任事故罪、提供虚假证明文件罪、寻衅滋事罪，被公安机关立案侦查、检察机关提起公诉。

2. 事故原因

1) 直接原因

房主2003年在安置重建地上建设了一栋三层房屋，2012年拆除后重建为五层（如图9-7(a)所示），此次重建未履行任何审批手续、未取得任何许可，自行组织设计和施工、采购建筑材料，违法违规建设的原五层（局部六层）房屋建筑质量差、结构不合理、稳定性差、承载能力低。2018年7月，房主再次进行违法违规加层扩建，加层扩建六层至八层（如图9-7(b)所示），此次扩建仍未取得施工许可证，未办理质量监督手续，组织无相应资质的个人施工，拒不执行城管部门责令停止施工的行政指令，违法建设并投入使用。违法违规加层扩建至八层（局部九层）后，房屋荷载大幅增加，致使二层东侧柱和墙超出极限加，导致二层东侧柱和墙超出极限承载力，出现受压破坏并持续发展，最终造成房屋整体倒塌。房屋事发前，2019年7月、2022年3月和4月，发现多处安全隐患，房主未能有效处理、消除已发现的重大隐患。在事发前2个多小时，在已经发现房屋倒塌征兆时，房主拒不听从劝告，未采取紧急避险疏散措施,事发前 5 分钟,仍未通知自建房内人员疏散避险,错失了屋内人员逃生、避免重大人员伤亡的最后时机。

(a)扩建前　　　　　　　　　(b)扩建后

图 9-7　加层扩建前和扩建后自建房南向立面照片

2)间接原因

检测公司未能认真履行检测职责。湖南湘大工程检测有限公司对房屋现场检测造假,没有按照规定开展鉴定活动,没有使用任何设备和仪器,对标准规定的房屋结构体系、地基基础、材料性能和承重结构等 26 个检测项目进行检测,编写虚假的检测结果和报告。2022 年 4 月 12 日,检测公司受涉事房屋内的旅馆经营者委托,未带任何检测仪器,仅拍照即完成所谓"检测",13 日为旅馆出具了虚假的安全性鉴定报告,等级评定结论为"可按现状作为旅馆用途正常使用""结构安全"。4 月 22 日,经营户告知房主支顶槽钢变形加重,与墙面最大间隙约 15 毫米,但仍未采取任何措施,直至事故发生。

当地自然资源部门未正确履行日常监督检查职责,对涉事房屋 2012 年未办理规划许可拆除重建和 2018 年未办理规划许可加层扩建的违法违规行为查处不力,对辖区内长期存在的无规划手续即新建、扩建行为疏于监管。上级自然资源部门未认真履行职责,未有效开展规划动态监测评估和实施监管机制,对城乡规划管理和实施缺乏有效指导督促,对普遍存在的城镇安置区自建房建设违反规划等问题,没有及时深入研究并有效处置。

当地城管部门未认真履行职责,未查处涉事房屋 2012 年无建设工程规划许可证等擅自建设的违法行为,2018 年发现涉事房屋加层扩建施工时,现场发现违法建设,虽下达了整改指令,但未严格按照规定启动行政执法程序坚决制止和进行拆除,任其违法建成并投入使用。在多次违法建设专项治理中,均没有将涉事房屋纳入台账进行整治和拆除。

当地住房城乡建设部门未依法依规对限额以上自建房工程实施有效监管,在涉事房屋 2012 年 7 月拆除重建和 2018 年 7 月加层扩建期间,未依法处理无资质设计和无施工许可施工等违法行为。在违法建设和违法违规审批专项清查、房屋安全领域专项整治三年行动、房屋安全隐患大排查大整治工作中不履职、不作为。

3．分析与思考

该起事故是一起特别重大生产安全责任事故。近年来，我国社会经济飞速发展，房屋违规建造的现象不胜枚举，这些违规建筑的质量更是参差不齐，特别是自建房倒塌事故一再发生，在造成重大经济损失的同时更是严重危害了人民群众的生命安全。因此，在质量问题面前，不能存在侥幸心理，一定要严格按照相关的规范，在每一个环节上都要符合质量要求，做好风险管控。

案例 9-2：福建省泉州市欣佳酒店"3·7"坍塌事故

1．基本情况

2020 年 3 月 7 日 19 时 14 分，位于福建省泉州市鲤城区的欣佳酒店所在建筑物发生坍塌事故，造成 29 人死亡、42 人受伤，直接经济损失 5794 万元。欣佳酒店建筑物位于泉州市鲤城区常泰街道上村社区南环路 1688 号，建筑面积约 6693 平方米。2019 年 9 月，欣佳酒店建筑物一层原来用于超市经营的两间门店停业，准备装修改做餐饮经营。2020 年 1 月 10 日上午，装修工人在对 1 根钢柱实施板材粘贴作业时，发现钢柱某处翼缘和腹板发生严重变形，随即将情况上报给公司控制人杨金锵，经检查发现另外 2 根钢柱也发生变形，决定停止装修，对钢柱进行加固，因受春节假期和疫情影响，未实施加固施工。3 月 1 日，杨金锵组织工人进场进行加固施工时，又发现 3 根钢柱变形。3 月 5 日上午，开始焊接作业。3 月 7 日 17 时 30 分许，工人下班离场。至此，焊接作业的 6 根钢柱中，5 根焊接基本完成，但未与柱顶楼板顶紧，尚未发挥支撑及加固作用，另 1 根钢柱尚未开始焊接，直至事故发生。

2．事故原因

1）直接原因

事故单位将欣佳酒店建筑物由原四层违法增加夹层改建成七层，建筑物结构的实际竖向荷载已超过其极限承载能力，结构中部分关键柱出现了局部屈曲和屈服损伤，虽然通过结构自身的内力重分布仍维持平衡状态，但达到极限承载能力并处于坍塌临界状态，对结构和构件的扰动都有可能导致结构坍塌，而事发前对底层支承钢柱进行了违规加固焊接作业，贴焊的位置不对称、不统一，焊缝长度和焊接量大，且未采取卸载等保护措施，热胀冷缩等因素造成高应力状态钢柱内力变化扰动，导致屈曲损伤扩大，钢柱加大弯曲、水平变形增大，荷载重分布引起钢柱失稳破坏，最终打破建筑结构处于临界的平衡态，导致建筑物整体坍塌。

2）相关问题

泉州市新星机电工贸有限公司、欣佳酒店及其实际控制人杨金锵无视国家有关城乡规划、建设、安全生产以及行政许可法律法规，违法违规建设施工，弄虚作假骗取行政许可，安全责任长期不落实。在企业经营过程中，多次罔顾法律法规、谋取利益、伪造资料、勾结他人，违规办理消防安全检查合格证和特种行业许可证。在办理消防审批过程中，假冒设计单位、施工单位进行图纸修改、审查和消防设施检测，通过虚假材料获得装修工程消防设计备案合格资料。

相关工程质量检测、建筑设计、消防检测、装饰设计等中介服务机构违规承接业务，出具虚假报告，制作虚假材料帮助事故企业通过行政审批。技术服务机构方面，一是福建省建筑工程质量检测中心有限公司故意用结构正常使用性鉴定代替结构安全性鉴定，帮助办理特种行业许可证,违反技术标准,违规做出"符合鉴定标准要求"的结论,违规出具检验报告;二是福建超平建筑设计有限公司违规承接欣佳酒店装修工程施工图、消防设计图纸审核业务,并出具设计文件审查报告;三是福建省泰达消防检测有限公司在欣佳酒店未提供消防施工单位竣工图、设计图纸等资料情况下,组织消防设施检测,出具建筑消防设施检测报告。福建省亚厦装饰设计有限公司在未获得相关资质情况下,违规承接欣佳旅馆施工图、消防工程设计等图纸修改业务。

3. 分析与思考

此次坍塌事故的发生从工程伦理角度来看是必然的,项目多个参与方都存在着严重的违反职业道德的行为,决策层、监管层、执行层的相关人员都存在责任意识淡薄,岗位职责履行不到位的问题,各审批监管层面人员履职不到位,无风险意识,有些甚至出现违规违纪行为,需要加强审批把关层面人员责任意识、担当意识,提高管理水平,增强责任感。欣佳酒店坍塌事故中的各个参与方,特别是欣佳酒店及其实际控制人在项目装修及建设过程中,以追求利益最大化为目标,法律意识淡薄、掩盖事实、弄虚作假,不仅没有获得预期的经济利润,还酿成了重大安全生产事故,最终身陷囹圄。

工程项目建设施工是一个庞大的、复杂的过程,涉及部门多、人员复杂,各利益相关者伦理责任的实现除了要依赖有效的、规范的管理,还需要各利益相关者认知上的发展和自觉、自律的发挥,利益相关者有责任和义务支持工程项目的建设,在追求自身利益的同时不能损害其他利益相关者的利益,不能违背道德影响工程项目社会、经济效益的发挥。

案例 9-3:齐齐哈尔第三十四中学校"7·23"重大坍塌事故

1. 基本情况

2023 年 7 月 23 日 14 时 52 分许,位于黑龙江省齐齐哈尔市龙沙区的齐齐哈尔市第三十四中学校体育馆屋顶发生坍塌事故,造成 11 人死亡、7 人受伤,直接经济损失 1254.1 万元。该体育馆位于齐齐哈尔市第三十四中学校(龙沙区永安大街 170 号),建于 1997 年,当年竣工并投入使用。建成后至 2007 年由齐齐哈尔市第一中学校使用,2007 年后一直由齐齐哈尔市第三十四中学校按原设计功能使用。2023 年 7 月 23 日 13 时,三十四中学两名教练带领 17 名女子排球队队员,开始在体育馆进行排球训练。14 时 52 分许,体育馆屋顶发生整体坍塌,14 时 54 分,附近居民向 110 进行报警,14 时 55 分先后通报 119、120 救援。其中 4 人自行脱险(3 人受伤,1 人未受伤),15 人被困,从事故后搜救位置分析,事故发生时有 3 人在看台一侧,3 人在看台左侧,5 人在看台对面一侧,4 人在场地中间。事故共造成 11 人死亡,7 人受伤。

事故调查认定,此次事故是一起因违法违规修缮建设、违规堆放珍珠岩、珍珠岩堆放致使雨水滞留,导致体育馆屋顶荷载大幅增加,超过承载极限,造成瞬间坍塌的重大生产安全责任事故。该起事故中,除去 2 名责任人员已因病死亡,建议不予追究责任,有 51 名有关责任人被追责,其中:6 人已被司法机关采取强制措施,5 人被建议移送司法机关处理,33 名公职人员被建议给予党内严重警告、政务撤职、专业技术岗位等级降级等不同处分,另有 7 人被建议给予罚款、吊销安全生产考核合格证书等行政处罚。

2. 事故原因

1) 直接原因

调查认定事故的直接原因是:屋面多次维修大量增加荷载、屋面堆放珍珠岩及因珍珠岩堆放造成雨水滞留不断增加荷载,综合作用下网架结构严重超载、变形,导致屋顶瞬间坍塌。体育馆自 1997 年建成投用以来,共进行过 3 次屋面防水保温修缮,其中,2017 年第 3 次维修时,施工单位未按照设计要求将原有隔汽层以上各构造层拆除重做,是 3 次维修荷载累积的主要原因,最终导致屋面维修导致网架结构荷载超限。体育馆屋面堆放珍珠岩和防风压盖,因屋面近 70% 面积有珍珠岩堆放,使雨水在覆盖珍珠岩的防雨布上积存和珍珠岩吸水产生雨水滞留,此时堆放珍珠岩导致屋面累积荷载增加值,网架结构构件由弹性工作状态逐渐进入弹塑性工作状态。当雨水滞留荷载逐渐增加,支座受力状态的突然改变造成支座十字肋板前肢受压屈曲失稳破坏,瞬时引起网架更多支座的连续破坏和整体坍塌。

2) 间接原因

一是建设单位落实质量和安全生产首要责任不到位,未办理施工许可擅自开工,对施工单位、监理单位的指导、检查、督促管理缺失,组织虚假竣工验收。二是施工单位质量和安全生产主体责任严重缺失,违法违规出借资质,无施工许可擅自开工,安全管理人员未到岗履职,实际项目经理不具备执业资格,违法将工程分包给不具备资质的个人,未按设计图纸施工,降低工程质量标准,施工现场管理混乱。三是监理单位质量和安全生产主体责任不落实,现场监理人员数量不满足监理工作需要,发现施工单位备案管理人员未到岗履职和现场实际项目经理不具备执业资格、未经批准擅自施工的违法违规行为不予制止,未对隐蔽工程进行旁站,伪造监理记录。四是行业监管部门履行监管职责不到位。

3. 分析与思考

此次事故是一起重大生产安全责任事故。在项目实施过程中,相关单位对既有房屋建筑存在的重大安全风险认识不足,对校园内建筑安全管理重视程度不足,监督管理层层失守,违规建设现象长期存在,埋下重大安全隐患。建设单位对施工单位、监理单位的督促管理缺失,默许施工单位违规向坍塌体育馆不上人屋面堆放珍珠岩。施工单位知法犯法,法治意识淡薄,违法出借资质经营、无许可先行开工、无资质上岗、不按照工程设计图纸施工,施工管理混乱;监理单位严重违反《中华人民共和国安全生产法》《中华人民共和国建筑法》等有关法律法规、标准规范规定,配合施工单位弄虚作假、冒险蛮干。住建部门对建设项目施工许可事后监管不严格,对建设工程安全监督、执法检查不认真,区级部门对监管权限内项目政府采购验收工作把关不严,未发现项目施工单位由于违规施工造成涉事体育馆屋面荷载增大、破坏结构稳定的行为,未履行相应监管职责。目前,随着既有建筑保有量不断增加,建筑结构构件、设施设备逐年老化,使用安全风险也日益凸显,但现有的安全管理存在明显短板,与工作要求不相匹配,需要进一步加强既有建筑安全治理体系建设,落实项目参与各方的权力义务,完善工作机制,做好风险管控工作

思考与讨论

1. 结合土木工程的主要特点,思考在土木工程实践过程中可能出现哪些伦理问题?

2. 结合美国 ASCE 的《职业行为准则》,总结国外行业组织对土木工程师伦理方面的要求有哪些?

3. 土木工程伦理涉及哪些方面？在遇到安全伦理和环境伦理等问题时，如何妥善处理遇到的这些工程伦理问题？

4. 结合本章的案例，思考并讨论作为某住宅项目的开发商项目部负责人，在土地拍卖阶段、项目规划阶段、设计阶段、市政配套和施工阶段、销售阶段等过程中可能会遇到那些涉及职业伦理方面的问题？

第10章

机械工程的伦理问题

引导案例：波音737MAX两次空难案例分析

在民用航空领域，两大航空器制造巨头——空中客车公司（Airbus）与波音公司（The Boeing Company）长期占据主导地位。一个是由欧洲航空防务及航天公司和英国宇航系统公司共同拥有的空中客车公司，简称空客；另一个则是总部位于美国的波音公司，该公司作为世界上最大的民用与军用飞机制造商，业务更是涉及导弹、卫星发射，是美国国家航空航天局的主要服务供应商，承担着航天飞机和国际空间站的运营任务。两家公司都是世界500强中航空器制造的佼佼者，并长期处于竞争地位。波音737系列飞机是美国波音公司生产的中短程双发喷气式客机，自研发以来已经走过了半个多世纪的历程，截至目前，已经发展出14个型号，包括经典的737-100/200/300/400/500系列，以及后来的新一代737（包括737-600/700/800/900系列）和737 MAX系列等，成为民航历史上最成功的窄体民航客机系列之一。截至2018年4月，波音公司已经向全球客户交付了约10000架波音737客机，其订单数更是达到了约15000架，成为世界上最成功的客机家族之一。2018年3月13日，波音公司在美国华盛顿州伦顿工厂一架737 MAX客机前庆祝，这是自1967年以来生产的第10000架波音737，同时，这也让波音737客机成为世界上第一种生产数量达到10000架的喷气式客机，也打破了之前的世界纪录。

1. 空客A320Neo的挑战与波音的应对

2011年6月20日，巴黎航展正式开幕，在这次的航展上，空客成功地吸引了大量订单，并直接挑战了波音737的市场地位，这得益于2010年空客推出的具有更高燃油效率的A320Neo民用客机，一经推出就广受好评。空客公司为了节省燃料选择给A320机型飞机安装新的发动机，改良后的A320Neo搭载新引擎选项（The Engine Option），推出后不久就收到了超过两百台订单，成为民航历史上最畅销的单款飞机之一。对于波音来说，A320Neo的成功无疑是一个巨大的挑战。波音737作为其最畅销的商用飞机，一直是其重要的利润来源。然而，随着A320Neo等竞争对手的崛起，波音需要更加注重技术创新和市场策略的调整，以保持其市场领先地位。图10-1为空客A320Neo。

图 10-1　空客 A320Neo

在巴黎航展结束后的数周内，空中客车（Airbus）与美国航空（American Airlines）宣布达成了一项初步的合作协议。这一合作标志着数十年来，美国航空首次向空中客车订购飞机，这无疑对航空制造业的格局产生了重大影响。美航 CEO 杰拉德·亚比向波音的 CEO 吉姆·麦克纳电话告知了美航向他们的竞争对手空客采购飞机的事情，这通电话惊醒了波音高层的管理者，他们决定加快研发进度，旨在推出一款能够与空客 A320Neo 系列相抗衡的新飞机。

2. 波音 737MAX 的设计缺陷与 MCAS

波音公司于 2016 年推出波音 737MAX 机型，波音高层曾向公众披露这架飞机经过 7 年严谨的设计与测试，具有良好的安全性能，同时改进的发动机更加节省燃料，具有更好的经济效益。图 10-2 为波音 737MAX 概念图。

图 10-2　波音 737MAX 概念图

波音公司对于波音 737MAX 机型的期望非常高，他们希望这款飞机能成为世界上最省油的客机，并且降低飞行员对新机型的学习成本。为了实现这一目标，工程师们决定在原 737 飞机上更换效率更高的飞行器引擎。然而，新版的引擎不仅比原版大得多，也更加沉重。为了保持飞机的平衡，工程师们不得不将两个引擎尽可能地向机头移动。

尽管进行了这样的调整，但在飞机模型的风洞测试中，仍然出现了机头上倾的问题。为了快速且经济地解决这一问题，波音公司研发了 MCAS（Maneuvering Characteristics Augmentation System，机动特性增强系统）。这个系统可以在飞机姿态出现问题时，辅助飞机回归正常姿态。其最重要的功能是在飞机机头仰角过大时，自动降低机头，以保持飞机的平稳飞行。

波音 737MAX 机型的推出果然引起了大量关注，其出色的性能赢得了大量订单。预售额度高达 3700 亿美元，其中包括美国航空订购的 100 架、西南航空订购的 200 架。这款经济适用的 MAX 机型在亚洲这一新兴市场也广受欢迎，印尼的狮航作为 737MAX 的启动用户，与波音签署了高达 200 亿美元的订单。根据当时的销售状况，很多航空公司甚至需要等待几年才能拿到这款飞机。

图 10-3 为上海航空公司的波音 737MAX，拍摄于上海虹桥机场。

图 10-3　上海航空公司的波音 737MAX

3. 印尼狮航与埃塞俄比亚航空空难事件

1）印尼客机坠海事故

2018 年 10 月 29 日 6 时 20 分，印尼狮航的 JT610 航班从雅加达苏加诺-哈达国际机场起飞，前往邦加槟港。飞机在起飞 13 分钟后失联，已确定在加拉璜（Karawang）地区附近坠毁。随后印尼国家运输安全委员会（KNKT）在雅加达总部举行新闻发布会，在公布的调查报告中指出，失事的波音 737-MAX8 客机存在设计缺陷，特别是其防失速的机动特性增强系统（MCAS）。该系统在设计和认证过程中没有充分考虑飞机失控的可能性。此外，波音公司对 MCAS 进行了改动，将允许对飞机水平尾翼进行调整的角度从 0.6 度提高至 2.5 度，但这一改动并未及时在提交给美国联邦航空管理局（FAA）的相关文件中进行更新。因此，FAA 未能重新评估该设计更改的安全性。

2）埃塞俄比亚航班坠毁事故

2019 年 3 月 10 日 8 时 38 分，埃塞俄比亚航空公司一架波音 737-MAX8 客机从亚的斯亚贝巴博莱国际机场起飞，计划飞往肯尼亚首都内罗毕。飞机起飞后不久在距首都约 45 千米的比绍夫图附近坠毁，机上载有 149 名乘客和 8 名机组人员，全部遇难。图 10-4 为失事客机实拍图。

图 10-4　失事客机实拍图

2019 年 4 月 4 日,埃塞俄比亚交通部长 Dagmawit Moges 出席埃塞俄比亚 ET302 航班失事调查初步报告的新闻发布会。埃塞俄比亚交通运输部公布的调查结果显示,ET302 航班失事客机在飞行过程中出现了机头反复不受控朝下的情况。飞行员在发现这一问题后,多次根据紧急情况应对程序试图操控飞机,但客机仍然失控。初步报告确认飞机一直处于满油门飞行状态,这可能加剧了飞行的不稳定性。副驾驶在飞行过程中报告称,无法使用手动配平。这可能是由于在超速飞行时,向后的带杆力和向前的安定面配平会对安定面螺旋千斤顶产生很大的应力,导致手动配平无法正常工作。

10.1　机械工程伦理问题的产生背景与价值构建

10.1.1　机械工程在现代社会的重要性与影响

自 18 世纪 60 年代英国工业革命以来,蒸汽机、内燃机及电动机的相继发明极大地推动了人类机械制造业的快速发展,引领人类社会稳步迈入现代化的文明时代。20 世纪,电子计算机的出现为技术革新注入了强大动力,自控技术、通信技术、传感技术等在电子计算机的推动下迅速崛起,使机械工程进入了一个全新的现代化阶段。这一系列技术革新催生了机器人、数控机床、高速运载工具等尖端机械设备,不仅加速了人类社会的进步,还成为现代文明生产中不可或缺的重要组成部分,对提升社会服务品质起到了关键作用。机械已成为连接人类社会现代文明生产与服务的重要桥梁。

1. 机械工程学科概述

机械工程,作为一门深度交融物理定律与工程实践的学科,其核心在于为机械系统的分析、设计、生产制造及维修保养提供坚实的理论与技术支持。该领域的学习者需深刻理解应用力学、热力学、物质与能量守恒等基础科学原理,并能运用这些原理分析静态与动态系统,创造出既实用又高效的装置、设备、器材及工具。

机械工程学的知识范畴广泛,其应用覆盖了汽车、飞机、空调系统、建筑构造、桥梁、工业仪器以及各类机械设备等多个领域。它不仅以相关的自然科学和技术科学为坚实的理论基础,还紧密结合生产实践中的宝贵技术经验,致力于解决在机械产品开发、设计、制造、安装、运用及修理等各个环节中的理论与实际问题。

机械,作为现代社会生产与服务不可或缺的五大要素(人、资金、能源、材料及机械)之一,不仅在生产过程中扮演着至关重要的角色,并积极参与能量与材料的转换与生产,为现代社会的繁荣与进步做出了重要贡献。

2. 机械工程的发展与社会进步的互动

1) 机械工程技术的发展与社会生产及进步的紧密关系

自18世纪60年代产业革命在英国爆发以来,人类社会踏上了技术革新的征途。蒸汽技术革命标志着工业生产方式的根本性转变,纺织机械行业率先引入蒸汽技术,蒸汽机的广泛应用成为这次技术革命的重要标志。蒸汽机的出现推动了工业生产从手工工具向机械化生产的飞跃,是资本主义生产力发展的必然产物。回顾工业革命及资本主义大生产的发展,机械工程技术的发展在其中起到了关键作用,不仅为工业生产提供了技术支持,还推动了社会生产力的飞速提升,加速了社会进步的步伐。

2) 机械工业对社会生产力与经济的深远影响

机械工程技术的发展无疑为社会生产力的提升注入了强大动力。以英国为例,作为工业革命的发源地,该国率先在工业生产中引入机械化,极大地提升了劳动生产率。据资料显示,1770—1840年,英国的平均劳动生产率提高了近20倍,工业生产值占据全球半壁江山,赢得了"世界工场"的美誉。机械工业在许多国家中扮演着举足轻重的角色,成为支撑国民经济的核心力量。它不仅是工业发展的基石,更是推动社会进步与经济发展的强大引擎。

3) 机械工程发展对产业结构优化的深刻影响

产业结构是国民经济中各产业部门间比例关系与相互联系的体现,其演变紧随经济发展的步伐。在推动产业结构优化的众多因素中,需求、供给、技术与社会因素均发挥着重要作用。然而,若要论及最根本、最核心的推动力,技术因素无疑占据了举足轻重的地位。产业结构的优化,实质上是一个资源在各产业间重新配置、实现效益最大化的过程,而这一切往往依赖于技术的革新与进步。

机械工程的发展成为推动现代社会产业结构变化的重要力量。机械工程技术的每一次突破,都可能引发产业链上下游的连锁反应,带动相关产业的协同发展,进而促进产业结构的整体优化。它不仅能提升传统产业的生产效率与产品质量,还能催生出新兴产业,为经济增长注入新的活力。因此,机械工程的发展对于实现产业结构的优化升级、推动经济社会的持续健康发展具有不可估量的价值。当前,我国正经历着产业结构的深刻调整,其中工业所占比重正稳步上升,而农业的比重则呈现出持续下降的趋势。与此同时,农业领域正经历着从传统耕作模式向机械化、现代化方向的积极转变,展现出蓬勃的发展态势。

4) 机械工业对生产方式变革的深远影响

生产方式作为人类社会发展的核心驱动力,其变迁是社会发展的决定性因素。回顾人类社会的历史长河,机械工业的发展推动了社会形态从封建社会向资本主义社会的过渡。机械工业的兴起颠覆了封建社会的自然经济体系,取而代之的是机械大工业的迅猛发展。

这一转变不仅瓦解了封建社会的经济基础,更使机械工业逐渐掌控了社会经济命脉,引领着社会经济的全新发展方向。机械工业的发展不仅带来了生产效率的显著提升,还推动了生产关系的深刻变革,为资本主义社会的崛起奠定了坚实的物质基础。因此,机械工业对生产方式的影响是深远而持久的,它是人类社会发展的见证者,也是推动社会形态变革的重要推手。

5) 机械工程对社会意识形态的深刻影响

洋务运动标志着中国社会近代意识形态变迁的首次高潮,它不仅推动了中国机械工程的发展,也受益于机械工程技术的进步。尽管洋务运动未能达到预期目标,但其间资本主义意识形态在中国的渗透为后来社会意识形态的深刻变革奠定了重要基础。机械工程技术的发展不仅深刻影响着社会生产力的变革,推动社会物质基础的持续积累,还在潜移默化中对社会意识形态产生了重要影响。它打破了传统观念的束缚,促进了人们思想观念的更新与解放,为新的社会意识形态的萌生与发展提供了肥沃的土壤。因此,机械工程技术的发展与社会意识形态的变化之间存在着密切的联系,二者相互作用、相互影响,共同推动着社会的进步与发展。

3. 机械工程的发展趋势

随着社会的发展和科技的进步,计算机、传感器、通信技术等高新技术正快速发展,市场需求的个性化与多元化趋势日益显著。面对这一背景,未来机械工程的发展将聚焦于提升机械加工的劳动生产率及降低生产成本,致力于研发与创新新型机械产品。可以预测未来机械工程将沿着以下几个关键方向迈进:①机械工程的信息化;②机械工程在设计技术上的现代化;③机械制造技术将向精密制造、绿色制造和成形制造的方向发展;④机械制造工业的虚拟现实技术将不断完善;⑤先进的机械制造生产模式将不断涌现。

机械工程在现代社会中广泛应用于航空、汽车、制造等多个领域,而工程伦理是与工程实践紧密相关的伦理准则。随着机械工程技术的快速发展机械工程伦理问题而日益凸显。

10.1.2　机械工程伦理案例剖析与价值构建

1. 引言

"工程"一词在18世纪最初仅指军事和武器制造业,但随后其内涵逐渐扩展,涵盖了住宅建设、机械工程、桥梁施工等多个领域。工程质量的提升主要取决于对材料的科学选择与合理规划,这是实现工程既定功能的关键。施工、设计、监测等环节是影响工程质量的主要因素。

从工程学和伦理学的角度来看,伦理是对道德价值的合理化和规范。工程学不仅关乎技术,也被视为一种道德行为。在技术项目中,责任与权利并存,构成了技术伦理的核心。工程师是研究项目的主体,但项目的成功实施还离不开商业运作人员、相关政府人员、科学家、工人、用户等多方的参与。这种多角色协作的环境凸显了工程过程中伦理考量的重要性。

2. 案例分析

近年来,工程事故频发,其中不少是由工程师的错误导致的。作为支撑工程活动的工程技术理论体系,对于加强工程活动参与者专业责任的根本任务而言,以下伦理问题亟待解决:利益冲突已成为工程活动中的社会问题。因此,在工程领域不断拓展和发展的过程中,考虑工程质量中的道德问题显得尤为关键和重要。

1) 案例1:云南省文山州富宁县水电站起重机倒塌事故

2005年8月,在云南省文山州富宁县某水电站施工现场发生了一起严重事故。当时,一台门座起重机在作业过程中突然倒塌,导致14人死亡,4人重伤,直接经济损失高达290万元。事故调查发现,操作失误是事故的直接原因。

在维修更换起重臂变幅钢丝绳过程中,操作存在严重失误。具体而言,该门座起重机在更换起重臂变幅钢丝绳过程中,将起重臂搁置在高于起重臂根铰点的坝上,支撑点处于起重臂重心与根铰点之间且靠近根铰点处,当松开变幅钢丝绳时,使起重臂自重产生对起重机整机的倾覆力矩,此时,连同平衡重自重本身形成的同方向力矩,大于起重机整机自重形成的稳定力矩,从而导致起重机整机倾翻,这是事故的直接原因。

2) 案例2:山东省滨州市邹平县铝母线铸造分厂爆炸事故

2007年8月19日20时10分左右,位于山东省滨州市邹平县境内的山东魏桥创业集团下属的铝母线铸造分厂发生铝液外溢爆炸重大事故,造成16人死亡、59人受伤(其中13人重伤),初步估算事故直接经济损失665万元。

经专家对事故现场初步勘察分析,造成这起事故发生的主要原因如下。

当班生产时,1号混合炉放铝口炉眼砖内套(材质为碳化硅)缺失(是否脱落或破碎,由于现场知情人全部在事故中遇难,现场反复搜寻炉眼砖内套未果,目前难以判断事故前内套的真实状态),导致炉眼变大、铝液失控后,大量高温铝液溢出溜槽,流入1号16吨普通铝锭铸造机分配器南侧的循环冷却水回水坑,在相对密闭空间内,熔融铝与水发生反应同时产生大量蒸汽,压力急剧升高,能量聚集发生爆炸。

3) 案例3:辽宁省铁岭市清河特殊钢有限责任公司钢包滑落事故

2007年4月18日7时45分,辽宁省铁岭市清河特殊钢有限责任公司生产车间,一个装有约30吨钢水的钢包在吊运至铸锭台车上方2~3米高度时,突然发生滑落倾覆,钢包倒向车间交接班室,钢水涌入室内,致使正在交接班室内开班前会的32名职工当场死亡,另有6名炉前作业人员受伤,其中2人重伤。经专家对事故现场初步勘察分析,造成这起事故的主要原因,一是该公司生产车间起重设备不符合国家规定,按照《炼钢安全规程》的规定,起吊钢水包应采用冶金专用的铸造起重机,而该公司却擅自使用一般用途的普通起重机;二是设备日常维护不善,如起重机上用于固定钢丝绳的压板螺栓松动;三是作业现场管理混乱,厂房内设备和材料放置杂乱、作业空间狭窄、人员安全通道不符合要求;四是违章设置班前会地点,该车间长期在距钢水铸锭点仅5米的真空炉下方小屋内开班前会,钢水包倾覆后造成人员伤亡惨重。

对机械安全领域重大事故的分析揭示了加强工程技术人员的伦理教育,确保工程活动遵循国家规范与行业标准,是减少事故风险、保障人员安全、推动社会和谐发展的必由之路。

3. 工程质量中伦理问题的解决途径

1) 强化工程伦理监管机制

(1) 搭建公众监督平台。

政府可以借助互联网技术建立工程监督网站,接收公众对工程质量的报告与反馈,提升工程建设的透明度和公众的参与度。这些报告不应仅局限于个别项目,而应成为公众共享工程质量信息、交流工作经验的综合性平台。在确保信息真实性和准确性的前提下,经过省级主管部门的审核与确认后,相关信息应向公众公开,以提升工程建设的透明度和公众的参与度。

(2)强调并揭示伦理缺失问题。

加强对工程项目中伦理问题的监管和处罚力度,确保工程活动遵循国家规范与行业标准。如果缺乏有效监管,项目可能会在未对若干与项目相关的关键信息进行仔细审核与确认的情况下被批准。这种情况下,一旦工程项目中出现伦理问题,由于缺乏企业单位的相关文件记录或规范指导,将难以对涉及的伦理事件进行有效的处罚、限制或制约,从而进一步凸显了工程质量伦理问题的严重性。

2)加强工程伦理教育引导

工程伦理培训旨在适应国家和社会对现代工程领域日益增长的高标准需求,培养既具备深厚专业素养,又拥有卓越工程实践能力,同时坚守高尚伦理情操的新时代工程人才。为了实现这一目标,应建立健全工程伦理信息的报告与共享机制,以提升所有参与工程的人员和工程师团队的道德水平。尤为重要的是,政府应发挥引领示范作用,主动承担起推动工程伦理教育普及的重任。从工程项目的审批阶段开始,直至项目圆满完成,都应适时邀请相关领域的专家学者、伦理顾问及社会各界的代表,共同参与工程伦理教育的设计与实施,将伦理教育纳入工程项目的全生命周期管理之中,让伦理之光照亮工程实践的每一个环节。

3)持续优化与工程质量紧密相关的法律法规体系

鉴于我国作为宪政国家的本质,法律与法规不仅是国家治理的基石,更是维护社会秩序、遏制违法行为、约束越轨行为、保障遵纪守法者权益的坚强后盾。因此,要将工程伦理与道德要求融入法律法规的制定与执行之中,确保每一项工程活动都能在明确的法律框架下规范运作。这些法规不仅要成为衡量工程质量与安全的标准尺,更要成为引导行业健康发展的指南针,促使所有参与方共同致力于提升工程质量,保障人民生命财产安全。

4. 树立正确的工程伦理价值观

1)积极承担社会责任,对工程实践中的可预见后果负责

作为工程领域的从业者,我们肩负着不可推卸的社会责任。在工程实践中,我们必须对每一项决策和行动可能带来的后果进行充分预判,并勇于承担由此产生的责任。这既是对专业的尊重,也是对社会和公众负责的表现。我们的行为应始终遵循工程伦理原则,确保工程活动的正面影响最大化,同时最小化潜在的负面影响。

2)提升道德境界,践行道德义务,促进社会福祉与资源高效利用

在追求工程技术与进步的同时,我们应将提升个人及团队的道德水平视为重要使命。这意味着我们要时刻铭记对他人和社会的道德义务,致力于通过我们的工作为社会带来幸福与繁荣。同时,我们还应秉持节约资源、避免浪费的原则,拒绝实施无意义或低效的工程项目。我们应确保每一份投入都能转化为有价值的社会产出,促进资源的可持续利用和社会的长远发展。

3)以人为本,生命至上,严谨对待工程安全审查

在所有的工程活动中,人的生命安全始终是我们最应关注的头等大事。因此,我们必须将"以人为本、生命至上"的理念深植于心,确保在工程设计、施工、运营等各个环节都严

格遵循安全规范。特别是在进行工程安全审查时,更要保持高度的谨慎与严谨,不放过任何一个可能危及人员安全的隐患。我们的目标是确保工程的安全可靠,为人们的生命财产安全提供坚实保障。

4) 运用专业知识,提升工程价值,为民众提供卓越服务

作为工程师,我们拥有宝贵的专业知识和技能。这些资源不仅是我们个人发展的基石,更是我们为社会贡献力量的重要工具。因此,我们应充分发挥所学所长,不断提升工程项目的价值与创新性。通过优化设计方案、改进施工工艺、提升服务质量等手段,努力为民众提供更加便捷、高效、优质的工程服务。我们的目标是让科技成果真正惠及广大人民群众,为社会的繁荣与进步贡献力量。

10.2 机械工程中的生产安全与公共安全考量

10.2.1 机械设备的安全设计

机械设备作为现代化生产的核心组成部分,显著提升了生产效率,并以其高可靠性、高精度和高灵敏度等优势广泛应用于各产业。然而,由于部分设备安全系数较低且防护设计不足,机械事故频发,对操作者身心健康构成威胁,影响了生产的稳定性和安全性。据调查,机械事故多由设备的不安全状态引发,如安全防护设计不全面、安全检测装置存在缺陷等。因此,加强机械设备的安全性设计对于保障操作者权益和稳定生产至关重要。

机械设备的安全性设计旨在确保设备在预定动作过程中不对操作者造成伤害,维持设备与人的和谐关系。这包括整机及各组成部分(如电气、机械、PLC 控制系统等)的安全性设计,尤其是操作者常接触的设备元件。

1. 机械设备安全性设计理念的发展

早期机械设备设计主要关注功能性和寿命,安全性能整体偏低。随着机电一体化技术的发展,安全性设计逐渐受到重视。如今,机械设备已实现自动化、智能化,设计中融入了多学科知识,以提高生产率和加强安全性。安全性设计的核心在于保障操作者安全,不仅停留在理论层面,还需与实践相结合。实际上,机械设备安全性设计理念强调采用现代化技术手段改进危险操作、提高智控能力,并与操作者沟通,确保安全性。如果某技术不能直接达到本质安全,可采用技术叠加方式形成完善的安全体系。

2. 机械设备安全性设计的关键要素

机械设备安全性设计需综合分析各部分情况,包括电气、机械结构和智能化检测系统。这是提高机械设备整体安全性能的重要途径。

1) 电气部分的安全性设计

电气部分在机械设备中占据重要地位,因此其安全性设计至关重要。电气部分的设计包括漏电保护设计、断电保护设计、电气系统抗电磁干扰能力设计等。除了机械设备自身电路系统中的安全性设计外,还可以对电气控制进行必要的安全性设计,如在操作杆位置设计触摸式开关,确保机械设备运行过程中操作者始终与设备的危险区域保持一定距离。

此外,在电气系统保护方面,目前多数机械设备中都装有故障保险装置,其中包含传感

技术,能够对机械设备运行环境进行检测。如出现超温、超压、超速、超载等情况时,保险装置会启动机械设备的报警装置或直接切断设备运行开关,以确保机械设备运行的安全。一般来说,机械设备中涉及的故障保险装置包括安全阀、单向阀、超载保护装置、限位开关等。

2)机械结构部分的安全性设计

机械结构的安全性设计需考虑机械元件的可靠性,重点对焊接部位、齿轮联接等机械联接结构进行安全性设计。融入自动化、智能化技术,如自动对刀、自动换刀系统,提高安全性。同时,加入必要的安全防护装置,如防护罩、防护栏等。

3)融入智能化的检测系统

采用现代化仪器仪表系统监测设备状态并进行故障诊断。应用传感技术和远程监控技术,如光电传感系统、红外线检测传感系统,确保设备在危险情况下自动停机。同时,叠加应用安全性设计措施,如故障显示屏与程序联锁开关的综合运用,提高设备安全性。

3. 安全性设计的人性化发展

机械设备安全性设计应以人为本,增强设备与操作者的和谐性。考虑人的特点和影响操作正确性的因素,如设备显示器应易于观察,操作杆位置应符合人体工程学。此外,安全警示牌位置、设备使用说明书易读性等细节设计也应纳入安全性设计范畴,确保操作者使用设备的安全性。

10.2.2　机械工程对公共安全的影响及发展趋势

近年来,信息技术与工业领域均经历了重大变革,如大数据、云计算、3D打印、工业机器人等技术的兴起。智能制造作为信息化与工业化深度融合的产物,受到了各国政府的广泛关注和高度重视。在此背景下,我国提出了《中国制造2025》规划,将发展智能制造作为主攻方向,力求加快从制造大国向制造强国的转变。然而,随着智能制造的快速发展,机械工程项目对公共安全的影响也日益凸显。

通常,人们认为与智能制造相关的机械设备已达到本质安全水平,无须过多考虑安全问题。然而,一系列事故却为我们敲响了警钟。例如,2015年6月29日,德国大众汽车制造厂的一名21岁工人在安装调试机器人时,被机器人突然击中胸部并碾压在金属板上,当场死亡;2018年8月4日,苹果iPhone芯片代工厂商台积电的智能工厂系统遭受计算机病毒攻击,多条生产线停产,事故损失高达约11.5亿元人民币。这些事件无不提醒我们,智能制造需要更加严格的安全要求来保障其健康发展。

1. 机械安全的发展现状与挑战

机械安全是指在机械的全生命周期内,在风险被充分降低的情况下,机械能够执行其预定功能而不对人体造成损伤或危害健康的能力。也就是说,机械安全是从人的需求出发,在使用机械的全过程(包括运输、安装、调试、维护等)中,确保人体免受外界因素危害的状态和条件。为确保机械安全,需在设计和使用方面采取安全措施。凡是能在设计阶段解决的安全问题,都不应留给用户去解决。同时,应考虑合理的、可预见的误用情况,并且采取的安全措施不能妨碍机械的正常使用功能。提高机械的安全性,防止或减少机械伤害事故,是当今社会共同关注的问题。

机械安全的基本特征主要包括六方面:一是系统性,即将机械作为一个系统来考虑,运用系统工程的思想和理念;二是综合性,综合运用心理学、控制论、可靠性工程、环境科学、工业工程、计算机及信息科学等方面的知识；三是整体性，全面、系统地对导致危险的因素进行定性、定量分析和评价，整体寻求降低风险的最优方案；四是科学性，全面、综合地考虑诸多影响因素，通过定性、定量分析和评价，最大程度地降低机械在安全方面的风险；五是防护性，使机械在全寿命周期内发挥预定功能，并确保人员、机械和环境的安全；六是和谐性，要求人与机械之间能满足人的生理、心理特性，充分发挥人的能动性，提高人机系统效率，改善机械操作性能，提高机械的安全性。

近年来，尽管我国在机械设备本质安全设计、安全防护技术以及安全控制系统等方面取得了显著进展，但机械安全问题仍然不容忽视。

一方面，随着机械化、自动化及信息化程度的提高，人与机械的交互越来越频繁，由于人的不安全行为、机械的不安全状态或恶劣的工作环境，机械伤害事故时有发生。另一方面，随着工业4.0的发展，物联网、智能工厂等新兴技术崛起，机械设备控制系统的信息安全形势日趋严峻。据不完全统计，约80%的企业从未对机械设备的工控系统进行升级和漏洞修补，这使得机械设备面临被黑客攻击的风险，进而影响公共安全。

2. 机械安全的发展趋势

随着物联网、大数据、云计算、人工智能等技术的发展，机械安全正逐步朝着智能安全的方向发展。智能安全主要通过风险预警来实现，综合考虑人、机、环境等要素，对三者可能产生的风险进行即时监测和预测，并采取相应的防范措施。

风险预警主要包括监测、实时风险评估与应对措施三方面。

1) 监测

通过物联网技术（包括信息感知技术、信息传输技术、信息处理技术和信息安全技术），构建一体化、智能化的机械安全风险预警监测与分析系统，获取设备运行的"实时数据"。结合大数据综合分析人的异常行为与设备的危险状态，实现全面感知、可靠传输、智能处理，对系统危险状态进行预警，并在出现异常状态时进行统一调度，采取相应的措施。需要监测的"实时数据"主要包括设备状态、操作状态、人员状态、故障代码、时间和次数、工艺顺序、暂停代码、运动监控（速度、加速度、方向、角度等）以及安全逻辑的变更提示等。

2) 实时风险评估

通过实时抓取和分析整理机械设备运行数据，将风险预警装置和安全防护装置在线监控获得的数据应用到机械装备风险评估中，根据机器的运行情况实时评估机械装备的风险。复杂的生产线由于各工位生产工艺不同，不同时间段的风险等级各不相同。通过实时风险评估，能够及时计算出当前各工位中各风险点的风险等级，并通过风险预警对风险等级高的风险点给出警示或采取相应措施加以应对。

3) 应对措施

风险预警的应对措施主要基于设备危险状态的识别、分析和处理，建立设备危险状态预测模型，并给出与之相匹配的安全检测、安全处理及安全控制实现方法。常见的应对措施包括提示、警示、警报、暂停危险运动、停机、急停等。运用人工智能、物联网等技术，构建人、机、环境三位一体的风险预警体系是智能安全的发展趋势之一。风险预警对于实施科学化管控、实现智能安全、预防及减少事故发生具有重要意义。

此外，机械装备的信息安全也是智能安全的一个重要组成部分。机械安全中的信息化发展正从"被动防御"转向"主动智能防御"。传统安全手段如防火墙、杀毒、WAF（网站应用级入侵防御系统)、漏洞评估等以防御为导向,难以适应以云和大数据为代表的新安全时代需求。只有通过大数据深度挖掘与学习,采用智能安全分析、识别内部安全威胁、身份和访问管理等方式,才能应对千变万化的安全威胁。

综上所述,机械工程项目对公共安全的影响不容忽视。随着技术的不断发展,机械安全也将朝着更加智能、全面的方向发展。未来,我们需要不断加强机械安全的研究和应用,确保机械设备在全生命周期内都能保持安全、可靠的状态,为社会的持续发展和人民的生命财产安全提供有力保障。

10.2.3 机械安全问题的深入探讨

1. 机械安全的重要性

随着科技的飞速发展,工业机械为我们带来了丰富的科技产品和生活必需品。然而,在享受这些"利润"的同时,机械安全问题也日益凸显,成为一个值得深入观察的问题。人类健康发展的前提是拥有一个安全的生活环境,因此,机械安全问题不容忽视。

我国人口众多,对机械的需求巨大。随着社会的不断进步和人们对物质生产要求的提高,机械生产规模持续扩大。然而,机械生产过程中频繁发生的安全事件暴露出越来越多的安全隐患,给社会经济带来了损失和压力。常见的机械事故,如木工机械、起重机械等引起的伤害,虽然尚未引发重大、特大安全事件,但断指、断手、挤压等伤害事故却屡见不鲜。更令人担忧的是,这些问题并未引起相关部门的足够重视。机械行业在制造业中占据重要地位,对国家的社会效益和经济效益产生直接影响。因此,机械安全问题的解决至关重要。

机械安全是指在使用机械的全过程中,确保人的身心免受外界因素危害的存在状态和保障条件。机械安全标准是工业需求的扩大和统一,在工业化生产中发挥着重要作用。它不仅要求产品的规格、技术规范等信息,还强调产品在安全、健康等方面的要求。通过遵循机械安全标准,可以加强机械的安全运行,减少甚至消除机械安全事故的发生,保障人身安全,减少经济损失。

2. 机械安全标准体系

1) 基础安全标准

机械基础安全标准是国家规定的,包括《机械安全风险评价第1部分:原则》《机械安全基本概念与设计通则第1部分:基本术语和方法》和《机械安全基本概念与设计通则第2部分:技术原则》等。这些标准要求机器设备的设计者必须在设计初期就考虑减轻机械设备全生命周期内的风险,提高机器设备的本质安全水平。基础安全标准是所有机械安全领域的核心标准,所有机器设备都必须遵守。

2) 通用安全标准

与基础安全标准相比,通用安全标准数量较多,但可以分为安全装置和安全特征与参数两大类。安全装置涉及控制系统、防护装置、急停装置、压敏保护装置等多种安全防护装置;安全特征与参数则涉及安全距离、机械电气安全、防火防爆、振动等领域。通用安全标准适用于多种机械设备,如 GB/T 16855.1—2008《机械安全 控制系统有关安全部件 第1部分:设计通则》等。

3) 机器安全标准

机器安全标准涉及的范围较广,数量较多。只要能满足基础安全标准 GB/T 15706.1

中 3.1 条规定的机械,都可以制定相应的机器安全标准。我国已制定了一系列机器安全标准,涉及工程机械、包装机械、农业机械、建筑机械等领域。这些标准规定了可能存在的重大危险源及相应的安全防护措施,以提升机械生产企业的安全设计理念,保护机械工作人员的健康和安全,同时增强企业的竞争力。

3. 加强机械安全措施

为加强机械安全措施,可以从以下 3 方面着手:

1)培养机械安全技术人才

机械行业相关的管理部门和教育管理部门应运用多种方式培养机械安全技术人员。一方面,可以定期或不定期地举办机械安全方面的技能培训,提高企业负责人和安全工作人员的安全意识和技能水平;另一方面,高等学校应大力发展安全工程专业,并将机械安全课程列为必修课,以培养更多具备机械安全知识的专业人才。

2)深入研究和设计机械安全体系

国家应加大力度组织高等学校、机械企业、科研院所等组织,深入研究并设计适合我国国情的机械安全体系。同时,应设立机械安全行业数据库,为机械安全设计提供数据支持。资金充足的高等学校可以在机械专业中增设机械安全设计课程,提升学生的机械安全设计能力。

3)完善机械安全法规和标准

关于机械安全的管理部门应与负责制定政策法规的相关部门密切合作,深入了解国内外机械安全政策法规,并探讨和研究制定和完善我国机械安全设计方面的法规和标准。同时,应组织相关人员长期追踪发达国家机械安全方面的相关信息,及时吸收并转化一些重要的机械安全标准为国家标准或行业标准,以提升我国机械安全领域的整体水平。

10.3 机械工程对国民经济可持续发展、环境生态安全及伦理建设的考量

10.3.1 军工行业中机械工程对国民经济可持续发展的推动作用

一个国家拥有坚实的国防体系和尖端的武器装备,是其国家安全不可或缺的基石。核工业、航天工业、航空工业、船舶工业以及兵器工业,这五大领域共同构筑起我国军工事业的坚固支撑。尽管我国国防开支仅占 GDP 的不到 2%,比例相对较低,但军工生产作为国防事业的坚强后盾,为国家的经济发展提供了稳定的安全环境。适度提高军工生产在国民经济中的比重显得尤为重要,因为军工产业虽然对国民经济的直接影响有限,但其间接的促进作用却十分显著。

在军工项目中,遵循机械工程伦理不仅是道德要求,更是确保项目成功的关键。军工生产中采用的高新技术,对国内科技进步具有引领和示范作用。同时,军工行业所承担的民用产品业务,与宏观经济紧密相连,对经济的健康发展与科技加速进步起到了积极的推动作用。因此,加强军工生产中的伦理建设,不仅是维护国家安全的需要,也是促进经济与科技发展的重要保障。

10.3.2　装备制造业中机械工程对国民经济可持续发展与环境生态安全的考量

装备制造业被视为世界各国经济的中流砥柱和国力发展的坚强后盾。其本质是为国民经济各行业提供技术装备,具有产业覆盖面广、就业人数多、技术先进等特点,是国家各行业进一步发展的根本和综合实力的体现。

然而,在中国,装备制造业的从业人数尚未达到总劳动力的一半,预示着其未来发展面临着严峻挑战。特别是在当前基础产业向新型技术产业转型的关键时期,装备制造业的蓬勃发展已成为确保国民经济可持续发展的关键路径。尽管我们有能力从西方发达国家引进基础生产设备,但在获取核心技术和高端设备方面仍面临诸多限制。鉴于此,中国政府推出了《装备制造业调整和振兴规划》,旨在促进装备制造业向服务型制造的转型升级。近年来,我国机械行业的领军企业已在现代制造服务业领域取得了显著成就,但整体上,该行业仍处于发展的初级阶段。展望未来,装备制造业的繁荣将依赖于增值服务的深度拓展与供应链管理的持续优化。同时,在装备制造业的每一步发展中,坚守机械工程伦理原则,确保其健康、可持续的发展,显得尤为重要。

在探讨装备制造业中机械工程对国民经济可持续发展的贡献时,我们不能忽视其对环境生态安全的影响。装备制造业作为工业体系的重要组成部分,其生产过程中产生的废弃物、能源消耗以及排放的污染物都可能对环境造成压力。因此,在推动装备制造业发展的同时,必须注重环境生态安全,采取绿色生产方式,降低能耗和排放,提高资源利用效率。

此外,装备制造业的转型升级也需考虑环境友好型技术的发展和应用,如推广智能制造、循环经济等新型生产模式,以减少对环境的负面影响。同时,加强环境监管和法规建设,确保装备制造业在快速发展的同时,不损害环境生态安全。

10.3.3　汽车、船舶及高新技术产业中机械工程对国民经济可持续发展的影响与伦理挑战

在发达国家中,汽车产业一直占据着经济体系的关键位置。尽管我国汽车产业已取得显著进步,但从规模经济和影响力两方面来看,仍有提升空间。汽车产业不仅强力带动国民经济发展,还在科学技术进步中发挥着重要作用。新材料技术、新能源技术以及电子技术等均在汽车产业中得到广泛应用,使其成为衡量制造业现代化水平的重要指标。

船舶产业的重要性与汽车产业不相上下,甚至在某些方面更为关键。它为航海运输、海洋科研以及国家海防等领域提供了至关重要的装备设施,对进出口贸易有着深远的影响,并对钢铁、纺织、装备制造业等关键产业产生了显著的带动效应。船舶工业对整体经济产生了多方面的积极影响,包括推动产业结构优化升级、提升国家整体竞争力、巩固国有企业主导地位以及缓解社会就业压力等。

高新技术产业对我国经济发展的影响同样深远且广泛。在发达国家中,高新技术产业已成为推动经济发展的首要动力。机械工程依赖高新技术的飞速发展,已经迈入了一个以效率、环保和节能为核心的新时代。未来,拥有最多、最全面的高新技术的国家将占据发展的先机,掌握更多的主动权。因此,我国必须加大对高新技术的投入力度,以缩小与发达国家的差距,确保国家的持续发展和国际竞争力。

在汽车、船舶及高新技术产业中,机械工程技术的广泛应用不仅推动了这些行业的快

速发展,也对国民经济产生了深远影响。然而,随着技术的不断进步和产业的快速发展,我们也面临着越来越多的伦理挑战。

例如,在汽车产业中,自动驾驶技术的快速发展带来了安全、隐私、责任等方面的伦理问题;在船舶产业中,海洋环境保护和生态安全成为亟待解决的问题;在高新技术产业中,人工智能、大数据等技术的广泛应用也引发了关于数据隐私、算法偏见等伦理问题的讨论。

因此,在推动这些行业发展的同时,必须加强伦理建设,建立健全的伦理规范和监管机制,确保技术的合理应用不会损害人类社会的根本利益和道德价值。同时,加强行业自律和公众教育,提高全社会对机械工程伦理问题的认识和重视程度。

10.4　机械工程师的社会责任

机械工程师的活动对人类社会具有直接影响,其行为受多种因素制约,并可能带来积极或消极的后果。他们为人类物质文明的进步做出了巨大贡献,推动了社会经济的蓬勃发展。然而,随着工业化的加速推进,资源消耗、环境污染及生态系统破坏等问题日益严峻。因此,机械工程师应勇于承担社会责任,作为可持续发展的实践者,发挥积极影响,同时抑制技术发展的负面效应,积极响应可持续发展战略。机械工程师的社会责任是一个多维度且至关重要的议题,贯穿于其整个职业生涯,涵盖安全、环境、经济、法律及道德等方面。

1. 确保产品与服务的安全性

机械工程师的首要职责是确保其设计、制造和维护的机械设备、系统或产品在使用过程中安全可靠。这包括进行全面的风险评估,严格遵守相关的安全标准和法规,并在设计初期就融入安全因素。

2. 保护环境与可持续发展

机械工程师应致力于研发环保型技术和产品,以降低生产和使用过程中的能源消耗、减少废弃物产生及环境污染。他们还应积极倡导循环经济理念,推动资源的再利用和回收,为可持续发展贡献力量。

3. 促进经济发展与社会福祉

工程师的工作不仅关乎技术进步,还直接影响经济发展和社会福祉。他们应勇于创新,提高生产效率,降低成本,为消费者提供更优质、更实惠的产品和服务。同时,他们还应关注技术的社会影响,确保技术进步能够惠及更广泛的人群,促进社会整体福祉的提升。

4. 遵守法律法规与行业标准

机械工程师必须严格遵守国家法律法规和行业标准,确保自己的工作和产品合法合规。这包括知识产权保护、产品质量认证、环境保护法规等方面的要求,以确保工程活动的合法性和规范性。

5. 维护职业道德与诚信

工程师应秉持诚信原则,坚守职业道德底线。他们的工作应基于科学原理和客观事实,不夸大其词,不误导公众。同时,他们还应尊重他人的知识产权,不抄袭、不剽窃,维护行业的公平竞争和健康发展。

6. 关注社会公平与弱势群体

机械工程师应关注社会公平问题,确保自己的工作和产品不会加剧社会不平等。他们还应特别关注弱势群体,如老年人、残疾人等,确保在设计和制造过程中充分考虑他们的需求,体现人文关怀和社会责任感。

7. 持续学习与专业发展

工程师应保持对新技术、新知识的持续学习和追求,不断提升自己的专业素养和创新能力。他们还应积极参与行业交流和学习活动,与同行分享经验,共同推动机械工程领域的进步和发展,为行业的可持续发展贡献力量。

综上所述,机械工程师的社会责任是全方位、多层次的。他们不仅要在技术层面追求卓越,还要在道德、法律和社会责任方面树立高标准。通过积极履行这些责任,机械工程师可以为社会的进步和发展做出更加显著的贡献。

10.5　机械工程师的职业精神与职业道德

职业道德是某一职业在长期实践中逐渐形成的,体现该职业特殊利益和要求的道德传统和道德准则。对于机械工程师而言,其职业道德不仅关乎个人品行,更与公共安全、社会进步和环境保护紧密相连。机械工程师应具备忠诚敬业、诚信守法、团结协作、创新进取、环保意识、终身学习以及责任担当等优秀品德。他们应始终保持对科技进步的永恒信心,勇于攀登科技高峰,并具备服务于公众、用户、组织及与专业人士协调共事的能力。同时,机械工程师还应勇于承担责任,保护公众的健康与安全,积极促进社会进步、环境保护和可持续发展。

2003 年 11 月 28 日,中国机械工程学会八届三次理事会批准试行《机械工程师职业道德规范》(以下简称《规范》),主要包括以下几点:

(1) 以国家现行法律、法规和中国机械工程学会规章制度规范个人行为,承担自身行为的责任。

① 不损害公众利益,尤其是不损害公众的环境、福利、健康和安全。

② 重视自身职业的重要性,工作中寻求与可持续发展原则相适应的解决方案和办法。正式规劝组织或用户终止影响和可能影响公众健康和安全的情况发生。

③ 应向致力于公众的环境、福利、健康、安全和可持续发展的他人提供支持。如果被授权,可进一步考虑利用媒体作用。

(2) 应在自身能力和专业领域内提供服务并明示其具有的资格。

① 只能承接接受过培训并有实践经验因而能够胜任的工作。

② 在描述职业资格、能力或刊登广告招揽业务时,应实事求是,不得夸大其词。

③ 只能签署亲自准备或在直接监控下准备的报告、方案和文件。

④ 对机械工程领域的事物只能在充分认识和客观论证的基础上出示意见。

⑤ 应保持自身知识、技能水平与对应的技术、法规、管理发展相一致,对于委托方要求的服务应采用相应技能,若所负责的专业工作意见被其他权威驳回,应及时通知委托方。

(3) 依靠职业表现和服务水准,维护职业尊严和自身名誉。

① 提供信息或以职业身份公开做业务报告时应信守诚实和公正的原则。

② 反对不公平竞争或者金钱至上的行为。

③ 不得以担保为理由提供或接受秘密酬金。

④ 不故意、无意、直接、间接有损于或可能有损于他人的职业名誉,以促进共同发展。

⑤ 引用他人的文章或成果时,要注明出处,反对剽窃行为。

(4) 处理职业关系不应有种族、宗教、性别、年龄、国籍或残疾等歧视与偏见。

(5) 在为组织或用户承办业务时要做忠实的代理人或委托人。

① 为委托人的合法权益行使其职责,忠诚地进行职业服务。

② 未获得特别允许(除非有悖公共利益),不得披露信息机密(任何他人现在或以前的所有商业或技术信息)。

③ 提示委托人行使委托权力时可能引起的潜在利益冲突。在委托人或组织不知情或不同意的情况下,不得从事与其利益冲突的活动。

④ 代表委托人或组织的自主行动,要公平、公正对待各方。

(6) 诚信对待同事和专业人士。

① 有责任在事业上发展业务能力,并鼓励同事从事类似活动。

② 有义务为接受培训的同行演示、传授专业技术知识。

③ 主动征求和虚心接受对自身工作的建设性评论;为他人工作诚恳提出建设性意见;充分相信他人的贡献,同时接受他人的信任;诚实对待下属员工。

④ 在被邀请对他人工作进行评价时,应客观公正,不夸大,不贬低,注重礼节。

应协助防止选拔出不合格或未满足上述职业道德规范的人成为机械工程师。若认为他人行为有悖《规范》,请告知注册部门。

若工程师不遵守职业道德,将会对社会带来极大的危害。例如,豆腐渣工程的出现,往往是相关人员一味追求利益最大化的直接后果。机械工程师作为专业技术的守护者,其行为直接关乎公共设施和建筑的安全性。我们所依赖的设备仪器,绝大多数都是由机械工程师设计并制造出来的。如果这些设备缺乏必要的安全保障,社会的持续进步将面临严重的阻碍。

近年来,电梯事故、高铁安全问题、食品安全问题等频繁发生,这些都与工程师的职业道德水平密切相关。因此,机械工程师作为工程技术领域的核心力量,必须坚守职业道德的底线,确保所设计和制造的设备仪器严格遵守安全标准,为国家的持续发展贡献力量。

同时,机械工程师还需不断提升自身的专业素养和道德水准。在工程实践中,工程师的职业道德显得尤为重要。对于未来可能投身机械工程师职业的人来说,更应高度重视职业道德的培养。在团队合作中,不仅要展现出良好的个人素养,还要注重团结与合作,展现出良好的团队协作精神。同时,要善于沟通和交流,积极、坦率地表达自己的观点和意见,对于理解不清或有疑问之处,应勇于深入探究,共同推动机械工程领域的进步与发展。

本章概要

机械工程在现代社会中占据核心地位,但其发展也伴随着一系列的伦理挑战。本章探讨了机械工程在多个领域的重要性,以及其在实施过程中可能遇到的伦理问题,并强调机械工程师在确保生产安全和公共安全、推动国民经济可持续发展以及承担社会责任方面的关键作用。

机械工程在制造业、交通运输、能源及医疗等领域发挥着至关重要的作用。它通过提升生产效率、驱动技术创新以及改善民众生活质量,对社会发展产生了深远影响。然而,机械工程项目在实施过程中可能会遭遇设计缺陷、制造质量问题以及环境污染等一系列伦理问题。这些问题不仅威胁到产品的安全性和可靠性,还可能对社会和环境造成长期的负面影响。

在生产安全和公共安全方面,机械工程师承担着确保机械设备安全设计的重任。他们必须预防机械故障和操作风险,确保设备在各种复杂工作条件下都能稳定运行。随着科技的不断进步,机械工程项目对公共安全的要求日益严格。工程师们需要不断反思并优化机械安全设计,积极采用先进的技术手段和方法,以确保设备的安全性和可靠性达到最高标准。

机械工程对国民经济的可持续发展具有重要影响,特别是在军工行业、装备制造业以及高新技术产业等领域。在军工行业,机械工程技术的不断进步不仅显著提升了国防实力,还推动了相关技术的民用化进程,为经济发展注入了新的活力。装备制造业作为国民经济的重要支柱,得益于机械工程技术的革新,生产效率和产品质量得到了大幅提升,有力推动了产业升级和经济增长。此外,汽车、船舶以及高新技术产业的发展也离不开机械工程技术的支持。这些产业的蓬勃发展不仅促进了经济的快速增长,还推动了技术创新和社会进步。

机械工程师在工作中需要勇于承担社会责任,确保所设计和制造的产品既安全可靠又能保护公众利益和环境。他们应严格遵守职业道德规范,保持诚信和透明,具备高度的敬业精神、创新精神和团队合作精神。同时,他们还需要不断学习新知识、提升专业技能,以推动技术进步和社会发展。通过认真履行这些责任,机械工程师不仅能够确保项目的成功实施和安全运行,还能为社会的可持续发展做出重要贡献。

案例分析

2003 年 2 月 1 日美国东部时间上午 9 时,美国"哥伦比亚"号航天飞机在得克萨斯州北部上空解体坠毁,7 名宇航员全部遇难,如图 10-5 所示。

图 10-5 "哥伦比亚"号航天飞机

哥伦比亚号航天飞机,1981 年 4 月 12 日首次发射,是美国第一架正式服役航天飞机,哥伦比亚号机舱长 18 米,能装运 36 吨重的货物,外形像一架大型三角翼飞机,整个组合装置重约 2000 吨,在滑行中它还能向两侧方向作 2000 千米的机动飞行,以选择合适的着陆场地。

思考与讨论

在机械工程领域,伦理问题是一个复杂而重要的议题,它涉及技术创新、安全性、环境保护、社会责任以及职业道德等方面。以下是一个关于机械工程伦理的思考与讨论题,旨在引导参与者深入思考机械工程领域中的伦理问题,探索技术创新与伦理责任之间的平衡点,并促进对职业道德和伦理准则的认识和理解。

1. 如何在机械工程设计与实践中平衡技术创新与伦理责任

1) 背景与情境设定

随着科技的飞速发展,机械工程师们面临着前所未有的挑战和机遇。技术创新是推动机械工程领域进步的关键动力,但与此同时,新技术的应用也可能带来一系列伦理问题,如安全性、环境污染、资源消耗、社会公平等。

2) 讨论要点

(1) 技术创新与伦理责任的关系。

技术创新是否总是优先于伦理责任? 在追求技术领先的同时,工程师应如何确保其行为符合伦理规范?

是否存在一些技术创新项目,其潜在风险或负面影响远远超过了其带来的利益,因此应被禁止或严格限制?

(2) 安全性考量。

在机械工程设计阶段,工程师应如何确保产品的安全性,以避免类似"挑战者号"航天飞机爆炸这样的悲剧重演?

面对新技术应用中的未知风险,工程师应如何进行风险评估和管理,以最大程度地保护用户和环境的安全?

(3) 环境保护与可持续发展。

机械工程活动对环境的影响不可忽视。工程师在设计和生产过程中应如何减少污染、节约能源、提高资源利用效率?

在推动绿色制造和循环经济的背景下,工程师应如何平衡经济效益与环保责任?

(4) 社会责任与公众利益。

机械工程师的工作不仅关乎企业利益,更关系到公众的安全、健康和福祉。工程师应如何确保其行为符合社会公共利益?

当企业利益与公众利益发生冲突时,工程师应如何做出道德选择?

(5) 职业道德与伦理准则。

机械工程领域有哪些核心的职业道德和伦理准则? 这些准则如何指导工程师的行为决策?

面对行业内的利益纷争、违规操作、知识产权侵害等问题,工程师应如何坚守职业道德底线？

2. 讨论引导问题

请分享一个你认为在机械工程领域成功平衡了技术创新与伦理责任的案例，并分析其成功的关键因素。

你认为当前机械工程领域在伦理责任方面存在哪些主要挑战？应如何改进？

作为未来的机械工程师，你将如何在自己的职业生涯中平衡技术创新与伦理责任？

参 考 文 献

[1] 陈昌曙.技术哲学文集[M].沈阳：东北大学出版社,2009.

[2] 张秀华.工程：具象化的科学、技术与社会[J].自然辩证法研究,2013(9)：46-52.

[3] 张铃.工程与技术关系的历史嬗变[J].科学管理研究,2013(13)：294-298.

[4] 杜澄,李伯聪.跨学科视野中的工程[M].北京：北京理工大学出版社,2004.

[5] Harms A A,Baets B W,et al. Engineering in Time：The systematics of engineering history and its contemporary context[M]. London：Imperial College Press,2004.

[6] 布鲁斯·雅科米.技术史[M].蔓菁,译.北京：北京大学出版社,2005.

[7] Harms A A,Baets B W,et al. Engineering in Time：The systematics of engineering history and its contemporary context[M]. London：Imperial College Press,2004.

[8] 黑格尔.法哲学原理[M].范阳,张企泰,译.北京：商务印书馆,1996.

[9] 宋希仁.论道德的"应当"[J].江苏社会科学,2000,(4)：25-31.

[10] 丛航青.工程伦理[M].杭州：浙江大学出版社,2023.

[11] 董志凯,吴江.新中国工业的奠基石——156项建设研究[M].广州：广东经济出版社,2004.

[12] 李伯聪.关于工程伦理学的对象和范围的几个问题[J].伦理学研究,2006,(6),24-30.

[13] 米切姆.技术哲学概论[M].殷登祥,译.天津：天津科学技术出版社,1999.

[14] 徐少锦.建筑工程伦理初探[J].科学技术与辩证法,2002,(2)：13-15.

[15] 迈克·W·马丁.美国的工程伦理学[J].自然辩证通讯,2007,(3)107.

[16] 张恒力,胡新和.福祉与责任——美国工程伦理学述评[J].哲学动态,2007,(8)：60.

[17] Michael Davis. Engineering ethics,Individuals and Organizations[J]. Science and Engineering Ethics,2006(12)：223-231.

[18] National Academy of Engineering. The engineer of 2020：visions of engineering in the new century [M]. Washington DC：National Academicd Press,2004.

[19] 风笑天.社会学研究方法[M].北京：中国人民大学出版社,2009.

[20] 杨宜音.社会心理学[M].北京：首都经济贸易大学出版社,2008.

[21] 邹瑜.法学大辞典[M].北京：中国政法大学出版社,1991.

[22] A.麦金太尔.追寻美德[M].宋继杰,译.南京：译林出版社,2003.

[23] 戴维斯.像工程师那样思考[M].丛航青,沈琪,等译校.杭州：浙江大学出版社,2012.

[24] LAYTON E T. Revolt of the engineers：social responsibility and the American engineering profession[M]. Baltimore：Johns Hopkins University Press,1986.

[25] 戴维斯.中国工程职业何以可能[J].工程研究：跨学科视野中的工程,2007,3(1)：132-141.

[26] 哈里斯·普里查德,雷宾斯.工程伦理概念和案例[M].丛航青,沈琪,等译.北京：北京理工大学出版社,2006.

[27] 马丁,辛津格.工程伦理学[M].李世新,译.北京：首都师范大学出版社,2010.

[28] 甘绍平.应用伦理学前沿问题研究[M].南昌：江西人民出版社,2002.

[29] 曹珊,何学源.违法使用白图施工或涉嫌刑事犯罪——从郑州暴雨事件中建设、设计、施工三方违法使用白图被刑事立案说起[J].中国勘察设计,2022,353(02)：90-94

[30] 蔡禾.城市社会学：理论与视野[M].广东：中山大学出版社,2003.

[31] [美]查尔斯·哈珀.环境与社会：环境问题中的人文视野[M].肖晨阳,等译.天津：天津人民出版社,1998.

[32] [美]彼得·S.温茨.现代环境伦理[M].宋玉波、朱丹琼,译.上海：上海人民出版社,2007.

[33] 辛格. 所有动物都是平等的[J]. 哲学译丛,1994(5):25-32.

[34] 汤姆·雷根. 动物权利研究[M]. 李曦,译. 北京大学出版社,2010.

[35] 利奥波德. 沙乡年鉴[M]. 侯文蕙,译. 长春:吉林人民出版社,1997.

[36] 雷毅. 深层生态思想研究[M]. 北京:清华大学出版社,2001.

[37] [美]奥尔多·利奥波德. 沙乡年鉴[M]. 侯文蕙,译. 吉林:吉林人民出版社,1997.

[38] 殷瑞钰. 工程演化论[M]. 北京:高等教育出版社,2011.

[39] 殷瑞钰,汪应洛,李伯聪,等. 工程哲学[M]. 北京:高等教育出版社,2007.

[40] 于江生. 人工智能伦理[M]. 北京:清华大学出版社,2021.

[41] 张海藩,牟永敏. 软件工程导论[M]. 北京:清华大学出版社,2013.

[42] 王玲,顾浩. 计算机伦理学概论[M]. 北京:中国铁道出版社,2014.

[43] 朴勇,周勇. 软件工程[M]. 北京:电子工业出版社,2019.

[44] 曾强聪. 软件工程[M]. 北京:高等教育出版社,2004.

[45] 吴恒斌. 电力伦理学研究[M]. 北京:中国水利出版社,2008.

[46] 吴恒斌. 科学技术是第一生产力的相对性及其实践意义. 咨询与决策,1994.

[47] Norbert Wiener. Cybernetics or Control and Communication in the Animal and the Machine[M]. MIT Press,1948.

[48] 冯继宣. 计算机伦理学[M]. 北京:清华大学出版社,2011.

[49] 杨革. 水利工程概论[M]. 北京:高等教育出版社,2009.

[50] 郭涛. 中国古代水利科学技术史[M]. 北京:中国建筑工业出版社,2013.

[51] 雷毅. 河流的价值与理论[M]. 郑州:黄河水利出版社,2007.

[52] 叶平. 河流生命论[M]. 郑州:黄河水利出版社,2007.

[53] 李国英. 维持黄河健康生命[M]. 郑州:黄河水利出版社:2005.

[54] 张序,张采薇. 试论河流的审美价值及其实现形式[J]. 中华文化论坛,2013(12):132-136.

[55] 乔清举. 河流的文化生命[M]. 郑州:黄河水利出版社,2007.

[56] 李映红,黄明理. 论河流的主体性及其内在价值——兼论互主体性的河流伦理理念[J]. 道德与文明,2012(1):116-119.

[57] 蔡永欣. 河流伦理与河流立法[M]. 郑州:黄河水利出版社,2007.

[58] 陈嘉玉,张鹏,张万达,等. 流速可控式新型生态鱼道的概念设计与数值模拟[J]. 水道港口,2014,35(5):532-538.

[59] 方真珠,潘文斌,赵扬. 生态型鱼道设计的原理和方法综述[J]. 能源与环境,2012(4):84-86.

[60] 胡大伟. 水库移民补偿的特征及法律性质[J]. 三峡大学学报(人文社会科学社),2013,35(2):15-20.

[61] 余文学,胡义浪. 公平理论下的水利工程移民安置补偿问题[J],水利经济,2011,29(3):67-68.

[62] 张永强,姚立根. 工程伦理学[M]. 北京:高等教育出版社,2014.

[63] 秦惠基. 基因工程药物[J]. 医药导报. 2001(3):147-148.

[64] 胡晋红. 基因药物研究进展[J]. 中国医院用药评价与分析. 2012(8):676-678.

[65] Bratspies RM. Consuming fears of corn: public health andbiopharming[J]. Am J Law Med,2004,30:371-404.

[66] Orson J. Gene stacking in herbicide tolerant oilseed rape: lessons from the North American experience[J]. En Nat Res, 2002,443:1-17.

[67] Dalton R. Transgenic corn found growing in Mexico[J]. Nature,2001,413:337.

[68] 陶应时,王国豫. 大数据时代生命伦理研究的机遇与挑战[J]. 自然辩证法研究,2021,37(4):67-72.

[69] 袁达. 人体临床实验视角下的医学伦理探讨[J]. 怀化学院学报 2010,29(2):124-128.

[70] 张先恩. 中国合成生物学发展回顾与展望[J]. 中国科学:生命科学,2019,49(12):1543-1572.

[71] 熊燕,陈大明,杨琛,等. 合成生物学发展现状与前景[J]. 生命科学,2011,23(9):826-837.

[72] 李真真,董永亮,高旖蔚.设计生命:合成生物学的安全风险与伦理挑战[J].中国科学院院刊,2018,33(11):1269-1276.

[73] 赵国屏.合成生物学2035发展战略[J].世界科学,2023(9):26-30.

[74] 马丽丽,欧亚昆,任怡佳,等.合成生物学的生物安全风险及其管理对策研究[J].科学与社会,2022,12(3):15-32.

[75] 郭思敏,叶斌,徐飞.美德伦理视角下的合成生物学技术伦理治理[J].合成生物学,2022,3(1):224-237.

[76] 裴金勇,孙宇冲,赵云胜.大型水电工程施工的安全管理——江西丰城发电厂冷却塔重特大事故的教训及思考[J].中国安全生产科学技术,2017,13(S2):115-118.

[77] 徐桂芹,黄晓琼.建筑业安全生产事故特点与研究热点分析[J].建筑安全,2021,36(11):6-9.

[78] 秦红岭.试论土木工程师的职业伦理[J].北京建筑工程学院学报,2006(zl):41-44.

[79] 黄可人.德国建筑行业职业伦理的特色与影响因素分析[J].职教通讯,2017,(19):48-52.

[80] 博洋,金德智.浅谈土木工程伦理的研究主体及其伦理责任[J].建筑设计管理,2012,29(10):46-49,61.

[81] 方东平,李文琪,张恒力,等.面向中国实践的工程管理伦理研究[J].中国工程科学,2022,24(5):187-196.

[82] 张云龙,高彬.从职业自主到协同共治:大工程伦理观的逻辑演进与实现路径[J].浙江社会科学,2022,(10):101-108,158.

[83] 张泽超,林鑫,贾云鹏.浅谈工程师的工程伦理[J].居业,2022,(1):250-252.

[84] 潘鹏程,李一丹,王薇.土木工程从业人员工程伦理行为意愿影响因素研究[J].工程经济,2022,32(7):31-42.

[85] 高峰,王亚芳,高秀.工程伦理视域下自建房倒塌事故研究[J].安全,2023,44(3):51-56.

[86] 国务院事故调查组相关负责人就福建省泉州市欣佳酒店"3·7"坍塌事故调查报告答记者问[J].吉林劳动保护,2020,(6):5-7.

[87] 袁鹏,马悦飞.波音737MAX飞机事故与质量启示[J].质量与可靠性,2021(1):64-66.

[88] 波音737MAX技术先进为何事故频发[J].科学大观园,2019(7):50-51.

[89] 谢黎明.机械工程与技术创新[M].北京:化学工业出版社,2005.

[90] 王世敬,温筱.现代机械制造技术及其发展趋势[J].石油机械,2002.

[91] 程俊,廖爱军,李华政,王俊彤,郝文献.一起架桥机倾覆事故案例分析[J].建筑机械化,2016,37(7):71-74.

[92] 冯文慧,田晓光,马晓三.机械类专业大学生工程伦理意识培养研究[J].南方农机,2021,52(6):161-162.

[93] 石琪晟,仇佳捷,郭聪,虞伟杰.起重机械接触器失效事故案例分析及改进措施探讨[J].中国特种设备安全,2017,33(12):71-74.

[94] 杨司阳.工程伦理问题研究[J].居舍,2020(5):188.

[95] 杨司阳.工程质量中伦理问题的解决途径探究[J].现代商贸工业,2020,41(6):137.

[96] 段联保.施工机械伤害事故的起因及有效防范[J].建筑.2011(12).

[97] 夏春明,刘涛,王华忠,等.工业控制系统信息安全现状及发展趋势[J].网络空间安全,2013,4(2):13-18.

[98] 苏涛.关于机械安全问题的思考[J].中国科技投资,2013,(30):55.

图书资源支持

感谢您一直以来对清华版图书的支持和爱护。为了配合本书的使用，本书提供配套的资源，有需求的读者请扫描下方的"书圈"微信公众号二维码，在图书专区下载，也可以拨打电话或发送电子邮件咨询。

如果您在使用本书的过程中遇到了什么问题，或者有相关图书出版计划，也请您发邮件告诉我们，以便我们更好地为您服务。

我们的联系方式：

清华大学出版社计算机与信息分社网站：https://www.shuimushuhui.com/

地　　址：北京市海淀区双清路学研大厦 A 座 714

邮　　编：100084

电　　话：010-83470236　010-83470237

客服邮箱：2301891038@qq.com

QQ：2301891038（请写明您的单位和姓名）

资源下载：关注公众号"书圈"下载配套资源。

资源下载、样书申请	图书案例	
书圈	清华计算机学堂	观看课程直播